Kinder im Klassenkampf

Zeithistorische Studien

Herausgegeben vom Zentrum für
Zeithistorische Forschung Potsdam e.V.

Band 8

Leonore Ansorg

Kinder im Klassenkampf

Die Geschichte der Pionierorganisation von 1948 bis Ende der fünfziger Jahre

Akademie Verlag

Gedruckt mit Unterstützung des Ministeriums für Wissenschaft, Forschung und Kultur des Landes Brandenburg.

Die Deutsche Bibliothek – CIP-Einheitsaufnahme

Ansorg, Leonore:
Kinder im Klassenkampf : die Geschichte der Pionierorganisation von 1948 bis Ende der fünfziger Jahre / Leonore Ansorg. –
Berlin : Akad. Verl., 1997
(Zeithistorische Studien ; Bd. 8)
ISBN 3-05-003117-4
NE: GT

Der Akademie Verlag ist ein Unternehmen der VCH-Verlagsgruppe.

Gedruckt auf chlorfrei gebleichtem Papier.
Das eingesetzte Papier entspricht der amerikanischen Norm ANSI Z.39.48 – 1984 bzw. der europäischen Norm ISO TC 46.

Druck: GAM Media, Berlin
Bindung: Verlagsbuchbinderei Mikolai, Berlin

Printed in the Federal Republic of Germany

Inhalt

Einleitung

Die DDR ging nicht am inneren Widerstand der Bevölkerung zugrunde, sondern – bei zeitgleichen Auflösungserscheinungen des Ostblocks sowie des Endes der Vormachtstellung der Sowjetunion – an den ökonomischen und sozialen Problemen, die letztlich eine wachsende Zahl von Bürgern veranlaßten, sich diesem System zu entziehen. Diese Feststellung kann wohl inzwischen als Allgemeingut betrachtet werden. Es waren vor allem junge Leute, die in diesem Staat aufgewachsen waren und die sich in immer größerer Zahl zur Ausreise entschlossen. Der Unmut und die Unzufriedenheit mit dem gesellschaftlichen Zustand in der DDR mündeten demgegenüber zum geringsten Teil in Aktionen des Widerstands, der sich auch inhaltlich von der Staatsdoktrin abgesetzt und alternative Wertvorstellungen und Lebensauffassungen entwickelt hätte, wie sie in den achtziger Jahren beispielsweise in den Friedens-, Ökologie- und Menschenrechtsgruppen zum Ausdruck kamen. Die Ablehnungshaltung gegenüber dem politischen System führte vielmehr in der Regel zu passivem Erdulden, zur Verweigerung oder zum Rückzug in private Inseln. Nach dem 17. Juni 1953 hat es keine nennenswerten Volkserhebungen, die beispielsweise mit Aufständen in anderen realsozialistischen Ländern verglichen werden könnten, gegeben. Noch 1989 gelang es der Partei zu den Kommunalwahlen – trotz massiver Wahlfälschung, die ungefähr auf einen Anteil von 10 Prozent umgedeuteter Gegenstimmen schließen läßt – eine satte Mehrheit für sich zu verbuchen und die Bevölkerung, wenn auch mißmutig, zur Teilnahme an den obligatorischen Manifestationen zu bewegen (so der Liebknecht-Luxemburg-Demonstration im Januar 1989, dem 1.-Mai-Aufmarsch und auch den Feierlichkeiten zum 40. Jahrestag der DDR).

Angesichts des kurz darauf folgenden rasanten Zerfalls politischer Machtstrukturen stellt sich die Frage, wie es den Herrschenden gelingen konnte, die Bevölkerung über Jahrzehnte ruhigzustellen, sie in das System einzubinden und diesem eine andauernde Stabilität zu verleihen.

Richtig ist, daß ohne die Vormachtstellung der Sowjetunion das Herrschaftssystem in der DDR nicht denkbar gewesen wäre. Die DDR ist ein Ergebnis des II. Weltkrieges, und ihre Entwicklung ist untrennbar mit der in der Sowjetunion verbunden. Dieser Sachverhalt ist unbestritten. Und dennoch stand in der DDR eine Führung bereit, die in ihrem eigenen Machtinteresse auf einer unkritischen Übernahme des sowjetischen Modells bestand. Insofern kann die Verantwortung nicht allein an die Sowjetunion delegiert werden. Im Gegenteil war die SED-Führung nicht bereit, die sogenannten „Tauwetterperioden“ in der Entwicklung des sowjetischen Systems mitzutragen, geschweige denn voranzutreiben. Mit dem Verweis auf die Sowjetunion ist auch nicht hinreichend die Frage geklärt, warum und wie es gelang, die Führungsrolle der Partei in der DDR durchzusetzen und ein Arrangement zwischen der Mehrheit der Bevölkerung und der Staatsmacht herzustellen. Denn widerständiges Verhalten war eher die Ausnahme, nicht die Regel, der Spielraum für Selbstbehauptung und selbstbewußtes Handeln wurde – wie inzwischen vielfach festgestellt – längst nicht ausgeschritten.[1]

Auch die Jugend, der am ehesten Veränderungswillen nachgesagt wird, fand nicht zu Formen verbreiteter aktiver Auseinandersetzung mit dem Herrschaftssystem der DDR, obwohl bei einem beachtlichen Teil der Jugendlichen durchaus Distanz vorhanden war.[2] Noch 1989 war die Mehrzahl der Kinder und Jugendlichen Mitglied in der staatseigenen Kinder- und Jugendorganisation.[3] Dieser zumindest organisatorischen Integration in das Herrschaftsgefüge des Staates entsprach eine ebenso große Hilflosigkeit, diesem System mehr als nur Gleichgültigkeit entgegenzusetzen.

Der geringe Anteil von organisierter Opposition bei gleichzeitigem Vorhandensein massenhafter Anpassungsbereitschaft ist nur nachzuvollziehen, wenn man die konkreten Bedingungen, unter denen die Heranwachsenden in der Diktatur sozialisiert wurden, genauer untersucht. Erst wenn man berücksichtigt, welch enormen Stellenwert die SED der systemkonformen Erziehung der Kinder und Jugendlichen beimaß und dieses Ziel zu einem zentralen Schwerpunkt ihrer Politik machte, können die Folgen für die unter diesen Verhältnissen Aufwachsenden angemessen beurteilt werden. Es ist daher notwendig, die Strukturen und Mechanismen aufzuzeigen, die den Zugriff des Staates auf die junge Generation ermöglichten, um diese nach einem vorgefaßten Menschenbild zu formen und zu sozialen Trägern des bestehenden Systems zu erziehen.

Am Gegenstand der Kinderorganisation „Junge Pioniere", die eine gewichtige Instanz im „einheitlichen Bildungs- und Erziehungssystem" darstellte, sollen die Mechanismen staatlicher Einflußnahme auf den Sozialisationsprozeß der Heranwachsenden dargestellt und analysiert werden. Die Bedeutung der Pionierorganisation für die Herausbildung systemkonformen Verhaltens ist in der wissenschaftlichen Literatur bisher weitgehend unberücksichtigt geblieben. Nur wenige Arbeiten – meist kurze Überblicksdarstellungen – geben einen Einblick in die Funktionsweise der Organisation[4] – sieht man von den meist

1 Vgl. Ulrike Poppe, Rainer Eckert, Ilko-Sascha Kowalczuk (Hg.), Zwischen Selbstbehauptung und Anpassung. Formen des Widerstandes und der Opposition in der DDR, Berlin 1995.

2 Vgl. Gerd Rüdiger Stephan, Die Reflexion des Zustands der DDR-Gesellschaft durch Studien des Zentralinstituts für Jugendforschung Leipzig in der zweiten Hälfte der 80er Jahre, in: Jahresbericht des Instituts für zeithistorische Jugendforschung 1993, insbesondere S. 241-247.

3 Im Juni 1989 betrug der Organisationsgrad in der FDJ realistisch noch 76 Prozent. Vgl. Jugend '92. Lebenslange Orientierungen und Entwicklungsperspektiven im vereinigten Deutschland. Herausgegeben vom Jugendwerk der Deutschen Shell, Band 3. Die neuen Länder: Rückblick und Perspektiven, Opladen 1992, S. 63.

4 Abgesehen von propagandistischer DDR-Literatur existieren nur wenige Beiträge – meist Überblicksdarstellungen – zur Pionierorganisation. So z.B. Arnold Freiburg/Christa Mahrad, FDJ. Der sozialistische Jugendverband der DDR, Opladen 1982, S. 149-159; Rüdiger Henkel, Im Dienste der Staatspartei. Über Parteien und Organisationen der DDR, hg. v. der Unabhängigen Kommission zur Überprüfung des Vermögens der Parteien und Massenorganisationen der DDR, Baden-Baden, S. 302-316; Stichwort Pionierorganisation „Ernst Thälmann", in: So funktionierte die DDR, Band 1, hg. v. Andreas Herbst, Winfried Ranke, Jürgen Winkler, Reinbeck bei Hamburg, 1994, S. 803-806; Heinz-Hermann Krüger, ‚Wie

unter propagandistischem Aspekt verfaßten Publikationen der DDR ab. Dagegen gehören Untersuchungen zur Jugendorganisation FDJ[5] oder zum Bildungssystem in der DDR[6] zu etablierten Forschungsfeldern der DDR-Geschichte. Bedenkt man, daß bereits seit Anfang der fünfziger Jahre die Mehrzahl der heranwachsenden Kinder der Pionierorganisation „Ernst Thälmann" als Mitglied angehörte, kann deren Einfluß auf die Erziehung der Kinder kaum gering erachtet werden. Der Bedeutung dieser Massenorganisation ist dementsprechend in der Forschung keine angemessene Beachtung zuteil geworden. Mit dem vorliegenden Beitrag wird daher begonnen, diese Forschungslücke zu schließen.

Aus der bisherigen Unterschätzung der Rolle der Pionierorganisation im System staatlicher Erziehung ergibt sich die Notwendigkeit, die Funktion und die Herrschaftsabsichten, die mit der Gründung und Entwicklung der staatlichen Kinderorganisation verbunden waren, in den Mittelpunkt der Untersuchung zu stellen. Erst die Kenntnis der Strukturen und der Mechanismen, mit denen die Kinder in das Herrschaftssystem eingebunden werden sollten, erlaubt es, den Disziplinierungs- und Anpassungsdruck, der von der Organisation ausging, angemessen bewerten zu können. Dabei sind die Ziele und Funktionen, die mit der Pionierorganisation verfolgt wurden, streng von der erlebten Wirklichkeit der Betroffenen zu trennen. Befragt man ehemalige Mitglieder der Kinderorganisation, so werden neben den häufig abzuliefernden politischen Treuebekenntnissen vor allem gemeinschaftliche Erlebnisse, Wanderungen und Ferienlager, Spiele und sportliche Betätigung erinnert. Die Absichten der Herrschenden ließen sich in ihrer Umsetzung nicht auf vorbestimmte Weise realisieren. Einerseits mußte, um Wirkungen erzielen zu können, auf die Bedürfnisse und Interessen der Kinder Rücksicht genommen werden. Andererseits versuchten die Funktionäre, Erzieher, Eltern und Kinder selbst, den entsprechenden Vorgaben in gewissem Grade auszuweichen und den an die Organisation gerichteten Anforderungen einen Eigen-Sinn[7] zu verleihen. So bemühten sich viele von ihnen, die Pioniernachmittage mit interessanten Inhalten zu füllen und suchten nach geselligen und kurzweiligen Formen. Sie

---

Ernst Thälmann treu und kühn...' Zur Politisierung des Studien- und Forschungsalltags in der DDR am Beispiel der Pionierleiterausbildung, in: Heinz–Hermann Krüger/Winfried Marotzki (Hg.), Pädagogik und Erziehungsalltag in der DDR. Zwischen Systemvorgaben und Pluralität, Opladen 1994. S. 295-194.

5 Vor allem seien hier genannt: Ulrich Mählert, Die Freie Deutsche Jugend 1945-1949. Von den „Antifaschistischen Jugendausschüssen" zur SED-Massenorganisation: Die Erfassung der Jugend in der Sowjetischen Besatzungszone, Paderborn, München, Wien, Zürich 1995; ders., „Die gesamte junge Generation für den Sozialismus begeistern". Zur Geschichte der Freien Deutschen Jugend, in: Jürgen Weber (Hg.), Der SED-Staat: Neues über eine vergangene Diktatur, München 1994; Arnold Freiburg/Christa Mahrad, FDJ. Der sozialistische Jugendverband der DDR, Opladen 1982; Hermann Weber, Freie deutsche Jugend, in: SBZ-Handbuch, hg. v. Martin Broszat u. Hermann Weber, München 1993; Ludwig Vogt, Die Freie Deutsche Jugend, in: Parteiensystem zwischen Demokratie und Volksdemokratie, hg. v Hermann Weber, Köln 1982; Ulrich Hermann (Hg.), Jugendpolitik in der Nachkriegszeit. Zeitzeugen, Dokumente, Forschungsberichte, Weinheim und München 1993; Martin Michalzik, „An der Seite der Genossen..." Offizielles Jugendbild und politische Sozialisation im SED-Staat, Melle 1994. Vgl. auch Literaturliste im Anhang.

6 Vgl. u.a. Oskar Anweiler, Schulpolitik und Schulsystem in der DDR, Opladen 1988. Erziehung und Erziehungswissenschaft in der BRD und der DDR, Band 1: Die Teilung der Pädagogik (1945-1965), Weinheim 1994; Ernst Cloer, Bildungspolitik und Bildungssystem in der SBZ und DDR, Ausgewählte Aspekte der Entwicklung 1945-1989, in: Hans-Georg Herrlitz u.a., Deutsche Schulgeschichte von 1900 bis zur Gegenwart, Weinheim 1993; Dieter Waterkamp, Handbuch zum Bildungswesen der DDR, Berlin 1987. Vgl. auch Literaturliste im Anhang.

7 Der Begriff wird hier im Sinne von Alf Lüdtke verwendet. Vgl. dazu ders., Eigen-Sinn, Hamburg 1993.

durchbrachen vorgegebene Normen, um stärker auf die Bedürfnisse der Kinder eingehen zu können, wofür sie nicht selten hart kritisiert wurden, da der politische Erziehungsauftrag vernachlässigt wurde. Es ist daher nicht verwunderlich – auch schon wegen des zeitlichen Abstands –, daß in den Rückblicken zunächst die positiven, unterhaltsamen und anregenden Seiten der Pionierorganisation erinnert und politische Aktionen und Verpflichtungen sowie auch die Langeweile in der Organisation zwar thematisiert, aber in den Hintergrund treten.[8] Daher ist von der Ebene des subjektiven Erlebens kaum Aufschluß über die Funktion der Kinderorganisation und die ihr zugemessene Bedeutung im System staatlicher Erziehung zu gewinnen. Sogar von den leitenden Funktionären, wie z.B. dem letzten Vorsitzenden der Pionierorganisation, Wilfried Poßner, der sich immerhin in seinem jüngst erschienenen Buch um eine kritische Sichtweise bemüht, ist nur wenig über den Verband als Herrschaftsinstrument zu erfahren, da der Erziehungsauftrag und der Alltag der Jungen Pioniere miteinander vermischt werden. In bezug auf das Pioniertreffen im August 1988 urteilt Poßner: „Es entsprach in seiner Anlage dem politischen Selbstverständnis der FDJ und Pionierorganisation, das damals massenhaft nicht öffentlich angezweifelt worden ist. Aber es in seiner Wirkung darauf zu verkürzen, würde seinem tatsächlichen Anliegen und Verlauf nicht gerecht. Wer von einem angeblichen ‚Mißbrauch der Kinder‘ anläßlich solcher Ereignisse spricht, redet an der Wahrheit vorbei. Solche Vorwürfe schmerzen mich noch heute.“[9] Zur Begründung zieht Poßner schriftliche Meinungsäußerungen von Pionieren nach dem Treffen heran, die offenbar ausschließlich begeistert waren.[10] Abgesehen davon, daß diese schriftlich abgegebenen Meinungen kritisch hinterfragt werden müssen – z.B. für welchen Zweck sie festgehalten wurden –, erfolgt hier eine problematische Vermengung von der mit dem Pioniertreffen verfolgten Absicht und dem (angeblich authentischen) Erleben durch die Pioniere, die dann zur Zurückweisung des Urteils führt, daß die Kinder mißbraucht worden seien. Einerseits verhindert die persönliche Betroffenheit offenbar eine kritische Bewertung. Andererseits wird durch die Ignorierung der Tatsache, daß es sich hierbei um zwei voneinander zu unterscheidende Ebenen handelt, in der Konsequenz ein undifferenziertes Gesamturteil gefällt, das das Erlebnis zum Maßstab macht. Die Funktion der Kinderorganisation im Herrschaftssystem sowie ihr repressiver, die Individualität und Subjektivität des Menschen mißachtender Charakter, geraten dabei weitgehend aus dem Blickfeld. Erst wenn diese Ziele und Absichten sowie die Mechanismen ihrer Durchsetzung hinreichend untersucht sind, kann der Frage, was davon im Alltag der Jungen Pioniere tatsächlich durchgesetzt worden ist und wie diese sich in bezug auf die von der SED bzw. FDJ gestellten Anforderungen verhielten, nachgegangen werden. Letztere bleibt in dem folgenden Beitrag weitgehend ausgeklammert und ist künftigen Forschungsvorhaben vorbehalten. Die vorliegende Arbeit versteht sich demzu-

---

8 Eine solche Tendenz konnte ich bei verschiedenen Zufallsumfragen, die ich dazu durchgeführt habe, feststellen.

9 Wilfried Poßner, Immer bereit: kämpfen, spielen, fröhlich sein. Berlin 1995, S. 44.

10 So zitiert Poßner zur Begründung u.a. folgende Äußerungen: „Erich Honecker zu erleben, finde ich toll. Vati sagt, er tut sehr viel für den Frieden. Davon hat er heute auch wieder gesprochen. Daß er Zeit für dieses Treffen findet, macht mich stolz. Wenn ich mit ihm reden könnte, würde ich ihm sagen, wie sehr es mir hier gefallen hat“ (Anja W., Rostock). Oder: „Die Demonstration hat gefetzt. Alles war so bunt auf der Tribüne. Die Stimmung war auch toll. Den Pionierauftrag zu erfüllen, wird ziemlich schwer. Aber es macht Spaß.“ (Marko H., Karl-Marx-Stadt). Ebenda, S. 41/42.

folge nicht als eine sozial- oder alltagsgeschichtliche Abhandlung, wenngleich sie eine notwendige Voraussetzung für eine solche Untersuchung bilden möchte.

Die Öffnung der Archive erlaubt es jetzt anhand der Akten des ehemaligen Zentralen Parteiarchivs der SED sowie des FDJ-Archivs, nunmehr zusammengefaßt in der Stiftung Archiv der Parteien und Massenorganisationen der DDR im Bundesarchiv (SAPMO), genauere Kenntnis über die Entscheidungsebenen und -hintergründe, wie auch den Umsetzungsprozeß und deren Mechanismen zu erlangen. Um die Entscheidungsstrukturen von der SED-Führungsspitze bis hinunter zur Pionierorganisation erfassen zu können, wurden sowohl die Protokolle von Politbüro-Sitzungen, des Sekretariats des ZK der SED, der Sitzungen des Zentralrats der FDJ und seines Sekretariats sowie der Zentralleitung der Pionierorganisation ausgewertet. Da für die unmittelbare Umsetzung der Beschlüsse „vor Ort" bis 1957 die Kreisleitungen der FDJ verantwortlich zeichneten, wurden auch hier Bestände eingesehen, allerdings nur für den Berliner Raum, in dem jedoch die Konflikte besonders deutlich werden. Darüber hinaus stützt sich die Untersuchung auf veröffentlichte Dokumente und Beschlüsse von SED, FDJ und Pionierorganisation. Weiterhin wurde das für die unmittelbare Anleitung der Funktionäre der Pionierorganisation zuständige „Organ", die Zeitschrift „Der Pionierleiter" ausgewertet sowie die Zeitung des Verbandes, von 1949 bis Mai 1958 unter dem Namen „Der Junge Pionier" erschienen (danach „Die Trommel"), punktuell herangezogen.

Die Untersuchung beginnt mit der Herausbildung erster Kindergruppen nach dem Zusammenbruch des faschistischen Systems und endet mit der erfolgreichen Etablierung als sozialistische Kinderorganisation am Ausgang der fünfziger Jahre. Bis zu diesem Zeitpunkt hatte sich endgültig ein straffer Zentralismus durchgesetzt, waren die „Abweichungen" vom parteipolitischen Kurs der SED überwunden und die grundlegenden Strukturen und Mechanismen herausgebildet, die im wesentlichen bis zur Auflösung der Kinderorganisation 1989 ihre Gültigkeit behielten. Trotz einzelner Modifizierungen in den Leitungsstrukturen und den konkreten Inhalten änderte sich am Wesen der Pionierorganisation nichts.

Zunächst wird eine Einordnung der Kinderorganisation in das System gesellschaftlicher Organisationen und der ihnen zugrundeliegenden Erziehungsauffassung der herrschenden Partei vorgenommen. In diesem Zusammenhang wird die Spezifik von Kinderorganisationen untersucht und ihre Bedeutung in diktatorischen Systemen diskutiert.

Das zweite Kapitel beginnt mit der Beschreibung erster Versuche, nach dem Kriege Beschäftigungsmöglichkeiten für Kinder zu schaffen und sie in entsprechenden Gruppen zusammenzufassen. Daran schließt sich die Untersuchung der Frage an, wie es der SED gelang, die Kindergruppen unter ihre Kontrolle zu bringen und sie den organisatorischen Zusammenschluß mit dem Ziel der politischen Instrumentalisierung forcierte. Schließlich wird der Prozeß der Durchsetzung der Monopolstellung des Pionierverbandes sowie seiner parteipolitischen Ausrichtung bis zum Ende der vierziger Jahre aufgezeigt.

Um die Mechanismen, die zur Erfassung der Mehrzahl der Kinder in der Pionierorganisation führten, erläutern und die damit verbundenen Strukturen aufdecken zu können, war es notwendig, eine konsequent chronologische Darstellung der Entwicklung der Jungen Pioniere aufzugeben zugunsten einer querschnittsartig angelegten Untersuchung der Umsetzung des staatlichen Erziehungsauftrags. Im dritten Abschnitt werden daher die Beziehungen der Pionierorganisation zur Schule als der tragenden Säule und Organisationsbasis des Verbandes in den Blick genommen. So war der Verband der Jungen Pioniere sowohl aus organisatorischen als auch inhaltlichen Gründen auf ein gutes Funktionieren dieser Zusammenarbeit angewiesen, wie auch umgekehrt die Schule sich der Unterstützung der Pionierorganisation hinsichtlich der Durchsetzung ihres Bildungsauftrages bediente. Gezeigt werden wird, wie die SED das Zusammenspiel beider Erziehungsinstanzen koordinierte und in ihrem Interesse steuerte. Eine wesentliche Funktion der Pionierorganisation bestand zum anderen in der möglichst umfassenden Besetzung von Freizeitbereichen. Im folgenden Kapitel wird daher die Rolle des Pionierverbandes als Freizeitorganisation untersucht und die spezifischen Inhalte und Formen von Freizeitbetätigungen in ihrer politischen Dimension analysiert.

Als Hauptkonkurrent der Pionierorganisation auf dem Weltanschauungs- und im Freizeitsektor stellte sich in den fünfziger Jahren immer wieder die Kirche in den Weg, die ebenfalls eine intensive Kinderarbeit betrieb. Um die Monopolstellung der Jungen Pioniere zu behaupten, mußte dieser Gegner niedergehalten werden. Diesen spannungsreichen Beziehungen zwischen Pionierorganisation und Kirche, die im wesentlichen über die SED und FDJ ausgetragen wurden, ist ein eigener Abschnitt in Form eines Exkurses gewidmet.

In dem fünften Kapitel steht die politische und organisatorische Entwicklung der Kinderorganisation, nunmehr den chronologischen Faden des zweiten Kapitels aufnehmend, von Anfang bis Ende der fünfziger Jahre im Mittelpunkt. Untersucht wird insbesondere, mit welchen Mitteln und Methoden die SED die politische Mobilisierungsrolle der Jungen Pioniere vorantrieb. Dabei sind unterschiedliche Phasen in der Entwicklung zur sozialistischen Massenorganisation auszumachen, die insbesondere durch die sogenannten Stagnationserscheinungen nach 1953, den darauf folgenden Auseinandersetzungen um die Funktion der Kinderorganisation in der DDR-Gesellschaft in der 2. Hälfte der fünfziger Jahre und schließlich der erneuten Bekräftigung der Führungsrolle der SED charakterisiert sind. Mit der Bildung der Zentralleitung der Pionierorganisation erhielten die Jungen Pioniere den klaren Auftrag, den Weg einer sozialistischen Massenorganisation zu beschreiten, den sie auch in Zukunft nicht verließen. Am Ende der fünfziger Jahre war der Prozeß der Herausbildung der Pionierorganisation endgültig abgeschlossen, auch wenn es späterhin noch Veränderungen in struktureller Hinsicht gab, die jedoch an ihrem Erziehungsauftrag und an ihrer Bedeutung im einheitlichen Bildungs- und Erziehungssystem der DDR nichts änderten. Von daher begründet sich auch die zeitliche Begrenzung dieser Untersuchung.

Abschließend wird ein erster Versuch unternommen, eine vergleichende Perspektive auf den konkreten Gegenstand der Pionierorganisation anzuwenden. Dabei werden die Kinderorganisationen beider deutschen Diktaturen, das Deutsche Jungvolk und die Jungmädel in der Hitlerjugend, und die Organisation der Jungen Pioniere im Hinblick auf den Prozeß der Gleichschaltung innerhalb des jeweiligen Herrschaftssystems vergleichend analysiert. Diesem Vergleich liegen keine eigenen Forschungen zur Geschichte der Kinderorganisation im Nationalsozialismus zugrunde, wie auch keine archivalischen Quellen dafür herangezogen wurden. Er basiert auf der Auswertung bereits publizierter und fundierter Forschungsergebnisse, die für diese Fragestellung genutzt wurden.

Diese komparative Methode dient dem Ziel, eine weiter gefaßte Perspektive auf die Organisation der Jungen Pioniere zu gewinnen und die DDR-Organisation hinsichtlich ihrer Gemeinsamkeiten, die im Wesen einer politischen Diktatur liegen, als auch in ihrer Spezifik, die in der Besonderheit des Herrschaftssystems DDR begründet sind, zu erfassen.

Februar 1996

KAPITEL 1

Die staatliche Kinderorganisation als Teil des Herrschaftssystems

1. Die Rolle der Kinderorganisation im System staatlicher Erziehung

Von Beginn an baute der SED-Staat ein Netz von öffentlichen Erziehungsinstanzen auf, um so die Priorität staatlicher Erziehungsziele zu sichern und den Einfluß nichtstaatlicher bzw. privater Erziehung zurückzudrängen. Erziehung sollte planmäßig, nach einem einheitlichen Konzept, das von leitenden „Kadern" entwickelt wurde, organisiert werden. Die führende Partei bestimmte dabei Inhalte, Strukturen und Ziele des gesamten Erziehungsprozesses.

Der Erziehungsgedanke entsprach der in der kommunistischen Bewegung verbreiteten Avantgarde-Theorie, nach der politisch besonders zuverlässige und geschulte „Kader" die Führungsfunktion übernehmen sollten und beauftragt waren, im „Interesse der Werktätigen" oder „des Fortschritts" zu handeln und gesellschaftspolitische Entwicklungen zu bestimmen. Dementsprechend wurde die Mehrheit der Bevölkerung als zu Erziehende, „auf die Höhe der Entwicklung" zu bringende Masse betrachtet. Dieser Auffassung lag ein tief verwurzeltes Mißtrauen gegenüber der „arbeitenden Klasse", an die sich diese Ideologie eigentlich richtete, zugrunde. Man mißtraute ihrem Urteilsvermögen, ihren Alltagserfahrungen, ihrem Handeln und befürchtete ein Abweichen vom Parteistandpunkt. Diese Theorie entsprach – im Gegensatz zur marxschen Auffassung[1] – einer voluntaristischen Überzeugung, die Menschen nach den Vorstellungen einer Führungselite formen und erziehen zu können. Eine derartige Erziehungsauffassung war Allgemeingut der kommunistischen Bewegung, die sich an dem sowjetischen Sozialismusmodell orientierte. Daher spielte in allen realsozialistischen Ländern das staatliche Erziehungs- und Bildungssystem eine so gewichtige Rolle und wies gleichfalls ähnliche Strukturen auf.

Die staatlich organisierte Erziehung wurde dabei nicht nur für eine bestimmte Altersphase als notwendig erachtet, sondern sollte die Menschen „von der Wiege bis zur Bahre" begleiten. Sie begann im frühesten Kindesalter in den sogenannten Kinderkrippen

---

1 Dieser elitäre Standpunkt wurde u.a. in den Feuerbach-Thesen scharf kritisiert. Vgl. Karl Marx, Thesen über Feuerbach, in: MEW Bd. 3, S. 533/534.

und reichte bis ins Rentenalter – wenn nicht in den Wohngebietsgruppen der SED-Parteiorganisation, dann in den Einrichtungen der „Volkssolidarität". Dazwischen lag ein umfassendes System nicht nur staatlicher Bildungseinrichtungen, sondern auch gesellschaftlicher Organisationen, die sämtlich einen Erziehungsauftrag zu erfüllen hatten und denen die Rolle des „Transmissionsriemens" der Politik der herrschenden Partei zugedacht war.[2] Ob die Einheitsgewerkschaft FDGB, die Gesellschaft für Deutsch-Sowjetische Freundschaft, der Demokratische Frauenbund Deutschlands, der Kulturbund der DDR oder die Gesellschaft für Sport und Technik – sie alle dienten einem übergeordneten Ziel und hatten ihren Beitrag zur Erziehung des sozialistischen Menschen zu leisten. Diese gesellschaftlichen Organisationen und ihre Untergliederungen erstreckten sich auf nahezu sämtliche Lebensbereiche der in diesem Staat lebenden Menschen. Über sie versuchte man, deren Aktivitäten in eine vorgegebene und kontrollierbare Struktur zu kanalisieren.

Daneben existierte für „entwicklungsfähige Kader" ein ganzes Netz von Schulungsmaßnahmen, um diese für ausgewählte Führungsaufgaben vorzubereiten und sie auf die „Höhe der gestellten Aufgaben" zu bringen. In diesem Sinne hat der Begriff des Eziehungsstaates auch für die DDR durchaus seine Berechtigung.

Diese Gewichtung öffentlicher Erziehungsinstanzen und das Mißtrauen gegenüber nichtstaatlicher – einschließlich der privaten – Erziehung in der Familie erhielt in der SBZ/DDR eine besondere Spezifik und auch scheinbare Rechtfertigung. Denn hier handelte es sich um eine Bevölkerung, die durch den Nationalsozialismus geprägt war und diese Diktatur getragen oder erduldet hatte. Ein großer Teil von ihr war Mitglied in den nationalsozialistischen Organisationen und Verbänden gewesen und hatte auf diese Weise zur Stabilisierung des NS-Systems beigetragen. Demgegenüber zeichnete sich die neue Führung mehrheitlich durch ihren Kampf gegen das nationalsozialistische System aus und/oder war von diesem verfolgt worden. Die Bevölkerung jedoch mußte zunächst vom faschistischen Gedankengut befreit und für eine „demokratische Entwicklung" gewonnen werden. Infolgedessen konnte die Erziehung der heranwachsenden Generation nur begrenzt der Familie und schon gar nicht privat organisierten Institutionen – etwa freien Trägern –, die sich der unmittelbaren Aufsicht und Kontrolle hätten entziehen können, überlassen werden. Auch der Einfluß der Eltern auf die Erziehung der Kinder sollte weitgehend zurückgedrängt werden, da er als potentiell „feindlich" angesehen wurde, wie im folgenden nachzuweisen versucht wird.

Dahinter stand jedoch vor allem die Befürchtung, daß sich demokratische und antifaschistische Bestrebungen Geltung verschaffen könnten, die nicht unbedingt mit der „Parteilinie" übereinstimmten. „Abweichungen" von dieser Linie hätten das sich nach sowjetischem Muster etablierende System in Frage stellen können. Konsequenterweise mußte daher von Anfang an die Herausbildung eines einheitlichen – gemeint als: keine anderen pädagogischen Auffassungen und Richtungen zulassenden – Erziehungs- und Bildungssystems auf der Tagesordnung stehen.

Das Mißtrauen der SED-Führung speiste sich auch aus der Tatsache, daß ein großer Teil der Bevölkerung mit Distanz nicht nur der Besatzungsmacht, sondern ebenso der

---

2 Vgl. zur Funktion der gesellschaftlichen und Massenorganisationen in: DDR-Handbuch, unter wiss. Leitung von Hartmut Zimmermann, Band 2, S. 876, und zu den einzelnen Organisationen u.a. Rüdiger Henkel, Im Dienste der Staatspartei. Über Parteien und Organisationen der DDR, hg. von der Unabhängigen Kommission zur Überprüfung des Vermögens der Parteien und Massenorganisationen der DDR, Baden-Baden 1994.

„einheimischen“ Führung gegenüberstand. Zum einen wurde die aus Moskau eingeflogene Führungsgruppe mit der Besatzungsmacht identifiziert,[3] als in deren Interesse handelnd, zum anderen existierte in Teilen der Bevölkerung ein Unbehagen gegenüber den in der vorausgegangenen NS-Diktatur verfolgten Kommunisten. Nicht nur, daß alte Grabenkämpfe in der Arbeiterschaft fortwirkten, sondern die Kommunisten verkörperten in persona das schlechte Gewissen der Nation. Mit ihnen verband sich Mut und widerständiges Verhalten, wogegen sich der große Teil der Bevölkerung dieser Diktatur untergeordnet oder diese sogar aktiv unterstützt hatte. Diese Erinnerung löste ein eher zwiespältiges Verhalten gegenüber den Kommunisten aus.

Eine derartig distanzierte Haltung sollte sich nicht auf die heranwachsende Generation übertragen, sondern ihr war mittels staatlicher Erziehung entgegenzuwirken. Die sowjetische wie die „einheimische“ Führung waren dabei als das positive und heroisierende Gegenbild nazistischer Herrschaftselite zu entwerfen.

Die von der SED entwickelten Bildungs- und Erziehungsvorstellungen sollten zunächst und primär über das neu etablierte Schulsystem verwirklicht werden. Durch veränderte Strukturen (Abschaffung des gegliederten Schulsystems), Austausch der Lehrerschaft und neue Lehrinhalte versuchte man, nachhaltig den Erziehungsprozeß im gewünschten Sinne zu steuern.

Um jedoch möglichst umfassenden Einfluß auf die Sozialisation der Heranwachsenden erlangen zu können, war die Ausdehnung der Aufsicht über den Schulalltag hinaus notwendig. Dazu bediente man sich einer zusätzlichen Institution, die sich auf den Freizeitbereich der Schüler erstreckte. Es war dies die von der SED initiierte und von der FDJ gegründete Kinderorganisation „Junge Pioniere“. Als einzig zugelassene Organisation für Kinder hatte sie nicht nur – wie im folgenden gezeigt werden wird – die Schule in ihrem Bildungsauftrag zu unterstützen, sondern auch die zielgerichtete politische Sozialisation der Heranwachsenden zu betreiben. Gleichzeitig versuchte man auf diese Weise, den bestimmenden Einfluß der Eltern auf die Erziehung ihrer Kinder zurückzudrängen. Die Pionierorganisation hatte mitzuhelfen an der Erziehung einer Staatsjugend, die dienend oder duldend der Partei als „Kampfreserve“ zur Verfügung stehen sollte.

2. Kinderorganisation in Diktaturen

Die staatliche Kinderorganisation wurde bisher in der wissenschaftlichen Forschung meist als altersmäßig zeitlich vorgelagerte der mit ihr verbundenen Jugendorganisation behandelt. Dies gilt im übrigen in gleicher Weise auch für die Kinderorganisation unter dem Nationalsozialismus.[4] Übersehen wird dabei die Spezifik von Kinderorganisationen in

---

3 Vgl. u.a. Wolfgang Leonhard, Die Revolution entläßt ihre Kinder, Köln 1990, der selbst zu dieser Führungsgruppe gehörte; Gerhard Keiderling (Hg.), „Gruppe Ulbricht“ in Berlin. April bis Juni 1945. Von den Vorbereitungen im Sommer 1944 bis zur Neugründung der KPD im Juni 1945. Eine Dokumentation. Berlin 1993.

4 Die altersspezifische Organisation von Jungvolk und Jungmädel wird in der NS-Forschung ebenfalls nur im Zusammenhang mit den Jugendorganisationen behandelt. Vgl. z.B. die einschlägigen Veröffentlichungen von Arno Klönne, Jugend im Dritten Reich. Die Hitler-Jugend und ihre Gegner, München 1990; Hans-Christian Brandenburg, Die Geschichte der HJ. Wege und Irrwege einer Generation, Köln 1982,

Diktaturen, deren eigentümliche Funktion, die sie für diktatorische Regimes besonders brauchbar macht. Denn im Gegensatz zu den Jugendverbänden hat die Organisierung von Kindern keine dementsprechende bedeutungsvolle Tradition vorzuweisen. Es stellt sich daher die Frage, warum ausgerechnet unter den Bedingungen der Diktatur diese Institution eine solche Wertschätzung für die Herrschenden erlangte.

Im Unterschied zur Kinderorganisation reichen die Wurzeln für die Jugendverbände bereits in das 19. Jahrhundert. Sie entstanden, um die Eigenständigkeit jugendlichen Alters mit ihren spezifischen Bedürfnissen gegenüber der Erwachsenenwelt zu artikulieren und sich selbstbewußt von dieser abzuheben. Sie thematisierten die unterschiedlichen Interessenlagen innerhalb der Jugend und brachten sie institutionell zum Ausdruck. So reichte das Spektrum von Jugendverbänden von bündischen und berufsständischen über konfessionell geprägte bis hin zu parteipolitisch orientierten Gruppierungen. In ihnen wurden jeweils spezifische Interessen von Jugendlichen gebündelt, eigene Wertvorstellungen entwickelt und versucht, ihnen gemäß zu leben. Wesentlich für diese Verbände und Organisationen war, daß sie eigener Sinngebung folgten. Diese Artikulation spezifischer Interessen gründete sich auf die in diesem Alter erfolgende Loslösung aus der persönlichen und materiellen Abhängigkeit vom Elternhaus.[5]

Im Gegensatz dazu war das Kindesalter durch materielle und emotionale Abhängigkeit von den Eltern geprägt. Nicht nur, daß dadurch die materiellen Voraussetzungen für selbständiges und autonomes Handeln fehlten, gleichzeitig waren die Kinder noch weitgehend auf Leitbilder und Werte der Erwachsenen fixiert, suchten sie eher feste Orientierungen, als daß sie zu selbständiger Interessenartikulation fähig gewesen wären. Eine Organisierung von Kindern in Verbänden konnte deshalb nicht Folge selbstbestimmten Handelns sein, sondern war das Werk von Erwachsenen zum Zwecke einer ihren Vorstellungen gemäßen Erziehung. Die Kinder waren in der Regel Objekt ihrer Einwirkungen entsprechend einem von ihnen angestrebten Ziel. Denn der Sinn von Organisation besteht in einer Ziel- und Zweckbestimmtheit, in einer Bündelung von Interessen zur Realisierung bestimmter Absichten oder Tätigkeiten, die individuell nicht allein durchsetzbar wären und die sich an bestimmte verabredete Regeln und Rituale hält. Sie sind dementsprechend zu unterscheiden von zwanglosen Formen gemeinsamer – durchaus bestimmte Absichten verfolgender – Tätigkeit, wie sie sowohl von Kindern untereinander, als auch Erwachsenen für diese angestrebt werden. Diese keinen starren Regeln unterliegenden Gruppierungen sind eindeutig von sozialen Organisationen abzuheben. Darunter fallen auch solche von Erwachsenen für Kinder initiierten Interessenzusammenschlüsse wie z.B. die Kinderfreundebewegung in der Weimarer Republik, die sich um eine Verbesserung der Lage der Kin-

---

Martin Klaus, Mädchen im Dritten Reich. Der Bund Deutscher Mädel (BDM), Köln 1983; Dagmar Reese, Straff aber nicht stramm – herb, aber nicht derb. Zur Vergesellschaftung von Mädchen durch den Bund Deutscher Mädel im sozialkulturellen Vergleich zweier Milieus, Weinheim und Basel, 1989; Heinz Boberach, Jugend unter Hitler. Düsseldorf 1982.

5 Vgl. dazu u.a. John R. Gillis, Geschichte der Jugend. Tradition und Wandel im Verhältnis der Altersgruppen und Generationen in Europa von der zweiten Hälfte des 18. Jahrhunderts bis zur Gegenwart, Weinheim und Basel 1984; Michael Mitterauer, Sozialgeschichte der Jugend, Frankfurt a. Main 1986; Dieter Baake, Jugend und Jugendkulturen. Darstellung und Deutung, Weinheim/München 1987; Jürgen Reulecke, Jugend und „junge Generation" in der Gesellschaft der Zwischenkriegszeit, in: Handbuch der deutschen Bildungsgeschichte, Band 5, 1918-1945, hg. v. Dieter Langewiesche und Heinz-Elmar Tenorth, München 1989, S. 86-110.

der, die Schaffung günstiger Bedingungen für ihre Entwicklung sowie um das Erlernen demokratischer Regeln und sozialer Verhaltensweisen bemühten, dabei aber den Kindern freie Entfaltungsmöglichkeiten boten.[6]

Auch wenn in den Kinderorganisationen altersspezifische Bedürfnisse Berücksichtigung fanden, ging es in erster Linie um die Übernahme von Wertmaßstäben und Verhaltensmustern Erwachsener durch die Kinder. Ziel und Zweck des Zusammenschlusses wurde von den Erwachsenen, nicht von den Kindern, bestimmt. Kinderorganisationen wurden daher in der Regel von Institutionen begründet, die ein eigennütziges und im Sinne ihrer Reproduktion machterhaltendes Interesse verfolgten. Dies traf sowohl auf Parteien, aber auch kirchliche Institutionen zu, die sich der Kinderorganisation bedienten, um ihre Wertvorstellungen auf die Erziehung der Kinder zur Sicherung ihrer eigenen Stabilität und Kontinuität zu übertragen, ohne anderen Einflüssen Raum zu geben, sondern ganz im Gegenteil, diese auszuschalten. Im Unterschied zu Erziehungskonzepten, die die Verbesserung von Entwicklungsmöglichkeiten der Kinder, den Erwerb eigener Urteils- und Entscheidungskompetenz zum Ziel haben, ging es den Organisatoren um Fortführung ihres „Besitzstandes“ im weitesten Sinne. Kinderorganisationen weisen daher im allgemeinen einen autoritären und fremdbestimmten Charakter auf.

In gewissem Maße kann dies auch für Jugendorganisationen zutreffen, besonders dann, wenn sie z.B. den Nachwuchs für Parteien heranziehen sollen, also Schöpfungen von Parteien selbst sind. In der Ausschließlichkeit wie für die Kinderorganisationen gilt diese Abhängigkeit jedoch nicht, da Jugendliche in der Lage sind, ihren Interessen und Bedürfnissen Nachdruck zu verleihen, so daß auf diese immer wieder reagiert werden muß, will man sie für sich gewinnen.

Kinderverbände, denen also der innere Antrieb zur Selbstorganisation fehlt, für die die Impulse vor allem „von außen“ kommen, sind in der Geschichte daher nicht sehr häufig. Um so bemerkenswerter ist es, daß gerade totalitäre Systeme sich dieser Institution bedienen. Vom Standpunkt des Herrschaftsinteresses schien die Kinderorganisation besonders geeignet, den Zugriff von Partei und Staat auf die Heranwachsenden zu ermöglichen und eine systemkonforme Erziehung zu realisieren. So gesehen kam der Kinderorganisation mehr Bedeutung zu, als lediglich den Eintritt in den Jugendverband vorzubereiten.

Immerhin konnte über die Kinderorganisation frühzeitig auf die Heranwachsenden Einfluß genommen werden, und zwar bevor diese Entscheidungskompetenz erwarben und zu eigenständiger Interessenartikulation in der Lage waren. Die weltanschaulichen Prämissen und Handlungsanforderungen sollten von Kindheit an von den Herrschaftsabsichten der Staatspartei geprägt werden. Das „Fühlen und Denken“ der Kinder war mit den Partei- und

6 Zur Geschichte der Kinderfreundebewegung existiert eine umfangreiche Literatur. Vgl. vor allem dazu in jüngster Zeit: Dieter Vassmers, Geschichte der Kinderfreundebewegung. Arbeits- und Informationsmaterialien, hg. von der Forschungsgruppe der Geschichte der Kinderbewegung, Dresden 1990, Heft 1-4, und die Beiträge von Volker Hoffmann, Kordula Langhof-Johnen-Bühler, Roland Gröschel, Sozialistische Erziehung und Kinderfreundebewegung in der Weimarer Republik, in: ...interventionen...Vierteljahrszeitschrift. Beiträge zur Geschichte und Gegenwart politischer Sozialisation und Partizipation, 1. Jg., Heft 3/1991; Friederike Wetzorke, Die Braunschweiger Kinderfreundebewegung 1924-1930. Lagerromantik und sozialistische Erziehung, Frankfurt a.M. 1992; Ludwig Liegle, Kinderrepubliken. Dokumentation und Deutung einer „modernen“ Erziehungsform, in: Zeitschrift für Pädagogik, 35. Jg. 1989, S. 399-416. Siehe auch Literaturnachweis.

Staatsinteressen in Übereinstimmung zu bringen, letztlich diesen unterzuordnen. Sie sollten folglich als die eigenen begriffen und angeeignet werden.

Diese Verinnerlichung der Werte und Ziele der alleinherrschenden Partei konnte am effektivsten in einem Alter geschehen, in dem die Heranwachsenden selbst nach Orientierungen suchten und noch relativ unkritisch Wertvorstellungen Erwachsener übernahmen. Man setzte auf die Unerfahrenheit der Kinder unter Ausnutzung autoritärer Mechanismen. Auf diese Weise hoffte man, sehr frühzeitig stabile Grundüberzeugungen verankern zu können, die auch einen konfliktfreien Übergang vom Kindes- zum Jugendalter ermöglichten. Die für die jugendliche Altersphase typischen Verhaltensmuster, wie Absetzung von der Erwachsenenwelt, Infragestellen ihrer Wertvorstellungen und Ziele sowie die Erarbeitung eines eigenen Lebensentwurfs – wie sie auch für die Jugendbewegung charakteristisch waren –, sollten durch eine frühe Verwurzelung staatstragender Überzeugungen und Eigenschaften gar nicht erst zum Ausbruch kommen. Die Erziehung zur Kaderreserve der Partei hatte bereits in der Kinderorganisation zu beginnen. Freilich konnte eine solche Saat nur aufgehen, wenn alternative Leitbilder, Überzeugungen und Verhaltensmuster aus der Gesellschaft verbannt und ein Weltanschauungs- und Wahrheitsmonopol von der Partei beansprucht wurde, das sie mittels diktatorischer Methoden durchzusetzen suchte.

Diesen Intentionen der Herrschenden entsprach auch die Struktur der organisatorischen Erfassung der Heranwachsenden. Einerseits war die Kinderorganisation durch eine relative und formale Selbständigkeit vom Jugendverband gekennzeichnet, da die Erziehungsaussichten günstiger erschienen, wenn man immerhin auf die spezifischen Bedürfnisse des Kindesalters Rücksicht nahm, andererseits existierte eine inhaltliche und organisatorische Verknüpfung zwischen beiden Verbänden, indem auch die Verantwortlichkeit der Jugendorganisation für erstere eindeutig geregelt war. Auf diese Weise sollte ein nahtloser Übergang von der einen zur anderen altersspezifischen Organisation erreicht werden – die ideologischen Prämissen und Verhaltenserwartungen blieben ohnehin die gleichen. Ebenso wie über den Jugendverband die künftigen Kader der Partei rekrutiert werden sollten, bildete die Kinderorganisation das Mitgliederreservoir für den Jugendverband.

Durch die frühzeitige organisatorische Erfassung der Kinder wollte man nicht nur Einfluß auf die Herausbildung konkreter politischer Leitbilder und grundlegende Handlungsorientierungen geben, sondern der Akt der Organisierung selbst sollte zur sozialen Erfahrung werden. Die Einbindung in ein enges Netz staatlich kontrollierter Organisationen, die Tatsache des Organisiertwerdens (nicht die Selbstorganisation) hatte sich frühzeitig und nachhaltig im Bewußtsein der Heranwachsenden zu verankern. Die Zugehörigkeit zu verschiedenen „Kollektiven" bzw. „Gemeinschaften" sollte die Individuen zur Ein- und Unterordnung in eine vorgegebene Struktur zwingen und eine selbstbewußte Artikulation eigener Interessen verhindern. Ob diese Hoffnungen der staatstragenden Partei aufgingen, ist dabei eine andere, weiteren Forschungen vorbehaltene Frage.

3. Die staatliche Kinderorganisation in vergleichender Perspektive

Die Erziehung einer Staatsjugend bildete eine tragende Säule des realsozialistischen Gesellschaftssystems. „Wer die Jugend hat, hat die Zukunft" – dies wußten auch die Machtausübenden in der DDR. Von Beginn an widmete daher die SED der heranwachsenden Jugend besondere Aufmerksamkeit. „Wir wollen alle unsere Kraft dafür einsetzen, die Jugend, die große künftige Generation heranzuziehen, die siegreich zu Ende führen wird, was wir heute beginnen. Das muß eine der elementarsten Aufgaben aller unserer Organisationen in der SED sein"[7]. Die Jugend sollte danach das „Werk" der Partei fortsetzen und die Kontinuität ihres Machtanspruchs sichern.

Diesen totalen Anspruch der Partei auf die heranwachsende Generation teilte das Herrschaftssystem in der DDR mit der vorausgegangenen deutschen Diktatur des Nationalsozialismus. Dabei drängen sich nicht nur fast auswechselbare Bilder im Gleichschritt marschierender, fahnenschwenkender und ihrer Führung zujubelnder Kinder und Jugendlicher auf, auch der Gestus, mit der die Gefolgschaft der Heranwachsenden eingefordert wird, scheint Ähnlichkeiten zu assoziieren. Freilich darf eine solche Analogie nicht im Bildhaften und Äußerlichen steckenbleiben. Vielmehr ist zu fragen, ob diese wahrnehmbaren ähnlichen Erscheinungsformen von formierter Jugend auf grundlegende Gemeinsamkeiten in beiden Systemen schließen lassen. Augenfällig ist immerhin, daß beide Diktaturen auf eine sehr frühzeitige politische Mobilisierung der Heranwachsenden, die zielgerichtet geplant schon im Kindesalter begann, setzten. Ganz offensichtlich kommt in beiden Systemen den Kinder- und Jugendorganisationen eine herausragende Bedeutung zu, die sich nicht nur an Bildern, sondern an ihrem politisch zugedachten Stellenwert festmachen läßt.

Diese besondere Rolle der Kinder- und Jugendorganisationen in den Diktaturen, die den Status eines Monopols beanspruchten, legt es nahe, einen vergleichenden Blick auf beide zu werfen. Dabei heißt Vergleichen nicht Gleichsetzen[8], um sogleich den Verdacht auszuräumen, es handele sich dabei um gleichermaßen terroristische Systeme. Die Singularität des NS-Regimes soll nicht in Frage gestellt werden.

Der Vergleich basiert zunächst auf der Überzeugung, daß es sich bei beiden Systemen um Diktaturen handelt. Immerhin müssen ähnliche Merkmale vorhanden sein, um einen Vergleich anstellen zu können. Genau dies scheint für die DDR umstritten. Ein Vergleich zwischen dem nationalsozialistischen System und der diktatorischen Sowjetunion, besonders der dreißiger Jahre, wird dagegen eher akzeptiert. Selbstverständlich hatte die DDR keine Massenverfolgungs- und Vernichtungsfeldzüge gegen die eigene Bevölkerung aufzuweisen, wie dies in der Sowjetunion der Fall war. Dennoch gehörte die Methode der Verfolgung Andersdenkender und die Vernichtung ihrer Existenzgrundlagen zum inhärenten Bestandteil des DDR-Regimes. Es waren wohl vor allem politische Gründe, die bei vielen (westlichen) Wissenschaftlern die Hoffnung nährte, es handele sich bei der DDR um eine alternative, antikapitalistische Gesellschaft, um ein „besseres" Deutschland, das sich

7 Referat von Wilhelm Pieck auf dem 15. Parteitag der KPD am 19. und 20. April 1946 in Berlin, in: Partei und Jugend, S. 264.

8 Vgl. Jürgen Kocka, Ein deutscher Sonderweg. Überlegungen zur Sozialgeschichte der DDR, in: Aus Politik und Zeitgeschichte, Beilage zur Wochenzeitung Das Parlament, B 40/94, S. 35.

durch einen scheinbar konsequenten Antifaschismus auszeichnete. Das Ausmaß an Unterdrückung in der DDR wurde dagegen weniger wahrgenommen. Erst durch den Zugang zu den vielfältigen Informationen, besonders durch die Öffnung der Archive von Parteien- und Massenorganisationen und der Repressivapparate konnte offenbar die Überzeugung reifen, daß durchaus gemeinsame Merkmale zwischen den Herrschaftsmethoden des nationalsozialistischen Deutschlands, der Sowjetunion und der DDR bestanden, die nicht zufälliger Art waren. Es brauchte in der DDR nach der Wende erst einige Zeit, bis die in der Geschichtswissenschaft nicht unübliche Methode des Vergleichs auch auf die DDR in diesem Sinne Anwendung fand.

Was bringt ein solcher Vergleich? Abgesehen davon, daß im Alltag die Menschen ständig Vergleiche anstellen, ist er auf wissenschaftlichem Gebiet dazu geeignet, den untersuchten Gegenstand einordnen und Verallgemeinerungen vornehmen zu können. Der Vergleich ermöglicht, daß „ein historischer Tatbestand stärker hervortritt", er erzeugt einen „Kontrast und damit die gewünschte analytische Klarheit"[9]. Er veranlaßt, den eigenen Gegenstand der Forschung genauer zu begreifen und Erklärungsansätze durch vergleichendes Abwägen zu finden. Dieses komparative Verfahren besteht nicht im Gleichsetzen, „sondern in der Feststellung von Ähnlichkeiten und Unterschieden wie in deren Erklärung und Deutung".[10] Ein „Gütekriterium" für den vorzunehmenden Vergleich ist nach Adolph[11] daher gerade die Herausarbeitung von Unterschieden, damit die jeweilige Trennschärfe und Spezifik des Gegenstandes erfassend. Der Vergleich ist jedoch nur sinnvoll, wenn bestimmte Gemeinsamkeiten vorhanden sind, die diesen auch nahelegen.

Solche Übereinstimmungen zwischen dem nationalsozialistischen und DDR-System sind – kurz umrissen – in folgendem gegeben[12]: Beide Regime waren durch eine Einparteienherrschaft mit Hegemonialanspruch gekennzeichnet. Zur Sicherung ihrer Macht setzten sie einen Überwachungs- und Terrorapparat ein, der jede Form abweichenden Verhaltens registrierte und verfolgte. Dies führte zur systematischen Verletzung von Bürger- und Menschenrechten, wie auch zu Übergriffen auf private Räume. Gleichzeitig ordneten sie staatliche Instanzen ihrem Herrschaftswillen unter und beseitigten deren Selbständigkeit. Sie bedienten sich einer Ideologie, die sie in den Stand einer Staatsdoktrin erhoben und die auf eine grundsätzliche Veränderung der Gesellschaft abzielte und u.a. durch die Erziehung eines neuen Menschentyps erreicht werden sollte. Zu dessen Verwirklichung setzten sie moderne Massenkommunikationsmittel zur Propaganda und Beeinflussung der Bevölkerung ein. Überdies bedienten sie sich moderner Organisationsstrukturen, wie sie die sogenannten Massenorganisationen darstellten, und benutzten diese als „Transmissionsriemen" wie auch zur mehrfach verankerten dezidierten

---

9 Thomas Adolph, Einleitende Anmerkungen zur historisch-politikwissenschaftlichen Methode des Vergleichs, in: Ludger Kühnhardt, Gerd Leutenecker, u.a. (Hg), Die doppelte deutsche Diktaturerfahrung. Drittes Reich und DDR – ein historisch-politikwissenschaftlicher Vergleich, Frankfurt a. M., Bern, New York, Paris, Wien 1994, S. 24.

10 Jürgen Kocka, Ein deutscher Sonderweg. a.a.O., S. 35.

11 Vgl. Thomas Adolph, Einleitende Anmerkungen...a.a.O., S. 30.

12 Hierbei stütze ich mich vor allem auf die Ausführungen von Jürgen Kocka vor der Enquete-Kommission des Deutschen Bundestages, in: Materialien der Enquete-Kommission „Aufarbeitung von Geschichte und Folgen der SED-Diktatur in Deutschland" (12. Wahlperiode des Deutschen Bundestages), hg. vom Deutschen Bundestag, Band IX, Frankfurt a. Main 1995, S. 588 ff.

Kontrolle und politischen Mobilisierung der Bevölkerung. In diesen Rahmen ordnen sich auch die Kinder- und Jugendorganisationen ein.

Dies sind einige wesentliche Gemeinsamkeiten beider Diktaturen, die mithin für einen Vergleich sprechen.[13]

Gleichzeitig existieren eine Reihe erheblicher Unterschiede „größerer Reichweite", die auch für den hier untersuchten Gegenstand Konsequenzen haben und dessen Spezifik erkennen lassen. So ist die NS-Diktatur eine eigenständig installierte, von einem großen Teil der Bevölkerung gewollte oder geduldete. Demgegenüber handelt es sich bei der DDR um eine von außen aufgezwungene, in seinen wesentlichen Merkmalen abgeleitete, nämlich von der Sowjetunion übernommene, Herrschaftsform. Auch die ökonomischen Strukturen weisen wesentliche Unterschiede auf. Während im NS die Formen kapitalistischen Eigentums keine grundsätzliche Veränderung erfahren (auch wenn zunehmend dirigistisch in die Wirtschaft, besonders mit Fortschreiten des Krieges eingegriffen wurde), wurde in der DDR ein System zentralistischer Staatswirtschaft von der Sowjetunion übernommen, das eine Verschmelzung von politischer und wirtschaftlicher Macht herstellte. Dies hatte entscheidende Konsequenzen hinsichtlich der dirigistischen Lenkung und der Einflußmöglichkeiten auf die Teilbereiche der Gesellschaft. Die Installierung des neuen Herrschaftssystems war weiterhin verbunden mit einer fast vollständigen Auswechslung alter Eliten und der Rekrutierung einer neuen Sozialstruktur. Darüber hinaus trug der Repressivapparat in der DDR keinen in erster Linie menschenvernichtenden – wenn auch menschenverachtenden – Charakter, der wie im NS zu Millionen von Opfern führte. Auch waren dessen Aggressionspotentiale weniger nach außen gerichtet, sondern eingebunden in den Warschauer Pakt. Und schließlich lag beiden Diktaturen eine andere Ideologie zugrunde, die sich im Falle des Marxismus-Leninismus an rationalen Kriterien orientierte.

Diese hier nur grob umrissenen Gemeinsamkeiten und Unterschiede beider Diktaturen bilden den gesellschaftlichen Rahmen, innerhalb dessen die Kinder- und Jugendorganisationen sich herausbildeten und sie prägten. Ohne die Kenntnis der Grundlagen beider Diktaturen können deren spezifische Funktionen und Inhalte nicht erfaßt werden. Das Außerachtlassen der jeweils besonderen Systembedingungen könnte daher zu falschen Bewertungen von Teilbereichen der Gesellschaft führen. Ein anschauliches Beispiel dafür liefert Hermann Ottensmeier in seinem Buch „Faschistisches Bildungssystem in Deutschland zwischen 1933 und 1989". Ohne die Grundlagen in ihren wesentlichen Bedingungen von Ökonomie, Politik und Ideologie beider Diktaturen zu untersuchen, sondern lediglich moralische und ideologische Wertmaßstäbe – willkürlich herausgegriffen – zu vergleichen, kommt er zu dem Schluß, „daß National- und Realsozialismus dem selben politischen System zugeordnet werden" müssen[14] und nur noch eine Zuordnung nach Rechts- und Linksfaschismus erfolgt. „Rechtsfaschistisch, -radikal oder -totalitär werden diejenigen genannt, die alle gesellschaftlichen Phänomene entsprechend der sozialdarwinistischen Rassenkampflehre monokausal interpretieren, während diejenigen, die monokausal die sozioökonomistische Klassenkampflehre zugrunde legen, als linksfaschistisch etc. bezeichnet wer-

---

13 Vgl. dazu auch Karl Graf Ballestrem, Der Totalitarismus in Osteuropa und seine Folgen - eine theoretische Betrachtung, in: Hans Maier (Hg.), Totalitarismus und politische Religionen. Konzepte des Diktaturenvergleichs, Paderborn, München, Wien, Zürich 1996, S. 251 ff.

14 Hermann Ottensmeier, Faschistisches Bildungssystem in Deutschland zwischen 1933 und 1989. Kontinuität zwischen Drittem Reich und DDR. Hamburg 1992, S. 30.

den".[15] Abgesehen davon, daß es schon einen grundlegenden Unterschied macht, ob rassische oder soziale Kriterien das Wertungssystem einer Gesellschaft bestimmen (wobei diese von Ottensmeier nicht hinterfragt werden) und es sich hierbei nicht um eine Beliebigkeit handelt, taugen diese Merkmale allein nicht, um das Wesen einer Gesellschaft zu erfassen. Dieses Verfahren greift zu kurz. Daher kommt er in seiner Anwendung auf das Bildungssystem in beiden Diktaturen zu der Folgerung, „daß die oben gewonnenen grundsätzlichen Erkenntnisse über die faschistische Erziehung und die Struktur des faschistischen Geschichtsunterrichtes uneingeschränkt auch für die ‚DDR' bis zum Jahre 1989 zutreffen"[16].

Eine solche Einschätzung ist wohl nur möglich, wenn die gesellschaftlichen Grundlagen beider Systeme und ihre Reproduktionsbedingungen, auch wenn es sich gleichermaßen um Diktaturen handelt, nicht zur Kenntnis genommen werden. Hier erfolgt eine platte Gleichsetzung beider politischer Ordnungen, die in der Beliebigkeit des Vergleichs wurzelt.

Statt dessen darf nicht von vornherein eine Auswahl von Gemeinsamkeiten im Vordergrund stehen, wobei dann willkürlich nach Erscheinungen gesucht wird, die zueinander passen, sondern die Fragestellung muß Offenheit für die Bewertung erkennen lassen[17] wie auch den Untersuchungsgegenstand in den jeweiligen gesellschaftlichen Kontext – und dazu gehören nicht nur die ideologischen Wertvorstellungen – einordnen.

Wenn in der vorliegenden Arbeit der Vergleich zwischen den Kinderorganisationen des NS und der DDR in einem abschließenden Kapitel unternommen wird, so mit dem Ziel, Ähnlichkeiten und Unterschiede in ihren Entstehungsbedingungen, ihrer Funktion und ihren Mechanismen hinsichtlich der Einbindung der Heranwachsenden in das Herrschaftssystem zu untersuchen, aber auch die Grenzen totaler Erfassung zu diskutieren.

---

15 Ebenda, S. 29.

16 Ebenda, S. 225.

17 Vgl. Thomas Adolph, Einleitende Anmerkungen, a.a.O. S. 29/30.

KAPITEL 2

„Es muß demokratisch aussehen“ - Die Herausbildung der Pionierorganisation

1. Die Gewinnung der Jugend im Kontext des Systemkonflikts nach dem II. Weltkrieg

Der oben zitierte Ausspruch Walter Ulbrichts, der durch Wolfgang Leonhard überliefert ist[1], bezog sich zwar nicht explizit auf die Pionierorganisation, sondern allgemeiner auf die neu zu schaffenden Institutionen, die nach der Befreiung vom Faschismus durch die Ulbricht-Gruppe in Zusammenarbeit mit der SMAD initiiert werden sollten. Er charakterisiert jedoch zutreffend die Absicht der Herrschenden, in welche Richtung die Entwicklung in der SBZ/DDR gehen sollte. Den entstehenden Organisationen und Institutionen versuchte man einen demokratischen Anschein zu verleihen und sie entsprechend vor der Öffentlichkeit zu legitimieren. Letztlich ging es jedoch um die Durchsetzung der politischen Interessen einer kleinen Führungsgruppe. Dies kann auch für die Pionierorganisation behauptet und an ihrer Entwicklung aufgezeigt werden.

„Keiner zu klein, Kämpfer zu sein“[2] – so lautete ein Motto der sich in der Gründungsphase befindenden Kinderorganisation. Dieser kämpferische Aufruf beschreibt nicht nur das Ziel der Organisierung der Kinder, sondern weist zugleich auf die konflikthafte gesellschaftliche Situation nur kurze Zeit nach dem Ende des II. Weltkrieges hin. Die Pionierorganisation entstand zu einer Zeit, als der Kalte Krieg sich voll zu entfalten begann und die Systemauseinandersetzung zwischen den Ost- und Westmächten an Schärfe zunahm. Obwohl für die Großmächte die Deutschlandfrage noch nicht gelöst war, gerieten die gesellschaftspolitischen Entwicklungen in beiden Teilen Deutschlands immer weiter auseinander. Wie weit sie bereits auseinanderdrifteten, zeigen die bis dahin schon geschaffenen vollendeten Tatsachen.[3] Der 1947 verkündete Marshall-Plan, der den Wiederaufbau

---

1 Das Zitat lautet vollständig: „Es muß demokratisch aussehen, aber wir müssen alles in der Hand haben.“ Vgl. Wolfgang Leonhard, Die Revolution entläßt ihre Kinder, Köln 1992, S. 440.

2 Protokoll der 13. Zentralratstagung der FDJ vom 20/21. Mai 1948, S. 87, in: SAPMO-BArch, DY 24/2.112.

3 Zu den Entwicklungen in Deutschland nach dem Kriege sei hier nur auf folgende Standardwerke verwiesen: Hermann Weber, Geschichte der DDR, München 1989 und ders., DDR. Grundriß der Geschichte 1945-1990, Hannover 1991; Christoph Kleßmann, Die doppelte Staatsgründung, Deutsche Geschichte

der Wirtschaft in den Westzonen zum Inhalt hatte, markiert die sich vollziehende Einbindung dieses Teils Deutschlands in den westlichen Machtbereich. Demgegenüber ging es in der sowjetischen Zone noch um die Erfüllung der Reparationsleistungen an die Sowjetunion, die zur wirtschaftlichen Schwächung Ostdeutschlands führte. Gleichzeitig wurde mit der auf Befehl der SMAD gegründeten Deutschen Wirtschaftskommission (DWK) die Umgestaltung der Wirtschaft mit dem Ziel der Verstaatlichung und basierend auf planwirtschaftlichen Prinzipien nach sowjetischem Vorbild betrieben. Das vormals einheitliche Wirtschaftsgebiet wurde schließlich mit der im Juni 1948 erfolgenden Währungsreform, zunächst in den Westzonen, dann – als Reaktion – in der Sowjetischen Besatzungszone zerrissen. Der Beginn der Wirtschaftsblockade Westberlins durch die sowjetische Besatzungsmacht zeigte den Grad des bereits deutlich vorangeschrittenen Konflikts.

Als die Außenministerkonferenzen der Großmächte von 1947 und 1948 keine Lösung der Deutschlandfrage brachten, brach auch die alliierte Verwaltung – nachdem die Sowjets im März 1948 den Alliierten Kontrollrat verlassen hatten – für Deutschland zusammen. Die Bildung des Parlamentarischen Rates in Westdeutschland am 1. September 1948 trieb die Einbindung in das Westliche Bündnis – und damit die Spaltung Deutschlands – weiter voran.

Nachdem die SED, gestützt auf die Sowjetunion, ihren Hegemonialanspruch in Ostdeutschland bekundet hatte, kam es für sie nunmehr darauf an, die Bevölkerung für den Aufbau einer neuen Ordnung und ihre gesellschaftspolitischen Zielstellungen zu gewinnen. Durch Gründung von sogenannten Blockparteien und Massenorganisationen versuchte sie, die Bevölkerung in das neu entstehende System einzubinden und ihrer Führungsrolle zu unterwerfen.

Eine wesentliche Stütze „im Kampf um die neue Ordnung“ sollte dabei die Jugend sein, die es entsprechend zu mobilisieren und in das System zu integrieren galt. Die Gewinnung der Jugend war nicht nur eine entscheidende Bedingung für die Überlebensfähigkeit der neuen Gesellschaft, sondern sie wurde gleichzeitig zu einer politischen Frage in den Auseinandersetzungen zwischen Ost und West. Daran ließ sich demonstrieren, welches System tatsächlich in der Lage wäre, der heranwachsenden Generation eine sinnvolle und sichere Perspektive zu bieten. Auf diese Weise sollte ein Beweis für die Überlegenheit der jeweiligen gesellschaftlichen Ordnung geliefert werden.

Diese Einbindung der Jugend erfolgte in der sowjetischen Besatzungszone über die Schaffung einer einheitlichen Jugendorganisation, die unter den Prämissen eines konsequenten Antifaschismus und des Aufbaus eines demokratischen Deutschlands Anziehungskraft auf die Jugendlichen ausüben sollte. Bereits im Exil hatte die KPD ein entsprechendes Konzept für eine einheitliche Jugendorganisation erarbeitet[4], das jetzt seine Anwendung fand. Nach der Zerschlagung des Faschismus bot sich die KPD sofort als der treueste Verbündete der Jugend an. Schon auf dem Vereinigungsparteitag von KPD und SPD 1946 reklamierte sie die Führerschaft über die Jugend. So hieß es in dem Referat von Wilhelm Pieck: „Die Jugend soll von Vertrauen und Zuversicht erfüllt werden, daß sie in unserer Partei die große Führerin sieht, der sie folgen muß, um selbst einmal das Geschick unseres

---

1945-1955, Bonn 1986; Dietrich Staritz, Geschichte der DDR 1945 - 1985, Frankfurt a.M. 1987; Peter Borowsky, Deutschland 1945 - 1969, Hannover 1993 u.a.

4 Vgl. u.a. die Rede von Anton Ackermann auf der Brüsseler Parteikonferenz der KPD vom 3.-15. 10. 1935, in: Partei und Jugend. Dokumente marxistisch-leninistischer Jugendpolitik, Berlin 1986, S. 188-211.

Vaterlandes in die Hand zu nehmen."[5] Dennoch propagierte die 1946 gegründete Freie Deutsche Jugend, „den überparteilichen Charakter unserer Organisation wie unseren eigenen Augapfel zu hüten"[6]. Tatsächlich gab es von Beginn ihrer Gründung an harte Auseinandersetzungen innerhalb des Zentralrats der FDJ, deren Mitglieder zunächst unterschiedliche politische Strömungen repräsentierten. In erster Linie ging es dabei um die zukünftige politische Linie der Jugendorganisation. Allmählich gelang es den SED-Mitgliedern im Zentralrat, ihre Führungspositionen auszubauen, die Politik der FDJ mit der der SED in Übereinstimmung zu bringen, Kontrahenten auszuschalten, ohne dabei die Existenz der FDJ insgesamt zu gefährden.

Als die FDJ auf ihrer 17. Zentralratstagung am 11./12. 12. 1948 die Gründung der Kinderorganisation „Junge Pioniere" verkündete (als Gründungstag gilt der 13. Dezember 1948), gehörten die heftigen Auseinandersetzungen im Zentralrat der FDJ bereits der Vergangenheit an. Die ursprünglichen Vertreter der LDP und CDU sowie der Kirchen waren aus dem Zentralrat ausgeschieden und z.T. durch kompromißbereitere FDJ-Mitglieder ersetzt worden.[7] Im März 1948 waren im Sekretariat des Zentralrats der FDJ die SED-Funktionäre schon nahezu unter sich.[8] Die Kontroversen um die Politik der FDJ, die sich z.B. an den Fragen der parteipolitischen Unabhängigkeit, der einseitigen Bindung an sowjetische Positionen oder der Gewaltfreiheit der Jugendorganisation entzündeten[9], konnten durch das veränderte Kräfteverhältnis im Zentralrat unterbunden werden. Die politische Linie der SED hatte sich bereits zu diesem Zeitpunkt in der FDJ durchgesetzt. Die Gründung der Pionierorganisation ist dabei selbst Resultat dieser Auseinandersetzungen und des Sieges der SED auf diesem Gebiet.

Allerdings spielten sich die Kontroversen nicht nur zwischen den Vertretern der verschiedenen Parteien in der FDJ ab, sondern es war dies auch ein Kampf zwischen sozialdemokratischen und kommunistischen Positionen. Der Machtkampf innerhalb der SED, der zwischen ehemaligen Sozialdemokraten und Kommunisten stattfand und der schließlich mit der Zurückdrängung der ersteren und der Durchsetzung des kommunistischen Führungsanspruchs endete, fand auch in der FDJ seinen Ausdruck und hier speziell in der Frage der Kinderorganisation.

---

5 Referat von Wilhelm Pieck auf dem Vereinigungsparteitag von SPD und KPD am 21. und 22. April 1946 in Berlin, in: ebenda, S. 265.

6 Referat von Erich Honecker auf dem I. Parlament der FDJ vom 8. bis 10. Juni 1946 in Brandenburg, in: Protokoll des I. Parlaments der Freien Deutschen Jugend. Berlin 1946, S. 52.

7 Vgl. Ulrich Mählert, Die Freie Deutsche Jugend 1945-1949. Von den „Antifaschistischen Jugendausschüssen" zur SED-Massenorganisation: Die Erfassung der Jugend in der Sowjetischen Besatzungszone, Paderborn 1995, S. 236 ff.

8 Vgl. ders., Die Gründung und Instrumentalisierung der Freien Deutschen Jugend durch die KPD/SED (1945/46-1949). Magisterarbeit, Mannheim 1991, S. 84.

9 Vgl. dazu Hermann Weber, Die Freie Deutsche Jugend (FDJ), in: Martin Broszat/Hermann Weber (Hg.), SBZ-Handbuch, München 1993, S. 672.

2. Die Vorgeschichte der Pionierorganisation: Von den Kindergruppen zur Kindervereinigung der FDJ

Nach dem Zusammenbruch des nationalsozialistischen Systems hatten sich spontan Kindergruppen gebildet (in Berlin bereits im Juni/Juli 1945), deren Initiatoren vor allem aus der sozialdemokratischen Kinderfreundebewegung[10], verschiedenen Jugendorganisationen aus der Weimarer Republik, darunter auch dem kommunistischen Jugendverband, kamen. Aber auch engagierte Frauen, Neulehrer und andere Einzelpersonen gehörten dazu. Später nahmen sich vereinzelt auch die wieder- und neuentstehenden Organisationen, wie z.B. die Gewerkschaften, der Konsumverband, die antifaschistischen Frauenausschüsse und der spätere Demokratische Frauenbund Deutschlands, die Volkssolidarität u.a. der Kinder an. Ihnen allen ging es hauptsächlich darum, die Kinder, um die sich nach dem Kriege kaum jemand kümmerte und die in dezimierten Familien und unter z.T. katastrophalen materiellen Bedingungen aufwuchsen, zusammenzuführen und sinnvoll zu beschäftigen. Unter ihrer Anleitung wurde gemeinsam gespielt, Theateraufführungen inszeniert, gebastelt, Lieder eingeübt, Bücher gelesen und Sport getrieben. Vorwiegendes Ziel war es, ein wenig Freude in den Alltag der Kinder zu bringen. Gleichzeitig war es vielen „Helfern“[11] wichtig, Alternativen zur bisherigen nationalsozialistischen Erziehung aufzuzeigen und zu praktizieren. Reformpädagogische Vorstellungen aus der Zeit der Weimarer Republik bestimmten z.T. das Erziehungskonzept für die Kindergruppen. Ohne die unterschiedlichen Strömungen der Reformpädagogik verwischen zu wollen, die von anthroposophischen, psychoanalytischen bis sozialistischen und kommunistischen Reformansätzen reichten, so war ihnen doch der Ansatz einer Erziehung „vom Kinde aus“ gemeinsam. Dazu gehörte, daß an die Interessen und Bedürfnisse der Kinder angeknüpft und zum Ausgangspunkt der Bemühungen gemacht wurden. „Gewähren lassen, die Zeit verlieren, abwarten und zuschauen, spielen und dabei entdecken lassen, das Aufdrängen unterlassen und die kindlichen Interessen selber hervortreten lassen“[12] – dies waren einige Prämissen der Schulreformer.

Die häufig in der Tradition der Jugendbewegung stehenden Reformpädagogen hoben die Bedeutung der Gemeinschaft „als genuiner Stätte der Erziehung“[13] hervor. Dabei räumten sie der Selbsttätigkeit der Gruppen sowie der gemeinsam zu verrichtenden Arbeit einen hohen Stellenwert ein. Für die praktisch tätigen, meist sozialdemokratisch eingestellten

---

10 Die „Kinderfreunde“ waren eine Gründung sozialdemokratischer Reformpädagogen in der Weimarer Republik, die in Deutschland und Österreich wirkten. Auch sie setzten auf die Traditionen der Jugendbewegung, gaben ihnen aber eine politische Orientierung, die insbesondere die Verbesserung der Lebensbedingungen und Entwicklungsmöglichkeiten der Arbeiterkinder zum Ziel hatte. Gleichzeitig traten sie für die Koedukation der Geschlechter und eine aufgeklärte Sexualmoral ein. Vgl. u.a. Heinz-Elmar Tenorth, Pädagogisches Denken, in: Handbuch der deutschen Bildungsgeschichte, Band V, 1918-1945, S. 132.

11 Der Begriff stammt aus der Kinderfreundebewegung der Weimarer Republik. Seine Verbreitung in den Kindergruppen zeigt den deutlichen sozialdemokratischen Einfluß und ihren entscheidenden Anteil am Zustandekommen der Kindergruppen.

12 Ulrich Herrmann, Pädagogisches Denken und Anfänge der Reformpädagogik, in: Handbuch der deutschen Bildungsgeschichte, Band IV, 1970-1918, hg. von Christa Berg, München 1991, S. 164.

13 Heinz-Elmar Tenorth, Pädagogisches Denken, a.a.O., S. 130.

Schulreformer, standen Vorstellungen einer sozial egalisierenden Schule im Vordergrund, um besonders Arbeiterkindern die Teilhabe an Bildung und eine „freie Erziehung" – frei von Konventionen und Klassenschranken – zu ermöglichen. Daher setzten sie auf Einheitlichkeit, Weltlichkeit und Selbstverwaltung des Schulwesens, häufig unter besonderer Betonung des Arbeitsschulkonzepts, das der produktiven Arbeit besonderes Gewicht zumaß. Durch die Verbindung von Hand- und Kopfarbeit sollte der junge Mensch Sinn und Wert der Arbeit begreifen. Auf diese Weise eignete er sich Erfahrungs- und nicht nur Buchwissen an, wie auch insgesamt die Erfahrungen in der Gruppe und in der Arbeitsgemeinschaft sein Sozialverhalten förderten.[14]

Gleichzeitig bemühten sich Reformpädagogen um ein demokratisches Lehrer-Schüler-Verhältnis und um weitreichende Mitbestimmungsrechte der Kinder und Jugendlichen.[15] Das Kind sollte in jedem Fall als Subjekt, nicht als Objekt im Erziehungsprozeß verstanden werden.[16]

Auf diese reformpädagogischen Ideen kamen viele der Initiatoren von Kindergruppen nach dem Krieg zurück. So wurde beispielsweise als Ziel der Kindergruppen formuliert: „In erster Linie wollen wir mit den Kindern spielen, sie wieder zu fröhlichen, gesunden, geistigen Menschen entwickeln. Im Spiel selbst den notwendigen Ernst der späteren Zeit zeigen. Das Gemeinschaftsgefühl in ihnen wecken, fördern und beweisen, daß jeder ein kleines Teilchen der großen Gemeinschaft ist."[17] Den Neuanfang in Abgrenzung zum faschistischen Erziehungskonzept betonend heißt es u.a. in einem Schulungsheft: „Wir haben es uns zur Aufgabe gemacht, rücksichtslos den Kampf zu führen gegen die Reste des Faschismus...Wir wollen die Jungen und Mädel vertraut machen mit dem, was sie in den letzten zwölf Jahren der Nazidiktatur nie gekannt haben. Wir wollen uns bei Spiel und Sport, bei Frohsinn und bei ernster Arbeit kennenlernen und auf Wanderungen und Fahrten und in unseren Gruppennachmittagen uns unsere Welt erobern. Wir wollen anknüpfen an die Traditionen der antifaschistischen und antimilitaristischen Jugendbewegungen aus der Zeit vor 1933."[18] Hier wird noch eindeutig auf die breiten Traditionslinien der Kinder- und Jugendbewegung Bezug genommen und ein gemeinsamer Konsens hergestellt. Zu einem späteren Zeitpunkt sollten diese einer radikalen Neu- und Umbewertung unterliegen, die eher das Trennende als das Vereinende unterstrich.

---

14 Vgl. Ulrich Herrmann, Pädagogisches Denken und Anfänge der Reformpädagogik, a.a.O., S. 166.

15 Vgl. zur Problematik der Reformpädagogik u.a. Ullrich Ammlung u.a. (Hg.), „Die alte Schule überwinden". Reformpädagogische Versuchsschulen zwischen Kaiserreich und Nationalsozialismus, Frankfurt a. M. 1993; Ulrich Herrmann (Hg.): „Neue Erziehung" - „Neue Menschen". Ansätze zur Erziehungs- und Bildungsreform in Deutschland zwischen Kaiserreich und Diktatur, Weinheim/Basel 1987; Heinz-Elmar Tenorth, Pädagogisches Denken, a.a.O. sowie die Beiträge von U. Herrmann/Jürgen Oelkers, R. Koerrenz, J. Oelkers und H.-E. Tenorth in der „Zeitschrift für Pädagogik", Heft 4/1994; W. Scheibe, Die Reformpädagogische Bewegung 1900-1932, Weinheim/Basel, 1984, Jg. 40; W.W. Wittwer, Die sozialdemokratische Schulpolitik in der Weimarer Republik, Berlin 1980.

16 Vgl. dazu u.a. Gert Geißler, Zur Schulreform und zu den Erziehungszielen in der SBZ 1945-1947, in: Pädagogik und Schulalltag, Heft 46 (1991), S. 410 ff.; Sylvia Wolff, Reformpädagogische Einflüsse auf die Kinder- und Jugendbewegung in der SBZ, in: Helga Gotschlich (Hg.), „Links und links und Schritt gehalten...". Die FDJ: Konzepte-Abläufe-Grenzen, Berlin 1994, S. 187 ff.

17 Schreiben des Kreisjugendausschusses des Kreises Weißenfels an die Jugendleiter des Kreises, zit. nach Werner Lindner, Grundlagen der Arbeit der Pionierorganisation Ernst Thälmann, Berlin/Ost, 1955, S. 64.

18 Kinderland-Bewegung, Schulungsheft Nr. 4, S. 55/56, zit. nach ebenda, S. 64/65.

Mit der Genehmigung der Antifaschistischen Jugendausschüsse durch die SMAD (31. Juli 1945) wurden die Kindergruppen, denen Kinder im Alter von 6 bis 14 Jahren angehörten, den Jugendausschüssen zugeordnet. Von nun an sollten diese selbst maßgeblich Kindergruppen initiieren. Die Jugendausschüsse gaben ihnen einerseits einen legitimierten Status, andererseits konnte auf diese Weise überhaupt erst eine Aufsicht über die Kindergruppen erfolgen. Damit waren erste koordinierte Aktionen möglich. Dazu zählt die im Dezember 1945 durchgeführte Aktion „Rettet die Kinder“, die ursprünglich von Verfolgten des Naziregimes ins Leben gerufen worden war, an denen sich aber maßgeblich die Jugendausschüsse und zahlreiche Kindergruppen beteiligten. In dem Aufruf des Hauptausschusses „Opfer des Faschismus“ heißt es: „Die Opfer des Faschismus rufen ins Land: ‚Rettet die Kinder!‘ Die Kämpfer gegen das fluchbeladene Hitlerregime sind in den Zuchthäusern und KZs durch die Hölle von Not und Elend geschritten: sie wissen am besten, was frieren, was hungern, was leiden heißt...Niemals dürfen die Kinder – das Liebste, das Kostbarste, was wir besitzen – ein nachträgliches Opfer des Faschismus werden. Vergessen wir nicht, sie sind unsere Zukunft. Die Kinder von heute sind das Deutschland von morgen!“[19] Reformpädagogisch beeinflußte Helfer griffen diese Idee gern unter dem Gesichtspunkt „Kinder helfen Kindern“ auf, um bei ihnen zugleich ein Verantwortungsgefühl für andere herausbilden zu helfen.[20] Es wurden Spenden und Kleidung für notleidende Kinder gesammelt, man bastelte Spielzeug, fertigte kleine Geschenke und veranstaltete gemeinsame Weihnachtsfeiern.

Auch die Ende 1946 durchgeführte „Heinzelmännchen-Aktion“ entsprach ganz dem Geist pädagogischer Reformer. Diese Aktion bestand in der Hilfeleistung für ältere Menschen, Kranke und Kinder. Sie wurde bereits als erster zentraler Auftrag für die Kindergruppen formuliert.[21]

Die Jugendausschüsse, deren Anliegen darin bestand, die Kinder in den Gemeinschaften „zu freiem selbständigen Denken und demokratischer Lebensart heranzubilden“[22], hatten sich von der gesundheitlichen Fürsorge der Kinder über die Organisierung von sportlichen und kulturellen Betätigungen bis hin zur Aufnahme von Kontakten zu städtischen Behörden, Verbänden und Organisationen zu kümmern. Außerhalb und im Einklang mit der Schule sollten die Kinder einer sinnvollen Beschäftigung nachgehen können.

Nach der Gründung der FDJ am 7. 3. 1946 wurde offiziell die Bezeichnung „Kindergruppen der FDJ“ eingeführt. Im Alltag, besonders in Sachsen und Thüringen, bürgerte sich allerdings der Name „Kinderlandbewegung“ ein, woran zugleich der dominierende Einfluß der Reformpädagogen zu erkennen ist.

Innerhalb des Zentralrats der FDJ gab es nunmehr einen zuständigen „Sekretär für die Kindergruppen der FDJ“, der auf dem 1. Parlament der FDJ in Brandenburg im Juni 1946 gewählt wurde. Es war die aus der sozialdemokratischen Jugendbewegung stammende

---

19 Aufruf des Hauptausschusses „Opfer des Faschismus“, in: Berliner Zeitung v. 21. 10. 1945, zit nach: Seid bereit – für die Sache Ernst Thälmanns. Dokumente und Bilder zur Geschichte der Pionierorganisation „Ernst Thälmann“ 1945-1952, Berlin/Ost 1968, S. 18.

20 Vgl. Fridl Lewin: Erlebnisbericht: Freie Deutsche Jugend – Kindergruppenarbeit 1945 – 1949. Zur Vorgeschichte der Pionierorganisation „Ernst Thälmann“, unveröff. Manuskript. S. 6/7. Institut für Zeitgeschichtliche Jugendforschung e.V.

21 Vgl. Geschichte der Pionierorganisation „Ernst Thälmann“, Chronik, Berlin/Ost 1979, S. 14.

22 Richtlinien für die Kinderbewegung der Jugendausschüsse Sachsens vom 20. Oktober 1945, in: Seid bereit – für die Sache Ernst Thälmanns, a.a.O., S. 24.

Fridl Lewin, die allerdings 1946 der SED beigetreten war.[23] Mit der Anbindung an die FDJ war zugleich auch eine materielle Unterstützung gegeben. So konnten bereits 1946 Erholungslager für Kinder – das erste in Verbindung mit dem I. Parlament der FDJ in Brandenburg – durchgeführt werden.

Trotz dieser Unterstellung unter die Führung der FDJ und deren Bemühungen um festere Strukturen und entsprechende Anleitungen (zu nennen sind dabei die Versuche, Funktionärskonferenzen der Kindergruppen zu veranstalten, die auch 1946 und 1947 in einigen Ländern stattfanden, Schulungen der Helfer durchzuführen usw.) bildeten die Kindergruppen nach wie vor relativ lose Organisationsformen, die vor allem von den Fähigkeiten und dem Engagement des einzelnen Helfers abhängig waren. Sie existierten häufig unabhängig voneinander, besaßen keine festen Führungsstrukturen, so daß insgesamt der Einfluß der FDJ gering blieb.[24] Dies sollte sich mit der Zusammenfassung der Gruppen zu einer Kindervereinigung ändern. Auf der Sitzung des Zentralsekretariats der SED, also auf höchster Führungsebene, wurde am 17. 3. 1947 den Grundsätzen und Statuten der Kindervereinigung zugestimmt. Die Jugendabteilung erhielt den Auftrag, mit der SMAD über deren Zulassung zu verhandeln.[25]

Im Mai 1947 wurde dann auf dem II. Parlament der FDJ (vom 23. bis 26. Mai 1947) die „Kindervereinigung der FDJ" gegründet, die der FDJ direkt unterstand, von ihr angeleitet wurde und sich auf deren Programmatik stützte. In ihren „Grundsätzen" hieß es dementsprechend: „Wir bekennen uns zu den Zielen und Aufgaben der ‚Freien Deutschen Jugend'. Wir sind der Meinung, daß die Gemeinschaftserziehung in der Kindervereinigung in enger Zusammenarbeit mit der Schule und dem Elternhaus dazu beitragen wird, die Kinder zu allseitig entwickelten fortschrittlichen Menschen zu erziehen."[26] Zugleich sollte durch die Bildung der Kindervereinigung die lokale Beschränkung der Kindergruppen überwunden und der parteipolitische Einfluß der SED gesichert werden.

---

23 Fridl Lewin, 1911 in Berlin in einer Arbeiterfamilie geboren, organisierte sich in der SAJ und trat 1932 der SPD bei. Nach 1945 gehörte sie der Landesleitung der SPD in Berlin-Neukölln an und wurde Mitglied im Jugendausschuß im Auftrag der SPD. 1946 wurde sie Mitglied der SED. Auf dem I. Parlament der FDJ im Juni 1946 erfolgte ihre Wahl als Sekretär für Kindergruppen der FDJ. Mit der Gründung des Pionierverbandes übernahm sie dessen Vorsitz, wurde aber im Mai 1949 von der Funktion als Sekretär des Zentralrats der FDJ entbunden, gehörte aber noch bis 1953 dem Zentralrat an. Nach der Gründung der DDR wurde sie stellvertretende Leiterin des Amtes für Jugendfragen und Leibesübungen. Ende 1951 übernahm sie die Funktion der Bundessekretärin für Kultur und Bildung im Demokratischen Frauenbund Deutschlands. Im September 1953 wurde sie aller Funktionen enthoben und zur „Bewährung" in die Produktion geschickt. Sie erlangte keinen nennenswerten politischen Einfluß mehr. Vgl. auch Jana Reck, FDJ und Schule. Die FDJ und ihr Einfluß auf Kinder und Schuljugendliche in den Nachkriegsjahren bis 1953, biographische Notizen zu Fridl Lewin und Margot Feist, in: Jahresbericht 1992. Institut für zeitgeschichtliche Jugendforschung. e.V., o.O., 1992, und Fridl Lewin, Erlebnisbericht: Freie Deutsche Jugend – Kindergruppenarbeit 1945-1949, unveröff. Manuskript, a.a.O.

24 Bis zum März 1947 registrierte die FDJ nur 85 667 Mitglieder in den Kindergruppen und lediglich 1 662 Ortsgruppen. Vgl. Statistik über die Mitgliederbewegung der Kindergruppen der Freien Deutschen Jugend vom 31. März 1947, in: Seid bereit – für die Sache Ernst Thälmanns, a.a.O., S. 54. Diese Zahlen können jedoch nicht als sicher angenommen werden, da bis dahin die Statistik nur unzureichend geführt wurde.

25 Sitzung des Zentralsekretariats vom 17. 3. 1947, Protokoll Nr. 81, in: SAPMO-BArch, DY 30/ IV 2/2.1/72, Bl. 3.

26 Aus den Grundsätzen und Zielen der Kindervereinigung der Freien Deutschen Jugend des Landesverbandes Thüringens, in: Seid bereit – für die Sache „Ernst Thälmanns", a.a.O., S. 56.

3. Die Auseinandersetzungen um die Kindervereinigung der FDJ

Mit der Gründung der Kindervereinigung der FDJ war die Herausbildung von strafferen Führungsstrukturen verbunden. Zu diesem Zweck übernahm eine beim Zentralrat der FDJ gebildete Zentrale Arbeitsgemeinschaft die Leitung der Kindervereinigung. Dem folgte eine Strukturierung auf Landes- und Kreisebene. Ihnen gehörten Gruppenhelfer, Funktionäre der FDJ, Vertreter der Schulen und der Massenorganisationen, insbesondere des DFD und der Volkssolidarität, die Leiter der Jugendämter u.a. an.[27] Die Landes- und Kreisarbeitsgemeinschaften der Kindervereinigung wurden auf der entsprechenden Ebene ebenfalls der FDJ zugeordnet. Das Ziel der Kindervereinigung war noch sehr allgemein gehalten. Es bestand darin, „in engster Zusammenarbeit mit Schule und Elternhaus mitzuhelfen an der demokratischen Erziehung der Kinder, um sie zu fortschrittlichen Menschen heranzubilden."[28] Zu ihren konkreten Aufgaben gehörte der Eintritt für einen Kinderschutz und für das Verbot jeglicher gewerblicher Kinderarbeit, für die Schaffung von ausreichenden und qualitativ guten Schulgebäuden, von Jugend- und Erholungsheimen, Kinderbibliotheken, Kinder- und Jugendtheatern sowie die Bereitstellung von Sport- und Kinderspielplätzen.[29] Dies waren zweifellos Forderungen, denen sich ein großer Teil der Bevölkerung anschließen konnte. Die politischen Intentionen, die die SED-Führung mit der Kindervereinigung verband, kamen darin nicht zum Ausdruck.

Allerdings stieß die ausschließliche Bindung der Kindervereinigung an die FDJ auf grundsätzliche Vorbehalte. Verschiedene Leiter von Kindergruppen sprachen sich für eine eigenständige und unabhängige Kindervereinigung aus[30], dabei im Auge habend, sich so dem von der SED gesteuerten politischen Kurs und deren Hineinregieren in die Kinderarbeit entziehen zu können. Denn sowohl in der FDJ als auch in den Kindergruppen gewannen zunehmend Kräfte die Oberhand, die mit dem kommunistischen Jugendverband (KJVD) oder den ihm unterstehenden kommunistischen Kindergruppen (die ersten bildeten sich im Jahre 1920) verbunden waren bzw. mit diesen sympathisierten.

Die Kinderorganisation der KPD trug von Beginn an eindeutig parteipolitischen Charakter, wie schon aus den Gründungsthesen ersichtlich war. Darin wurde formuliert: „Die Aufgabe der kommunistischen Kindergruppen ist die Sammlung proletarischer Kinder unter kommunistischer Führung, die Weckung des Klassenbewußtseins im proletarischen Kinde, seine Erziehung zur proletarischen Solidarität und zum Kampf gegen die Ausbeuter. Die gesamte Tätigkeit der Kindergruppen muß gipfeln in der Eingliederung des proletarischen Kindes in die Gesamtfront des kämpfenden Proletariats. Die kommunistische Kindergruppe wird dadurch zur Vorstufe der kommunistischen Jugendorganisation."[31] Die kommunistischen Kindergruppen schlossen sich zum Jung-Spartakus-Bund (JSB), ab 1930

27 Vgl. Bericht über die Entwicklung der Kindervereinigung der Freien Deutschen Jugend, 1948, in; SAPMO-BArch, DY 30/IV 2/16/119, Bl. 394.

28 Ebenda, Bl. 393.

29 Ebenda.

30 Vgl. Dorothea Schmalfuß, Zur Geschichte der Kindervereinigung der Freien Deutschen Jugend (Mai 1947 bis Dezember 1948). Diss. Berlin/Ost 1964, S. 100.

31 Thesen zur Schaffung der kommunistischen Kindergruppen, in: „Das proletarische Kind", 1. Jg. Nr. 1/1921, S. 11.

zum Pionierverband (den Roten Jungpionieren) zusammen. Sie sollten unmittelbar an den politischen Kämpfen der Partei teilnehmen. Ab Mitte der zwanziger Jahre wiesen sie zudem einen ähnlich zentralistischen und straffen Organisationsaufbau auf wie diese und hatten sich an streng formulierte Gebote – einem Katechismus ähnlich – zu halten. Die kommunistischen Kindergruppen verstanden sich daher keinesfalls als in erster Linie vergnügliche und unbeschwerte Freizeitorganisation. Von früh an sollten die Kinder für die harten Klassenauseinandersetzungen erzogen werden, für die man ihnen die entsprechende Parteilinie vermittelte. Im „Kampfgelöbnis des Jung-Spartakus-Bundes" hieß es:

> „Wir jungen Pioniere des Kommunismus haben uns im Jung-Spartakus-Bund zusammengeschlossen, um die Arbeiterkinder in den Befreiungskampf des Proletariats einzureihen und für den Kommunismus zu gewinnen...
> Wir geloben, in Reih und Glied mit der Kommunistischen Partei und der kommunistischen Jugend zu marschieren und die strengste Disziplin zu halten.
> Wir geloben, im Geist und im Zeichen Lenins zu kämpfen und zu arbeiten, damit die proletarische Revolution in Deutschland bald verwirklicht wird.
> Es lebe die proletarische Weltrevolution!
> Es lebe der Kommunismus!"[32]

Um diese große Aufgabe erfüllen zu können, wurden in „Geboten" unumstößliche Prinzipien für die Jungpioniere formuliert. Sie lauteten:

> „1. Ein Pionier ist der Sache der Arbeiterklasse, dem Vermächtnis Lenins, treu.
> 2. Ein Pionier ist der jüngere Bruder und Mitarbeiter der Kommunisten.
> 3. Ein Pionier ist der Genosse der Pioniere und der Arbeiter- und Bauernkinder der Welt.
> 4. Ein Pionier organisiert die Kinder seiner Umgebung und nimmt mit ihnen an den täglichen Kämpfen der Arbeiterkinder teil. Der Pionier ist der Helfer aller bedrückten Kinder und gibt allen ein Beispiel proletarischer Solidarität.
> 5. Der Pionier ist der bitterste Feind aller Ausbeuter und Unterdrücker der Arbeiter- und Bauernkinder der Welt.
> 6. Der Pionier schult sich, um überall den Kampf der Arbeiterkinder führen zu können. Seid bereit."[33]

Diese an der Parteipolitik orientierte Erziehung, die die Bedürfnisse und Interessen der Kinder mißachtete, rief die heftigste Kritik der Vertreter der sozialdemokratischen Kinderbewegung hervor. So äußerte einer ihrer bekanntesten Vertreter, Kurt Löwenstein, dazu: „Das Arbeiterkind kann nicht schon im frühen Alter für ein Parteiprogramm erzogen werden. Das lehnen wir ‚Kinderfreunde' grundsätzlich ab. Es soll kein Gläubiger eines Parteidogmas werden. Dadurch unterscheiden wir uns von den Spartakusgruppen der Kommunisten. Aber es soll früh erleben, daß es zur Arbeiterklasse gehört und daß es etwas

32 „Jung-Spartakus". Zeitschrift für Arbeiterkinder, Zentralorgan des Jung-Spartakus-Bundes, 2. Jg. 1952 Nr. 11, S. 6, zit. nach Werner Lindner, Grundlagen der Arbeit der Pionierorganisation Ernst Thälmann, a.a.O., S. 21.

33 „Das proletarische Kind", Nr. 7/1927, S. 17.

Besonderes ist um diese Arbeiterklasse."[34] Nicht um eine unpolitische Erziehung ging es ihnen – wie es ihnen von kommunistischer Seite oftmals unterstellt wurde –, sondern ihre Kritik richtete sich gegen eine Erziehung nach einem von der Partei verordneten Katechismus, die die Kinder nicht als Subjekte, als denkende und handelnde Individuen begriff. Die Kinderorganisation sollte nicht zum Vollzugsorgan parteipolitischer Interessen verkommen, sondern in ihr sollten sie sich ihre Umwelt auf kindgemäße Weise und unter Begleitung der Erwachsenen aneignen können. Autoritäre Führergedanken waren dieser sozialdemokratischen Kinderbewegung zudem völlig fremd. Sie setzte auf Selbstbestimmung und Selbstverwaltung organisierter Zusammenschlüsse. In diesem Kontext ist bemerkenswert, welch maßlose und harte Urteile die Kommunisten wiederum in bezug auf die sozialdemokratische Kinderbewegung fällten. Auf der „Internationalen Konferenz der kommunistischen Kinderverbände" wurde unmißverständlich formuliert: „Ihren allgemeinen reformistischen Grundsätzen treu, erziehen die sozialistischen Kinderorganisationen ihre Kinder nicht im Geiste des Klassenkampfes und der Notwendigkeit der Beteiligung an ihm, sondern im Geiste der Versöhnung der ganzen Menschheit...Die neue Organisation der Roten Falken ist das beste Beispiel dafür, wie jede Kinderorganisation, die eine Mittelstellung einnimmt, die Beteiligung am Klassenkampf auf seiten des Proletariats verwirft, unausbleiblich ins Lager der Bourgeoisie hinabsinkt, auch wenn sie es mit revolutionären Losungen zu verdecken sucht."[35] Auch die Kinder selbst wurden in diese Auseinandersetzung einbezogen. In der 1927 beschlossenen Richtlinie über „Wesen und Inhalt der Arbeit der Zelle" wurde gefordert: „Die Zelle betreibt Agitation mündlich und durch die Presse und führt den Kampf gegen die gegnerischen Kinderverbände..."[36] Diese scharfe Abgrenzung ist nur vor dem Hintergrund der heftigen politischen Auseinandersetzungen und der Konkurrenz zwischen den Arbeiterparteien in der Weimarer Republik zu erklären. Sie wurde unerbittlich auf die Kinderorganisationen übertragen, die als Feld parteipolitischer Demonstration herhalten mußten.

Die beschriebenen unterschiedlichen Auffassungen und Traditionslinien der Arbeiterparteien im Hinblick auf die Kinderbewegung brachen in der Kindervereinigung der FDJ neu auf und führten zu ernsten Konflikten. Durch die ausschließliche Bindung an die FDJ versuchte die SED, den reformpädagogischen Einfluß zurückzudrängen und eine Politisierung der Kindervereinigung im kommunistischen Sinne zu erreichen. Fortan hatten politische Aktivitäten der Kinder mehr und mehr im Vordergrund zu stehen. So sollten sie stärker an Aufgeboten und Manifestationen der FDJ teilnehmen, wurden sie zu zahlreichen Unterschriftsaktionen, z.B. der „Botschaft an die Jugend der Welt", in der „gegen die Spaltungspolitik der Westmächte"[37] protestiert wurde, herangezogen, oder sie hatten auf vielfältige Weise das „Volksbegehren für einen Volksentscheid über die Einheit Deutschlands" zu unterstützen.[38] So bekundete die Kindervereinigung: „Wir wollen nicht beiseitestehen,

34 Kurt Löwenstein, Die Aufgaben der Kinderfreunde, herausgegeben von der Reichsarbeitsgemeinschaft der Kinderfreunde Deutschlands, o.O., o.J., S. 9.

35 „Das proletarische Kind", Nr. 4/1927, Beilage, S. 26.

36 „Das proletarische Kind", ebenda, S. 10.

37 Vgl. Geschichte der Pionierorganisation, Chronik, a.a.O., S. 16.

38 Vom 23. 5. bis 13. 6. 1948 fand in der SBZ eine Unterschriftenaktion für das „Volksbegehren für Einheit und gerechten Frieden" statt, die sowohl die Übereinstimmung der Bevölkerung mit der Politik der SED in dieser Frage dokumentieren als auch Druck auf die Westmächte erzeugen sollte.

wenn sich das deutsche Volk für ein einheitliches Vaterland entscheidet"[39] und lieferte zugleich Vorschläge zur praktischen Umsetzung dieses Aufrufs.[40] Die Kindervereinigung sollte zunehmend die parteipolitischen Aktionen dieser Zeit begleiten.

Trotz der Bemühungen der SED, durch Gründung der Kindervereinigung stärkeren Einfluß auf die politische Erziehung der Heranwachsenden zu gewinnen, blieb aber weiterhin reformpädagogisches Gedankengut präsent. Immer noch waren zahlreiche „Helfer", die der ehemaligen Kinderfreundebewegung oder der Roten Falken in der Weimarer Republik nahestanden, aktiv. Überdies gelang es der FDJ nicht, so rasch einen neuen Funktionärstyp für die Kindervereinigung heranzubilden. So war die Vorsitzende der Kindervereinigung Fridl Lewin selbst der sozialdemokratischen Kinderbewegung vor 1933 verbunden und vertrat spontan immer wieder deren Positionen, wodurch sie häufig im Zentralrat der FDJ, insbesondere von Erich Honecker als dem Vorsitzenden, angegriffen wurde.[41] In ihren schriftlich verfaßten Erinnerungen nimmt sie aber in bezug auf ihre damalige Position ein selbstkritisches Verhältnis ein: „Schlimm war es nur, daß ich in der Diskussion über meinen Entwurf (zum Programm der Kinderarbeit der FDJ – die Verf.) hartnäckig die falschen Auffassungen, die darin enthalten waren, zu verteidigen suchte. Ich überbetonte die Selbsttätigkeit der Kinder, unterschätzte die Notwendigkeit politisch-pädagogischer Führung der Kinder, meinte, daß Erziehung sich hauptsächlich aus der Ansammlung von Erfahrung zusammensetzen würde."[42] In ihrem Erlebnisbericht bestätigt sie die Haltung Erich Honeckers, der kein Pädagoge war, „dafür aber mit klarem politisch-ideologischem Klassenstandpunkt an alle Fragen heranging". Er klärte sie über „das Wesen unmarxistischer Pädagogik im Zusammenhang mit dem Erziehungsziel, das wir zu stellen hatten"[43] auf. So auf „Parteilinie" gebracht, versuchte sie dann die Positionen der SED in die Kindervereinigung hineinzutragen.

Aber nicht nur bei ihr waren auf zentraler Ebene immer wieder „politisch indifferente" Vorstellungen auszumachen. In dem „Plan der Kultur- und Erziehungsarbeit in der Kindervereinigung der FDJ", der zur Diskussion vorgelegt wurde, waren ausschließlich humanistische Grundgedanken formuliert: „Das Erziehungsziel der KV der FDJ ist die Entwicklung junger Menschen, die allseitig interessiert und bestrebt sind, alle ihre guten Anlagen zum Wohle der Allgemeinheit und für den Fortschritt zu entwickeln d.h. sie will die Kinder zu selbständig denkenden, selbsttätig handelnden und somit selbstschöpferischen Menschen erziehen, die sich auszeichnen durch Freude an der Arbeit, Achtung vor

---

39 „Unsere Zeitung". Für Mädel und Jungen, Nr. 2 vom 8. Juni 1948.

40 An verschiedenen Beispielen, so auch der Kindervereinigung der FDJ in Görlitz, wurden einzelne Aktivitäten herausgestellt. Auf der Ebene der Klassen wurden folgende Vorschläge unterbreitet: „Herstellung von Wandzeitungen, die auf das Volksbegehren eingehen. Aufnahme eines Briefwechsels mit einer Schulklasse im Westen Deutschlands. Eine Ziegelputzaktion der Klasse als Beweis für die tatkräftige Mithilfe am Neuaufbau Deutschlands". Und auf der Ebene der Schulgemeinschaft: „Herstellung eines Transparentes, Bildung einer Lieder- und Sprechchorgruppe. Bildung einer Plakatklebegruppe. Durchführung eines Elternabends mit selbstverfaßten Stegreifspielen, in denen auf die Notwendigkeit der Einheit Deutschlands hingewiesen wird. Alle Kinder: Jeder wirkt in seinem Bekannten- und Verwandtenkreis zum Bekanntwerden des Volksbegehrens". Ebenda.

41 Vgl. Jana Reck, FDJ und Schule, a.a.O., S. 72.

42 Fridl Lewin: Erlebnisbericht, Freie Deutsche Jugend – Kindergruppenarbeit 1945 -1949, a.a.O. S. 15.

43 Ebenda, S. 15/16.

den Menschen und Verständnis und Freundschaft gegenüber allen anderen Völkern."[44] Die Erziehungsarbeit sollte sich daher auf folgende Schwerpunkte konzentrieren:

„1.) Selbstkritik und Selbsterziehung
2.) Arbeitsfreude und Achtung vor den Menschen
3.) Gemeinschaftsgeist und Gemeinschaftserziehung
4.) Hilfsbereitschaft und Solidaritätsgefühl
5.) Gerechtigkeitssinn und Friedensliebe
6.) Erkenntnis, dass sich die Geschichte in Zusammenhängen entwickelt hat."[45]

Besonders in den daran anschließenden Erläuterungen dieser Vorstellungen zur Erziehungsarbeit der Kindervereinigung finden sich die Konzepte der Reformpädagogik wieder.[46] Diese Tatsache belegt, daß der sozialdemokratische Einfluß noch immer relativ stark war und es den Kommunisten nicht gelang, in den Diskussionen um inhaltliche Erziehungsfragen sofort das Terrain zu erobern. Hierin waren sie weniger geschult, wie sie auch nicht in der Lage waren, ähnlich durchdachte Erziehungskonzepte zu präsentieren. Ihre Stärke lag vielmehr auf organisatorischem Gebiet, dem Aufbau von Strukturen und der Durchsetzung von Organisationsprinzipien.

Fragen der Erziehungsmethoden und des Erziehungszieles spielten jedoch nicht nur in dem Kinderverband eine herausragende Rolle. Zeitgleich dazu fanden ähnliche Diskussionen auf dem Gebiet des Bildungswesens statt. Auch dort behauptete sich eine starke reformpädagogisch geprägte Strömung, die mit solchen Namen wie Paul Oestreich, Otto Karstädt, Heinrich Deiters, Peter Petersen, Wilhelm Heise u.a. verbunden war.[47] Sie alle glaubten und hofften auf einen demokratischen Neuanfang in der sowjetischen Besatzungszone und wollten ihre Ideen in diesen Prozeß einbringen. Ihre Vorstellungen, die sie auch als Reaktion auf die „Drill- und Paukschule" der Vergangenheit entwickelten, flossen tatsächlich in die 1946 eingeleitete Schulreform der SBZ ein. Dabei ging es um solche Grundsätze wie die Selbsttätigkeit der Schüler, die freie Unterrichtsgestaltung, die sich überdies nicht an starre Lehrpläne halten sollte, die Stärkung der Mitspracherechte der Schüler, die Entwicklung der Entscheidungskompetenz der Schüler, das Selbstverständnis des Lehrer als „helfender Kamerad" und nicht als autoritärer Führer – Fragen, die auch für die Kinderorganisation von Bedeutung waren.[48]

Diese Vorstellungen einer „freien Erziehung" mußten jedoch mit den Anschauungen der SED, die die Schule ideologisch zu vereinnahmen suchte, kollidieren. Begünstigt wurde die Durchsetzung der SED-Position in diesen Fragen durch den Umstand, daß die massen-

---

44 Plan der Kultur- und Erziehungsarbeit in der Kindervereinigung der Freien Deutschen Jugend, Diskussions-Entwurf, vom 6. 1. 1948, in: SAPMO-BArch, DY 30/IV 2/16/119, Bl. 372.

45 Ebenda.

46 Vgl. ebenda, Bl. 372-374.

47 Vgl. dazu Oskar Anweiler, Schulpolitik und Schulsystem in der DDR, Opladen 1988, S. 21-39; Gert Geißler, Zur bildungspolitischen Tendenzwende in der SBZ 1947-49. in: „Pädagogik und Schulalltag" Heft 46/1991; Sylvia Wolff, Reformpädagogische Einflüsse auf die Kinder- und Jugendbewegung in der SBZ, in: Helga Gotschlich (Hg.), „Links und links und Schritt gehalten...", a.a.O., S. 187-197.

48 Vgl. dazu vor allem die Diskussion um den Entwurf zum „Gesetz zur Demokratisierung der Schule" und zu den „Grundsätzen der Erziehung in der deutschen demokratischen Schule", in: Gert Geißler/ Ulrich Wiegmann, Schule und Erziehung in der DDR, a.a.O., S. 213 ff.

haft ausgebildeten Neulehrer, die in der Regel keinerlei pädagogische Erfahrung besaßen und überwiegend in einem autoritären Regime aufgewachsen waren, nichts mit den Methoden einer „freien Erziehung" anfangen konnten.[49] Ihnen fehlte die Erfahrung demokratischer Prinzipien und wie mit ihnen umzugehen sei. Im Gegenteil suchten sie nach einem festen Schema, nach dem sie den Unterricht gestalten konnten und verlangten nach eindeutigen Kriterien für die Leistungsbewertung der Schüler. So gesehen fehlte den reformpädagogischen Ideen die praktische Basis zu ihrer Umsetzung, und zwar sowohl von den personellen Trägern her als auch bezogen auf die schulischen Bedingungen dieser Zeit, die durch Überfüllung der Klassen, Mangel an Lehrmitteln und insgesamt chaotische Unterrichtsbedingungen gekennzeichnet waren. Diese Schulsituation trug – neben den politischen Zwängen – mit dazu bei, daß sich die SED relativ rasch auf dem sehr stark sozialdemokratisch besetzten Feld der Schulpolitik durchsetzen konnte. Bereits auf dem III. Pädagogischen Kongreß im Juli 1948 begann mit der Orientierung auf die „Sowjetpädagogik"[50] gleichzeitig eine heftige Polemik gegen die Reformpädagogik, die in der Folge als „reaktionär" und „kleinbürgerlich" denunziert und der schließlich auf dem IV. Pädagogischen Kongreß 1949 endgültig eine Absage erteilt wurde.

Diese Vorgänge auf bildungspolitischem Gebiet sind deshalb von Interesse, weil sie sowohl Einfluß auf die Diskussion um die außerschulische Erziehung der Kinder hatten als auch ein ähnlicher Sondierungsprozeß innerhalb der Kindervereinigung stattfand.

In dieser Auseinandersetzung ging es wiederholt um die Frage, ob und inwiefern die Kindervereinigung eine politische Organisation zu sein hatte. Viele der Helfer meinten, „es genüge, daß die Kinder von der Straße wegkamen, man mit ihnen spielte, sang, Märchen erzählte, vielleicht etwas Sport trieb. Sie wollten den Kindern ein frohes Kinderland schaffen, um sie Elend und Trümmer, die überall noch vorhanden waren, vergessen zu lassen"[51]. Und Fridl Lewin verweist darauf, wie „schwierig dieser Prozess der Klärung war und wie lange er sich hinzog"[52]. Sie selbst allerdings ließ sich sehr rasch von Erich Honecker überzeugen, daß es sich zweifelsfrei um eine politische Organisierung der Kinder handeln sollte, die sich eindeutig zu den Prinzipien der FDJ bekannte.[53] Der Zentralrat der FDJ hatte in diesem Sinne für die „politisch-ideologische Klarheit" der Ziele und Aufgaben der Kindervereinigung zu sorgen. „Unterstützung" – wie der emphatische Begriff lautete – kam dabei von der sowjetischen Seite, der Jugendabteilung der SMAD. Sie versuchte, sukzessiv ihr stark hierarchisiertes Modell der Kinderorganisation auf die SBZ zu übertragen. Durch die engen Kontakte zu den zuständigen Funktionären der FDJ konnte sie Inhalte und Methoden der Kinderarbeit wesentlich beeinflussen.

Diese zunehmende Orientierung an der sowjetischen Pionierorganisation nahm der Kinderbewegung in der SBZ die notwendigen Entfaltungsmöglichkeiten und stieß gerade deshalb einen großen Teil der engagierten Erzieher in der Kindervereinigung ab. Die sich abzeichnende Entwicklung der Kinderorganisation erschien von der sowjetischen Besat-

---

49 Vgl. zur Problematik der Neulehrer ausführlich Brigitte Hohlfeld, Die Neulehrer in der SBZ/DDR 1945-1953: Ihre Rolle bei der Umgestaltung von Gesellschaft und Staat, Weinheim 1992.

50 Vgl. Die neue Schule 3 (1948). Darin wird der Kongreß mit den Worten kommentiert: „„...es war ein besonderes Erlebnis und das erstemal, daß ein deutscher Lehrerkongreß in so umfassender und präziser Weise die Grundlagen der Sowjetpädagogik vermittelt bekam.", S. 481.

51 Fridl Lewin: Erlebnisbericht, a.a.O., S. 21.

52 Ebenda.

53 Ebenda, S. 16.

zungsmacht initiiert und oktroyiert. Allerdings ist hierbei nicht immer zweifelsfrei zu trennen, welche Elemente von der sowjetischen Pionierorganisation zu diesem Zeitpunkt tatsächlich übernommen wurden und welche auf Traditionen der kommunistischen Jungpioniere der KPD zurückgingen, da diese im Prozeß der Bolschewisierung der KPD bereits das sowjetische Modell zum Vorbild genommen hatten.

Einen weiteren Konfliktstoff bot die auf der 9. Tagung des Zentralrats der FDJ (14./15. September 1947) erhobene Forderung, den Einfluß der Kindervereinigung auf die Schulen auszudehnen und eine Umstellung auf Schulgruppen vorzunehmen[54]. Bisher entstanden die Kindergruppen fast ausschließlich auf territorialer Basis in den Wohngebieten, was ursprünglich ihrem Wesen als Freizeitorganisation entsprach. In der Kindervereinigung der FDJ aber sollte der „Arbeitsplatz" zum eigentlichen Ort der Betätigung werden, d.h. die Schule selbst wurde zum Gegenstand politischer Auseinandersetzung. Auf diese Weise konnte ihr politischer Wirkungsbereich ausgedehnt und ihr potentiell eine Massenbasis zugeführt werden.

Diese neue Zielrichtung, die mit der Maßgabe der „Unterstützung der demokratischen Schulreform" begründet wurde, stieß jedoch bei einem Teil der Lehrer und Erzieher auf Widerstand. Gerade nach den noch frischen Erfahrungen des unsäglichen Wirkens der HJ an den Schulen wollten viele von ihnen – auch unter den SED-Mitgliedern – eine politische Tätigkeit von Kinder- und Jugendorganisation an diesem Ort nicht mehr zulassen.[55] Auch hier war kräftige „Überzeugungsarbeit" der SED zu leisten. Diese geschah z.B. auf dem III. Pädagogischen Kongreß im Juli 1948, der SED-Lehrerkonferenz in Leipzig im November 1948 und sie wurde gleichfalls durch entsprechende Beschlüsse des FDJ-Zentralrats untermauert.[56] Trotz dieser Kampagne gelang es der FDJ nicht, die Kindergruppen fest und in einem nennenswerten Umfang an den Schulen zu etablieren.

Ein weiterer, zentraler Punkt der Auseinandersetzung bildeten die anzuwenden Erziehungsmethoden und das Erziehungsziel in der Kindervereinigung. Ähnlich wie auf dem Gebiet des Bildungswesens ging es um die Frage einer reformierten Erziehung, die praxisverbunden und auf die Entwicklung der Fähigkeiten der Kinder gerichtet war und die insgesamt eine Absage an autoritäre Erziehungsstile darstellte. Sie sollte die Selbsttätigkeit der Kinder fördern, das Lernen durch Sammlung von Erfahrung unterstützen und soziale, auf die Gemeinschaft gerichtete Verhaltensweisen ausprägen helfen. Diese reformpädagogischen Vorstellungen mußten zunehmend in Widerspruch zu den von der SED in der Praxis geforderten Verhaltensweisen geraten. So wurde z.B. die nicht genügende Hierarchisierung der Leitung einiger Kindergruppen kritisiert, die aus gewählten Vertretern der Kinder und dem Helfer bestand, so daß dieser ihnen gleichgestellt erschien und nicht über die geforderte Autorität und Entscheidungsgewalt verfügte. Dies würde sich „auf die Bewußtseinsbildung und die politische Aktivität der Kinder hemmend auswirken", so wurde behauptet.[57] Die Kritik der Funktionäre richtete sich auch auf die Art des Gruppenlebens,

---

54 Geschichte der Pionierorganisation „Ernst Thälmann", Chronik, a.a.O., S. 17.

55 Fridl Lewin: Erlebnisbericht, a.a.O., S. 22.

56 So z.B. in den „Richtlinien für den organisatorischen Aufbau der Kindervereinigung der FDJ" vom 30. 10. 1947. Vgl. Geschichte der Pionierorganisation, Chronik, a.a.O., S. 18.

57 Vgl. Dorothea Schmalfuß, Zur Geschichte der Kindervereinigung der Freien Deutschen Jugend, a.a.O., S. 113.

in der z.B. eine kindgemäße Form der offenen Aussprache, die sogenannte „Zausestunde", praktiziert wurde.[58]

Als besonders umstrittenen galten weiterhin die in der Kindervereinigung eingeführten sogenannten Kinderparlamente (auch Kinderrepubliken), die ihre Wurzeln in der sozialdemokratischen Kinderbewegung vor 1933 hatten. Kinder wählten auf verschiedenen Ebenen Vertreter, bildeten Ausschüsse und Kommissionen und führten so Formen parlamentarischer Demokratie ein, die letztlich zur Mitbestimmung und Selbstverwaltung anregen sollten. Sie verstanden sich als Interessenvertreter der Kinder, die auf diese Weise verschiedene Probleme angingen: „Das Kinderparlament in Gera beschäftigte sich zum Beispiel mit einigen Lehrern, die während des Unterrichts die Kinder beschimpften, sie schlugen oder andere unkorrekte Handlungen begingen. Zu dieser Sitzung wurde auch der Kreisschulrat eingeladen, und in seiner Anwesenheit wurden eine Reihe von Fragen geklärt."[59] Eine solche Praxis geriet jedoch unweigerlich in Konflikt zu den bestehenden Verhältnissen, die diese Formen demokratischer Mitbestimmung, noch dazu unkontrolliert, nicht vorsah. Die Kindervereinigung „war nicht beauftragt, politische Kontrollinstanz der von den Werktätigen geschaffenen Schule zu sein"[60], so hieß es dazu. Auf der Zentralratstagung der FDJ im September 1947 wurde diese Einrichtung dann auch heftig kritisiert und gleichzeitig das prinzipiell neue Verhältnis zur Schule in der SBZ hervorgehoben, das eine solche Interessenvertretung überflüssig mache.[61] Diese Kinderparlamente hatten dementsprechend nichts mit den parteitagsähnlichen FDJ-Parlamenten gemein.

Auch die unter vielen Mühen durchgeführten Sommerlager für Kinder gerieten in bestimmter Hinsicht in die Kritik der FDJ-Leitungsorgane. Engagierte Erzieher bemühten sich, das Lagerleben nach demokratischen Strukturen zu gestalten und griffen dabei z.T. auf parlamentarische Methoden zurück. So wurden Vertretungsorgane gebildet, in die die Kinder ihre gewählten Vertreter entsandten und auf diese Weise die Verwaltung des Lagers selbst übernahmen. Als Gipfel der Ungeheuerlichkeit wurde empfunden, „daß Lagerselbstverwaltungen in einer Form durchgeführt wurden, daß ‚die Kinder über die Lagerleitung hinweg bestimmten'. Diese Art der Erziehung war für die weitere Entwicklung der Kindervereinigung untauglich."[62] Denn diese Formen hätten „wenig mit dem Leben der Kinder, mit den Organisationsprinzipien einer demokratischen, revolutionären Kinderorganisation und auch wenig mit der demokratischen Ordnung in Ostdeutschland zu tun", so wurde argumentiert.[63] Dies entsprach tatsächlich nicht den geforderten zentralistischen Organisationsprinzipien, nach denen die Lagerleitung, möglichst aus FDJ-Mitgliedern bestehend, die unumstrittene Entscheidungsgewalt innehaben und zudem das Lagerleben nach vorgegebenen politischen Richtlinien und Erziehungsaufträgen gestalten sollte.

Das sind einige wichtige Beispiele, die die reformpädagogischen Bemühungen innerhalb der Kindervereinigung dokumentieren. Sie blieben solange bestimmend, bis ein neuer Funktionärstyp, der genügend Erfahrung mit autoritären Regimes mitbrachte und – entsprechend (um)geschult – herangebildet worden war. Diese Funktionäre konnten ähnlich

58 Ebenda, S. 114.

59 Werner Lindner, Grundlagen der Arbeit der Pionierorganisation Ernst Thälmann, a.a.O., S. 73.

60 Ebenda.

61 Ebenda, S. 74.

62 Dorothea Schmalfuß, Zur Geschichte der Kindervereinigung der Freien Deutschen Jugend, a.a.O., S. 187/188.

63 Ebenda, S. 187.

wie viele Neulehrer[64] tatsächlich nichts mit demokratischen und „offenen" Erziehungspraktiken sozialdemokratischer Reformpädagogen anfangen.[65] Sie griffen bereitwillig die von SED und FDJ entwickelten festen Organisationsprinzipien, eindeutigen Erziehungsvorgaben und dogmatisierten Erziehungsmethoden auf. Diese gaben ihnen Orientierung und boten ihnen Halt.

Die SED erkannte daher von Anfang an, daß sie das Terrain der Kinderarbeit nur erobern konnte, wenn sie geeignete Kader aus ihren eigenen Reihen für die Kindervereinigung rekrutieren konnte. Auf der 9. Tagung des Parteivorstandes der SED wurde in Auswertung der „Schwächen und Mängel" auf dem Gebiet der Jugendarbeit dementsprechend beschlossen: „Zur Entwicklung der FDJ-Kindervereinigung sollen vor allem geeignete Helfer aus den Reihen der Partei zur Verfügung gestellt werden, und darüber hinaus ist jede nur mögliche Hilfe zu gewähren."[66] Und: „Um eine erfolgreiche und reale Jugendpolitik zu erreichen, werden die Landes- und Kreisvorstände verpflichtet, in regelmäßigen Abständen die Arbeit unter der Jugend in Sekretariat und Vorstand zu behandeln, konkrete Beschlüsse zu fassen und die Durchführung der gefaßten Beschlüsse zu kontrollieren."[67] Die SED-Führung appellierte zugleich in einem Rundbrief an ihre Mitglieder, die Kindervereinigung nachdrücklich zu unterstützen. Sie wandte sich mit einem Aufruf an sie, der zugleich ihre Haltung in dieser Frage offenbart: „Genossinnen! Genossen! Viele unserer besten Genossinnen und Genossen wurden in den Kindergruppen der Arbeiterbewegung entwickelt. Durch gemeinsame Erlebnisse in den Kindergruppen erwächst eine feste Gemeinschaft, die im Kampf um die Befreiung der Arbeiterklasse nie müde wurde und über Notzeiten hinweg den Vortrupp bildete...Die Aufgabe unserer Partei ist es, auch in der demokratischen Erziehung unserer jüngsten Generation beispielgebend zu sein."[68] Und er endete mit dem Appell: „Die Kindervereinigung der FDJ erwartet, dass auch Du Genossin und Genosse, Deine Erfahrungen der Kinderarbeit zur Verfügung stellst, denn sie wartet auf Deine Mitarbeit."[69]

Andererseits versuchte die SED ihren Einfluß dadurch zu verstärken, daß sie die hauptamtlichen Funktionäre der FDJ zum Besuch der Parteischulen der SED verpflichtete.[70] Mit der „Parteilinie" ausgerüstet, sollten sie entsprechend in der Kindervereinigung wirken. Bereits auf der 9. Tagung des Zentralrats der FDJ im September 1947 – wie im übrigen auf fast jeder der nachfolgenden Zentralratssitzungen – wurde mit Nachdruck an alle

---

64 Der Anteil der Neulehrer betrug im Frühjahr 1949 bereits fast 70 Prozent der Lehrerschaft. Vgl. Ernst Cloer: Bildungspolitik und Bildungssystem in der SBZ und DDR, in: Hans-Georg Herlitz/Wulf Hopf/Hartmut Titze, Deutsche Schulgeschichte von 1800 bis zur Gegenwart, Weinheim und München 1993, S. 177.

65 Selbstverständlich wiesen auch die mit dem Sammelbegriff Reformpädagogik bezeichneten Erziehungskonzepte unterschiedliche Strömungen auf. Manche Reformpädagogen – allerdings die wenigsten – ließen sich durch das nationalsozialistische System vereinnahmen bzw. entwickelten eine Affinität zu den Ideen des NS. Vgl. dazu u.a. Heinz-Elmar Tenorth, Pädagogisches Denken, a.a.O., insbesondere S. 135 ff.

66 Entschließung der 9. Tagung des Parteivorstandes der SED am 14. und 15. April 1948 „Zur Jugendarbeit der Partei", in: Dokumente der Sozialistischen Einheitspartei Deutschlands, Bd. II, Berlin/Ost 1952, S. 12.

67 Ebenda.

68 Aufruf „Helft der Kindervereinigung", (undatiert), in: SAPMO-BArch, DY 30/IV 2/16/119, Bl. 261.

69 Ebenda, Bl. 262.

70 Vgl. Ludwig Vogt, Die Freie Deutsche Jugend, a.a.O., S. 390.

FDJ-Leitungen appelliert, mehr FDJ-Mitglieder als Helfer für die Kindervereinigung zu gewinnen und eine umfassende Schulung der Helfer durchzuführen.[71]

Dennoch gelang es der FDJ nicht, die Kindervereinigung vollständig auf ihren politischen Kurs und unter ihre Kontrolle zu bringen. Auf der 16. Tagung des Zentralrats der FDJ mußte sie eingestehen, zum einen zu wenig „Aufmerksamkeit und Hilfe" der Kindervereinigung entgegengebracht zu haben.[72] Auch konnten nicht genügend FDJler als Helfer für die Kindervereinigung rekrutiert werden. Zum anderen war es nicht gelungen, an den Schulen in größerem Ausmaß Fuß zu fassen. Nur wenige Schulgruppen der Kindervereinigung waren entstanden, wofür man – wahrscheinlich zu recht – den Unwillen der Helfer, aber auch die Abwehrhaltung der Lehrer verantwortlich machte.[73] Desweiteren wurden mancherorts die politischen Vorgaben der FDJ nur mangelhaft oder gar nicht befolgt. So beteiligten sich z.B. in Dresden fast gar keine Kindergruppen an dem Wettbewerb „Aufwärts" zum II der FDJ, der zur Stärkung der Organisation beitragen und den „Neuaufbau Deutschlands durch gesellschaftlich-nützliche Arbeit" unterstützen sollte.[74] Insgesamt war es bis zur Gründung der Pionierorganisation im Dezember 1948 nicht gelungen, einen straffen Zentralismus und eine klare politische Führung durchzusetzen. Es fehlte auch auf Landesebene an geeigneten Funktionären, so daß die wenigen überfordert waren. „Den überlasteten Funktionären ist es sehr schwer, in ausreichendem Maße den genügenden Einfluß auf die Organisation geltend zu machen"[75], hieß es. Entsprechend mahnte auch die SED-Führung die Parteimitglieder zum wiederholten Male, der Jugendpolitik die gebotene Aufmerksamkeit zu widmen. Auf der 14. Tagung des Parteivorstandes der SED wurde eingeschätzt: „Der Kampf für die ideologische Gewinnung der Jugend wird ungenügend geführt...Die Hilfe für die Massenorganisation der jungen Generation, die Freie Deutsche Jugend, drückt sich vielfach noch in platonischen Erklärungen aus, ohne praktische Maßnahmen zur Unterstützung zu ergreifen. Dasselbe trifft auch auf die Kindervereinigung zu."[76] Dies wäre angesichts der Verschärfung des Klassenkampfes, die auch die junge Generation erfasse, nicht hinnehmbar. „Gerade die Gegner streben in verstärktem Maße danach, eine breite Basis und eine feste Stütze in der Jugend zu finden, um sie für ihren volksfeindlichen Kampf gegen die fortschrittlichen Kräfte zu mißbrauchen. Die demagogische Ausnützung der gesunden, nach Idealen strebenden Jugend, der Versuch, durch pazifistische und scheinhumanistische Phrasen ihre noch undeutlichen Begriffe von Freiheit, Demokratie, Sozialismus zu verwirren, hat teilweise bis in die Reihen unserer jungen Genossen ideologische Schwankungen hervorgerufen."[77]

Diesen Einflüssen des Klassengegners war entsprechend entgegenzuwirken, indem die Verbandsarbeit gefestigt werden sollte. Die Kindervereinigung erreichte aus dieser Sicht immer noch zu wenige Kinder. Obwohl die Mitgliederzahl bis April 1948 um 62 000 auf 145 119 gesteigert werden konnte, waren dies letztlich nur 6 Prozent aller Kinder in der

71 Geschichte der Pionierorganisation „Ernst Thälmann", Chronik, a.a.O., S. 17.

72 Dorothea Schmalfuß, Zur Geschichte der Kindervereinigung der Freien Deutschen Jugend, a.a.O., S. 209.

73 Ebenda.

74 Geschichte der Pionierorganisation „Ernst Thälmann", Chronik, a.a.O., S. 22.

75 Bericht über die Entwicklung der Kindervereinigung der FDJ, a.a.O., Bl. 398.

76 14. Tagung des Parteivorstandes der SED vom 20./21. 10. 1948, Protokoll Nr. 122, SAPMO-BArch, DY 30/IV 2/1/56, Beschluß: Die Jugend in der Partei, Anlage 3, Bl. 14.

77 Ebenda.

SBZ.[78] Im Ergebnis dieser Einschätzungen über die noch zu geringe Wirksamkeit der Kindervereinigung beschloß man, eine Wende in der Arbeit des Verbandes herbeizuführen und auf der Zentralratstagung der FDJ im Dezember eingehend über die Kindervereinigung zu beraten.

4. Die Forderung nach einer einheitlichen Kinderorganisation

Obwohl erhebliche Unterschiede in den Auffassungen zur Kinderorganisation – wie beschrieben – existierten, hielten aus der KPD stammende SED-Mitglieder an der Idee einer einheitlichen Kinderbewegung fest. Allerdings war diese anfänglich auch bei ihnen nicht ganz unumstritten. Die Gründe dafür waren ähnlich gelagert wie bei der FDJ.

Bereits im Exil wurde der Zusammenschluß der Arbeiterjugendorganisationen zu einer einheitlichen Bewegung präferiert. Dies war auf die veränderte Strategie der KPD, wie sie auf der „Brüsseler Konferenz“ im Oktober 1935 beschlossen wurde, die sich nunmehr auf die Zusammenfassung aller antifaschistischen Kräfte richtete, zurückzuführen. In sehr kritischen Worten analysierte Anton Ackermann in seinem Referat auf diesem Kongreß die bisherige Jugendpolitik der KPD. Sie waren ein Eingeständnis, daß der kommunistische Jugendverband aufgrund seines Dogmatismus die Jugend nicht erreicht und ihre Lebenslage und ihre jugendspezifischen Bedürfnisse bisher ignoriert hatte. Selbstkritisch fragte er: „Haben wir denn in der Vergangenheit die Stimmungen, Bestrebungen und Wünsche der Jugendlichen studiert und in Rechnung gezogen?“ Und er resümierte: „Die wirtschaftlichen Teilforderungen, die kulturellen und sonstigen Bedürfnisse der Jugend haben wir meist ignoriert. Das muß anders werden. Wir müssen uns ganz auf die Jugend, so wie sie ist, einstellen.“[79] In dem Bestreben, die „ganze Jugend“ erreichen zu wollen, sollte die Partei und mit ihr der KJVD das „Verhältnis zur Jugend“ ändern. So bekräftigte Ackermann: „Die Schaffung einer einheitlichen Massenjugendorganisation ist nicht möglich ohne eine grundlegende Änderung des Charakters unseres Jugendverbandes. Sie ist nicht möglich ohne die gründliche Abkehr von der sektiererischen Nachahmung der Partei.“[80] Allerdings war diese Forderung nach einer einheitlichen Jugendbewegung bereits halbherzig, da sie zunächst auf die Stärkung des eigenen, Kommunistischen Jugendverbandes, abhob und diesen zu einer Massenorganisation entwickeln wollte, um so den entsprechenden Einfluß gewinnen zu können.[81]

Nach der Befreiung vom Faschismus war die Gründung einer einheitlichen Jugendorganisation wiederum von taktischen Überlegungen getragen, obwohl zunächst bei vielen Mitgliedern der Arbeiterparteien der ehrliche Wunsch nach Zusammenarbeit angesichts des erfahrenen Leids und der Verfolgung vorhanden war.

78 Dorothea Schmalfuß, Zur Geschichte der Kindervereinigung der Freien Deutschen Jugend, a.a.O., S. 175.

79 Rede von Anton Ackermann auf der Brüsseler Parteikonferenz der KPD vom 3. bis 15. Oktober 1935. in: Partei und Jugend. a.a.O., S. 191.

80 Ebenda, S. 209.

81 Vgl. Resolution der Brüsseler Parteikonferenz der KPD, in: ebenda, S. 211.

In realistischer Einschätzung, daß die KPD über keine breite Basis in der Bevölkerung verfügte und damit eine kommunistische Kinder- und Jugendorganisation keine Chance hatte, Massenzulauf zu erhalten, strebte sie eine „überparteiliche Organisation" an, in der sie sich dann an die Spitze der Bewegung stellen konnte. Aus diesem Grunde betonte Ulbricht schon im Juni 1945: „Wir verzichten auf die Schaffung eines kommunistischen Jugendverbandes, denn wir wollen, daß eine einheitliche, freie Jugendbewegung entsteht."[82] Entsprechend gab sie der Gründung von „überparteilichen" antifaschistischen Jugendausschüssen den Vorrang.

In Kenntnis der realen Lage, daß die Bildung einer parteigebundenen Jugendorganisation in eine Isolation führen würde, schätzte die KPD ein: „Die Frage der Parteijugend heute zu stellen, birgt die Gefahr in sich, daß wir uns wiederum von dem übergroßen Teil der deutschen Jugend isolieren würden. Wir müssen unsere Aufgaben im Rahmen der gegebenen Möglichkeiten entscheiden und lösen."[83] Diese taktische Überlegung schien dennoch einige Zeit lang Diskussionsstoff innerhalb der SED zu liefern: „Bei einer Reihe von Genossen tauchte der scheinbar verlockende Gedanke auf, eine eigene, mit der Partei ideologisch fest verbundene Jugendorganisation zu entwickeln...Sicherlich wäre das auch leichter und geistig bequemer, nur unter Gleichgesinnten politische Arbeit zu leisten. Aber ist die Verantwortung unserer Partei nicht viel größer?..Wir können doch nicht den bewußten, fortschrittlichsten Teil der Jugend in einer eigenen Organisation von der Masse der Jugend abschließen."[84] An dieser demagogisch gestellten Frage wurde die Absicht der SED deutlich, über eine einheitliche Jugendorganisation auf die Mehrheit der Jugendlichen Einfluß nehmen zu können und diese ihrer Führungsrolle zu unterwerfen. Durch die Rükkendeckung von seiten der SMAD konnte dieses Ziel auch in die Tat umgesetzt werden. In den antifaschistischen Jugendausschüssen, die als einzige Jugendorganisation zugelassen wurde, waren jugendliche Vertreter der sich bildenden Parteien und der Kirchen versammelt. Obwohl es auch bei diesen Überlegungen gab, parteinahe Jugendorganisationen zu schaffen, nahmen sie zu diesem Zeitpunkt eine abwartende Haltung ein und setzten keinen massiven Widerstand entgegen.[85] Besonders von seiten der Kirchen kam es zu Protesten, jedoch wurden diese durch die KPD zu schlichten versucht, um die Gründung der FDJ nicht zu gefährden.[86] Die Auseinandersetzungen, die man im Zentraljugendausschuß zum Problem einer einheitlichen Jugendorganisation führte, wurden von Erich Honecker als dem Verantwortlichen mit der Bemerkung unterbunden, „es täte ihm sehr leid, aber die sowjetische Besatzungsmacht lasse nun einmal lediglich eine Organisation zu, eben die FDJ".[87] Nur über die Erlangung einer Monopolstellung der FDJ war es der SED möglich, breitere Wirkungsmöglichkeiten unter der Masse der Jugendlichen zu erhalten. Die Führung der FDJ handelte in diesem Sinne auftragsgemäß. So hatte sich die SED bereits mit der Gründung der FDJ im März 1946 die Mehrheit im Zentralrat gesichert. Sie

---

82 Walter Ulbricht auf der ersten Funktionärskonferenz der KPD in Berlin am 25. Juni 1945, in: ebenda, S. 229.

83 Thüringer Volkszeitung vom 25. Januar 1946, zit. nach: Ludwig Vogt, Die Freie Deutsche Jugend, a.a.O., S. 397.

84 Bericht des Parteivorstandes an den II. Parteitag der SED vom 20. bis 24. September 1947 in Berlin, in: Partei und Jugend, a.a.O., S. 302.

85 Vgl. dazu Ulrich Mählert, Die Freie Deutsche Jugend 1945-1949, a.a.O., S. 79 ff.

86 Vgl. ebenda, S. 90 ff.

87 Manfred Klein, Jugend zwischen den Diktaturen. 1945 - 1956, Mainz 1968, S. 43.

war überdies im wichtigsten Entscheidungsorgan der FDJ, ihres Sekretariats, gewahrt, in dem von 15 Mitgliedern acht der SED angehörten.[88]

Damit war klar, daß auch die Politik gegenüber den Kindergruppen der FDJ von der SED bestimmt wurde. Analog der Argumentation für eine einheitliche Jugendbewegung, ging es auch hier um die organisatorische Erfassung der Kinder aller sozialen Schichten, um einen möglichst breiten Einfluß auf diese ausüben zu können. Eine parteieigene Kinderorganisation hätte auch in diesem Falle eine Isolation und ein Absinken in die Bedeutungslosigkeit bewirkt. Durch die ausschließliche Bindung an die FDJ unterwarf sie die Kindergruppen ihrer Politik und schloß damit andere Richtungen erzieherischen Einwirkens aus.

Mit der Gründung der „Jungen Pioniere" fand der Prozeß der Herausbildung einer einheitlichen Kinderorganisation, die sich dem „demokratischen Zentralismus" verpflichtete, ihren Abschluß. Sie stand in engem Zusammenhang mit dem insgesamt in der SBZ stattgefundenen Zentralisierungsschub in den Entscheidungsstrukturen, der die Führungsrolle der SED sichern sollte. Mit der Entwicklung zur „Partei neuen Typus" im Jahre 1948 behaupteten die Kommunisten ihre Vormachtstellung und sagten dem „Sozialdemokratismus" den Kampf an. Sie distanzierten sich von alternativen Gesellschaftsmodellen wie in Jugoslawien und brachten die Partei endgültig auf stalinistischen Kurs. Dieser Prozeß widerspiegelte sich auch in der Kinderorganisation auf spezifische Weise.

5. Die Gründung der Pionierorganisation

Am 20. 11. 1948 fand eine außerordentliche Sekretariatssitzung der Zentralen Arbeitsgemeinschaft der Kindervereinigung statt. Sie bereitete die nächste Tagung des Zentralrats der FDJ für den Dezember 1948 vor, auf der über die weitere Entwicklung der Kindervereinigung beraten werden sollte. Ziel der Veranstaltung war es, die Kindervereinigung einer kritischen Analyse zu unterziehen. In einem Bericht waren „Maßnahmen zur Überwindung der ungenügenden Entwicklung" vorzuschlagen.[89] Zu diesem Zweck wurden rasch verschiedene Instrukteure in alle Länder der SBZ geschickt, um die organisatorischen und ideologischen Probleme der Kindervereinigung zu untersuchen. Von der Gründung eines Pionierverbandes war zu diesem Zeitpunkt jedoch noch nicht die Rede.

Die Berichte, die am 4. 12. 1948 vorlagen, wirkten offenbar niederschmetternd. In dem zusammenfassenden Bericht wurden die katastrophale kaderpolitische Situation, die ungenügende Schulung der Helfer und die sehr schlechte finanzielle Ausstattung der Kindervereinigung als Ursachen für deren „unbefriedigende Entwicklung" verantwortlich gemacht. Die Mitgliederzahl hatte noch keinen bedeutsamen Aufschwung zu verzeichnen. Im Herbst 1948 wurde folgender organisatorischer Stand, nach Ländern geordnet, festgehalten:[90]

---

88 Vgl. Ludwig Vogt, Die Freie Deutsche Jugend, a.a.O., S. 388.

89 Protokoll der außerordentlichen Sekretariatssitzung der Zentralen Arbeitsgemeinschaft der Kindervereinigung der FDJ am 20. 11. 1948, in: SAPMO-BArch, DY 30/IV 2/16/119, Bl. 51.

90 Vgl. Bericht über die Entwicklung der Kindervereinigung der FDJ, in: SAPMO-BArch, DY 30/IV 2/16/119, Bl. 395.

Land	Zahl der Mitglieder	in Prozent der schulpflichtigen Kinder
Sachsen	52 099	7,2
Thüringen	47 943	11,98
Sachsen Anhalt	36 802	6,0
Brandenburg	23 300	6,3
Mecklenburg	14 424	4,11
insgesamt	174 658	7,0

Bis auf das Land Thüringen war die Mitgliederzahl kaum über 7 Prozent der schulpflichtigen Kinder hinausgekommen, für Berlin wurde erst gar keine Prozentzahl angegeben, so verschwindend war sie (die absolute Zahl lag bei 3 810 Kindern).[91] Allerdings, so wurde betont, handele es sich dabei um die Zahl der eingetragenen Mitglieder, die Zahl der teilnehmenden Nichtmitglieder sei weitaus höher.

Aufgrund dieser eher negativ ausfallenden Gesamtdarstellung scheint der Beschluß zur Gründung des Pionierverbandes und damit einer größeren Gewichtung der Kinderorganisation relativ überstürzt vorgenommen worden zu sein. Im Zentralsekretariat des Parteivorstandes der SED wurde am 6. 12. 1948, nachdem Paul Verner, Leiter des Jugendsekretariats des ZK der SED, über die Situation der Kindervereinigung berichtete, die Gründung der Kinderorganisation mit dem Namen „Junge Pioniere" beschlossen.[92] Daß die Entscheidung auf dieser hohen Führungsebene der SED fiel, zeigt die große politische Bedeutung, die der Organisierung der Kinder beigemessen wurde. Diese Frage wollte man nicht allein der FDJ überlassen.

Der Rechenschaftsbericht, der von Fridl Lewin als der Vorsitzenden der Kindervereinigung auf der 17. Zentralratssitzung gehalten wurde, zeichnete dementsprechend ein recht düsteres Bild. Lewin resümierte, daß die Kindervereinigung „bisher noch nicht die ihr zukommende gesellschaftliche Bedeutung erlangt" habe.[93] Und sie konstatierte: „In einer Vielzahl von Gruppen stellt die Kindervereinigung noch heute ein Konglomerat der verschiedensten Kindergruppen aller Schattierungen, von der radikalistischsten bis zur reinen Kinderbewahranstalt dar". Es hätten sich sogar FDJ-feindliche Gruppierungen gebildet.[94] Dadurch sei es bis jetzt nicht gelungen, eine einheitliche Kinderorganisation zu schaffen. Die Ursache dafür wurde vor allem in organisatorischen Mängeln gesehen. Der Zentralismus, „der in einer demokratischen Organisation unbedingt notwendig ist"[95], sei nicht genügend durchgesetzt worden. Bereits gefaßte Beschlüsse hätten dadurch nicht entsprechend verwirklicht werden können.

---

91 Bericht über die Entwicklung der Kindervereinigung der Freien Deutschen Jugend, 1948, in: SAPMO-BArch, DY 30/IV 2/16/119, Bl. 395.

92 Sitzung des Zentralsekretariats des Parteivorstandes der SED vom 6. 12. 1948, Protokoll Nr. 136 (II), SAPMO-BArch, DY 30/IV 2/2.1/254, Bl. 3.

93 Protokoll der 17. Tagung des Zentralrats der FDJ vom 11./12. 12. 1948, S. 4, in: SAPMO-BArch, DY 24/2.120.

94 Ebenda, S. 11/12.

95 Ebenda, S. 12.

Als Konsequenz dieser Einschätzung ergab sich, einen „völlig neuen Aufbau unserer Kinderorganisation“ vorzunehmen.[96] So sollte nunmehr ein Zentralausschuß der Jungen Pioniere gebildet werden, der vom Zentralrat der FDJ berufen wurde. Die Landesarbeitsgemeinschaften wurden in Landesleitungen des Pionierverbandes[97] umgewandelt, wodurch sie ein stärkeres Gewicht erhalten sollten. Die Führung der Jungen Pioniere lag nunmehr ausschließlich bei den Vorständen der FDJ, die voll für deren Tätigkeit verantwortlich waren.[98]

Allerdings befand sich die tatsächliche Entscheidung über die Berufung von höheren Leitungskadern nicht in den Händen der FDJ, sondern diese mußten von der jeweiligen Leitungsebene der SED genehmigt werden. Für die Sekretäre des Zentralrats der FDJ und die Mitglieder des Büros, denen auch die für die Pionierorganisation Verantwortlichen angehörten, erfolgte die Bestätigung durch das Politbüro der SED.[99] Jede Veränderung von Funktionen und „Kadern“ der höheren Leitungsebene in der FDJ bedurfte der Zustimmung der SED. Auf diesem Wege war sehr unmittelbar und schon sehr früh die Einflußmöglichkeit der Partei gesichert, ohne daß dies öffentlich sichtbar wurde.

Auf der gleichen Zentralratssitzung der FDJ erfolgte der richtungsweisende Beschluß, daß sämtliche in dem Pionierverband tätigen Helfer und Funktionäre ausnahmslos der FDJ anzugehören hatten. Damit wurde ihre Einbindung in eine zentralistische Organisationsstruktur erreicht, in der die Anweisungen von der FDJ zu befolgen waren.[100] Andererseits wurden mit diesem Beschluß die vielen reformpädagogisch eingestellten Helfer, die häufig älteren Jahrgängen angehörten, aber auch die „unpolitischen“ Erzieher, die es wichtig fanden, den Kindern ein wenig Frohsinn und Abwechslung in den Alltag zu bringen, aus der Organisation herausgedrängt bzw. zu einer Entscheidung gezwungen.[101] Diese sollten durch gut geschulte Funktionäre ersetzt werden, die eine klare politische Überzeugung im geforderten Sinne vertraten und sich den Beschlüssen widerspruchslos unterzuordnen bereit waren. Die Frage der Organisierung von entsprechenden Schulungen, aus denen der gewünschte Funktionärstyp für die Pionierorganisation hervorgehen sollte, nahm daher auf der 17. Zentralratstagung einen breiten Raum ein. Argumentiert wurde

---

96 Ebenda, S. 18.

97 In einigen Ländern, wie z.B. Sachsen hießen diese Landesleitungen auch Landesbüros. Vgl. „Wir stellen klar“. Von der Kindervereinigung der FDJ zum Verband der Jungen Pioniere. Hg. v. Landesbüro Sachsen der Jungen Pioniere, Heft 1, in: Seid bereit – für die Sache Ernst Thälmanns, a.a.O., S. 85.

98 Protokoll der 17. Tagung des Zentralrats der FDJ vom 11./12. 12. 1948, a.a.O., S. 19.

99 Vgl. u.a. Politbürositzung vom 10.5.1949, Protokoll Nr. 22, in: SAPMO-BArch, DY 30/J IV 2/2/22, Bl. 10. Auf dieser Sitzung wurden die für die kommende Wahlperiode vorgesehenen Funktionäre in den entsprechenden hohen Posten im FDJ-Zentralrat bestätigt, bevor sie auf dem III. Parlament der FDJ gewählt werden konnten.

100 Erich Honecker faßte in seinem Schlußwort auf der 17. Tagung des Zentralrats der FDJ nochmals eindeutig zusammen: „ ...diese Pionierorganisation entwickelt sich unter Verantwortung und unter Leitung der FDJ. Die verantwortlichen Pionierleiter sind Mitglied der Leitung und die Leitung faßt die entscheidenden Beschlüsse. Dadurch sichern wir...die richtige ideologische Führung der Pionierbewegung.“ Der Junge Pionier, 2. Jg., Nr. 1/1949.

101 Auf dieser Tagung des Zentralrats der FDJ hieß es dazu unmißverständlich: „Die ‚Tanten‘ beiderlei Geschlechts, die in der Kindervereinigung nur ein Werk der Betreuung sehen, müssen sich umstellen oder verschwinden“. Protokoll der 17. Tagung des Zentralrats der FDJ, a.a.O., S. 11, in: SAPMO-BArch, DY 24/2.120.

auch mit der Überalterung der reformpädagogischen Helfer, in der fatalen, sinngemäßen Wiederholung der Begründung, Jugend sei durch Jugend zu führen. Daß wichtige Fragen, die die Kinder und Jugendlichen betrafen, keineswegs von diesen Jahrgängen entschieden wurden, sondern auf anderen Ebenen fielen, lag offenbar außerhalb der Betrachtung.

Im übrigen versuchte man den Eindruck zu erwecken, als wären bestimmte reformpädagogische Gedanken in die neue Organisation übernommen worden, um auf diese Weise eine offene Konfrontation zu vermeiden. So benutzte man auch weiterhin Begriffe, die der sozialdemokratischen Kinderbewegung entstammten. Nach wie vor war von der „Selbsttätigkeit der Kinder", ihrem „schöpferischen Tun" und „selbständigen Handeln" die Rede. Die Begriffe wurden jedoch aus ihrem Entstehungs- und Bedeutungszusammenhang gerissen und auf diese Weise ihres ursprünglichen Inhalts beraubt. Sie waren jetzt den politischen Zielen des Aufbaus der neuen Gesellschaft untergeordnet, jede Aktivität hatte sich den „Herausforderungen der neuen Zeit", den Klassenkämpfen, zu stellen. Wenn auch weiterhin traditionsreiche Begriffe der reformierten Pädagogik in neuem Gewande fortlebten, ist dies als reine Äußerlichkeit zu werten.

Klar gegen die der ehemaligen Kinderfreundebewegung nahestehenden Helfer richtete sich der Passus: „Die Bezeichnung Helfer wird aus unserer Arbeit völlig gestrichen."[102] Statt dessen sollte nur noch die Bezeichnung Pionierleiter verwendet werden. Damit hatte sich auch in dieser – scheinbar nebensächlichen – Frage die SED durchgesetzt, die mit dieser Umbenennung sich allein auf ihre Tradition der Roten Jungpioniere bezog und diese – nicht nur in den Begrifflichkeiten – wiederbelebte. Die Charakterisierung der Arbeit in der Kinderorganisation als helfend und unterstützend für die Gruppen wich einer zentralistischen Auffassung von Leitung, die zugleich Unterordnung und Anweisung assoziierte und in der die autoritäre Gestaltung der Beziehungen in den Vordergrund trat. Dieses neue Verständnis brachte auch die Vorsitzende des Verbandes in den Worten zum Ausdruck: „Wir müssen abkommen von all unseren Bezeichnungen, die sich als Schwächen in unserer Organisation herausgestellt haben, weil sie nicht straff genug die organisatorische Führung des Verbandes kennzeichneten."[103]

Die 17. Zentralratstagung zog insgesamt mit ihren Beschlüssen einen Schlußstrich unter die bis dahin noch vorhandenen sozialdemokratischen und reformpädagogischen Einflüsse in der Kinderorganisation. In der veränderten Kräftekonstellation, der Dominanz der SED-Mitglieder in allen entscheidenden Leitungsgremien der FDJ[104], gerieten diese Positionen in ein hoffnungsloses Abseits.

Als Bestätigung dieser Tatsache verkündete der Zentralrat, daß der Pionierverband nunmehr unzweifelhaft eine politische Organisation sei.[105] In diesem Sinne hieß es: „Sind

---

102 Ebenda, S. 19.

103 Ebenda, S. 18.

104 Vgl. Ulrich Mählert, Die Gründung und Instrumentalisierung der Freien Deutschen Jugend durch die KPD/SED (1945/46-1949), a.a.O., S. 53 ff. Zu diesem Zeitpunkt waren in den Leitungsgremien der FDJ auf zentraler Ebene und auch auf Landesebene bis zu 90 Prozent der Funktionäre Mitglieder der SED. Auf lokaler Ebene entwickelten sich „umgedrehte" ehemalige HJ-Funktionäre zu Stützen des Verbandes. Ebenda, S. 53.

105 Die Bedeutsamkeit dieser Tagung wird auch dadurch unterstrichen, daß Erich Honecker persönlich die Regie übernahm. Er überließ es nicht etwa den Funktionären der Kindervereinigung, die entsprechenden Beschlüsse auszuarbeiten, sondern kontrollierte und „half", um schließlich selbst die Entschließung der 17. Zentralratstagung zu formulieren. Vgl. Fridl Lewin, Erlebnisbericht, a.a.O., S. 25.

wir uns von vornherein darüber im klaren, Junge Pioniere bedeutet nicht nur einen Namen, Junge Pioniere bedeutet einen neuen Inhalt unserer Arbeit."[106] Fortan gab es keine öffentlichen Diskussionen mehr darüber, ob und inwieweit die Pionierorganisation politischen Charakter zu tragen habe. Auch wenn es hin und wieder unterschiedliche Auffassungen über die Methoden der politischen Erziehung gab, wurde am Grundsatz nicht mehr gerüttelt. So wurde auf der Gründungstagung von Edith Baumann, Sekretär des Zentralrats der FDJ – wie die geschlechtsindifferente Bezeichnung lautete –, angemahnt, kindgemäße Formen politischer Überzeugungsarbeit anzuwenden, um dadurch ein besseres Verständnis bei den Kindern für die politischen Aufgaben der Zeit zu entwickeln. Denn einige Funktionäre „bombardieren die Kinder mit politischen Begriffen, deren Inhalt ihrem kindlichen Auffassungsvermögen unverständlich ist."[107] Statt dessen sollten „aus der Umwelt des Kindes heraus diese politischen Fragen entwickelt" werden.[108] Immerhin war nicht zu übersehen, daß eine bloße Infiltrierung politischer Phrasen wirkungslos blieb und auf Dauer eher gegenteilige Reaktionen auslöste.

Diese methodischen Fragen änderten aber nichts an dem grundsätzlichen Ziel der Pionierorganisation, „die Kinder zu bewußten Kämpfern im Lager des Fortschritts, der Demokratie und des Friedens"[109] zu erziehen. Sie waren auch späterhin noch häufig Gegenstand der Diskussion, vermochten jedoch an der Spröde des zu vermittelnden Stoffes nichts zu ändern.

Die hier verwendete sehr allgemein gehaltene Begrifflichkeit für die Ziele der Kinderorganisation, darf nicht darüber hinwegtäuschen, daß sie für politische Inhalte stand, die von der SED für einen bestimmten Bedeutungszusammenhang festgelegt war. Deren Auslegung war weder beliebig noch konnte nach ihrem Wahrheitsgehalt gefragt werden. Sie richtete sich nach den wechselnden Strategien der SED-Führung in ihrer Politik, füllte Begriffe wie Fortschritt, Demokratie, und Frieden mit jeweilig konkreten Inhalten, vermochte aber nach außen hin den Anschein von Konsensfähigkeit zu erwecken.

Anhand dieser Aussagen kann nicht auf den tatsächlichen Charakter des Pionierverbandes geschlossen werden. So konnte trotz anderer Verlautbarungen zu diesem Zeitpunkt nicht mehr von einer Überparteilichkeit der Kinderorganisation, wie es noch anfangs in den der FDJ zugeordneten Kindergruppen der Fall war, die Rede sein. Sowohl von der personellen Besetzung des Zentralrats der FDJ – wie schon oben beschrieben – als auch von der politischen Ausrichtung des Verbandes, ließ sich kaum mehr der Eindruck einer parteipolitischen Unabhängigkeit erwecken. Zu sehr war er auf die politische Linie der SED festgelegt, indem er sich Forderungen und Zielvorstellungen der SED zu eigen machte bzw. in keiner Weise vom Parteikurs abwich. Dies betraf auch die gerade in der SED erfolgende offizielle Orientierung auf das sowjetische Gesellschaftsmodell. Sofort wurde auch für die Jungen Pioniere die sowjetische Pionierorganisation zum Vorbild erhoben. Immer wieder wurde auf der 17. Zentralratstagung beispielgebend auf die sowjetische Pionierorganisation verwiesen.

Die Vorbildrolle der Sowjetunion wurde gleichzeitig dazu genutzt, ein klares Freund-Feind-Bild zu entwickeln. Obwohl der Begriff Sozialismus auf der Gründungstagung noch nicht fiel, propagierte man der heranwachsenden Jugend, wo sie eine wirk-

106 Protokoll der 17. Tagung des Zentralrats der FDJ, a.a.O., S.18.

107 Ebenda, S. 48.

108 Ebenda, S. 49.

109 Ebenda.

liche Perspektive finden würde. So sei es die Sowjetunion, in der es „eine gänzlich andere Stellung des Kindes" gäbe. Dort genieße das Kind „unendliche Sorgfalt in der Erziehung und Fürsorge", die Deutschland Vorbild sein sollte. Demgegenüber wäre diese „neue Stellung des Kindes in der Gesellschaft keinesfalls gegeben in Westdeutschland und in den anderen kapitalistischen Ländern", in denen sie „jeglicher Willkür preisgegeben" wären.[110] Der Kalte Krieg machte vor der Kinderorganisation nicht Halt, im Gegenteil sollten gerade aus dieser Konfrontationsstellung die Motive für die Erziehung der Kinder zu „bewußten Kämpfern" für die neue Gesellschaft abgeleitet werden.

6. Die Durchsetzung der Monopolstellung der Kinderorganisation

Nach der Gründungstagung mußte der Pionierverband geeignete Bedingungen erhalten, um sich zu der gewünschten Massenorganisation entwickeln zu können. Dazu war es notwendig, sämtliche konkurrierende Organisationen auszuschalten. Schon auf der 17. Zentralratstagung wurde gefordert: „Es darf in der Zone nur eine Kinderorganisation geben, das sind die Jungen Pioniere."[111] Diese Forderung war vor allem gegen die sich an den Schulen etablierenden Schülerselbstverwaltungen und Schülerräte gerichtet, die sich zwar überwiegend in den höheren Klassen konstituierten, aber auch schon Schüler ab der 6. Klasse einbezogen. Ihre Traditionslinie führte ebenfalls zurück in die Weimarer Republik, in der Schulreformer Mitbestimmungsorgane für Schüler schufen. Besonders wurden diese in den sogenannten „freien Schulgemeinden" gefördert. Sie sollten die demokratischen Rechte der Schüler stärken, um schließlich über ihre (Schul-)Angelegenheiten selbst entscheiden zu können. Sie waren nicht nur Interessenvertreter der Schüler, sondern konnten z.T. über die Gestaltung des Unterrichts, den Schulablauf, die Stundentafel usw. mitbestimmen. Mit der Machterlangung der Faschisten wurden diese demokratischen Rechte sofort ausgehebelt und unterbunden.

Nach 1945 aktivierten einige der überlebenden Schulreformer diese Tradition in der SBZ erneut. Solange Reformpädagogen noch Einfluß auf das Schulwesen ausüben konnten, wurde die Herausbildung von Schülerräten auch von der Deutschen Verwaltung für Volksbildung (DVV) unterstützt. Im Jahre 1947 verabschiedete die DVV die „Grundsätze der Erziehung in der deutschen demokratischen Schule", die zuvor ausgiebig diskutiert worden waren.[112] Darin hieß es: „Als ein wesentliches Mittel zu einer demokratischen Erziehung und Förderung der Selbsttätigkeit der Schüler...sind Einrichtungen der Schülerselbstverwaltung eine unerläßliche Forderung der neuen Schule. Möglichst schon auf der Unterstufe sollen die Schüler selbst für die durch die Klassengemeinschaft bedingte Ordnung und die Ausführung gemeinsamer Veranstaltungen sorgen. Der allmähliche Ausbau dieser Einrichtungen ist für die Entwicklung der Selbsttätigkeit, der Initiative und des

110 Ebenda, S. 5.

111 Diskussionsbeitrag von Horst Brasch, Protokoll der 17. Tagung des Zentralrats der FDJ, in: SAPMO-BArch DY 25/354, S. 77.

112 Vgl. Gert Geißler: Schulreform und Bildungspolitik in der Sowjetischen Besatzungszone, in: ders./Ulrich Wiegmann, a.a.O., S. 32 ff.

Verantwortungsgefühls der Schüler ungeheuer wichtig."[113] Diese Schülerselbstverwaltungen sollten mit der Kinder- und Jugendorganisation zusammenarbeiten und möglichst selbst von dieser initiiert werden. In den 1948 entworfenen „Richtlinien zur Entwicklung der Schülerselbstverwaltung", wurde dieser reformpädagogische Ansatz schon modifiziert, indem festgehalten wird: Die Schülerselbstverwaltung „darf nicht zu einer Nachahmung parlamentarischer Entwicklungen und Gepflogenheiten werden...Die Organe der Schülerselbstverwaltung besitzen kein Recht, sich in die spezielle Arbeit der Schule einzumischen."[114] Dieser Form der Schülerselbstverwaltung fehlte damit die Gestaltungsmöglichkeit der Institution Schule; ihr Einfluß sollte sich vor allem auf die Schüler selbst beschränken. So stand die Organisierung der „kameradschaftlichen Hilfe für die Zurückgebliebenen", die Festigung der schulischen Disziplin, die Gestaltung des kulturellen Lebens an den Schulen im Vordergrund. Die Aufgabenbereiche der Schülerselbstverwaltungen waren alles in allem recht nebulös gehalten, eine Mitwirkung an dem schulischen Bildungsauftrag sowie eine Interessenvertretung gegenüber der Schule wurde nicht thematisiert.[115] Auf diese Weise wurde ihr Betätigungsfeld sehr begrenzt, wodurch die ursprünglichen Intentionen, die mit der Schülervertretung verbunden waren, verloren gingen. In der Praxis allerdings nahmen sich manche Schülervertretungen durchaus das Recht, ihre Mitbestimmung einzufordern und sich zum Anwalt der Interessen der Schüler zu machen, wie man aus den Klagen der FDJ-Funktionäre entnehmen kann.[116] Dadurch erhielten sie mehr Zulauf und größere Akzeptanz als die sich mühsam an den Schulen etablierenden FDJ-Gruppen und drohten damit zu einer ernsten Gefahr für die Organisationsbestrebungen der FDJ zu werden.

Aber auch mit diesen zaghaften Versuchen demokratischer Selbstverwaltung war es Ende 1948 vorbei. Zu diesem Zeitpunkt begann die SED, einen zentralistischen Umbau des wirtschaftlichen und politischen Systems vorzunehmen.[117] Die zentrale Lenkung und Leitung der Wirtschaft stand dabei im Vordergrund. Zum ersten Mal wurden die Eckdaten der wirtschaftlichen Entwicklung zentral geplant und ein Zweijahresplan für die Volkswirtschaft beschlossen. Aber die Zentralisierung betraf nicht nur die Bereiche der Wirtschaft und der Verwaltung, sondern ebenso gesellschaftliche Organisationen und Institutionen. Der von der SED-Führung beschworene „demokratische Zentralismus" sollte konsequent – und nicht nur in der eigenen Partei – durchgesetzt werden. Denn nur der Zentralismus sicherte der SED Einfluß und Kontrolle auf allen entscheidenden Gebieten. Die Selbstverwaltung hingegen begrenzte die Eingriffsmöglichkeiten der Herrschenden und entzog sich deren unmittelbarer Aufsicht. Sie wurde daher von den Machthabern als ernste Bedrohung empfunden.[118]

---

113 Grundsätze der Erziehung in der deutschen demokratischen Schule, Berlin/Leipzig 1947, S. 18.

114 Richtlinien zur Entwicklung der Schülerselbstverwaltung, Entwurf, vom 23. 1. 1948, in: SAPMO-BArch, DY 30, IV 2/16/108, Bl. 63.

115 Ebenda, Bl. 63/64.

116 So z.B. auf der 17. Tagung des Zentralrats der FDJ vom 11./12. 12. 1948, a.a.O.

117 Vgl. Dietrich Staritz, Die Gründung der DDR. Von der sowjetischen Besatzungsherrschaft zum sozialistischen Staat, München 1987, S. 123 ff.; Hermann Weber, Geschichte der DDR, München 1989, S. 160 ff.

118 Hintergrund für diese Befürchtungen bildeten auch die Entwicklungen in Jugoslawien, wo ein anderer Weg des Aufbaus einer neuen Ordnung beschritten wurde. Die Auseinandersetzungen verschärften sich 1948 zusehends und endeten mit dem Abbruch der einstmals freundschaftlichen Beziehungen.

Bezeichnenderweise fand die Auseinandersetzung um die Schülervertretungen auf der gleichen Tagung des Zentralrats der FDJ statt, auf der auch die Gründung der Pionierorganisation beschlossen wurde. Auf dieser 17. Zentralratstagung wurden die Schülerselbstverwaltungen als „reaktionär und illegal"[119] denunziert. Sie hätten überdies als „Deckmantel für reaktionäre Umtriebe"[120] gedient. „Den entstandenen Schülerselbstverwaltungen wurde keine genügende Aufmerksamkeit gewidmet. Es wurde kein energischer Kampf um die Verstärkung unseres Einflusses geführt, so dass sich diese in vielen Fällen zu einem Instrument der reaktionären Kräfte entwickelt haben"[121], konstatierte die FDJ-Führung Dieser Angriff sollte offenbar der Pionierorganisation, die sich sofort und ausschließlich nach der Gründungstagung an den Schulen zu etablieren hatte, den Weg ebnen. Die Schülervertretungen mußten beseitigt werden, um die Pionierorganisation nicht einer aufreibenden Konkurrenzsituation auszusetzen.

Kurze Zeit später, am 19. 12. 1948, beschloß infolgedessen die Konferenz der Volksbildungsminister der sowjetischen Zone, die Schülerselbstverwaltungen „als eine Verletzung der bestehenden demokratischen Schulgesetze aufzulösen"[122]. In einer Aktennotiz zu dieser Konferenz hieß es: „Nach Unterstreichung der Bedeutung der FDJ für die Schulreform und die Entwicklung der Volksbildung durch Präsident Wandel beschloß die Ministerkonferenz die sofortige Abschaffung der Schülerräte als unvereinbar mit dem Gesetz über die Schulreform. Als Vertreter der Interessen der Schülerschaft gilt die FDJ bzw. der Verband der Jungen Pioniere".[123] Zugleich wurde die FDJ und die Pionierorganisation gemahnt, nicht etwa dic Funktion der Schülerselbstverwaltungsorgane zu übernehmen, wie es in einigen Fällen an den Oberschulen bezüglich der FDJ vorgekommen war. „Der Unterschied zwischen Schülerselbstverwaltung und FDJ-Schulgruppe war oft nicht zu erkennen. Durch eine mangelhafte Schulung innerhalb der Schulgruppen der FDJ kam es in vielen Fällen dazu, dass die FDJ-ler, die in den Schülerselbstverwaltungen tätig waren, sich nicht an die Beschlüsse der FDJ hielten, sondern sich sogar gegen die Beschlüsse stellten."[124] Eine Nachahmung „formal demokratischer" bzw. „schein-parlamentarischer Formen" sollte unbedingt vermieden werden.

Im Mai 1949 erließ die DVV Ausführungsbestimmungen zum Paragraph 6 f des Gesetzes zur Demokratisierung der Schule, der die Schülervertretung regelte. Diese sahen nunmehr die Auflösung der Schülerausschüsse vor. Die Interessenvertretung an den Schulen sollte nunmehr allein an die Pionierleiter und die Schulgruppen der FDJ übergehen.[125] Von einer wirklichen Vertretung von Schülerinteressen konnte jedoch keine Rede mehr sein, zumal diese für die Jungen Pioniere an dem Pionierleiter, einem Funktionär, festge-

---

119 Protokoll der 17. Tagung des Zentralrats der FDJ vom 11./12. 12. 1948, S. 56, in: SAPMO-BArch, DY 24/2.119.

120 Ebenda, S. 54.

121 Entschließung zur Arbeit der FDJ an den Schulen und Hochschulen, angenommen auf der 17. Tagung des Zentralrats der FDJ vom 11./12. 12. 1948, in: SAPMO-BArch, DY 30/IV 2/905/135, Bl. 2.

122 Vgl. Protokoll der 18. Tagung des Zentralrats der FDJ vom 6. 2. 1949, S. 9, in: SAPMO-BArch, DY 24/2.121.

123 Aktennotiz des Sekretariats des Zentralrats der FDJ vom 21. 12. 1948, betr.: Ergebnis der Konferenz der Volksbildungsminister der SBZ vom 19. Dezember 1948, in: SAPMO-BArch, DY 24/6.094.

124 Entschließung zur Arbeit der FDJ an den Schulen und Hochschulen, angenommen auf der 17. Tagung des Zentralrats der FDJ am 11./12. 12. 1948, a.a.O., S. 2.

125 Vereinbarungen mit der Deutschen Verwaltung für Volksbildung betreffs Unterstützung des Verbandes der Jungen Pioniere an den Schulen, S. 2, in: SAPMO-BArch DY 25/807.

macht wurde. Nach dem Selbstverständnis der SED-Führung brauchte es eine solche auch nicht zu geben, existierte doch angeblich kein Interessengegensatz von Schule und Schülern, da beide ein gemeinsames Ziel verfolgten. Dem entsprach insgesamt die Vorstellung, daß es grundsätzlich keinen Gegensatz zwischen Führung und Volk geben konnte, brachte sie doch vermeintlich dessen „objektive Interessen" zum Ausdruck.

Mit der Liquidierung der Schülerausschüsse bzw. -räte wurden endgültig Formen direkter Demokratie unterbunden und letzte Reste reformpädagogischer Praxis beseitigt. Die Konkurrenz an den Schulen war nunmehr ausgeschaltet und der Weg für die Etablierung der Kinderorganisation im Sinne des „demokratischen Zentralismus" frei. Der Einfluß reformpädagogischen Denkens war in der Volksbildung ohnehin im Schwinden begriffen und wich einer Propagierung der Sowjetpädagogik. Diese wurde fortan als „fortschrittlichste Pädagogik" qualifiziert. Emphatisch äußerte Hans Siebert: „Sie ist Produkt der Summe des Wissens und des Forschens auf dem Gebiet der Pädagogik nicht nur der Sozialisten, sondern der ganzen Menschheit."[126]

In diesem Kontext der Abrechnung mit der Reformpädagogik und damit auch dem Sozialdemokratismus steht zugleich die baldige Ablösung der seit Anfang der Kindergruppenarbeit nach 1945 Verantwortlichen Fridl Lewin. Bereits ein halbes Jahr nach Gründung der Jungen Pioniere verlor sie ihre Funktion als deren Vorsitzende. In ihrer Person vereinigte sich sowohl frühere sozialdemokratische Mitgliedschaft als auch Sympathie für die Kinderfreundebewegung der Weimarer Republik, die sie allerdings immer wieder zu unterdrücken suchte. Dies gelang ihr jedoch nicht vollkommen. In den Texten zur Kinderorganisation ist dieser Einfluß wiederholt spürbar. Auf dem III. Parlament der FDJ vom 1. 6.-5. 6. 1949 wurde sie durch Kurt Morgenstern ersetzt. Ihn löste aber bereits im Dezember 1949 die sehr linientreue Margot Feist (später Honecker) als „Sekretär für Pioniere und Schulen" ab.

Außerhalb der Schule blieb der Pionierverband überdies in der SBZ ohne Konkurrenz. Einzige Ausnahme bildete dabei der Ostsektor Berlins, da die Stadt durch den Viermächtestatus gesonderten Regelungen der Besatzungsmächte unterlag.[127] Mit der Zulassung von Jugendverbänden, darunter auch der FDJ, im Oktober 1947 durch den Alliierten Kontrollrat waren nunmehr auch andere Kinder- und Jugendverbände in Berlin aktiv. Nennenswerte Konkurrenz erfuhr die Pionierorganisation vor allem durch den sozialdemokratischen Kinderverband Rote Falken. Unter der Obhut der auch nach der Gründung der SED noch bestehenden Ortsgruppen der SPD in verschiedenen Stadtteilen Berlins konnten die Berliner Falken ihre Tätigkeit fortsetzen. Auch sie vertraten eine sozialistische Programmatik, beriefen sich auf einen konsequenten Antifaschismus, standen aber dem sowjeti-

126 Hans Siebert auf der Lehreraktivistentagung vom November 1948, zit. nach Oskar Anweiler, Schulpolitik und Schulsystem in der DDR, a.a.O., S. 44. Zur Person vgl. Anm. 138.

127 Dies war auch die Ursache dafür, daß sich die FDJ nicht in Berlin gründete, da die Alliierten ihr die Zustimmung versagten. So kamen die Gründungskonferenzen im März 1946 nur in den sowjetisch besetzten Zonen zustande, die durch die SMAD genehmigt waren. Daher mußte auch das I. Parlament der FDJ, auf dem das Statut verabschiedet und der Zentralrat der FDJ gewählt wurde, in Brandenburg stattfinden. Erst im Oktober 1947 stimmte der Alliierte Kontrollrat der Gründung der FDJ und weiteren Jugendverbänden in Berlin zu. Bis dahin agierte der Jugendverband als Antifaschistischer Jugendausschuß im Ostsektor Berlins. Nach der Zulassung der FDJ in Berlin konnte sich demzufolge auch die Pionierorganisation in Berlin gründen.

schen Sozialismusmodell sowie der sowjetischen Besatzungsmacht kritisch gegenüber.[128] Obwohl anfangs noch eine beschränkte Zusammenarbeit zwischen FDJ und den Falken in Berlin existierte, gerieten sie bedingt durch die zunehmende politische Konfrontation immer heftiger in Auseinandersetzungen, bis sich ihre politischen Wege endgültig trennten.[129] Zum Zeitpunkt der Gründung der Pionierorganisation gab es schon keine Zusammenarbeit mit der sozialdemokratischen Jugend- und Kinderorganisation mehr. Die Falken wurden seitens der SED und der FDJ nur noch als (feindliche) Konkurrenz wahrgenommen und ihre Aktivitäten kritisch beargwöhnt. Mit der zunehmenden Verfolgung der Sozialdemokraten gerieten sie immer mehr unter Druck und führten ein halblegales Dasein. Ihre Organisationsmöglichkeiten waren überdies sehr eingeschränkt, da sie auf keinerlei staatliche Unterstützung hoffen konnten. Dennoch existierten diese sozialdemokratischen Kindergruppen auch unter den begrenzten Möglichkeiten weiter.

Bis auf die Kirchen, die sich ebenfalls um die Kinder bemühten, gab es in der SBZ/DDR keine organisatorischen Alternativen zur Pionierorganisation. Immerhin waren durch die SMAD bereits sehr früh die Wege für eine Monopolstellung der Kinder- und Jugendorganisation geebnet worden. Mit der Zulassung der „antifaschistisch-demokratischen Jugendausschüsse" durch die SMAD vom 31. 7. 1945 wurden gleichzeitig andere Jugendorganisationen verboten. Da die Kindergruppen diesen zugeordnet wurden, galt dies entsprechend auch für die Kinderorganisation. Allerdings war diese Verfügung nicht zwingend durchzusetzen, da sich spontan, ohne politischen Hintergrund, lose Zusammenschlüsse von Kindern unter Anleitung von Erwachsenen gebildet hatten. Dieser Zustand der relativen Unkontrollierbarkeit der verschiedenen Gruppen wurde mit der Gründung der Pionierorganisation endgültig beendet, indem man eine Registrierung per Mitgliedsausweis einführte.[130] Dadurch bestand ein Überblick über die Mitgliedschaft, die zugleich über die Schule kontrolliert wurde, wodurch andere Gruppierungen keine Existenzchancen mehr hatten.

Die Zugehörigkeit zur Pionierorganisation wurde nunmehr mit einem politischen Bekenntnis verbunden. Auf der 18. Tagung des Zentralrats der FDJ am 6. 2. 1949 beschloß man die „Gesetze" und das „Gelöbnis" der Jungen Pioniere. Damit wurde die Tradition der KPD-eigenen Kinderorganisation Rote Jungpioniere fortgeführt, die Gebote für die Kinder formuliert hatte und sie auf die Parteiprogrammatik festlegte. Eine solche offenkundige Verbundenheit zur SED enthielten die „Gesetze" Anfang 1949 allerdings noch nicht, wenngleich die Jungen Pioniere die „Kämpfer der Werktätigen"[131], worunter im allgemeinen die Führer der SED zu verstehen waren, zum Vorbild nehmen sollten.

Die „Gesetze der Jungen Pioniere" lauteten im einzelnen:

> „Junge Pioniere achten den Menschen: Wir sind ein Teil des werktätigen Volkes – die Kämpfer der Werktätigen sind die Vorbilder der Jungen Pioniere.
>
> Junge Pioniere halten Freundschaft mit anderen Völkern: Wir stehen fest auf der Seite der Menschen, die den Frieden und Fortschritt lieben und für ihn kämpfen.

---

128 Vgl. zur Thematik der Berliner Falken ausführlich Siegfried Heimann, Die Falken in Berlin. Erziehungsgemeinschaft oder Kampforgansiation? Die Jahre 1945- 1950, Berlin (West), 1990.

129 Vgl. ebenda, S. 87-106.

130 Protokoll der 17. Tagung des Zentralrats der FDJ, S. 19, in: SAPMO-BArch, DY 24/2.120, S. 19.

131 Vgl. Gesetze der Jungen Pioniere, beschlossen auf der 18. Tagung des Zentralrats der FDJ am 6. 2. 1949, in: SAPMO-BArch DY 25/ 807.

Junge Pioniere lieben ihre Heimat: Wir helfen nach unseren Kräften mit am Neuaufbau unserer Heimat und treten ein für die Einheit Deutschlands und einen gerechten Frieden.

Jungen Pioniere lieben die Wahrheit: Wir werden immer danach streben, zu erkennen, was wahr ist, und offen unsere Meinung vertreten.

Junge Pioniere lernen gut: Wir sind die besten in unserer Schule und helfen allen Klassenkameraden, möglichst viel und gut zu lernen.

Junge Pioniere helfen überall mit: Wir packen bei jeder Arbeit für die Allgemeinheit mit zu, sei es in der Schule, im Elternhaus, auf der Straße, auf dem Dorfe oder wo es immer auf unsere Hilfe ankommt.

Junge Pioniere sind zuverlässig: Wir erfüllen die von uns übernommenen Aufgaben, sind pünktlich und ordentlich und halten auf Sauberkeit.

Junge Pioniere halten ihren Körper sauber und gesund: Wir wandern und treiben Sport, wir rauchen nicht und trinken keinen Alkohol.

Junge Pioniere schützen die Natur: Wir wollen Tiere und Pflanzen beobachten, um die Gesetze ihres Lebens kennenzulernen. Die Tier- und Pflanzenwelt ist ein Teil unserer Heimat, die wir lieben.

Junge Pioniere sind einander Freund: Wir wollen hilfsbereit und kameradschaftlich jedem anderen Pionier helfen, seine Aufgaben zu lösen, und denken nicht immer zuerst an uns selbst.

Junge Pioniere achten ihre Eltern.

Junge Pioniere halten ihr blaues Halstuch in Ehren: Wir sehen in unserem Halstuch ein Stück der blauen Fahne der Freien Deutschen Jugend. Die drei Ecken bedeuten: Schule – Elternhaus – Verband der Jungen Pioniere."[132]

Diese einem Katechismus ähnlichen „Gesetze" waren noch sehr allgemein gehalten und auf einen breiten Konsens angelegt. Immerhin sollten damit die Masse der Kinder erreicht und den Eltern das Gefühl vermittelt werden, daß ihre Kinder in der Pionierorganisation eine für sie günstige Erziehung genossen. Die politische Einbindung der Kinderorganisation kam jedoch zum einen in dem abzugebenden Bekenntnis: „Die Freie Deutsche Jugend ist das große Vorbild der Jungen Pioniere", das die „Gesetze" einleitete,[133] zum Ausdruck. Die Steuerung der FDJ durch die SED war so weit vorangeschritten, daß die Unterstellung der Pionierorganisation unter die FDJ sie auch deren Einfluß aussetzte. Unmißverständlich hatte der Parteivorstand der SED verkündet: „SED und Jugend gehören zusammen"[134]. Zum anderen wurde erst in der Umsetzung dieser „Gesetze" in die Praxis deren politische Funktion deutlich. Was beispielsweise unter „Friedensliebe" zu verstehen war, kam in der Anwendung auf konkrete Zusammenhänge zum Ausdruck. So formulierte Margot Feist auf der 4. Zentralratstagung der FDJ im Dezember 1949: „Unsere Pioniere sollen alle die hassen lernen, die den Menschen nicht achten, die ihn ausbeuten und unterdrücken...Zeigen wir unseren Pionieren auf, dass es der amerikanische Imperialismus ist, der unsere geliebte Heimat spalten und aus ganz Deutschland eine Kolonie machen will! Unsere Jungen Pioniere müssen immer bereit sein, das Gesetz des Jungen Pioniers zu erfül-

132 Ebenda.

133 Vgl. ebenda.

134 Aufruf des Parteivorstandes der SED vom 1. 10. 1948, in: Geschichte der FDJ, Berlin/Ost 1982, S. 152.

len, in dem es heißt: wir treten immer für die Einheit Deutschlands und einen gerechten Frieden ein."[135] Mit dem Ritual eines Gelöbnisses („Ich verspreche, die Gesetze der Jungen Pioniere immer zu halten und nach diesen Gesetzen meine Aufgaben als Junger Pionier zu erfüllen") wurde dem heranwachsenden Pionier das Bekenntnis zu der neuen Ordnung abgefordert und der Eintritt in die politische Organisation vollzogen.

Der Pionierverband erhielt mit seiner Gründung eine eigene Zeitung, „Der Junge Pionier", die die Kinder zum „richtigen Handeln" im Sinne der Pioniergesetze anleiten und Anregungen für das Verbandsleben vermitteln sollte.[136] Zur politischen Organisation gehörte überdies eine entsprechende Symbolik, die der Absicht entsprach, die Verbundenheit der Mitglieder mit ihrem Verband zu dokumentieren: Der Junge Pionier erhielt ein Pionierabzeichen sowie ein blaues (die Farbe der FDJ) dreieckiges Halstuch. Der Pioniergruß „seid bereit – immer bereit" war der kommunistischen Kinderorganisation entnommen. Dazu war die rechte Hand über den Kopf zu erheben, wodurch man bekundete, „dass alle Jungen Pioniere diese Interessen, die Interessen des Friedens über ihre eigene Person hinausheben". Die dabei auszustreckenden Finger der Hand symbolisierten die fünf Erdteile, „die zusammenhalten müssen, wenn der Kampf um den Frieden und somit um eine glückliche Zukunft aller Kinder erfolgreich geführt werden soll"[137]. Mit diesem Ritual wurde der Internationalismus der Pionierorganisation zu demonstrieren versucht.

Die nunmehr erlangte Monopolstellung der Kinderorganisation sicherte der SED nicht nur den Zugriff auf die heranwachsende Generation, sondern durch diese Konstellation war sie auch dem westlichen „Klassengegner" einen vermeintlichen Schritt voraus. Triumphierend verkündete Hans Siebert[138] auf der 4. Zentralratstagung der FDJ vom 1./2. 12. 1949: Der „Gegner hat begriffen, daß wir ihm das Tor zugeschlagen haben in bezug nicht nur auf die junge Generation, sondern bereits auch für die Kinder." Er habe verstanden, „daß auch diese Kinder bereits im Innersten überzeugt sind von dieser Deutschen Demokratischen Republik und bereit sind, sie zu verteidigen und für sie zu lernen."[139] Und so wachse „eine junge Generation von Kindern (heran), die auch in der Zukunft nicht gewonnen werden kann für die Feinde unseres Volkes. Das ist die erste Bedeutung unserer Pioniere."[140] Damit war klar – aber noch nie so deutlich – das eigentliche Ziel der Pionierorganisation ausgedrückt, daß durch sie eine systemkonforme und staatstragende Erziehung erfolgen sollte, die die Heranwachsenden gegen „Fremdeinflüsse" zu immunisieren hatte. Die SED war sich durchaus bewußt, welch teures Pfand sie damit in der Hand hatte. Auf der 1. Parteikonferenz der SED (25.-28. 1. 1949) wurde in diesem Sinne formuliert, daß es sich bei den heranwachsenden Kindern um „unser saubersten und bestes Menschenmaterial für die

---

135 Protokoll der 4. Tagung des Zentralrats der FDJ vom 1./2. 12. 1949, S. 77, in: SAPMO-BArch, DY 24/2.129.

136 Bereits für die Kindervereinigung der FDJ wurde eine eigene Zeitung herausgegeben, die unter dem Titel „Unsere Zeitung. Für Mädel und Jungen" erschien. Dieser Titel wurde jedoch nicht mehr als zeitgemäß angesehenen, da der Adressat zu allgemein gehalten war.

137 Protokoll der Sitzung des Sekretariats des Zentralrates der FDJ vom 18. 10. 1949, Anlage 10: Ausübung des Pioniergrussses , in: SAPMO-BArch, DY 24/2.391.

138 Hans Siebert (1970-1979) war zunächst Leiter des Hauptreferats Schule und Erziehung des Zentralsekretariats der SED und zeichnete sich in dieser Funktion als Hartliner aus. Anschließend war er Leiter der Hauptabteilung Unterricht und Erziehung in der DVV und dann im Ministerium für Volksbildung, seit 1953 bis 1960 Direktor des Pädagogischen Instituts in Dresden.

139 Protokoll der 4. Tagung des Zentralrats der FDJ vom 1./2. 12. 1949, S. 138, a.a.O.

140 Ebenda, S. 139.

Zukunft (handelt). Wir dürfen es nicht wild und unbeachtet heranwachsen lassen...Wir müssen verhindern, daß sie erneut reaktionären Kräften verschiedenster Färbung und Prägung zum Opfer fallen. Unser Leitsatz für unsere Tätigkeit auf diesem Gebiet muß immer der sein: Die Jugend und die Kinder, das ist der goldene Fonds unserer Zukunft."[141]

Auch wenn nach den Erfahrungen mit Faschismus und Krieg der Gedanke, die heranwachsende Jugend vor einer erneuten Katastrophe bewahren zu wollen, eine Rolle gespielt haben mochte, so ließ die SED doch nur ihre eigene Auffassung und Ideologie als einzig gültige Prinzipien zu. Sie wähnte sich im Besitz eines Wahrheitsmonopols, was sie zu berechtigen glaubte, gesellschaftliche Erscheinungen nach ihren Bewertungskriterien – was förderlich oder hinderlich für die Menschen wäre – zu beurteilen. Nach diesen Vorstellungen steuerte sie auch die Erziehung der Kinder und versuchte, andere Einflüsse, die zu dieser Zeit in der Regel mit dem Begriff „reaktionär" belegt wurden, auszuschalten. Letztlich aber galt es, die heranwachsende Generation im Sinne der Partei zu erziehen, dabei den Nachwuchs und die Zukunft der Partei sichernd, um auf diese Weise die bestehenden Herrschaftsverhältnisse auf Dauer konsolidieren zu können. Dabei trat die Konkurrenz nicht nur im Gewand des „amerikanischen Imperialismus" auf, sondern präsentierte sich auch als weltanschauliche Alternative in Gestalt der Kirche, die bekämpft werden mußte, wie später noch gezeigt werden wird.

7. Die Sicherung der Führungsrolle der SED

Die SED sicherte sich nicht nur ihren Einfluß über die Besetzung von Führungspositionen in den gesellschaftlichen Organisationen durch SED-Mitglieder und veränderte dadurch die Mehrheitsverhältnisse in den Gremien zu ihren Gunsten, sondern leitete darüber hinaus strukturelle Maßnahmen ein, über die sie ihre Jugendpolitik verwirklichen konnte.

Nachdem auf der 1. Tagung des Parteivorstandes der SED am 23. 4. 1946 die prinzipielle Verantwortlichkeit für die Leitung der Jugendpolitik beschlossen worden war, begann der Aufbau einer „Abteilung Jugend" des Parteivorstandes der SED. Von 1947 bis 1949 war dafür auch die Bezeichnung „Jugendsekretariat" gebräuchlich, das von Paul Verner geleitet wurde. Ihm gehörte zugleich ein „Referat Kinderfragen" an, das sich mit der Kinderorganisation beschäftigte. Über dieses Jugendsekretariat bestand eine ständige Verbindung zur SMAD. So wurde die SMAD über alle den Aufbau der Kinderorganisation betreffenden wesentlichen Fragen, einschließlich deren Gesetze und Gelöbnis, informiert.[142]

Auch auf der Landesebene waren Jugendsekretariate der SED geschaffen worden. Damit war eine ständige Kontrolle und Einflußnahme auf die Jugendarbeit gegeben. Durch den Beschluß des sogenannten Kleinen Sekretariats des ZK der SED vom 14. 11. 1949 wurden diese Jugendabteilungen aufgelöst und statt dessen Instrukteure für Jugendfragen eingesetzt mit dem Ziel, den „Ressortgeist" zu überwinden und die Jugendarbeit zur Aufgabe der

---

141 Referat von Otto Grotewohl auf der 1. Parteikonferenz der SED vom 25. bis 28. 1. 1949, in: Partei und Jugend, a.a.O., S. 326.

142 Vgl. Information von Verner an Stepanow vom 17.1.1949, in: SAPMO-BArch, DY 30/IV 2/16/140, Bl. 45

gesamten Partei zu machen, wie unermüdlich betont wurde. Durch diese neue Arbeitsweise versuchte man, stärkere Breitenwirkung, aber auch effektivere Informationsbeschaffung zu erreichen. Später, im Jahre 1952, wurde mit dem Neuaufbau der Abteilung „Leitende Organe der Partei und Massenorganisationen" des ZK ein „Sektor Jugend" geschaffen.[143] Die in dieser Abteilung beschäftigten Instrukteure hatten über die Durchführung der Parteibeschlüsse auf dem Gebiet der Jugendarbeit zu wachen, die Arbeit der FDJ – und damit der Pionierorganisation – auf allen Ebenen zu kontrollieren, die führenden Genossen in der FDJ anzuleiten und über die Auswahl und den Einsatz von Kadern der FDJ zu bestimmen. Damit war eine direkte Unterstellung der FDJ unter die Partei gegeben. Folglich gab es kaum einen Beschluß oder eine Aufgabenstellung, die nicht vorher mit der SED-Führung besprochen worden wäre.[144] Sämtliche Protokolle der Sitzungen des Zentralrats der FDJ und auch seines Sekretariats gingen obligatorisch an die zuständige Jugendabteilung des ZK der SED.

Zur doppelten Absicherung ihrer Politik schuf sich die SED jedoch noch eine zusätzliche Struktur. Am 16. 8. 1949 faßte das Politbüro den Beschluß über die „Schaffung von Parteiorganisationen im Apparat der Partei und Massenorganisationen."[145] Danach sollten sich im Apparat der Massenorganisationen, darunter der FDJ, auf den verschiedenen Ebenen (Zentrale, Land – später Bezirk –, Kreis) die Parteimitglieder zu Parteigruppen zusammenschließen, um die von den Leitungen der Partei gefaßten Beschlüsse „schnellstens" umzusetzen, das „ideologische Niveau" zu heben und über die Einhaltung der Linie der Partei durch die Genossen zu wachen.[146] Wesentlich für die Durchsetzung der Führungsrolle der Partei war die Festlegung: „In der Parteigruppe ist jeder Genosse, gleich welche Funktion er im Apparat innehat, zuerst Mitglied der Partei."[147] Das hieß, daß im Zweifelsfalle nicht die Interessen der Jugendorganisation durch den Genossen Funktionär zu vertreten, sondern in erster Linie die Parteirichtlinien umzusetzen waren. Grundsätzlich hatte er damit zunächst und zuallererst der Partei gegenüber Gehorsam zu leisten. Damit dies auch so geschehen konnte, wurde betont: „In den Massenorganisationen hat die Parteigruppe dafür zu sorgen, daß die SED-Mitglieder die Linie der Partei einhalten."[148]

Durch diesen bedeutsamen Parteibeschluß wurde jegliche Interessenvertretung der organisierten Kinder und Jugendlichen ad absurdum geführt. Da die verantwortlichen Funktionäre, die an der Spitze der Organisation ausnahmslos, – auf unteren Ebenen in der Mehrzahl –, der SED angehörten,[149] vorrangig der Partei verpflichtet waren, konnten di-

143 Diese Struktur galt bis 1957. Auf Beschluß des Politbüros vom 26. 1. 1957 erfolgte die Herauslösung des Sektors Jugend aus der Abteilung „Leitende Organe der Partei und der Massenorganisationen" und die Bildung einer eigenen selbständigen Arbeitsgruppe für Jugendfragen beim ZK der SED. Dies sollte den „erhöhten Anforderungen" Rechnung tragen. Die Arbeitsgruppe bestand bis Januar 1961.

144 Vgl. Leonore Ansorg, Die frühzeitige politische Formierung der Heranwachsenden. Zur Gründung der Pionierorganisation durch die FDJ, in: Helga Gotschlich (Hg.), „Links und Links und Schritt gehalten...", a.a.O., S. 166/167.

145 Politbürositzung vom 16. 8. 1949, Protokoll Nr. 38, in: SAPMO-BArch, DY 30/J IV 2/2/38.

146 Ebenda, Anlage 3, Bl. 30.

147 Ebenda, Bl. 31.

148 Ebenda, Bl. 30.

149 Dem auf dem III. Parlament der FDJ in Leipzig im Juni 1949 neugewählten Zentralrat gehörten neben 109 SED-Mitgliedern nur noch 3 Mitglieder der bürgerlichen Parteien an. Vgl. Ludwig Vogt, Die Freie Deutsche Jugend, a.a.O., S. 391. Das eigentliche Entscheidungsgremium, das Sekretariat des Zentralrats der FDJ, bestand ausschließlich aus SED-Mitgliedern. Vgl. SBZ-Handbuch, a.a.O. S. 681.

vergierende Interessenlagen von Kindern und Jugendlichen keinen institutionalisierten Ausdruck finden. In erster Linie waren die Beschlüsse der Partei durchzusetzen und die SED-Mitglieder hatten sich dabei der Parteidisziplin zu beugen. Die Organisationen besaßen nicht das Recht, diese etwa bei gegensätzlichen Auffassungen aufzuheben. Dementsprechend war die Führungsrolle der Partei noch vor ihrer offiziellen Anerkennung durch die FDJ – wie im übrigen in allen anderen gesellschaftlichen Organisationen auch – bereits umgesetzt. Von Überparteilichkeit konnte daher nicht die Rede sein. Damit fand die vom Parteivorstand der SED getroffene Feststellung, daß die Entwicklung zur Partei neuen Typus durch die Jugendorganisation mitverwirklicht wird[150], seine volle Bestätigung.

Ganz im Stile administrativer Anweisungen verfuhr daher die SED mit der FDJ. Auf der Politbürositzung vom 10. 5. 1949 hieß es: „Die Genossen im Zentralrat der FDJ werden beauftragt" z.B. verschiedene Maßnahmen einzuleiten, Vorlagen u.a. zu erarbeiten, oder einen Beschluß im Zentralrat z.B. über die „Einrichtung von Tagungsräumen für die Jungen Pioniere an den Grundschulen" und den „Aufbau von Kulturhäusern für die Jungen Pioniere" herbeizuführen und viele andere Auflagen mehr.[151] Über die Durchführung der Beschlüsse war der SED-Führung jeweils Bericht zu erstatten. Die FDJ und mit ihr die Pionierorganisation nahm damit die Rolle einer der SED unmittelbar unterstellten Institution ein. So gesehen war es nur folgerichtig, wenn Rechenschaftspflicht im wirklichen Sinne in der Regel nur gegenüber den höheren Leitungsebenen bestand, da von dort auch die Anweisungen kamen, nicht aber von unten, den Mitgliedern der FDJ und der Pionierorganisation selbst. Damit war der „demokratische Zentralismus" hinsichtlich seiner Struktur und der Führungsrolle der SED auf perfekte Weise in der Kinder- und Jugendorganisation umgesetzt. Ein eigenständiges und unabhäniges Organisationsleben war infolgedessen von vornherein ausgeschlossen.

8. Die Schule als Organisationsbasis des Pionierverbandes

Mit der Gründung der Jungen Pioniere erfolgte die Organisierung der Mitglieder ausschließlich an den Schulen. Nur auf diese Weise konnte es gelingen, eine Massenorganisation zu entwickeln, indem die kontrollierende Aufsicht der Schule auf den Pionierverband ausgedehnt wurde. An den Schulen waren die Kinder verfügbar und durch Anpassungsdruck konnten sie bewegt werden, in die Organisation einzutreten.

Man wählte daher die überschaubarste Organisationseinheit, nämlich die Bildung von Pioniergruppen auf der Basis von Klassen und damit jeweils Gleichaltriger. Diese erhielten

---

Bereits auf der relativ unteren Ebene der Kreisvorstände der FDJ, die ebenfalls für die Pionierorganisation verantwortlich waren, gehörten immerhin schon 1949 72 Prozent der Funktionäre der SED an. Vgl. Ulrich Mählert, „Die gesamte junge Generation für den Sozialismus begeistern", in: Jürgen Weber (Hg.): Der SED-Staat: Neues über eine vergangene Diktatur, München 1994, S. 78.

150 Vgl. 14. Tagung des Parteivorstandes der SED vom 20/21. 10. 1948, Protokoll Nr. 122, in: SAPMO-BArch, DY 30/IV 2/1/56, Bl. 14.

151 Politbürositzung vom 10.5.1949, Protokoll Nr. 22, Anlage 1, in: SAPMO-BArch, DY 30/J IV 2/2/22, Bl. 10 ff.

einen Gruppenleiter, der von der Kreisleitung der FDJ in seiner Funktion bestätigt wurde. Die Pioniergruppen einer Schule zusammengenommen bildeten eine Freundschaft, deren oberstes Leitungsorgan der Pionierleiter - ein Begriff, der überwiegend auf Frauen angewendet wurde - darstellte. An den größeren Schulen wurde dieser hauptamtlich von der Abteilung Volksbildung angestellt, was die enge Verflechtung von Pionierorganisation und Schule verdeutlicht. Über die Auswahl der Pionierleiter befand allerdings die FDJ-Kreisleitung. Dem Pionierleiter zur Seite stand ein Freundschaftsrat – bestehend aus 7 bis 15 Mitgliedern je nach Größe der Schule –, in den die einzelnen Pioniergruppen ihre Vertreter delegierten (diese wurden in offener Abstimmung gewählt, wie bereits laut Statut vorgeschrieben).

Vom ersten Tage an bildete die Kaderrekrutierung für diese leitenden Funktionen das größte Problem. Die älteren, aus der sozialdemokratischen Kinderbewegung stammenden Erzieher waren durch die Verlegung der Organisationsbasis an die Schulen und das eindeutige Unterstellungsverhältnis unter die FDJ weitgehend herausgedrängt worden. Der Nachwuchs sollte nunmehr vor allem aus den Reihen der FDJ kommen, wobei vorrangig die Arbeiterjugend angesprochen wurde. Die Gewinnung der Arbeiterjugend für diese Funktionen gelang jedoch sehr selten, was immer wieder von den verantwortlichen Funktionären beklagt wurde. So stammten 1949 nur 8,3 Prozent der Pionierleiter aus der Industriearbeiterschaft.[152]

Die soziale Zusammensetzung der leitenden Pionierfunktionäre an den Schulen entsprach damit keineswegs den gewünschten Vorstellungen. Das leichter zu erreichende Potential bildeten dagegen die im Schnelldurchgang ausgebildeten Neulehrer. Zunächst appellierte man an ihr Bewußtsein, sich für Funktionen im Pionierverband zur Verfügung zu stellen. Immer mehr gerieten sie jedoch unter politischen Druck, indem ihr Geeignetsein als Lehrer an ihr Engagement für die Pionierorganisation gekoppelt wurde. Ausdrücklich wurde von der FDJ hervorgehoben: „Die Stellungnahme zum Verband der Jungen Pioniere seitens der Lehrer ist nicht nur ein Gradmesser für ihre politische Reife, sondern wir können, ohne zu übertreiben sagen daß die Lehrer, die sich mit dem Verbande der Jungen Pioniere nicht beschäftigen, politisch nicht nur negativ wirken, sondern daß sie auch fachlich und methodisch in ihrer Arbeit stehen bleiben werden.“[153] Diese Einbeziehung der Lehrerschaft war von der Erkenntnis getragen, daß es „ohne die Mitarbeit der Lehrer nicht möglich (ist), den Verband der Jungen Pioniere zu einer Millionenorganisation zu entwickeln.“[154]

Bereits ein reichliches halbes Jahr nach Gründung der Jungen Pioniere wurde in den „Schulpolitischen Richtlinien für die deutsche demokratische Schule“, die das Politbüro am 16. 8. 1949 im Vorfeld des IV. Pädagogischen Kongresses beschloß, die Lehrerschaft in die politische Verantwortung genommen. Darin hieß es: „Für die Gesamtheit der Lehrer und Erzieher gilt der Grundsatz, dass ihre politische Bildung und gesellschaftliche Betätigung entsprechend ihrer beruflichen und politischen Vorbildung unerlässliche Voraussetzung für ihre fachliche Qualifikation darstellt.“ Darunter wurde nicht nur die Kenntnis des Marxismus-Leninismus und der Sowjetpädagogik verstanden sowie ihr „kämpferisches“ Eintreten

---

152 Protokoll der 4. Tagung des Zentralrats der FDJ vom 1./2. 12. 1949, a.a.O., S. 58.

153 Ebenda, S. 82.

154 Tätigkeitsbericht des Zentralbüros der Jungen Pioniere v. 27. 4. 1949, S. 4, in: SAPMO-BArch, DY 25/807.

„für die Einheit Deutschlands und einen gerechten Frieden“ erwartet.[155] Es gehörte überdies zur „Pflicht eines jeden fortschrittlichen Lehrers“, die Entwicklung des Verbandes der Jungen Pioniere und der FDJ zu unterstützen.[156]

Der IV. Pädagogische Kongreß im August 1949, der auch den Abschluß der Auseinandersetzung mit der Reformpädagogik und den Auftakt zur Entwicklung eines sozialistischen Schulwesens bildete[157], bestätigte diesen Kurs der Partei, indem er offiziell die Verantwortlichkeit der Lehrer für die Jungen Pioniere betonte.[158] In der auf dem Kongreß verabschiedeten Entschließung verpflichteten sich die Lehrer, die Pionierorganisation zu unterstützen und den Aufbau der Pioniergruppen an den Schulen zu fördern.[159] Begründet wurde diese enge Zusammenarbeit von Schule und Pionierorganisation mit dem gemeinsamen Erziehungsziel, das beide Institutionen umzusetzen hätten. Die zuvor vom Politbüro der SED beschlossenen „Schulpolitischen Richtlinien“, die diese Forderungen bereits enthielten, wurden nunmehr als „Resolution der schulpolitischen Kommission des IV. Pädagogischen Kongresses“ angenommen. Damit waren die staatliche Institution Schule und die politische Organisation Junge Pioniere endgültig gleichgeschaltet und auf den Kurs der SED gebracht.

Nichtsdestoweniger gab es zunächst Schwierigkeiten, die Pionierorganisation an den Schulen zu etablieren. So widersetzten sich anfangs auch Mitarbeiter der verschiedenen Ebenen der Deutschen Verwaltung für Volksbildung einer direkten Anbindung der Pionierorganisation an die Schulen und ließen es an der notwendigen Unterstützung fehlen. Auf der 17. Zentralratstagung der FDJ wurde diese Tatsache zur Sprache gebracht und sogleich politisch bewertet: „Das läßt sich nicht nur mit Bürokratie entschuldigen. Ich möchte diesen scharfen Ausdruck gebrauchen: wir sind in der Periode der politischen Reinigung. In vielen Fällen stellen wir eine gewisse Sabotage von politisch nicht sehr fortschrittlichen Elementen fest.“[160] Das war eindeutig genug. Dieser Widerstand konnte allerdings auf den oberen Verwaltungebenen schneller ausgeräumt werden als an den Schulen selbst. Immer wieder war von Schulleitern die Rede, die verhindern, „daß die Pioniere oder die FDJ in der Schule Fuß fassen“[161]. Ähnlich war es mit vielen Lehrern, die sich diesen politischen Anforderungen widersetzten. So fühlte sich auch Paul Wandel als Minister für Volksbildung auf der 4. Tagung des ZK der SED (17.-19. 1. 1951) genötigt festzustellen, daß trotz Erfolgen „der Zustand an unseren Schulen noch keineswegs zufriedenstellend (ist). Einzelne reaktionäre Lehrkräfte sabotieren auch heute noch offen oder versteckt an den Grund- und Oberschulen die Demokratisierung des Schulwesens, indem sie die Kinder mit unwissenschaftlichen oder sogar feindlichen Auffassungen verseuchen

---

155 Politbürositzung vom 16. 8. 1949, Protokoll Nr. 38, Anlage 6, in: SAPMO-BArch, DY 30/J IV 2/2/38, Bl. 51.

156 Ebenda, Bl. 52.

157 Vgl. Oskar Anweiler, Schulpolitik und Schulsystem in der DDR, a.a.O., S. 41.

158 Der IV. Pädagogische Kongreß vom 23.-25. August 1949, a.a.O, S. 54/55.

159 Entschließung des IV. Pädagogischen Kongresses über die Zusammenarbeit der deutschen demokratischen Schule mit der FDJ und dem Verband der Jungen Pioniere, in: ebenda, S. 124.

160 Diskussionsbeitrag von Karl Heinz Reuter auf der 17. Tagung des Zentralrats der FDJ vom 11./12.12.1948, S. 60, in: SAPMO-BArch DY 25/354.

161 Referat von Hans Siebert auf der 4. Zentralratstagung der FDJ vom 1./3. 12. 1949, S. 133, in: SAPMO-BArch, DY 24/2.129.

und die Entwicklung der Bewegung der Jungen Pioniere behindern."[162] Unter unwissenschaftlich wurde dabei die Nichtanwendung der Sowjetpädagogik und des Marxismus-Leninismus verstanden. Die „ideologische Klarheit des Lehrers"[163] hatte folglich an erster Stelle zu stehen. So sei es „erforderlich, den reaktionären Einflüssen des Objektivismus, des Kosmopolitismus, des Sozialdemokratismus sowie den verschiedenen pseudowissenschaftlichen Erziehungstheorien in der Lehrerschaft" entgegenzutreten.[164] Als Konsequenz dieser Einschätzung wurden „alle Genossen Lehrer an den Grundschulen...zur Unterstützung der Arbeit der Jungen Pioniere verpflichtet"[165] und die Parteiorganisationen für die Umsetzung der entsprechenden Beschlüsse verantwortlich gemacht.

Daß diese Auflagen der SED-Führung an ihre Genossen nicht ins Leere gehen konnten, zeigt eine Mitgliederstatistik der Lehrerschaft. Danach waren im Jahre 1949 von den 65 207 Lehrern an den allgemeinbildenden Schulen der SBZ 47,6 Prozent bereits Mitglied der SED. Der überwiegende Anteil befand sich dabei an den Grundschulen mit 50 Prozent und an den Oberschulen mit lediglich 25,5 Prozent. [166] Dies mag daran liegen, daß sich an den Grundschulen überwiegend Neulehrer befanden, die offenbar sehr rasch für den Eintritt in die SED geworben worden und zu diesem Schritt auch bereit waren, wogegen das qualifiziertere Personal an den Oberschulen im Verhältnis dazu häufiger aus älteren, unbelasteten Lehrern aus der Zeit vor 1933 bestand, die sich wahrscheinlich nicht so widerspruchslos in die neue Ordnung fügen wollten.

Um die Lehrer jedoch noch stärker in die Pflicht nehmen zu können, wurden an den Schulen im Jahre 1952 FDJ-Grundeinheiten für Lehrer gebildet. Diese hatten neben der Erziehung zur Parteilichkeit „auf der Grundlage der Lehren von Marx, Engels, Lenin und Stalin" auch die Aufgabe, zur Mitarbeit als Gruppenpionierleiter aufzufordern und die haupt- und ehrenamtlichen Pionierleiter zu unterstützen.[167] Mit dem gleichen Ziel der Förderung der Pionierorganisation an den Schulen fand im April 1952 eine „Konferenz junger Lehrer" in Berlin statt. Auf dieser propagandistischen Veranstaltung berichteten die Lehrer, die der FDJ angehörten, über ihre „erfolgreiche Arbeit" an den Schulen. In verschiedenen Beiträgen wurde beispielhaft vorgetragen, wie es an vielen Schulen gelungen sei, „alle Klassenlehrer für die Anleitung ihrer Gruppe innerhalb der Klasse verantwortlich zu machen" und sämtliche Gruppenabende zu gestalten.[168] Eindeutig wurde formuliert: „Wir sind ‚politische Lehrer' und nicht nur Lehrer." Und: „Für einen FDJ-Lehrer gilt es, der treibende Motor zu sein."[169] Allerdings könne dies nur auf der Grundlage des Studiums des Marxismus-Leninismus und der Sowjetpädagogik gelingen, wodurch man befähigt werde, „auf alle Fragen die richtige Antwort" zu finden.[170] Eine Vielzahl der dort anwesenden Lehrer gab eine Verpflichtungserklärung ab, wie sie noch besser ihre Aufgaben als

---

162 Politbürositzung vom 16. 1. 1951, Protokoll Nr. 127, Anlage 1, in: SAPMO-BArch, DY 30/J IV 2/2/127, Bl. 8.

163 Ebenda, Bl. 9.

164 Ebenda, Bl. 7.

165 Ebenda, Bl. 16.

166 Statistik SED-Lehrer an Grund- und Oberschulen, in: SAPMO-BArch, DY 30/IV 2/905/135, Bl. 8.

167 Richtlinie für die Tätigkeit der Grundeinheiten der FDJ für Lehrer an den allgemeinbildenden Schulen der Deutschen Demokratischen Republik v. April 1952, S. 4, in: SAPMO-BArch, DY 25/562.

168 Protokoll der „Konferenz junger Lehrer" vom 5. und 6. 4. 1952, S. 19, in: SAPMO-BArch, DY 25/562.

169 Ebenda, S. 10.

170 Ebenda.

FDJ-Lehrer an den Schulen erfüllen wollten. Folgerichtig wurde in der „Entschließung der Konferenz junger Lehrer" die Pionierarbeit „als untrennbarer Bestandteil unserer demokratischen Schule" bezeichnet und der „Einsatz der Mehrzahl der jungen Lehrer als Gruppenpionierleiter gefordert"[171]. Damit war das Szenario dieser Veranstaltung offensichtlich, deren einziger Sinn darin bestand, die Schule für parteipolitische Zwecke zu vereinnahmen und die Lehrerschaft unter Anpassungsdruck zu stellen.

Nachdem die „Konferenz junger Lehrer" den Aufruf „Jedes Lehrerkollegium wirbt für seine Schule einen Pionierleiter" verfaßt hatte, beschloß die SED „Maßnahmen zur Verbesserung der Arbeit in der Pionierorganisation ‚Ernst Thälmann' in Berlin", da hier die Pionierarbeit besonders schlecht funktionierte. Darin wurden die Parteiorganisationen an den Schulen verpflichtet, „jeden FDJ-Lehrer von der Notwendigkeit und seiner Verbandspflicht, als Gruppenpionierleiter zu arbeiten" zu überzeugen.[172] Damit gerieten die Lehrer in doppelte Bedrängnis. Einmal setzte man sie von seiten der FDJ unter Druck, zum anderen wurde – da dies offensichtlich nicht zum gewünschten Erfolg führte – mit der Autorität der Partei gedroht.[173] Gleichzeitig beauftragte man die SED-Mitglieder in der FDJ, Gruppenversammlungen der FDJ-Grundorganisationen an den Schulen durchzuführen mit dem Ziel, insgesamt 300 Gruppenleiter für die Pionierorganisation zu gewinnen.[174] So wurden von oben nach unten an den Schulen die Weichen für die Pionierorganisation gestellt, um sie auf diese Weise zu einer Massenorganisation entwickeln zu können. Ohne diese durchgreifenden Maßnahmen hätte die Kinderorganisation nur geringe Chancen gehabt, sich in diesem Ausmaß entfalten zu können.[175]

Diese Tatsache wird allein schon durch den Vergleich mit der Situation der Pionierorganisation im Westen Deutschlands bestätigt. Die Pionierorganisation, die von ihrem Gründungsgedanken her eine gesamtdeutsche Ausbreitung erfahren sollte, fristete in Westdeutschland – und hier auch nur in den größeren Städten – ein kümmerliches Dasein. Neben politischen Ressentiments, die vor allem durch die Situation des Kalten Krieges genährt wurden, fehlte ihnen die notwendige Unterstützung an den Schulen, die in der SBZ durch entsprechenden Druck von seiten der SED und auch der SMAD erzwungen wurde. So waren es vor allem Kommunisten, die eine Gründung von Kindergruppen – und zwar außerhalb der Schule – initiierten und ihre Kinder zum Eintritt in die Organisation veranlaßten. Dadurch aber blieben die Kinder weitgehend unter sich und führten ein relativ abgeschottetes Verbandsleben. Durch ihr vorbehaltloses Bekenntnis zur SED gelang es den Kindergruppen nicht, eine breite Ausstrahlung zu erreichen. Sie erhielten jedoch solidarische Unterstützung durch die ostdeutsche Pionierorganisation. Es gab briefliche Kontakte von Pioniergruppen sowie das Angebot, die Pionierferienlager im Osten zu nutzen, was

171 „Entschließung der Konferenz junger Lehrer" vom 6. 4. 1952, in: Dokumente und Beschlüsse der FDJ, Band IV, S. 39.

172 Maßnahmen zur Verbesserung der Arbeit in der Pionierorganisation „Ernst Thälmann" in Berlin v. 15. 9. 1952, in: SAPMO-BArch, DY 30/IV 2/905/131, Bl. 56.

173 Die Parteiorganisationen der Schulen hatten sich laut diesem Beschluß darüber hinaus an die Patenbetriebe zu wenden, um auch dort Gruppenpionierleiter zu werben. Dies geschah dann über den Weg der Betriebsparteiorganisation, ebenda.

174 Ebenda, Bl. 57.

175 In dem gleichen Beschluß wurden im übrigen die Genossen in der Abt. Volksbildung des ZK der SED beauftragt, in Absprache mit dem Volksbildungsministerium zu erreichen, daß die stellvertretenden Schuldirektoren für die Ausbildung der Pionierleiter an ihren Schulen die Verantwortung übernahmen. Ebenda, Bl. 58.

auch von den entsprechenden Gruppen in Anspruch genommen wurde. Die Funktionäre der westlichen Pioniergruppen nahmen z.T. auch an den FDJ-Zentralratstagungen teil. Insgesamt führten die westlichen Pioniergruppen aber ein mehr oder weniger exotisches Dasein, da sie auf keinerlei äußere Unterstützung hoffen konnten.

Das gleiche Schicksal hätte die Pionierorganisation in der SBZ/DDR ohne die flankierenden Maßnahmen von SED und FDJ geteilt. Sie wäre an politischen Vorbehalten aber auch an den Mehrbelastungen, die diese Organisation zunächst für die Lehrer bedeutete, gescheitert. Nicht zuletzt wäre die Distanz vieler Eltern gegenüber der Pionierorganisation eine ernstzunehmende Hürde für die Entwicklung zu einer Massenorganisation gewesen. Nur über die Schule war es deshalb möglich, an die Mehrzahl der Elternschaft heranzukommen und sie zum Eintritt ihrer Kinder in die Jungen Pioniere zu bewegen.

9. Die Pionierorganisation als politische Kontrollinstanz über die Elternschaft

Der Gründung des Verbandes der Jungen Pioniere kam über die Gewinnung der heranwachsenden Generation eine darüber hinausgehende und weitreichendere Bedeutung zu. Über die Pionierorganisation gelang es, einen großen Teil der Bevölkerung zu erreichen, indem diese in die Pionierarbeit eingebunden wurde. So erhielten nicht nur die Schule, sondern auch gesellschaftliche Organisationen wie der DFD, die DSF, der Kulturbund, die Nationale Front, die Gewerkschaften u.a. den „gesellschaftlichen Auftrag", durch Organisierung von Veranstaltungen, Betreuungsleistungen oder auch Gewährung materieller Hilfen die Pionierorganisation zu unterstützen. Vor allem die Gewerkschaften hatten über die Betriebskollektive Patenschaften mit Pioniergruppen herzustellen, wodurch die enge Verbundenheit zwischen den Pionieren und der Arbeiterklasse demonstriert werden sollte. Die „Patenbrigaden" wiederum legten Rechenschaft über die geleistete Unterstützung „ihrer" jeweiligen Pioniergruppe vor ihrer gesellschaftlichen Organisation ab. Auf diese Weise wurde ein großer Teil der Bevölkerung für die politische Arbeit der Pionierorganisation, deren Aktivitäten und Ziele, mobilisiert, die ansonsten dem Verband sehr fern oder auch skeptisch gegenüberstanden. Unter den Bedingungen eines diktatorischen Staates war es jedoch für den einzelnen nicht unproblematisch, sich diesen Anforderungen, die immerhin über den Betrieb oder über Organisationen und Verbände herangetragen wurden, zu entziehen.

In besonderem Maße waren jedoch die Eltern von den politischen Werbungsversuchen durch die Pionierorganisation betroffen. Die Kinderorganisation wurde von den Herrschenden als Instrument begriffen, Einfluß und Kontrolle auf die Masse der Elternschaft auszuüben, was ihnen sonst weit schwieriger gelungen wäre. Schließlich waren die Eltern bereit, für die Entwicklung ihrer Kinder einige Kompromisse einzugehen. Auf diese Weise wollte man auch deren „negative" Wirkungen auf die Heranwachsenden neutralisieren. So wurde bereits auf der Gründungstagung der Jungen Pioniere gefordert, daß eine „breite Verbindung...zu den Eltern" hergestellt werden müsse.[176] Da die Kinder die Einstellung

176 Protokoll der 17. Tagung des Zentralrats der FDJ vom 11./12. 12. 1948, S. 36, a.a.O.

der Eltern häufig übernähmen, müsse es gelingen, deren „z.T. reaktionäre Gedankengänge" zu bekämpfen „und sie aufzuklären"[177]. Es wurde konstatiert, daß es eine tiefe Kluft zwischen der Elternschaft und den Funktionären der Pionierorganisation gäbe. Dennoch sei es notwendig, Kontakt mit ihnen aufzunehmen, um so einerseits „einen tiefen Einbruch auch in die uns an und für sich fernstehenden Kreise (zu) erzielen" und es andererseits niemals eine „gute Pionierarbeit" geben könne, „wenn der Pionier hin und her gerissen wird zwischen den Argumenten und Zweifeln, die er im Elternhaus vorgehalten bekommt, und den Dingen, die er bei uns in den Pioniergruppen hört und liest"[178]. So wurde die Elternschaft als ein „hemmender Faktor" bei der Erziehung der Kinder im Sinne des Fortschritts eingeschätzt.

Die Möglichkeit, über die Pionierorganisation in die Elternhäuser einzudringen, sei ein entscheidender Vorteil der Kinderorganisation – „das hat der Gegner sehr gut begriffen"[179]. So könne über die Pionierorganisation „einmal eine geschlossene Auffassung der Kinder" erreicht werden, so daß diese nicht mehr im Zwiespalt stünden. Man übe „zum anderen aber auch zugleich einen bestimmten Einfluss auf die Elternschaft, die wir langsam aber sicher zur Bejahung unserer demokratischen Ordnung bewegen können"[180], aus.

So wurde versucht, in die Gestaltung von Pioniernachmittagen die Eltern einzubeziehen, selbst Elternabende zu veranstalten, an denen die Pioniere „ihr Können" zeigten. Zugleich forderten aber auch die Kinder ihre Eltern auf, eine bestimmte politische Haltung einzunehmen und entsprechend tätig zu werden. Exemplarisch kann hier folgender Vorgang gelten: Junge Pioniere schrieben z.B. Briefe an ihre Eltern, in denen sie argumentierten, warum sie sich in das „Volksbegehren für die Einheit Deutschlands" einzeichnen müßten.[181] Über diese Aktion hatten sie wiederum Rechenschaft in ihrer Gruppe abzulegen. Auf diese Weise war sowohl Einfluß als auch Kontrolle über die Eltern zu erreichen. Unumwunden wurde dabei die Pionierorganisation in ihrer Funktion beschrieben, „an Kreise heranzukommen, an die selbst die großen demokratischen Organisationen noch nicht herangekommen sind"[182]. So konnte über das Wohlverhalten der Eltern gegenüber der neuen Ordnung oder aber ihre ablehnende Haltung Kenntnis erlangt werden. Durch Berichte der Kinder über das Verhalten ihrer Eltern – in ihrem privatesten Bereich also –, erhielt der Staat Zugang zu Informationen, die ihm sonst versperrt geblieben wären. Beispielsweise konnte abgefragt werden, ob die Eltern zur Demonstration oder zur Wahl gingen, ob zu Hause auch entsprechend geflaggt würde, welche Sender zu Hause empfangen würden, welche Meinung die Eltern zu diesem oder jenem politischen Ereignis vertraten usw. Durch die Erlangung derartiger Informationen bestand die Möglichkeit, die Eltern z.B. auf ihrer Arbeitsstelle unter Druck zu setzen und ihre beruflichen Aufstiegschancen zu

---

177 Ebenda, S. 63.

178 Protokoll der 4. Tagung des Zentralrats der FDJ vom 1./2. 12. 1949, S. 88, a.a.O..

179 Ebenda, S. 139.

180 Ebenda, S. 92.

181 Vgl. Protokoll der 14. Zentralratstagung der FDJ vom 21.-23. 7. 1948, S. 35, in: SAPMO-BArch, DY 24/2.113. Vom 23.5. bis 13. 6. 1948 fand eine Unterschriftensammlung für das „Volksbegehren für Einheit und gerechten Frieden" statt. Damit sollte demonstriert werden, daß die Bevölkerung die Bestrebungen der SED und der Sowjetunion für den Abschluß eines Friedensvertrages, letztlich der Lösung der Deutschlandfrage, unterstützte, nachdem die Außenministerkonferenzen von 1947 und 1948 keine Lösung gebracht hatten und die Spannung zwischen Ost und West zunahmen. Vgl. Weber, DDR. Grundriß der Geschichte 1945-1990, a.a.O., S. 38 f.

182 Protokoll der 4. Tagung des Zentralrats der FDJ vom 1./2. 12. 1949, S. 140, a.a.O.

behindern. So waren Eltern oftmals angehalten, ihre Kinder zu doppelzüngigem Verhalten – wie bereits im Nationalsozialismus – zu erziehen, um nicht selbst gefährdet zu werden. Diese Erscheinungen entwickelten sich in dem Maße, wie es dem Staat gelang, seinen totalitären und repressiven Charakter zu festigen. Daß damit der Staat nur eine scheinbare Unterwerfung erreichte, nicht aber eine wirkliche politische Identifikation, schien er dabei mehr oder weniger in Kauf zu nehmen.

Freilich war bei Teilen der Elternschaft auch echte Anteilnahme am Pionierleben vorhanden. Sie nahmen das Angebot des Pionierverbandes, die Kinder zu „aufrechten politischen Menschen" zu erziehen und gleichzeitig die Freizeit der Kinder sinnvoll zu organisieren, dankbar an.[183] Schon wegen fehlender Alternativen engagierten sich viele Eltern für ihre Kinder in der Pionierorganisation in der Absicht, ihnen verschiedene Möglichkeiten der Betätigung, der Entwicklung ihrer Fähigkeiten, aber auch das Erlebnis von Gemeinschaft vermitteln zu können. Gleichzeitig gab die Berufung der Kinderorganisation auf einen konsequenten Antifaschismus nach den Erfahrungen mit der Nazidiktatur einen gewissen Halt und Orientierung. In dieser Hinsicht konnte der Pionierverband auch auf Zustimmung der Eltern bauen.

Begünstigt wurde die positive Einstellung von Teilen der Elternschaft zur Pionierorganisation gleichfalls dadurch, daß sie selbst, die ihre Jugend im Nationalsozialismus verbracht hatten, eine andere Form als die Organisierung der Kinder durch den Staat nicht erfahren hatten. Eine Staatsorganisation wurde daher von ihnen nicht problematisiert. Mit einer gewissen Selbstverständlichkeit vertrauten sie ihre Kinder der Pionierorganisation an in der Überzeugung, daß der Staat sich auch um die Freizeitbeschäftigung der Kinder zu sorgen hätte und ihre Kinder in einer Organisation gut aufgehoben wären. So wirkten die Erfahrungen der Elterngeneration mit dem Nationalsozialismus auch für einen Teil der neuen Generation prägend. Befördert wurde dieser Umstand auch dadurch, daß es zwar durch die SED eine Auseinandersetzung mit der faschistischen Kinder- und Jugendorganisation gab, diese aber auf der Ebene der Ziele und des vermittelten Gedankenguts geführt wurde. Herausgestellt wurde die Erziehung zu Rassismus und Chauvinismus, die mit der Militarisierung der Jugend verbunden war. Die Strukturen der Organisation selbst und die Frage der Organisierung überhaupt wurden dagegen kaum thematisiert. Demgegenüber wurde nunmehr der „demokratische Charakter" der Kinder- und Jugendorganisation in der SBZ/DDR hervorgehoben – nicht aber die Tatsache der Staatsorganisation in Zweifel gezogen. Ein Bruch zur vorausgegangenen Kinder- und Jugendorganisation, der die Grundlagen ihrer Monopolstellung in Frage gestellt hätte, war daher nicht erkennbar. So gesehen konnte es einem Teil der Elternschaft als „natürlich" erscheinen, ihre Kinder nunmehr in eine „fortschrittliche" Organisation zu geben. Sie war für sie gegenüber der nationalsozialistischen die „bessere" Organisation. Die Frage staatlicher Einmischung und Reglementierung einer Kinderbewegung konnte sich deshalb für sie nicht stellen.

---

183 Obwohl propagandistisch genutzt, besaß die Schilderung über eine Kindergruppe, die einen Betrieb besuchte und dort Volkslieder und -tänze aufführte, einen gewissen Wahrheitsgehalt: „Die Eltern waren sehr beruhigt, als sie durch das Spiel gesehen haben, daß ihre Kinder während der Zeit, in der sie in den Fabriken arbeiten, nicht irgendwo auf der Straße herumtollen, sondern daß sie in ihrer Kindergemeinschaft etwas lernen und fröhlich sind. Die Mütter waren besonders glücklich und riefen den Kindern zu, sie sollten bald wiederkommen." Der Wettbewerb „Aufwärts" Machst du mit?, Berlin 1948, S. 12 f., zit. nach: Seid bereit – für die Sache Ernst Thälmanns, a.a.O. S. 78.

Der Gesichtspunkt, wie die Eltern zur neugegründeten Pionierorganisation standen, ist jedoch zu unterscheiden von der Funktion, die die Kinderorganisation im Herrschaftsinteresse auszufüllen hatte. Daß über sie Kontrolle und Einfluß auf die Elternschaft ausgeübt werden sollte, war sicherlich nur wenigen Eltern bewußt. Dies sind zwei verschiedene und nicht zu verwischende Ebenen der Betrachtungsweise.

KAPITEL 3

„Schule und Pionierorganisation haben ein gemeinsames Erziehungsziel" – Das Verhältnis von Pionierorganisation und Schule

1. Die inhaltliche Verknüpfung von Pionierorganisation und Schule

Zum ersten Jahrestag des Verbandes der Jungen Pioniere am 13. 12. 1949 wurde mit Stolz festgestellt: „Mit seiner Gründung erhielt unsere demokratische Schule einen neuen Mitarbeiter. Auf einem fest umrissenen Arbeitsplan nahm der Verband der Jungen Pioniere seine Tätigkeit in der Schule, ja im gesamten gesellschaftlichen Aufbau auf."[1] Damit war tatsächlich ein wesentlicher Aufgabenbereich der Pionierorganisation benannt. Verstanden sich die Kindergruppen und die Kindervereinigung der FDJ noch im wesentlichen als von der Schule getrennte, auf die Freizeit der Kinder gerichtete Organisationen, obwohl sie hin und wieder schon in schulische Belange einbezogen wurden (z.B. für die Unterstützung leistungsschwächerer Schüler, bei der Durchsetzung von Unterrichtsdisziplin, der Gestaltung der Klassenräume usw.), so sollte für die Jungen Pioniere die Schule zu einem bestimmenden Betätigungsfeld werden.

Hintergrund dieser Zielstellung war die politisch gewollte Veränderung der Sozialstruktur in der SBZ/DDR. Nach der Vertreibung der alten Eliten, insbesondere im Rahmen der Entnazifizierung und der Enteignungskampagne in Industrie und Landwirtschaft, aber auch durch deren eigene Absetzbewegung in Richtung Westen, waren die von ihnen bisher ausgeübten Funktionen neu zu besetzen. Gleichzeitig entstanden mit der Herausbildung einer neuen wirtschaftlichen und politischen Struktur der Gesellschaft zusätzliche Aufgabenbereiche, für die das entsprechende Leitungspersonal erst herangebildet werden mußte. Wurde zunächst auf alte Kader aus den Arbeiterparteien, Emigranten und unbelastete Spezialisten, einschließlich derer, die bereits durch die SED „umgeschult" worden waren, zurückgegriffen, so genügte dies längerfristig nicht. Es mußte ein ganz neues Kaderpotential erschlossen werden, das gut ausgebildet die wichtigen Funktionen in Staat und Wirtschaft übernehmen sollte. Dies galt nach dem Kriege zunächst unmittelbar für die schon im

1 Rede zum ersten Jahrestag der Pionierorganisation am 13. 12. 1949 von Horst Dählmann, S. 2, in: SAPMO-BArch, DY 25/477.

Berufsleben stehenden Jugendlichen, die auf vielfältige Weise weitergebildet und den neuen Anforderungen angepaßt wurden. Es galt aber auch schon für die Heranwachsenden, die sich ein entsprechendes Wissen aneignen und über hohe Qualifikationen verfügen sollten. Nicht umsonst wurde bereits im Aufruf des Parteivorstandes der SED vom 1. 10. 1948 in Anwendung des leninschen Ausspruches die Forderung formuliert: „Lernen, lernen und nochmals lernen – das ist die Aufgabe der Jugend"[2].

Gleichzeitig war dieses zu erwerbende Fachwissen gekoppelt an eine den neuen Verhältnissen entsprechende politische Qualifikation. Das hieß: politisches Bekenntnis zur neuen Ordnung, Ergebenheit der politischen Führung gegenüber, Glaube an die Allmacht der Partei. Der heranzubildende Nachwuchs sollte über eine gleichermaßen fachliche wie politische Qualifikation verfügen. Diese zu erwerben, dafür war zum einen die Schule zuständig. Ab Ende der vierziger Jahre geriet die Bildungspolitik in der SBZ/DDR immer stärker in Abhängigkeit zur SED, wurde die sozialdemokratische Präsenz auf ihrem ureigensten Gebiet immer stärker zurückgedrängt und durch dogmatische SED-Funktionäre ersetzt. Sie versuchten, ihre Vorstellungen hinsichtlich der Erneuerung des Schulsystems durchzusetzen und eine entsprechende Politisierung der Schule voranzutreiben. Die „ideologische Okkupation der Schule" (Anweiler) fand in den „Schulpolitischen Richtlinien für die deutsche demokratische Schule", die am 16. 8. 1949 vom Politbüro beschlossen wurde, ihren deutlichen Ausdruck. Die SED ließ diese vom IV. Pädagogischen Kongreß absegnen, was bereits auf ihren dominierenden Einfluß nicht nur auf die dort anwesenden Teilnehmer, sondern auch den Bildungssektor insgesamt, auf die Lehrerschaft ebenso wie die Schulverwaltung, verweist. In diesen „Schulpolitischen Richtlinien" wurden die „politischen Grundaufgaben" der Schule formuliert. Darin hieß es unmißverständlich: „Die Kinder und Jugendlichen der breiten Massen der Werktätigen...müssen durch die Schule so gebildet werden und erzogen werden, dass sie willens und fähig sind, die neue demokratische Wirtschaft zu meistern, den neuen demokratischen Staat zu gestalten und zu beherrschen und damit zu Erbauern und Aktivisten unserer demokratischen Gesellschaft, eines neuen Wohlstandes und des Friedens zu werden."[3] Diese neue Aufgabenstellung der Schule, die Verbindung von fachlicher und (partei)politischer Bildung herzustellen, setzte zugleich andere Maßstäbe für die Lehrerschaft. Daher wurde betont: „Die neue demokratische Schule fordert den politisch bewussten und wissenschaftlich gebildeten Lehrer. Es ist deshalb notwendig, dass sich jeder Lehrer neben einer guten Allgemeinbildung eine objektive Kenntnis des Marxismus-Leninismus und gründliches Wissen in seinem Unterrichtsfach und in der Erziehungswissenschaft aneignet."[4] Die auf diese Weise zu vollziehende Verknüpfung von fachlicher und politisch ausgerichteter Wissensvermittlung konnte sich indes nur im Schulunterricht selbst realisieren.

Der Pionierorganisation kam folglich die Aufgabe zu, die politische Erziehung der Heranwachsenden außerschulisch zu ergänzen und zu forcieren und diese wiederum für die Schule wirksam werden zu lassen. Sie sollte die Politisierung der Schule vorantreiben, indem sie den Unterricht politisch begleitete, das Lernen selbst als politische Aufgabe begriff und über außerschulische Aktivitäten den Unterricht ergänzte. Die „Schulpolitischen

---

2 Aufruf des Parteivorstandes der SED vom 1. Oktober 1948 zur „Woche der Jugend" vom 4.-10. Oktober 1948, in: Dokumente der SED, Band II, Berlin 1952, S. 137.

3 Schulpolitische Richtlinien für die deutsche demokratische Schule, Beschluß des Politbüros von 16. 8. 1949, in: SAPMO-BArch, DY 30/J IV 2/2/38, Bl. 47.

4 Ebenda, Bl. 51.

Richtlinien" sahen zugleich eine Neuorganisation des Bildungssystems vor. Danach sollte sich die einheitliche Erziehung vom Kindergarten bis zur Berufsausbildung erstrecken. Gleichzeitig wurde die außerschulische Erziehung als Bestandteil des einheitlichen Erziehungs- und Bildungssystems gefaßt. Die Pionierorganisation hatte danach die Aufgabe, „den Aufbau und die Entwicklung einer demokratischen deutschen Schule zu unterstützen"[5], und zwar mit ihren spezifischen Mitteln. Bemerkenswert ist dabei, wie selbstverständlich die Kinderorganisation Junge Pioniere von Beginn an für den Bildungsauftrag der Schule eingesetzt und damit quasi zum Bestandteil der Schulpolitik wurde. So debattierte man auf dem IV. Pädagogischen Kongreß relativ ausführlich den Einsatz der Pionierorganisation für die „Demokratisierung der Schule" sowie die Möglichkeiten ihrer Unterstützung des Schulunterrichts. Breiten Raum nahm u.a. die Erörterung der Fragen ein, wie die Pionierorganisation dem Lehrer helfen, die Wissensvermittlung fördern und die Schuldisziplin gewährleisten könne.[6] Sie wurde damit als notwendige Ergänzung zur schulischen Erziehung betrachtet.

Die SED erklärte dazu: „...die Erfolge der demokratischen Schulreform zu erhöhen, ist eine der Aufgaben, die sich der Pionierverband stellt...Diese Kinder sorgen dafür, daß unsere neuen Schulgesetze überhaupt erst durch ihre Piongesetze lebendig werden. Diese Gesetze bestehen darin, zu lernen und wieder zu lernen, das allgemeine Bildungsniveau zu erhöhen". Schule und Pionierorganisation wurden somit unmittelbar miteinander verknüpft. Auf die Bildungsbemühungen der Pionierorganisation verweisend, stellte die SED fest: „Wenn wir die Arbeiter- und Bauernstudenten erst einmal aus diesen Jungen Pionieren auswählen, die von Kindesbeinen an das Lernen, die demokratische Selbstverwaltung und die Freundschaft mit allen friedliebenden Völkern als oberstes Gesetz erkennen, so sind alle jene Voraussetzungen gegeben, die wir für das Arbeiter- und Bauernstudium brauchen. Dann wächst eine wirklich neue, demokratische, sozialistische Intelligenz heran, die wir zur Beherrschung unserer Wirtschaft und zur Durchführung sozialistischer Maßnahmen einmal brauchen."[7] Der Pionierorganisation kam damit ein wichtiger Part hinsichtlich der Heranbildung der „künftigen Kader" für die neue Gesellschaft und somit der Herausbildung einer neuen Sozialstruktur zu. Sie sollte an der Entwicklung des neuen Staatsbürgers mitwirken und ihn politisch zur Leistungssteigerung motivieren. Daß der Pionierorganisation etwa eine eigenständige Rolle gegenüber der Schule, die überdies gegensätzliche Interessen zum Ausdruck bringen könnte, zukäme, blieb von vornherein außerhalb der Betrachtung. Sehr eindeutig hieß es dazu auf dem IV. Pädagogischen Kongreß: „Die Schule ist keine Spielstube für Parlamentarismus, sondern eine staatliche Erziehungsstätte."[8] Eine „fortschrittliche Schülerschaft" müsse sich in den Jungen Pionieren zusammenfinden, die „helfen will, den Kampf...um ein besseres Leben zu führen"[9]. Beide Institutionen, Schule und Pionierorganisation, waren durch „Fortschrittlichkeit" gekenn-

---

5 Ebenda, Bl. 52.

6 Vgl. u.a. Referat von Gottfried Grünberg, Minister für Volksbildung von Mecklenburg, „Die Zusammenarbeit der demokratischen Schule mit der Freien Deutschen Jugend und dem Verband der Jungen Pioniere", in: Der IV. Pädagogische Kongreß, Berlin 1949, S. 57-68.

7 Rede von Otto Grotewohl auf der 20. Tagung des Parteivorstandes der SED vom 20.-21. Juli 1949, in: Partei und Jugend, a.a.O., S. 345. In dieser Rede wird bereits den Kindern und Jugendlichen eine sozialistische Perspektive gewiesen.

8 Der IV. Pädagogische Kongreß, a.a.O., S. 59.

9 Ebenda.

zeichnet, wodurch ein grundsätzlicher Interessengegensatz ausgeschlossen war. Gemeinsamkeit und Übereinstimmung gehörten zu den Charakteristika beider Erziehungsinstanzen. Diejenigen Schüler, die abweichende Meinungen vertraten, fanden folglich keine institutionalisierten Artikulationsmöglichkeiten; sie blieben ausgeschlossen. Das Konstrukt war daher relativ einfach: „Die Jungen Pioniere und die FDJ sind die fortschrittlichste Schuljugend. Will man eine fortschrittliche Schularbeit leisten, dann muß man sich selbstverständlich auf die fortschrittlichen Schüler orientieren, aber nicht auf Schüler aus rückständigen Volkskreisen, die der FDJ und den Jungen Pionieren gegenüber sich abwartend oder gar feindlich verhalten."[10] Damit war eine grundsätzliche Interessenübereinstimmung von Schule und Pionierorganisation gedanklich hergestellt, da die „rückständigen Kreise" eben keine Vertretungsschaft vom Standpunkt diktatorischer Herrschaft brauchten. Dem lag – wie bereits erwähnt – die von der SED verbreitete Überzeugung zugrunde, daß es gegensätzliche Interessen in einer Gesellschaft, in der die Führung die Arbeiter- und Bauernmacht repräsentiere und das Wohl der bisher unterdrückten Klassen und Schichten zum Ziele habe, nicht geben könne. Abweichende Auffassungen und Meinungen wurden von ihr als reaktionär oder nicht fortschrittlich bewertet und damit für nichtvertretungswürdig gehalten. Die Jungen Pioniere hatten daher wie alle anderen gesellschaftlichen Organisationen nicht die Interessenvertretung, sondern die Umsetzung der Politik der SED, der „fortschrittlichsten Kraft", zur Aufgabe. Überdies wurde mit dem gemeinsamen Erziehungsziel beider Institutionen argumentiert. Insofern konnte die Pionierorganisation gegenüber der Schule keine eigenständige und unabhängige Funktion erfüllen. Im Gegenteil kam ihr die Aufgabe zu, „rückständige Schüler heranzuziehen, sie umzuformen und den rückständigen Einfluß zu brechen"[11]. Sie hatte an der „demokratischen Schulreform" mitzuwirken, den „Kampf um bessere Leistungen" zu fördern, dem Lehrer zu helfen und die Unterrichtsdisziplin durchzusetzen.

Diese Unterstützung der Schule durch die Pionierorganisation realisierte sich in verschiedenen Formen. So wurden die in den produktiven Bereichen der Wirtschaft zur Hochkonjunktur gelangenden Wettbewerbe zwischen Brigaden und Betrieben – nach sowjetischem Vorbild – auf die Schulbedingungen übertragen. Nachdem verschiedentlich zwischen einzelnen Klassen und Pioniergruppen Leistungswettbewerbe mehr oder weniger sporadisch stattgefunden hatten, rief der FDJ-Zentralrat im September 1949 – in Auswertung des IV. Pädagogischen Kongresses – zu einem zentralen Wettbewerb zur Steigerung der Leistungen in der Schule auf. Er enthielt als Aufgaben der Schüler u.a. die Mitarbeit innerhalb der Schulstunde, die ordentliche Erfüllung der Hausaufgaben, den pünktlichen und regelmäßigen Schulbesuch, die Hilfe gegenüber schwächeren Schülern, die Mitarbeit im Schulgarten. Auf der Ebene der Klassen wurden u.a. die hundertprozentige Erreichung des Klassenzieles, die Ordnung und Sauberkeit in der Klasse, die Erarbeitung einer Wandzeitung, die Mitarbeit an schulischen und Pionierveranstaltungen als Wettbewerbspunkte aufgeführt.[12] Als Auszeichnung gab es für die besten Schüler eine „Medaille für gutes Lernen", für die besten Klassen eine Anerkennungsurkunde. Dieses Wettbewerbsprogramm verdeutlicht, daß es nicht um spezifische Inhalte der Pionierorganisation ging, die die Kinder untereinander wetteifern ließen, sondern es sich fast ausschließlich um schuli-

10 Ebenda, S. 58/59.

11 Ebenda, S. 59.

12 Protokoll der Sitzung des Sekretariats des Zentralrats der FDJ vom 21. 9. 1949, S. 5 und Anlage 12, in: SAPMO-BArch, DY 24/2.391.

sche Belange handelte. Getreu dem von der SED herausgegebenen Motto: „der Arbeitsplatz – mein Kampfplatz" war die Schule mit der Gründung der Pionierorganisation zum wichtigen Betätigungsfeld geworden. Diese Unterordnung unter die Institution Schule wurde von der Pionierorganisation und der FDJ als dem übergeordneten Leitungsorgan auch akzeptiert. Der FDJ-Zentralrat betonte ausdrücklich, daß die Pionierorganisation dem Gesetz zur Demokratisierung der Schule untergeordnet sei und „einen Bestandteil der neuen Schule" darstelle.[13] Dem Pionierverband kam dabei die Aufgabe zu, die Schüler für die von ihnen erwarteten Leistungssteigerungen entsprechend politisch zu mobilisieren. Nicht nur, daß sie lernten, sondern mit welchem Ziel sie sich Wissen aneigneten war entscheidend, womit die politische Bedeutung des Lernens in den Vordergrund gerückt werden sollte. Der Leistungserwerb hatte in diesem Sinne in einem politischen Kontext zu stehen. Auf der „Konferenz junger Lehrer" bemerkte Margot Feist als zuständiger Sekretär der Pionierorganisation – der Begriff hatte keine weibliche Form – dazu: „Aber es genügt nicht, allgemein zu sagen, ihr müßt gut lernen, sondern man muß den Schülern anhand ihres Leistungsstandes die Aufgaben konkret stellen. Man muß dem Schüler, der in Mathematik eine Vier hat, sagen, daß er seine ganze Kraft, seine Ehre für die Verbesserung eben dieser Note einsetzen muß, daß er damit ganz konkret seine Verpflichtung gegenüber der Regierung unserer Republik erfüllt."[14] Diese politische Motivierung des Leistungsverhaltens der Schüler war ein entscheidender Part der Pionierorganisation im System der Erziehungseinrichtungen.

Einerseits verhieß man den leistungswilligen Pionieren eine entsprechende Entwicklungschance, andererseits stellte man diese Forderungen in einen gesellschaftspolitischen Zusammenhang. Die alljährlich vom FDJ-Zentralrat verkündeten Wettbewerbsaufrufe für die Pionierorganisation wurden sämtlich an politische Zielstellungen geknüpft. Dies betraf den Pionierauftrag „Für Frieden und Völkerfreundschaft – seid bereit" für das Schuljahr 1950/51, den Pionierauftrag „Lernt und kämpft für den Frieden" vom September 1951, den Wettbewerbsaufruf „Mein Freund – der Plan" vom Januar 1952, den Aufruf „Lernt und kämpft zum Ruhme unseres sozialistischen Vaterlandes" für das Schuljahr 1952/53 – um nur einige zu nennen. Sie alle forderten zum „fleißigen Lernen" auf und machten die Schule zum wichtigen Feld des Wettbewerbs, obwohl sie sich in ihren Forderungen auf das gesamte Verhalten der Pioniere auch außerhalb der Schule bezogen. Sie verknüpften den „Kampf um bessere Leistungen" mit dem Kampf um ein „friedliebendes Deutschland" und gegen die „Kriegshetzer" im Westen Deutschlands; sie waren zugleich Verpflichtung gegenüber der Sozialistischen Einheitspartei, aber auch gegenüber Führungspersonen wie Stalin oder Wilhelm Pieck. Die individuellen Leistungen hatten sich ganz in den Dienst dieser größeren Ziele zu stellen. In dem Pionierauftrag „Lernt und kämpft für den Frieden!" hieß es beispielsweise: „Die Arbeiter, Bauern, Techniker und Ingenieure, die Wissenschaftler und Künstler in der Deutschen Demokratischen Republik, die alle gemeinsam an unserem großen Fünfjahrplan arbeiten, damit das Leben schöner als je zuvor wird, sie alle hassen den Krieg, weil er unsere friedliche Aufbauarbeit, unser Leben und unsere glückliche Zukunft bedroht. Aber die Besitzer der Fabriken und Banken, die Blutsauger und Hyänen in Washington, London, Paris und Bonn, die Truman, McCloy, Adenauer,

---

13 Beschluß der 4. Tagung des Zentralrats der FDJ vom 2. 12. 1949: „Die Entwicklung des Verbandes der Jungen Pioniere und die Aufgaben der Freien Deutschen Jugend", in: Dokumente zur Geschichte der Freien Deutschen Jugend, Band II, Berlin 1960, S. 32.

14 Protokoll der Konferenz junger Lehrer vom 5. 4.-6. 4. 1952, S. 20, in: SAPMO-BArch, DY 24/562.

Schumacher und Reuter, die unser geliebtes Deutschland gespalten haben, sie bauen schon wieder neue Panzer, Kanonen und Bomber....Ihr, liebe Junge Pioniere, erhaltet heute den ehrenvollen Auftrag, eure ganzen Kräfte noch stärker als bisher für die große Sache aller Völker, für die Sache des Friedens einzusetzen."[15] Und als konkrete Forderung erging an die Pioniere: „Die wichtigste Aufgabe für jeden Jungen Pionier und die Arbeit der Pionierorganisation ist das Lernen. Unsere Losung für dieses Schuljahr sind die Worte, die unser Präsident Wilhelm Pieck zu Beginn des Schuljahres an uns richtete: ‚Wir lernen und kämpfen für den Frieden'."[16] Erst daran anschließend wurden die einzelnen Bestandteile des schulischen Wettbewerbs angeführt und erläutert. Dieses Beispiel verdeutlicht, welche politische Unterweisungsrolle die Pionierorganisation im Hinblick auf das Lernverhalten der Kinder übernahm. Das Lernen sollte in einen größeren gesellschaftlichen Kontext gestellt werden, der zugleich verpflichtend für die Kinder wirkte. Ihnen wurde dementsprechend nahegebracht, daß es eine große Ehre sei, für die Republik Leistungen vollbringen zu können bzw. in entsprechender Weise und – als Resultat der „demokratischen Schulreform" – gefördert zu werden. Als Gegenleistung erwartete man eine dankbare Haltung gegenüber Führung und Staat, die sich nicht zuletzt in demutsvollen Bekenntnissen äußerte. Für die Sieger der Wettbewerbe stiftete der Zentralrat der FDJ u.a. „Sturmfahnen", die den Pionieren Ansporn sein sollten.[17]

Die Wettbewerbe der Jungen Pioniere um bessere Leistungen und einen geregelten Schulbesuch waren zunächst auch der damaligen Schulsituation geschuldet. Nach dem Ende des Krieges mit seinen auch äußerlich zerstörerischen Folgen für die Schulen, die häufig nur in behelfsmäßigen Gebäuden untergebracht werden konnten und in denen der Unterricht nicht selten im Schichtsystem stattfand oder auch häufig ausfallen mußte, da die Räume nicht beheizt werden konnten, war ein geregelter Schulunterricht oft nicht zu gewährleisten. Die Klassen waren überfüllt bzw. mußten aufgrund der äußeren Bedingungen zusammengelegt werden.[18] Hinzu kam die extrem schlechte Ausstattung mit Unterrichtsmaterial und Lehrbüchern. Da fast sämtliche Schulbücher aufgrund ihres faschistischen und nationalistischen Inhalts vernichtet worden waren, neuere Texte aber erst nach und nach zur Verfügung standen, waren die Unterrichts- und Lernbedingungen äußerst erschwert. Die nunmehr im Schnellgang ausgebildeten Neulehrer, die in der Regel keine pädagogische Erfahrung besaßen, mußten häufig mühsam in den Klassen um ihre Anerkennung ringen.[19] Unregelmäßige Schulbesuche, Störungen des Unterrichts und geringe Lernergebnisse waren die Folge. Wie prekär noch 1954 die Lage an den Schulen war, zeigt ein Bericht, der dem Politbüro des ZK der SED vorlag. Danach konnten im Jahre 1954

15 „Der Pionierleiter", Heft 10/1951, Beilage S. 5.

16 Ebenda, S. 6.

17 So erhielten auf dem III. Parlament der FDJ 1949 die Jungpioniere Thüringens als Sieger im Wettbewerb eine Sturmfahne, da sie im innerschulischen Wettbewerb zu 90 Prozent die Lehrpläne erfüllt hatten und 20 Prozent aller schulpflichtigen Kinder für die Pionierorganisation gewinnen konnten. Vgl. III. Parlament der FDJ, in: Seid bereit – für die Sache Ernst Thälmanns, a.a.O., S. 98.

18 Der Prozentsatz der einklassigen Schulen, d.h. in denen sämtliche Jahrgänge in einem Raum unterrichtet wurden, betrug 1945/46 in der SBZ 38,3 Prozent und sank bis 1948/49 auf 13,1 Prozent aller Grundschulen. Vgl. Oskar Anweiler, Schulpolitik und Schulsystem in der DDR, a.a.O., Anm. 52, S. 39.

19 Vgl. Brigitte Hohlfeld, Die Neulehrer in der SBZ/DDR 1945-1953. Ihre Rolle bei der Umgestaltung von Gesellschaft und Staat, Weinheim 1992, insbes. S. 122-171.

noch 30 Prozent aller Schüler nicht aus der 8. Klasse entlassen werden,[20] waren also Sitzenbleiber bzw. mußten ohne Abschluß die Schule verlassen. Im Jahre 1955 erreichten noch 29 Prozent der Schüler nicht das Ziel der achten Klasse.[21] In dieser Situation erhofften sich die verantwortlichen Funktionäre – und nicht selten auch die Lehrer selbst – Unterstützung von seiten der Pionierorganisation. Ob und inwieweit diese Wettbewerbe zwischen den Pioniergruppen und Pionieren zur Hebung des Leistungsniveaus tatsächlich zu einer Verbesserung beigetragen haben, ist schwer zu beurteilen. Immerhin handelte es sich dabei nicht um eine Bewegung „von unten", der Pioniere selbst, sondern die Wettbewerbsprogramme und -bedingungen wurden von den zuständigen Funktionären, meist auf zentraler Ebene, ausgearbeitet und den Pionieren zwecks Abarbeitung vorgegeben. Nach einem Punktesystem wurden dann die besten Gruppen und Pioniere ermittelt. Die Organisierung des Wettstreits um bessere Leistungen, gar der „Pionierangriff auf die schlechte Disziplin" war keine Idee, die von den Schülern selbst geboren wurde. Sicherlich mag aber die Wettbewerbssituation einige Pioniergruppen angespornt haben, ging es doch auch um Anerkennung und Auszeichnung durch die Erwachsenen. Dabei konnte auch der einzelne dem Wettbewerbseifer der Gruppe erliegen, wollte er nicht zum Außenseiter geraten. Im Zentralrat der FDJ gelangte man immerhin zu der Auffassung, daß überall dort, wo die Lehrer sich um die Pionierarbeit kümmerten, „ein großer Aufschwung in den Schulleistungen erzielt" werden konnte.[22]

Als außerschulische Organisation verfügte der Pionierverband zudem über ein besonderes Druckmittel: Er konnte Schülern mit mangelhaften Leistungen und sogenanntem disziplinlosen Verhalten die Teilnahme an Pionierveranstaltungen – natürlich möglichst begehrten – verweigern. Denn schlechte Leistungen verstießen gegen die Gesetze der Jungen Pioniere, in denen ausdrücklich gute Lernergebnisse gefordert wurden.[23] Auf diese Weise konnte ein indirekter Zwang zur Teilnahme an den Wettbewerben in der Schule ausgeübt werden. Die Pionierorganisation diente sich damit als „unentbehrlicher Helfer" der Schule an. Im übrigen waren die von den Schülern geforderten Verhaltensweisen von größerer gesellschaftlicher Bedeutung und keineswegs auf die Schule beschränkt. Wenn in einem Pionierauftrag die Verpflichtung ausgesprochen wurde, der Schule bei der Festigung der Disziplin zu helfen, wurde diese Forderung nahtlos auf die Pionierorganisation übertragen, indem es hieß: „Wer gut lernen will, muß Disziplin halten. Wer in der Gemeinschaft diszipliniert ist, wird gute Freunde und Helfer haben."[24] Hierbei handelte es sich um eine Tugend, die insgesamt gesellschaftliche Bedeutung erlangte.

Umgekehrt hatte die Schule auch in den politischen Implikationen die Pionierarbeit weitgehend zu unterstützen. So flossen zunehmend in die von der Pionierorganisation ausgerufenen schulischen Wettbewerbe politische Aufträge, die außerhalb der Schule lagen, in die Programmatik ein. Wenn in einem Pionierauftrag neben den Forderungen zum

---

20 Bericht über die Lage der Pionierorganisation „Ernst Thälmann" vom 8. 1. 1955, S. 1, in: SAPMO-BArch, DY 30/J IV 2/2 A 399.

21 Vgl. auch Gert Geißler, Die erziehungswissenschaftliche Diskussion 1955-1958, in: ders./Ulrich Wiegmann, Schule und Erziehung in der DDR, a.a.O., S. 69 ff.

22 Protokoll der 3. Tagung des Zentralrats der FDJ vom 19.-21. 12. 1952, S. 411, in: SAPMO-BArch, DY 24/2.154.

23 Vgl. Gesetze der Jungen Pioniere, a.a.O.

24 Vgl. den Pionierauftrag „Lernt und kämpft für den Frieden!", in: „Der Pionierleiter", Heft 10/1951, Beilage, S. 5.

vorbildlichen Lernen ein „mutiger Kämpfer für ein einheitliches, demokratisches, friedliebendes Deutschland“ erwartet wurde, verbunden mit dem Auftrag, gesellschaftlich nützliche Arbeit für den Aufbau der Republik zu leisten oder Sammlungen für die „eingekerkerten Genossen“ in Westdeutschland durchzuführen und Briefe an deren Familien zu schreiben[25], so ging dies eindeutig über schulische Belange hinaus. Da der Piongruppenleiter, der die Wettbewerbe zu initiieren und zu kontrollieren hatte, in der Mehrzahl der Klassenlehrer war, vollzog sich fast unmerklich eine Verknüpfung von schulischen und außerschulischen Anforderungen. Ob und in welchem Maße sich der Schüler oder die Schülerin für die Pionierorganisation engagierte, ob diese sich an politischen Aktionen beteiligten oder eher ablehnend der Verbandsarbeit gegenüberstanden, inwiefern sie die Wettbewerbskriterien erfüllten – der Klassenlehrer verfügte über eine Fülle von Informationen, die letztlich in die Bewertung des Schülers – ob gewollt oder ungewollt – eingingen. Nicht nur das schulische Leistungsverhalten wurde dementsprechend von dem Klassenlehrer beurteilt, sondern gleichzeitig die politischen Aktivitäten in der Pionierorganisation, die er ohnehin zur Abrechnung der Wettbewerbe einschätzen mußte. Da zur Erlangung eines höheren Bildungsabschlusses neben dem Merkmal der sozialen Zugehörigkeit die politische Einstellung und das außerschulische Engagement zum Auswahlkriterium gemacht wurden, blieb dieses Wissen nicht ohne Konsequenzen. Auf diese Weise konnte anhand außerschulischer Kriterien eine Zuteilung von Bildungschancen erfolgen. Daraus ergab sich ein Anpassungsdruck, durch den letztlich die Erziehung eines politisch überzeugten, systemkonformen Staatsbürgers erfolgen sollte.

Durch die Verzahnung von Schule und Pionierorganisation wurde zugleich die Politisierung der Bildungseinrichtungen im Sinne der SED vorangetrieben, indem politische Kriterien immer stärker den Bildungserwerb der Schüler bestimmten. Dem lag die Auffassung zugrunde, „daß eine allgemeinbildende Schule ohne Pionierorganisation den Anforderungen unseres sozialistischen Aufbaues nicht gewachsen ist. Daraus ergibt sich, daß die wichtigste Aufgabe die Unterstützung der Schule ist.“[26]

Als weitere Form der Hilfe durch die Pionierorganisation wurden in den Pioniergruppen „Lernaktivs“ gebildet. Sie hatten im wesentlichen die Unterstützung leistungsschwächerer Schüler zum Ziel. Sie dienten aber auch der Kollektiverziehung, indem der Schulstoff gemeinsam erarbeitet und Hausaufgaben erledigt wurden. Gleichzeitig förderten sie ein kontinuierliches Arbeiten der Schüler. In den Ausführungen zu den Lernaktivs hieß es: „Die Jungen Pioniere und Schüler helfen sich bei der ordnungsgemäßen Erfüllung ihrer Hausaufgaben, beseitigen Unklarheiten und bereiten sich gemeinsam auf den Unterricht vor.“[27] Diese Lernaktivs – über die Jahre wechselten die Bezeichnungen[28] – trugen zur Entlastung der Lehrer bei und stellten tatsächlich eine Unterstützung der Schule dar.

Mit der Gründung der Pionierorganisation erhielt die Bildung von Arbeitsgemeinschaften an den Schulen einen enormen Aufschwung. Ende das Jahres 1951 bestanden bereits über 30 000 Arbeitsgemeinschaften[29], und ihre Zahl stieg stetig. Diese Arbeitsgemein-

---

25 Vgl. Ebenda, S. 6.

26 Die Rolle der Pionierorganisation „Ernst Thälmann“ im Kampf um tiefe und gründliche Kenntnisse der Schüler, Lektionsdisposition 1952, S. 2, in: SAPMO-BArch, DY 25/478.

27 Die Aufgaben der Freundschaften, Gruppen und Zirkel, in: „Der Pionierleiter“, Heft 4/1950, S. 26.

28 So z.B. wurde später auch der Begriff der Lernbrigaden üblich.

29 Einschätzung des Standes der Organisation der Jungen Pioniere, Januar 1952, S. 1, in: SAPMO-BArch, DY 25/529.

schaften waren nach Fachgebieten gegliedert, die sowohl den Schulstoff vertiefen, die Kenntnisse erweitern und Interessen und Begabungen der Schüler fördern sollten.

Darüber hinaus verfolgten sie auch den praktischen Zweck, für die Schule Unterrichtsmaterialien anzufertigen, zumindest dort, wo es sich anbot.

Die Arbeitsgemeinschaften waren als direkte Ergänzung zum schulischen Lehrprogramm gedacht. Um deren inhaltliche Ausgestaltung hatte sich sowohl der Zentralrat der FDJ als übergeordnetem Leitungsorgan der Pionierorganisation als auch das Ministerium für Volksbildung zu kümmern. Daher rührte auch die Zwischenstellung der Arbeitsgemeinschaften. Sie standen in der Regel allen interessierten Schülern offen, gleichwohl gehörte es zur Pflicht eines Mitgliedes der Pionierorganisation, an einer Arbeitsgemeinschaft teilzunehmen. An einigen Schulen galten sie jedoch ausschließlich als Bestandteil des Pionierlebens, zu denen nur Mitglieder der Pionierorganisation Zugang hatten. So wollte man erreichen, daß bei entsprechender Attraktivität der Arbeitsgemeinschaften ein Werbeeffekt für die Jungen Pioniere entstand. Aber auch ohne diese Reglementierung war freilich beabsichtigt, über die Arbeitsgemeinschaften zur Mitgliedschaft im Pionierverband anzuregen.[30] Dazu erging wiederholt die Aufforderung.

Im Dezember 1951 erfolgte vom Ministerium für Volksbildung eine Anweisung zur Bildung von Arbeitsgemeinschaften an den Schulen, da der Pionierorganisation allein die Autorität und Kompetenz fehlte, diese an den Schulen durchzusetzen und ein flächendeckendes Netz dieser außerschulischen Einrichtungen zu schaffen. Als Ziel der Arbeitsgemeinschaften hieß es noch allgemein: „Die Hauptaufgabe besteht in der Entwicklung solcher Maßnahmen, die die Entfaltung der schöpferischen Kräfte und Fähigkeiten der Kinder gewährleisten." Die Arbeitsgemeinschaften „haben die Aufgabe, die intellektuelle, polytechnische, sittliche, ästhetische und körperliche Erziehung der Kinder zu unterstützen..."[31] In dieser Formulierung fehlte noch die politische Ausrichtung dieser außerschulischen Einrichtung. Dies mag auch den zuständigen Genossen aufgefallen sein. Nachdem jedoch auf der II. Parteikonferenz der SED der Weg der DDR eindeutig festgelegt worden war und der Aufbau des Sozialismus nun offiziell verkündet werden konnte,[32] wurde auch das Ziel der außerschulischen Einrichtung konkretisiert. Nunmehr hieß es: „Sie unterstützen insbesondere die demokratische Schule und die Pionierorganisation „Ernst Thälmann" bei der Erziehung von jungen Kämpfern für Frieden, Einheit, Demokratie und Sozialismus..."[33]

Zur Leitung von Arbeitsgemeinschaften wurden in der Regel Lehrer verpflichtet. So entstanden nach und nach die „Jungen Mathematiker", die „Jungen Techniker", die „Jungen

---

30 An dieser Stelle bleiben zunächst die Arbeitsgemeinschaften, die an den Pionierhäusern bestanden, außerhalb der Betrachtung. Diese waren in der Regel nur für die Pioniere gedacht, um auch die Exklusivität als Freizeitverband zu betonen und die Kinder zum Eintritt in die Pionierorganisation zu veranlassen. Dazu mehr unter 4.1.

31 Anweisung des Ministeriums für Volksbildung zur „Bildung von außerschulischen Arbeitsgemeinschaften" vom 10. 12. 1951, zit. nach Körber-Stiftung (Hg.): Offenes Geschichtslernen in einer geschlossenen Gesellschaft?, Von den „Arbeitsgemeinschaften Junger Historiker" als einem ambivalenten Bestandteil historischer Bildung in der DDR, Berlin 1995, S. 24.

32 Die II. Parteikonferenz der SED fand vom 9.-12. 7. 1952 statt. Sie beschloß die „planmäßige Errichtung der Grundlagen des Sozialismus in der DDR".

33 Erste Durchführungsbestimmung zur Verordnung über die außerschulischen Einrichtungen vom 23. Oktober 1952, GBl. Nr. 150 vom 29. Oktober 1952, Paragraph 1 u. Paragraph 2 der Verordnung, Abschnitt (1), S. 1090.

Naturforscher" die „Jungen Botaniker", die „Jungen Geologen", die „Jungen Chemiker", aber auch die „Jungen Erzähler", die „Jungen Künstler", die „Jungen Historiker" usw. Letztere hatten es zunächst etwas schwer, geeignete Leiter zu finden, da es sich um eine ausschließlich politische Arbeitsgemeinschaft handelte, die vornehmlich die (örtliche) Geschichte der Arbeiterbewegung zu erforschen hatte.[34] Um diese Arbeitsgemeinschaften nicht der Eigeninitiative und dem Eigeninteresse der AG-Leiter zu überlassen, wurde ein Anleitungsmaterial vom Ministerium für Volksbildung herausgegeben. Damit war zugleich eine Übereinstimmung von schulischen Anforderungen und Lehrinhalten der Arbeitsgemeinschaften gegeben.

Im Jahre 1952 wurde direkt ein Wettbewerb unter dem Titel „Wir helfen unserer Schule" durchgeführt, zu dem das Ministerium für Volksbildung und der Zentralrat der FDJ aufgerufen hatten. In ihm ging es vorrangig darum, Anschauungsmaterial und Geräte für die Schule in den Arbeitsgemeinschaften herzustellen, dabei das Fachwissen zu vertiefen und spezielle Studien durchzuführen sowie die Ausgestaltung der Schule und des Schulgartens vorzunehmen. Anschließend war die „beste Arbeitsgemeinschaft" der Schule und des Kreises zu ermitteln und auszuzeichnen.[35] Auch dieser Wettbewerb enthielt die politische Implikation: „Mit unserem Wettbewerb wollen wir unserem Präsidenten, unserer Regierung und allen Werktätigen, die an der Erfüllung des Fünfjahrplanes arbeiten und unsere Heimat vor den Kriegstreibern beschützen, danken, daß wir in schönen Schulen lernen dürfen. Besonders wollen wir mit unserem Wettbewerb der Sozialistischen Einheitspartei Deutschlands danken, die uns durch ihre Arbeit eine glückliche Kindheit und eine noch schönere Zukunft schenkt."[36] Damit war die Einheit von fachlicher und politischer Anforderung hergestellt. Beispielhaft macht dieser Wettbewerbsaufruf die Verzahnung von Schule und Pionierorganisation, bezogen auf die Arbeitsgemeinschaften, deutlich.

Weiterhin hatten die Arbeitsgemeinschaften die Aufgabe, schon recht früh ein Berufsbild für die Heranwachsenden zu entwickeln. In ihnen sollten spezielle Interessen gefördert und entsprechend dem volkswirtschaftlichen Bedarf gesteuert werden. Sie besaßen gegenüber der Schule den Vorteil, daß in ihnen nicht nur theoretisches Wissen angeeignet, sondern auch praktisch angewendet werden konnte. Auch hier arbeiteten Schule und Pionierorganisation eng zusammen. Es wurden die Patenbrigaden der Pioniergruppen in den Betrieben aufgesucht und entsprechende Einsätze in Industrie und Landwirtschaft organisiert. So erging in einem Pionierauftrag die Forderung: „Steigert eure Aktivität besonders in den naturwissenschaftlichen und polytechnischen Arbeitsgemeinschaften und bereitet euch schon jetzt darauf vor, in wenigen Jahren an den Großbauten des Sozialismus mitzuarbeiten."[37] Und in einem anderen Aufruf hieß es hinsichtlich der Arbeitsgemeinschaften:

---

34 Vgl. ausführlich zur Geschichte der Arbeitsgemeinschaften Junger Historiker. Körber-Stiftung (Hg): Offenes Geschichtslernen in einer geschlossenen Gesellschaft?, a.a.O. Zu dieser Situation stellte die SED fest: „Die geringe Anzahl der Arbeitsgemeinschaften Junger Historiker spiegelt ein Zurückweichen vor einer bewussten parteilichen Stellungnahme wider." Bericht über die Erfüllung der „Verordnung zur Verbesserung der Arbeit der allgemeinbildenden Schulen" vom 4. .3. 1954, S. 26, in: SAPMO-BArch, DY 30/J IV 2/2/A 415.

35 Wettbewerb „Wir helfen unserer Schule" vom 31. 8. 1952, in: Die neue Schule 37/1952, Beilage und in SAPMO-BArch, DY 30/IV 2/905/129, Bl. 54.

36 Ebenda.

37 Pionierauftrag „Lernt und kämpft zum Ruhme unseres sozialistischen Vaterlandes", a.a.O., S. 3.

„Wir wollen uns ein großes Wissen aneignen und uns in der praktischen Arbeit schulen, um später tüchtige Facharbeiter, Meister, Techniker, Ingenieure, Wissenschaftler und Künstler zu werden."[38] Die Arbeitsgemeinschaften nahmen damit gezielt und staatlich gesteuert auf die Ausbildung von Berufswünschen Einfluß. Durch sie konnten entsprechend dem zu erwartenden gesellschaftlichen Bedarf bereits grundlegende Kenntnisse vermittelt werden. Dabei kam aber oftmals die „politisch-erzieherische Einflußnahme" auf die Kinder zu kurz.[39] In verschiedenen Arbeitsgemeinschaften stand die Vermittlung von fachlichen Kenntnissen und Fertigkeiten im Vordergrund. Lehrer und Arbeitsgemeinschaftsleiter bemühten sich, das Interesse der Kinder für einzelne Fachgebiete zu wecken und auf ihre Neigungen einzugehen. Aber vielfach wurden die Arbeitsgemeinschaften auch nur formal und den Anweisungen genügend abgehalten. So bemängelte die SED-Führung insgesamt, daß die Arbeitsgemeinschaften nur „ungenügend auf der Grundlage der Lehren des Marxismus-Leninismus durchgeführt" würden und eine „völlig ungenügende politische Erziehungsarbeit geleistet" worden sei. „Die Kinder werden zu wenig zur Liebe zur Macht der Arbeiter und Bauern, zur Arbeiterklasse und ihrer Partei erzogen. Zum Teil werden die Kinder durch die Arbeitsgemeinschaften vom politischen Leben weggeführt."[40] Die Leitungen der FDJ sowie die „Organe der Volksbildung" erhielten daher den Auftrag, stärkeren politischen Einfluß auf die Arbeitsgemeinschaften zu nehmen und ihnen eine entsprechende Anleitung zu geben.[41]

2. Die Inpflichtnahme der Lehrerschaft durch die Pionierorganisation

Der weitgehenden inhaltlichen Verknüpfung von Pionierorganisation und Schule entsprach auch ein Reglement von Entscheidungskompetenzen im Schulbetrieb. Nicht nur, daß durch die häufige Personalunion von Klassen- und Gruppenpionierleiter die Gefahr einer Vermischung von beiden Aufgabenbereichen bestand, wodurch die außerschulische politische Betätigung in die Gesamtbewertung des Schülers einfließen konnte. Von Anfang an wurden dem Pionierleiter Mitspracherechte in schulischen Angelegenheiten – allerdings nicht im Sinne einer Interessenvertretung der Schüler – eingeräumt. So konnte bereits 1949 der hauptamtliche Pionierleiter als stimmberechtigtes Mitglied an den Lehrerkonferenzen teilnehmen. Zugleich wurde er zu Schulleiterbesprechungen, Schulrätekonferenzen und Sitzungen der Schulabteilungen hinzugezogen.[42] Dabei ging es unter anderem um die Gestaltung der Pionierarbeit an den Schulen, die Ausgestaltung von Festen und Feiern, aber auch um Persönlichkeitseinschätzungen von Schülern.

---

38 Wettbewerb „Wir helfen unserer Schule", a.a.O.

39 Bericht über die Lage der Pionierorganisation „Ernst Thälmann" vom 8. 1. 1955, in: SAPMO-BArch, DY 30/J IV 2/2/A 399, S. 4.

40 Ebenda.

41 Vgl. ebenda.

42 Bericht: Vereinbarungen mit der Deutschen Verwaltung für Volksbildung betreffs Unterstützung des Verbandes der Jungen Pioniere in den Schulen vom 28. 2. 1949, S. 2, in: SAPMO-BArch, DY 25/807.

Umgekehrt wurde von dem Klassenlehrer erwartet, als Gruppenpionierleiter tätig zu sein, was nunmehr in den Richtlinien für Klassenleiter festgehalten war. Laut Statut des Pädagogischen Rates, das 1952 in Kraft trat, mußte er demgemäß Rechenschaft über die Pionierarbeit ablegen.[43] Um die Lehrer für die Pionierarbeit zu gewinnen, wurden auch ihre beruflichen Aufstiegsmöglichkeiten zunehmend an das Engagement für die Pionierorganisation geknüpft. Auszeichnungen, wie der „Verdiente Lehrer des Volkes", sollten nur an Lehrer vergeben werden, die zugleich die Entwicklung der Pionier- und Jugendorganisation unterstützten.[44] In der zweiten Durchführungsbestimmung zum „Gesetz über die Verleihung der Ehrenbezeichnung an verdiente Lehrer des Volkes" vom Anfang des Jahres 1953 heißt es explizit, daß diese Auszeichnung demjenigen Lehrer zuteil werden kann, „der selbst aktiv an der Arbeit der Jugendorganisation teilnimmt oder als Freund der Jugend die Jugendorganisation in ihrer Arbeit mit allen Kräften unterstützt und fördert..."[45].

Im Jahre 1951 wurde eine Hauptabteilung für außerschulische Arbeit beim Ministerium für Volksbildung[46] geschaffen. Ihr kam die Aufgabe zu, die Zusammenarbeit von Pionierorganisation und Schule zu koordinieren. Damit konnte die Kooperation beider Institutionen von zentraler Ebene aus gesteuert und per Weisung durchgesetzt werden. Dennoch gelang es noch nicht, die Pionierarbeit fest und dauerhaft in das Schulsystem zu integrieren. Vor allem die Lehrerschaft stellte in dieser Hinsicht ein Problem für die verantwortlichen Funktionäre dar. Ein nicht geringer Teil der Lehrer verhielt sich ablehnend gegenüber den politischen Vereinnahmungsversuchen von Pionierorganisation und Schulverwaltung. Immer wieder wurden die Lehrer gemahnt, sich entsprechend politisch zu engagieren. Auf der 3. Tagung des Zentralrats der FDJ vom Dezember 1952 wurde in bezug auf die Lehrerschaft festgestellt: „Es gibt eine ganze Reihe von Lehrern, die sich bis heute so durchgehalten haben, weil sie sich nie zu irgendeiner Frage äusserten, und wenn schon, dann in der Form: Ja, Kollegen, ich schließe mich eurer Meinung an. Wir müssen von einem Lehrer an unseren Schulen im Interesse der Erziehung der Kinder verlangen, dass er einen politischen Standpunkt hat. Diesen muß er vertreten. Unaufgeklärte soll man aufklären und Feinde soll man hinausschmeissen."[47] Deshalb sei es notwendig, daß „man in der Schule die Wachsamkeit verstärkt"[48]. Gleichzeitig wurde konstatiert, daß die Arbeit von Lehrern in der Pionierorganisation „immer wieder auf einen bestimmten Lehrerkreis beschränkt blieb"[49]. Der größere Teil der Lehrer stehe noch abseits.

Über die stärkere Einbindung der jungen Lehrerschaft in die Jugendorganisation FDJ versuchte man, diese stärker unter ihren Einfluß zu bringen. Im Jahre 1952 wurden an den

---

43 Vgl. Protokoll der 3. Tagung des Zentralrats der FDJ vom 19.-21. 12. 1952, S. 413, in: SAPMO-BArch, DY 24/2.154.

44 Vgl. ebenda.

45 Zweite Durchführungsbestimmung zum Gesetz über die Verleihung von Ehrenbezeichnungen an verdiente Lehrer und Ärzte des Volkes, vom 6. 1. 1953. GBl. Nr. 10 vom 27. 1. 1953, S. 143.

46 Vgl. Begründung zu dem Beschluss des Sekretariats des Zentralkomitees der Sozialistischen Einheitspartei Deutschlands über die Schaffung einer Hauptabteilung „Ausserschulische Erziehung" im Ministerium für Volksbildung der Deutschen Demokratischen Republik vom 11. Oktober 1951, in: SAPMO-BArch, DY 30/IV 2/905/129, Bl. 30ff.

47 Protokoll der 3. Tagung des Zentralrats der FDJ vom 19.-21. 12. 1952, S. 408/409, in: SAPMO-BArch, DY 24/2.154.

48 Ebenda S. 409.

49 Ebenda, S. 412.

allgemeinbildenden Schulen die schon erwähnten FDJ-Grundeinheiten für Lehrer – unabhängig von den FDJ-Schülergruppen – gebildet. Damit entstand eine überschaubare Struktur, durch die die Lehrer in ihrer „gesellschaftlichen Arbeit" kontrolliert und angeleitet werden konnten. In den dafür herausgegebenen „Richtlinien" hieß es u.a.: „Die Grundeinheit trägt durch die Mitarbeit als Gruppenpionierleiter und Arbeitsgemeinschaftsleiter zur Entfaltung eines interessanten und inhaltsreichen Pionierlebens bei."[50] So hatten einerseits die Lehrer, die der FDJ angehörten, ihre Verbandspflicht zu erfüllen und andererseits wurden sie durch die Volksbildung staatlicherseits verpflichtet, die Pionierarbeit zu unterstützen. Dadurch verstärkte sich zwar der Druck auf die Lehrerschaft, in gefordertem Sinne tätig zu werden, ein überzeugtes Engagement aber konnte auf diese Weise nicht hergestellt werden. Dieses war auf administrativem Wege nicht ohne weiteres durchzusetzen. So mußte die FDJ und das Ministerium für Volksbildung in bezug auf die Lehrerschaft Anfang 1954 feststellen: „Die Mehrheit der Lehrer und der Funktionäre der Volksbildungsorgane zeigt jedoch ein formales Verhalten gegenüber der Pionierorganisation...Das drückt sich darin aus, daß vielfach die Zusammenkünfte der Jungen Pioniere und der Arbeitsgemeinschaften wie Unterrichtsstunden verlaufen. Die ständige erzieherische Einwirkung auf die Schüler mit dem Ziel, sie an die Pionierorganisation heranzuführen, wird auch im Unterricht von einem großen Teil der Lehrer versäumt."[51] Das war ein schweres Eingeständnis, hatten sich doch die wiederholten Appelle an die Lehrerschaft als wenig fruchtbar erwiesen. Beide Erziehungsinstitutionen stellten daher nochmals ausdrücklich fest: „Die Lehrer sind zur aktiven Unterstützung der Pionierarbeit verpflichtet, weil jede Hilfe für die Pionierorganisation gleichzeitig eine Hilfe für die Arbeit der Schule ist."[52] Die kurz darauf erlassene „Verordnung zur Verbesserung der Arbeit der allgemeinbildenden Schulen" bekräftigte erneut die Verantwortung der Volksbildung für die Pionierorganisation, indem die Lehrer für die Pionierarbeit qualifiziert, die Arbeitsgemeinschaften eine bessere Anleitung erhalten und die Pionierleiter eine intensivere Schulung durchlaufen sollten.[53] Die FDJ ihrerseits reagierte auf diese Verordnung mit einer Stellungnahme, in der einzelne Maßnahmen zur Verbesserung der Pionierarbeit festgelegt wurden. Dabei ging es vor allem um eine bessere Anleitung ihrer Funktionäre, aber auch um die Organisierung ständiger Beratungen zwischen den Pädagogen und Direktoren an den Schulen und den Leitungen der Pionierorganisation aller Ebenen.[54]

Immer wieder wurde versucht, durch administrative Maßnahmen die Zusammenarbeit von Schule und Pionierorganisation zu effektivieren. Die SED machte beide Institutionen für die politische Erziehung der Heranwachsenden verantwortlich, wodurch die Unterschiede zwischen diesen verwischt wurden. Der Lehrer bzw. Direktor einer Schule war nicht nur für seine fachliche Arbeit verantwortlich, sondern hatte sich darüber hinaus um die außerschulische politische Arbeit zu kümmern. Daß sich die Lehrerschaft allerdings nicht so ohne weiteres vereinnahmen ließ bzw. auch dem Druck zur Ideologisierung der

---

50 Dokumente zur Geschichte der FDJ, Band II, 1960, S. 396.

51 Zu einigen Fragen der Arbeit der Pionierorganisation „Ernst Thälmann", Januar 1954, in: SAPMO-BArch, DY 25/341, S. 3.

52 Ebenda.

53 Vgl. Verordnung zur Verbesserung der Arbeit der allgemeinbildenden Schulen vom 4. März 1954, GBl. Nr. 28 vom 17. März 1954, S. 269-280.

54 Vgl. Stellungnahme des Sekretariats des Zentralrats der FDJ zur Verordnung des Ministerrats zur Verbesserung der Arbeit der allgemeinbildenden Schulen, in: „Die neue Schule", Heft 12/1954, Beilage.

Schule zu entkommen suchte, zeigt sich u.a. an dem Anstieg der „republikflüchtigen" Lehrer in der DDR. Waren es z.B. im 1. Halbjahr 1954 noch 678 „republikflüchtige" Lehrer und Erzieher, einschließlich Pionierleiter, so im 1. Halbjahr 1955 schon 831. Interessant ist dabei, daß davon über ein Viertel Mitglieder der SED waren.[55] Da jeweils nur die Halbjahre erfaßt sind, ist mindestens von einer Verdopplung der genannten Zahl auszugehen.

Diese Absetzbewegung auch von Teilen der Lehrerschaft hatte jedoch keine Rückwirkungen im Sinne einer Veränderung der Schulpolitik. So blieb die politische Arbeit der Pionierorganisation weiterhin fester Bestandteil der Schule. Da die FDJ als übergeordnetes Leitungsorgan mit der Führung der Pionierorganisation offensichtlich überfordert war, wurde die Schule – nicht nur aus politischen Gründen – immer stärker dafür eingespannt. Im Jahre 1955, nachdem es zu Kompetenzstreitigkeiten zwischen Pionierorganisation und Schule gekommen war[56], wurde die Zusammenarbeit beider Institutionen noch enger gestaltet. Die Schule wurde erneut gemahnt, stärkere Verantwortung für die Pionierorganisation zu übernehmen. Sie ergebe sich aus der Tatsache, „daß Schule und Pionierorganisation an der Erreichung ein und desselben Erziehungszieles arbeiten".[57]

Eindeutig wurde festgelegt: „An der Schule trägt der Direktor (Schulleiter) die volle Verantwortung für die gesamte Erziehungs- und Bildungsarbeit und somit auch für die Tätigkeit der Pionierorganisation ‚Ernst Thälmann'."[58] Ihm oblag auch die Kontrollpflicht gegenüber der Arbeit des Klassenleiters in bezug auf die Pionierorganisation. Gleichzeitig sollte er den hauptamtlichen Pionierleiter der Schule anleiten. Damit ging die Tätigkeit der Pionierorganisation fast in die Hände der Schule über. Obwohl der Schulleiter den „besonderen Charakter der Pionierorganisation" wahren sollte[59], waren dennoch beide Aufgabenbereiche kaum mehr voneinander zu trennen. Zudem verfügte auch der Pädagogische Rat über die Kompetenz, auf die erzieherische Arbeit in der Pionierorganisation Einfluß zu nehmen.

Dieses enge Verhältnis von Schule und Pionierorganisation blieb für die weitere Entwicklung bestimmend. Auch wenn es 1956 zu einer Lockerung kam und stärker die Eigenständigkeit der Pionierorganisation und ihr Freizeitcharakter hervorgehoben wurde, so blieb dies nur eine kurze Episode.[60] Nicht zuletzt mag auch der Wechsel von Margot Honecker vom Zentralrat der FDJ in das Ministerium für Volksbildung für die Gestaltung der Beziehungen von Pionierorganisation und Schule von Bedeutung gewesen sein.[61]

---

55 Vgl. Statistik über die Republikflucht unter den Lehrern und Erziehern, in: SAPMO-BArch, DY 30/IV 2/905/104, Bl. 202.

56 Vgl. nächster Abschnitt.

57 Maßnahmen zur besseren Organisierung der Pionierarbeit an den Schulen (undatiert), S. 1, in: SAPMO-BArch, DY 25/142.

58 Ebenda, S. 2/3.

59 Ebenda, S. 3.

60 Vgl. Entschließung der 14. Tagung des Zentralrats der FDJ vom 14. Juli 1956, in: Dokumente zur Geschichte der FDJ, Band III 1964, S. 551 und den Abschnitt 5.3. des vorliegenden Beitrags.

61 Margot Honecker (geb. Feist) wurde 1954, nachdem sie die Komsomolhochschule in Moskau besucht hatte, als Abteilungsleiterin in das Ministerium für Volksbildung berufen. Von 1959 bis 1963 war sie stellvertretende Ministerin und danach bis 1989 Ministerin für Volksbildung der DDR. Ihr Nachfolger als Vorsitzender der Pionierorganisation wurde bis 1957 Heinz Plöger, ab 1957 bis 1964 Robert Lehmann.

3. Der Pionierverband im Spannungsfeld zwischen schulischer und politischer Freizeit-Organisation

Durch die enge Verzahnung von Pionierorganisation und Schule bestand die Gefahr, daß wiederum die Schule sich dieser als verlängerter Arm bediente. Den politisch Verantwortlichen konnte jedoch nicht gleichgültig sein, daß dabei ihre Funktion als Freizeitorganisation, hinsichtlich der Gestaltung von abwechslungsreichen und geselligen Pioniernachmittagen, zu kurz kam, wodurch wiederum ihre Anziehungskraft geschmälert wurde. Wollte die Pionierorganisation Akzeptanz bei der Masse der Kinder erhalten, mußte sie sich stärker auf die Freizeit der Kinder konzentrieren und konnte nicht nur die Anforderungen der Schule bedienen. Diese Tendenz einer „Verschulung" des Pionierverbandes wurde bereits 1949 in ihren Anfängen erkannt. So wies das Zentralbüro der Jungen Pioniere darauf hin, daß die von der Deutschen Verwaltung für Volksbildung und den Schulen kommende „Unterstützung und Hilfe eine zu weitgehende ist", so daß die „Gefahr einer Schulorganisation" bestehe.[62] Eine Schulorganisation aber wäre viel zu einseitig gewesen und hätte den politischen Intentionen einer Massenorganisation widersprochen. Andererseits war man auf die Unterstützung der Schule angewiesen, wollte man die Mehrzahl der Kinder und damit eine breite Organisationsbasis erreichen. Zudem sollte die Pionierorganisation tatsächlich einen Bildungsauftrag erfüllen, bei der Ausbildung der neuen Kader mitwirken und zu deren politischer Qualifizierung beitragen.

Um dieser Tendenz zu einer Schulorganisation zu begegnen, wurde immer wieder die Führungsrolle der FDJ für die Jungen Pioniere angemahnt. Sie sollte diese inhaltlich anleiten, die entsprechenden Funktionäre stellen und sie in das eigene Verbandsleben einbeziehen. Dies geschah jedoch nicht intensiv und konsequent genug, so daß die FDJ häufig von der Parteiführung in dieser Hinsicht kritisiert wurde. Die FDJ hatte vielmehr eigene Probleme mit ihrer Mitgliederschaft zu lösen. Diese folgte keineswegs so willig und in Scharen den Anwerbungsversuchen der FDJ, wie es zunächst in der Pionierorganisation der Fall war.[63] Gerade unter der Arbeiterjugend, aber auch den Studenten gab es ein großes Distanzverhalten. Wie sollte es der FDJ da gelingen, eine große Anzahl von jugendlichen Arbeitern für Funktionen in der Pionierorganisation zu gewinnen?

Sie war völlig damit in Anspruch genommen, selbst ihre eigenen Kader zu rekrutieren, die Vielzahl von Schulungen durchzuführen und die Mitglieder ständig politisch zu mobilisieren, Parlamente, Kongresse, Aufbaueinsätze, Manifestationen und vieles mehr zu organisieren und dabei stets nach den Anweisungen der SED-Führung zu handeln. Demgegenüber rückte die Anleitung und Organisierung der Pionierarbeit in den Hintergrund. Sie blieb auf wenige Verantwortliche im Zentralrat der FDJ und in den Bezirks- und Kreisleitungen beschränkt und war im übrigen je nach den aktuellen Anforderungen kampagneartig organisiert. In vielen Fällen fühlte sich die FDJ daher überfordert. Demzufolge war die Delegierung von verschiedenen Aufgaben in den Verantwortungsbereich der Schule nicht ganz ungewollt.

---

62 Tätigkeitsbericht des Zentralbüros der Jungen Pioniere, (undatiert, 1949), S. 3, in: SAPMO-BArch, DY 25/807.

63 Vgl. zum tatsächlichen Organisationsgrad der FDJ: Dorle Zilch, Millionen unter der blauen Fahne, a.a.O., insbes. S. 21-48.

So gab es Tendenzen von seiten der Volksbildung, die Pionierorganisation immer stärker für ihre Aufgaben einzubinden, um diese schließlich unter ihre Aufsicht zu stellen. Dem entsprachen solche Einschätzungen über die Pionierorganisation wie: „Die Hauptaufgabe der Organisation der Jungen Pioniere ist die Hilfe gegenüber der demokratischen Schule zur Erhöhung der Lernergebnisse und der Disziplin sowie die Erziehung der Kinder zu jungen Patrioten und die Erziehung von selbständig denkenden und verantwortungsbewußt handelnden Menschen.“[64] Die Zweifel an der Möglichkeit, in dieser Konstellation diese Eigenschaften anzuerziehen, brauchen hier nicht erörtert zu werden.

Durch eine unmittelbare Unterstellung der Pionierorganisation unter die Schule wäre es der Volksbildung möglich gewesen, auch die außerschulische Erziehung zu beaufsichtigen und zu kontrollieren und diese ganz ihren Interessen unterzuordnen, und zwar mehr, als es ohnehin schon der Fall war. Immerhin war schon durch die Tatsache, daß die Klassenleiter oft die Funktion des Pioniergruppenleiters wahrnahmen, die Arbeitsgemeinschaften im Verantwortungsbereich der Schule lagen und auch die hauptamtlichen Pionierleiter an den Schulen von der Volksbildung ausgebildet, angestellt und bezahlt wurden (dazu weiter unten), der Schule weitgehende Zugriffsmöglichkeiten auf den außerschulischen Bereich gegeben.

Die Pionierorganisation schwankte infolgedessen zwischen dem Anspruch, die Freizeit der Kinder interessant gestalten zu wollen und zugleich die Leistungsanforderungen der Schule zu unterstützen. Diese Ambivalenz kennzeichnet die gesamte Entwicklung der Pionierorganisation. Dennoch bestanden die verantwortlichen Funktionäre von SED und FDJ immer wieder auf der Erfüllung beider Anforderungen. So wurde z.B. auf der 3. Tagung des Zentralrats der FDJ 1952 festgestellt: „Ein großer Teil der Leitungen unseres Verbandes und der Pionierleiter berücksichtigen in ihrer Arbeit nur ungenügend die Interessen der Jungen Pioniere und Schüler. Die Zusammenkünfte verlaufen oft uninteressant, weil die Pionierleiter die Themen der Versammlungen festlegen, ohne die Wünsche der Jungen Pioniere und Schüler zu berücksichtigen...“[65] In gleichem Atemzug wurde jedoch gefordert: „In vielen Fällen wird die außerschulische Arbeit losgelöst von den Aufgaben der Schule organisiert....Die Gruppen und Zirkel der Jungen Pioniere...müssen einen tagtäglichen Kampf darum führen, daß sich die Jungen Pioniere und Schüler gewissenhaft auf die Unterrichtsstunden vorbereiten und ihre Hausaufgaben erledigen.“[66] Daran schlossen sich noch einige Forderungen an die Pionierorganisation an, die Schule zu unterstützen. Daß solche Freizeitangebote der Pionierorganisation an die Kinder kaum geeignet waren, die Attraktivität der Kinderorganisation zu erhöhen, blieb dabei außerhalb ihres Blickfeldes. Scheinbar war den Funktionären nicht bewußt, daß die Schule in ihrer bestehenden Form eben nicht zum ersten Lebensbedürfnis der Kinder zählte bzw. sie ignorierten diese Tatsache. Da die Interessen und Bedürfnisse der Kinder in dieser Organisation nicht zum entscheidenden Kriterium der Pionierarbeit gemacht wurden, sondern von den Erziehungsvorstellungen der Herrschenden und den von ihnen gesetzten „gesellschaftlichen Notwendigkeiten“ ausgegangen wurde, konnte sie auch ihre Aufgabe als Freizeitorganisation nicht wirkungsvoll realisieren. Es war deshalb recht heuchlerisch, die unmittelbaren

---

64 Bericht über die Arbeit der Organisation der Jungen Pioniere vom 21. 7. 1954, S. 1, in: SAPMO-BArch, DY 30/J IV 2/2/ A 399.

65 Entschließung der 3. Tagung des Zentralrats der FDJ zur Arbeit der Freien Deutschen Jugend an den allgemeinbildenden Schulen vom 21. 12. 1952, in: Dokumente zur Geschichte der FDJ, Band III, S. 81.

66 Ebenda, S. 80/81.

Funktionäre „vor Ort" entweder wegen Nichterfüllung der schulischen Anforderungen oder aber wegen einer langweiligen Pioniergruppenarbeit zu kritisieren. Immerhin waren die von ihnen gegebenen Anweisungen zwiespältiger Natur. Zwischen staatlichen und individuellen Interessen – hier die der Kinder – lag ein Widerspruch, der in der DDR nicht zur Kenntnis genommen werden konnte und durfte.

Diese Oktroyierung der Aufgabenstellung an die Jungen Pioniere blieb nicht ohne Konsequenzen. Zunehmend verbreitete sich Gleichgültigkeit gegenüber der Kinderorganisation, was sich nicht zuletzt in der Mitgliederstatistik zeigte. Lag zum Anfang des Jahres 1952 die Zahl der Mitglieder in den Jungen Pionieren bei 60 Prozent der Schüler[67], so betrug sie Anfang des Jahres 1955 nur noch ca. 50 Prozent.[68]

Angesichts dieser stagnierenden Mitgliederzahl und den nachlassenden Bemühungen der FDJ um die Pionierorganisation in der Mitte der fünfziger Jahre unterbreitete die Abteilung Allgemeinbildende Schulen beim ZK der SED 1955 eine Vorlage an das Politbüro, die die Pionierorganisation unter die volle Verantwortung des Ministeriums für Volksbildung stellen wollte. Dem widersprach der „Sektor Jugend und Sport" beim ZK der SED, der die Aufsicht über die FDJ hatte, heftig: „Mit dem vorliegenden Vorschlag verliert unserer Auffassung nach, die Pionierorganisation „Ernst Thälmann" ihren gesellschaftlichen Charakter und wird zu einer Angelegenheit des Ministeriums für Volksbildung. Wir sind der Meinung, daß die Partei die Pionierorganisation „Ernst Thälmann" nirgends besser führen kann, als durch den Jugendverband und das nur so, die Einheit der Jugendorganisation, die Erziehung der Jugend von 6 – 26 Jahre einen einheitlichen Charakter behält."[69]

Hierbei handelte es sich nicht nur um einen eifersüchtigen Kompetenzstreit. Diese Frage berührte den Nerv der FDJ-Organisation. Einerseits hatten die Genossen des „Sektors Jugend und Sport" ganz recht, wenn sie auf dem wohl politisch gemeinten Charakter der Kinderorganisation bestanden, sollte diese doch mehr leisten, als Erfüllungsgehilfe der Volksbildung zu sein. Nach dem Willen der Parteiführung hatte die Pionierorganisation bekanntermaßen die Aufgabe der möglichst umfassenden politischen, auch patriotisch genannten Erziehung, die sich neben der Schule auf den Freizeitbereich erstrecken sollte. Dabei mußte sie den Kindern andere Angebote offerieren, als dies die Schule von ihrem Selbstverständnis her konnte. Gerade deshalb bestand die FDJ immer wieder auf der Organisierung eines geselligen Pionierlebens, welches sie wiederum politisch zu instrumentalisieren suchte, obwohl sie dies in der Realität schwer mit ihrer Unterstützungsfunktion der Schule vereinbaren konnte.

Zum anderen war die Pionierorganisation für die FDJ das entscheidende Rekrutierungsfeld für neue Mitglieder. Hätte sie sich diese Basis abgeschnitten, wäre ein empfindlicher Einbruch in der Organisierung der Jugend erfolgt.[70] Durch die altersmäßig vorgelagerte

67 Einschätzung des Standes der Organisation der Jungen Pioniere vom 1. 1. 1952, S. 2, in: SAPMO-BArch, DY 25/529.

68 Bericht über die Lage der Pionierorganisation „Ernst Thälmann" vom 8. 1. 1955, S. 2, in: SAPMO-BArch, DY 30/J IV/2/2/ A 399.

69 Sektor Jugend und Sport: Unsere Bemerkungen und Vorschläge zur Vorlage der Abt. Allgemeinbildende Schulen an das Polit-Büro, über Maßnahmen zur Führung der Pionierorganisation „Ernst Thälmann" durch das Zentralkomitee, vom 18. 6. 1955, in: SAPMO-BArch, DY 30/J IV 2/16/121, Bl. 255.

70 Diese Bedenken waren nicht unberechtigt, wie sich später an der Bildung eigener Leitungen der Pionierorganisation und damit der Lockerung der Beziehungen zwischen den beiden Organisationen, herausstellte. Vgl. dazu Abschnitt 5.4.

Kinderorganisation war der Übergang in die FDJ relativ nahtlos, da diese bereits enge Beziehungen, nicht nur durch die von ihnen gestellten Funktionäre, sondern auch in inhaltlichen Fragen (z.B. der Teilnahme an nahezu sämtlichen Kampagnen der FDJ) geknüpft hatte. Wäre eine Mobilisierung der Jugend zum Eintritt in die FDJ erst in der entsprechenden Altersphase erfolgt, hätte es ungleich größere Schwierigkeiten gegeben, Mitglieder zu rekrutieren. Die Werbung für die FDJ begann spätestens mit der 7. Klasse und eine Weigerung des Eintritts in die Jugendorganisation war für die Schüler nicht einfach und folgenlos zu begründen. Gleichzeitig gehörte die frühzeitige Einbindung in ein Netz gesellschaftlicher Organisationen – wie bereits betont – zum wesentlichen Kern des Herrschaftssystems.

Die für die Jugendpolitik verantwortlichen SED-Funktionäre waren daher auf einen Kompromiß aus. Sie schlugen vor, die Pionierorganisation in die Verantwortung der Abteilung Allgemeinbildende Schulen beim ZK der SED zu legen (und nicht des Ministeriums für Volksbildung), was insofern ihnen entgegenkam, als die Schulen für die Pionierorganisation weiterhin in die Pflicht genommen werden konnten. Gleichzeitig sollte aber die FDJ weiterhin die Führung über die Pionierorganisation beibehalten. Daß es dabei letztlich um den Führungsanspruch der SED ging, wird an der Formulierung deutlich: „Die Partei führt die Pionierorganisation „Ernst Thälmann" über die Leitungen der Freien Deutschen Jugend....Die FDJ übt im Auftrage der Partei die Leitung der Pionierorganisation aus, sie faßt die Beschlüsse und gibt die Weisungen für die Arbeit der Pionierorganisation."[71] Damit war die FDJ eindeutig zum Ausführungsgehilfen der SED benannt, was sie in der Praxis auch war, jedoch noch niemals in dieser Klarheit bekundet wurde.

Der „Sektor Jugend und Sport" schlug folgenden Weg der Zusammenarbeit vor: Alle Beschlüsse und Weisungen der FDJ, die die Pionierorganisation betrafen, sollten vorher mit der Abteilung Allgemeinbildende Schulen beraten werden und umgekehrt. Grundsätzliche Fragen sollten dem Sekretariat des ZK zur Bestätigung vorgelegt werden. Damit war ein Ausgleich erzielt. Die Verantwortung für die Auswahl und Bestätigung der Funktionäre der Pionierorganisation behielt sich jedoch die FDJ vor (selbstverständlich wiederum unter der Regie der SED). Dieser Vorschlag wurde im wesentlichen auch so angenommen.

Diese internen Kompetenzstreitigkeiten zwischen der FDJ und dem Ministerium für Volksbildung gaben in der Zukunft einen häufigen Konfliktstoff ab. Sie machten die ambivalente Situation der FDJ in bezug auf die Pionierorganisation deutlich: Einerseits war sie sehr stark auf die Unterstützung an den Schulen angewiesen, dort lag ihre organisatorische Basis. Andererseits wollten sie sich nicht zum Befehlsempfänger der Volksbildung degradieren lassen. Die Pionierorganisation sollte ein eigenes Organisationsleben entfalten und damit an Attraktivität gewinnen. Deshalb mußte sie sich auch in gewisser Weise von der Schule absetzen. Sehr deutlich wurde daher in den „Maßnahmen zur besseren Organisierung der Pionierarbeit an der Schule" zum Ausdruck gebracht: „Die Pionierorganisation übernimmt keine Unterrichtsaufgaben, sie unterstützt vielmehr die Unterrichtsarbeit, indem sie durch eine interessante und schöpferische Tätigkeit die Lernfreudigkeit hebt, die Wißbegierde weckt und die Disziplin festigt"[72]. Das war zwar sehr nebulös formuliert und ließ viele Deutungen offen, auf jeden Fall sollte die Unterstützung der Schule danach eher indirekt erfolgen.

---

71 Sektor Jugend und Sport: Unsere Bemerkungen und Vorschläge zur Vorlage der Abt. Allgemeinbildende Schulen...a.a.O., Bl. 255/256.

72 Maßnahmen zur besseren Organisierung der Pionierarbeit an der Schule, a.a.O., S. 2.

Der auf der Ebene des Zentralkomitees ausgehandelte Kompromiß führte dann zu einem konkreten „Abkommen" zwischen dem Ministerium für Volksbildung und dem Zentralrat der FDJ. Darin wurde eindeutig festgelegt: „Die Pionierorganisation „Ernst Thälmann" ist ein Teil der Freien Deutschen Jugend und wird von ihr geleitet."[73] Aber: „An der Schule trägt der Direktor (Schulleiter) die volle Verantwortung für die gesamte Erziehungs- und Bildungsarbeit und somit auch für die Tätigkeit der Pionierorganisation ‚Ernst Thälmann'."[74] Dieser Kompromiß ließ wiederum alle Fragen offen.

Der Direktor hatte die Pionierarbeit des Klassenlehrers zu kontrollieren, dabei sollte er jedoch darüber wachen, „daß der besondere Charakter und die Methoden der Pionierarbeit gewahrt werden"[75]. Somit übte er im Grunde zwei Funktionen gleichzeitig aus: die Leitung der Schule als auch die der Pionierorganisation. Diese Aufsichtspflicht des Direktors über die Pionierarbeit war offenbar der Tatsache geschuldet, daß die hauptamtlichen Pionierleiter an den Schulen in ihrer Arbeit nicht sehr erfolgreich waren und sie nicht genügend Autorität gegenüber dem Lehrkörper besaßen. Daher mußte die FDJ notwendigerweise ein gutes Einvernehmen mit der Schule erzielen, da sonst eine effektive Pionierarbeit überhaupt zur Disposition stand. Zugleich hatte der Direktor Einspruchsrecht gegenüber „Anweisungen von Massenorganisationen, die die Erreichung des Erziehungszieles gefährden..."[76]. Das hieß wohl, wenn sie den kontinuierlichen Unterrichtsablauf störten, etwa durch großzügige Freistellungen von Schülern oder Klassen vom Unterricht zwecks politischer Betätigung.

Dieses spannungsreiche Verhältnis zwischen Kinder- und Jugendorganisation einerseits und Schule/Volksbildung andererseits kommt im Laufe der Entwicklung wiederholt zum Ausdruck. Zu einem offenen Konflikt zwischen Pionierorganisation und Schule ist es allerdings nie gekommen. Dazu waren beide Institutionen zu zentralistisch aufgebaut, denn die letztendlichen Entscheidungen wurden ohnehin auf der Ebene des ZK und seines Politbüros getroffen. Diese Beschlüsse wurden dann über die Genossen der SED in den verschiedenen Leitungsebenen relativ widerspruchslos umgesetzt.

4. Ein Lehrplan in der Pionierorganisation: Das Stufenprogramm

Die Pionierorganisation hatte nicht nur seit ihrer Gründung die „demokratische Schulreform" in der Weise zu unterstützen, daß sie zur Durchsetzung der Schuldisziplin beitragen, die Autorität des Klassenleiters stützen und den lernschwachen Schülern helfen sollte, um das „Leistungsniveau zu heben", sondern sie sollte darüber hinaus in der Pionierarbeit – wie bereits dargelegt – an den in der Schule vermittelten Unterrichtsstoff anknüpfen und diesen vertiefen. Dies wurde einerseits über die außerschulischen Arbeitsgemeinschaften zu erreichen versucht, andererseits hatten die Anfang der fünfziger Jahre entstehenden Pionierhäuser, Pionierparks und „Stationen junger Techniker", „Stationen junger Naturfor-

---

73 Ebenda.

74 Ebenda, S. 2/3.

75 Ebenda S. 3.

76 Ebenda.

scher“ usw. auch die Aufgabe der Wissensvermittlung zu erfüllen.[77] Immer stärker wurden dabei Lehrpläne der Schule und Pläne der außerschulischen Einrichtungen in Kongruenz gebracht.

Gleichzeitig sollte in den Pionierhäusern und an den Pioniernachmittagen auch eine gezielt politische Bildung erfolgen. Die Bildungsinhalte wurden in den entsprechenden sozialistischen Rahmen gestellt: die Aneignung von Wissen und die Ausübung bestimmter Tätigkeiten dienten zur Stärkung der Republik, der Arbeiter- und Bauernmacht oder wurden zu Ehren des Präsidenten oder Parteiführers erbracht. Man bereitete sich zu politischen Höhepunkten in den Arbeitsgemeinschaften vor, rechnete die Leistungen „zu Ehren von“ – meist Persönlichkeiten der Partei- und Staatsführung – ab und belebte die schulischen Veranstaltungen mit kulturellen Darbietungen. Die so bewirkte Ideologisierung sollte sodann in den Unterricht zurückwirken. Wenn im Bericht an das Politbüro der SED im Juli 1954 festgestellt wurde: „Die Arbeit der Pionierorganisation ist noch kein fester Bestandteil der Erziehungsarbeit der demokratischen Schule geworden“, weil sie u.a. losgelöst „von der Unterrichtsarbeit sei“[78], so spiegelt dies ein Verständnis der Jungen Pioniere als Schulorganisation wider. Mit dieser Bewertung war jedoch zugleich die Einschätzung verbunden, daß beide Institutionen noch nicht in der geforderten Weise kooperierten. Daher war es nach dem Selbstverständnis der SED-Führung notwendig, immer neue Richtlinien und Erlasse zu produzieren.[79] Es gehörte zum Kennzeichen der Partei- und Staatsführung, das Funktionieren gesellschaftlicher Institutionen, Organisationen sowie gesellschaftlicher Beziehungen in erster Linie über administrative Maßnahmen regeln zu wollen. Dies zeugt einerseits von ihrem Mißtrauen gegenüber den unmittelbaren Entscheidungsträgern als auch von der enormen Überschätzung ihrer Rolle und Wirkungsmöglichkeit. Sie waren offenbar der Meinung, daß sich ansonsten Orientierungslosigkeit und Chaos ausgebreitet hätten. Daher bedurften die Verantwortlichen in den verschiedensten Hierarchien der Apparate und Institutionen ständiger Direktiven und Schulungen.

Eine bedeutsamer Maßnahmeplan hinsichtlich der Verknüpfung von Pionierorganisation und Schule stellte das 1958 entwickelte „Stufenprogramm für Jung- und Thälmann-Pioniere“ dar. Die Notwendigkeit dieses Lehrprogramms für die Pionierorganisation wurde damit begründet, daß die sozialistische Entwicklung des Schulwesens eine höhere Qualität von Pionierorganisation und FDJ erfordere.[80] Hintergrund für diese Feststellung bildeten die einschneidenden Veränderungen im Bildungssystem der DDR, wie sie durch die Einführung der zehnklassigen Oberschule und der Polytechnisierung des Schulwesens

---

77 Bezeichnenderweise unterstanden diese Einrichtungen dem Ministerium für Volksbildung und wurden auch von dort finanziert. Sie sollten allerdings gemeinsam „und in enger Zusammenarbeit“ mit der FDJ geleitet werden. Vgl. Verordnung über die außerschulischen Einrichtungen vom 23. Oktober 1952, GBl. Nr. 150 vom 29. 10. 1952, S. 1087-1088.

78 Bericht über die Arbeit der Organisation der Jungen Pioniere, vom 21. 7. 1954, a.a.O., S. 1.

79 In einem anderen Kontext schildert Sonja Häder die enorme Bürokratisierung des Volksbildungsapparates. Innerhalb von 3 Monaten des Jahres 1953 erließ das Ministerium für Volksbildung 64 Verfügungen und Mitteilungen, d.h., daß die Schuldirektoren etwa alle zwei Tage eine Anweisung erhielten. Vgl. Sonja Häder, Von der „demokratischen Schulreform“ zur Stalinisierung des Bildungswesens – der 17. Juni 1953 in Schulen und Schulverwaltung Ost-Berlins, in: Jürgen Kocka (Hg.), Historische DDR-Forschung, a.a.O., S. 201.

80 Bericht über die Verwirklichung des Beschlusses zur Verbesserung der sozialistischen Erziehung in der Pionierorganisation „Ernst Thälmann“, 1958, S. 15, in: SAPMO-BArch, DY 25/348.

gekennzeichnet waren.[81] Ausgelöst wurden diese insbesondere durch die Schulkonferenz der SED vom April 1958, die mit den „revisionistischen Tendenzen" im Bildungssystem aufräumte[82] und eine sozialistische Schulreform begründete.

Nachdem sich die politischen Unruhen in den Ostblockstaaten gelegt hatten und die Aufstände niedergeschlagen worden waren, konnten sich auch die restaurativen Kräfte in der DDR erneut behaupten. Sie festigten ihre Macht und gingen daran, den Aufbau des Sozialismus in der DDR zu beschleunigen. In diesen Kontext ordnet sich auch die Reformierung des Bildungs- und Erziehungssystems ein. Die wirtschaftliche Entwicklung verzeichnete Ende der fünfziger Jahre einen Aufschwung, es folgten zahlreiche Investitionen im Energiesektor, der chemischen Industrie („Chemie gibt Brot, Wohlstand und Schönheit") und der Schwerindustrie[83], die einen erheblichen Bedarf an gut ausgebildeten Arbeitskräften hatten. Diesen Anforderungen der Wirtschaft sollte auch das Bildungssystem Rechnung tragen. Dem entsprach die schrittweise Einführung der polytechnischen Bildung mit ihrer Orientierung auf Naturwissenschaft und Technik, eine praxisnahe Ausbildung, wie sie durch die Einführung des Unterrichtstages in der Produktion realisiert werden sollte sowie die Hebung des allgemeinen Bildungsniveaus durch die Begründung der zehnklassigen Oberschule als Pflichtschule.

Diese Reformen blieben für die Kinderorganisation nicht ohne Konsequenzen. Auf der Schulkonferenz der SED wurde daher die Forderung erhoben: „Die Leitungen der Pionierorganisation „Ernst Thälmann" sollten sich deshalb nach dieser Konferenz überlegen, wie die Pionierorganisation mit Hilfe der ihr eigenen Methoden und Arbeitsformen helfen kann, die Politik der Partei auf dem Gebiet der Volksbildung und Erziehung in die Tat umzusetzen."[84] Resultat dieser Überlegungen war u.a. das Stufenprogramm für Jung- und Thälmann-Pioniere. Dieses Programm für die entsprechenden Altersgruppen der Pioniere war genauestens mit dem Lehrplan der Schule für die einzelnen Klassenstufen abgestimmt, so daß der Unterricht in der Schule auf effektive Weise ergänzt und vertieft werden konnte. In ihm waren Kenntnisse, Fähigkeiten und Fertigkeiten formuliert, die ein Pionier der jeweiligen Altersgruppe erwerben sollte und über deren Beherrschung er oder sie am Ende des Schuljahres eine Prüfung in Form des „Sputnikabzeichens" abzulegen hatte. Das Stufenprogramm war nicht ausschließlich auf die Festigung der durch die Schule vermittelten Kenntnisse gerichtet, sondern bezog auch kulturelle und gesellige Formen des Pionierlebens ein mit der Absicht, auf diese Weise die Entwicklung der Persönlichkeit des Schülers umfassend zu fördern, wovon man sich wiederum Rückwirkungen auf die Schule versprach. Zugleich wollte man mit diesem Programm vermeiden, daß sich die Inhalte der Pioniergruppenarbeit im Laufe der Jahre wiederholten; vielmehr hatte der Pionier auf dem bereits Erlernten aufzubauen. „Das Stufenprogramm gewährleistet eine einheitliche Erziehung unserer Kinder. Es schließt weitgehend Zufälligkeiten in der Erziehung aus."[85] Mit diesem Programm – hieß es – gäbe es erstmalig eine „genauere Vorstellung, was ein Pio-

---

81 Vgl. dazu Oskar Anweiler, Schulpolitik und Schulsystem in der DDR, a.a.O., S. 58-67.

82 Vgl. Abschnitt 5.5.

83 Vgl. Hermann Weber, DDR. Grundriß der Geschichte 1945-1990, a.a.O., S. 89-91.

84 Schulkonferenz der SED, in: „Deutsche Lehrerzeitung" Nr. 18/1958, Beilage, S. 30.

85 Bericht der Zentralleitung der Pionierorganisation „Ernst Thälmann" über die Tätigkeit der Pionierorganisation seit der 18. Tagung des Zentralrats der Freien Deutschen Jugend, (undatiert, 1958), S. 15, in: SAPMO-BArch, DY 25/348.

nier, wenn er die 8. Klasse erreicht hat, alles kann und können müßte."[86] Dies entsprach ganz der herrschenden Auffassung, die Erziehung des Menschen planmäßig und kontrolliert gestalten zu können. Nichts sollte in der Erziehung dem Zufall überlassen bleiben. Dabei handelte es sich nicht nur um die Aneignung von faktischem Wissen und den Erwerb von Kenntnissen. Das Stufenprogamm hatte zugleich die Ausbildung bestimmter Verhaltensweisen, Überzeugungen und charakterlicher Eigenschaften zum Ziel. Nach einem möglichst umfassenden Konzept sollte die „sozialistische Persönlichkeit" entwickelt werden, um sie „planmäßig" in das bestehende System integrieren und entsprechend plazieren zu können. Für die Pionierorganisation wurde dementsprechend formuliert: „Der Sozialismus braucht Menschen mit gründlichem Wissen und hoher Kultur, deren Kräfte und Fähigkeiten allseitig entwickelt sind, die moderne Wissenschaft und Technik zu meistern, die sich in ihrem Denken und Handeln von der Ideologie und den moralischen Auffassungen der Arbeiterklasse leiten lassen, und die sich durch geistige und körperliche Gesundheit und eine optimistische Lebenshaltung auszeichnen. Die Aufgabe der Schule und aller anderen Erziehungseinrichtungen ist es, diese Menschen heranzubilden."[87] Dem hatte auch das Stufenprogramm Rechnung zu tragen. Es liefert zugleich ein Beispiel für die Anmaßungen des politischen Systems und seiner Führung, auf die individuelle Entwicklung – außerhalb der Schule – reglementierend einwirken zu wollen, auch wenn das Programm auf den Erwerb von Kenntnissen und Fähigkeiten zielte, deren Nützlichkeiten im einzelnen unter Umständen nicht zu bezweifeln waren. Es ist vielmehr die Gesamtkonzeption, die Erziehung des „sozialistischen Menschen" nach den Vorstellungen der Herrschenden, die hier zu problematisieren ist.

In dem Stufenprogramm ging es vor allem um die Verbesserung der „polytechnischen Erziehung", womit die Vermittlung von naturwissenschaftlichen und technischen Kenntnissen gemeint war sowie um die Verbindung zur produktiven Arbeit. Nunmehr sollte die „primäre Rolle der Praxis" und die Bedeutung der produktiven Arbeit stärkere Beachtung finden. Bisher habe es eine „Überbetonung der intellektuellen Bildung" gegeben, so wurde festgestellt.[88] Folglich wurde in dem Stufenprogramm viel Wert auf die praktische Ausführung des zuvor intellektuell Angeeigneten gelegt. Es sollte sich auf die von der Schule vermittelten Kenntnisse stützen, diese aber in der Pioniergruppenarbeit vervollkommnen.[89] Nach diesem Stufenprogramm war jedes zu erlernende Lied, die zu lesenden Bücher, die durchzuführenden Veranstaltungen usw. vorgeschrieben. Auf diese Weise sollte es die Arbeit der Pioniergruppenleiter erleichtern, hatten sie doch nun einen konkreten Plan in der Hand, dessen Erfüllung sie gewissenhaft – in Form der Vergabe des Sputnikabzeichens – abrechnen konnten.

---

86 Ebenda.

87 Referat von Klaus Herde, Sekretär der Zentralleitung der Pionierorganisation, auf der 4. Tagung vom 20./21. Mai 1958, in: „Der Pionierleiter" Heft 6/1958, Beilage S. 3.

88 Protokoll der 1. Funktionärskonferenz der Zentralleitung der Pionierorganisation vom 20/21. 8. 1958, S. 127, in: SAPMO-BArch, DY 25/145.

89 In einem Anleitungsmaterial für die Gruppenarbeit mit den Jungpionieren hieß es dazu: „Die Tätigkeit der Pionierorganisation in den Gruppen der Jungpioniere stützt sich auf die in der Schule vermittelten Kenntnisse. Die Pionierorganisation steigert in den Kindern den Drang nach Wissen, gibt ihnen bestimmte Kenntnisse, die der Schule äußerst wertvoll sind und erzieht die Jungpioniere vor allen Dingen zu fleißigen, ordentlichen und lernbegierigen Kindern", in: Grundsätzliches Material über die Tätigkeit in den Gruppen der Jungpioniere, (undatiert), S. 10, SAPMO-BArch, DY 25/1.O42, Teil 2.

Beispielhaft soll das Programm der 3. Pionierstufe, also für die acht- bis neunjährigen Kinder der 3. Klasse zur Veranschaulichung angeführt werden. Darin heißt es:

„Viel hast Du als Jungpionier in Deiner Gruppe schon erlebt. Die Aufgaben der dritten Pionierstufe werden Dir sicher noch größere Freude machen. Zum Abschluß bekommst Du das dritte Sputnikabzeichen.
Führe mit Deiner Gruppe zum Geburtstag Ernst Thälmanns eine Gruppenfeier durch. Laß Dir von alten Arbeitern aus dem Leben Ernst Thälmanns erzählen.
Lerne die Nationalhymne unserer Republik.
Suche mit Deiner Gruppe Gedenkstätten des Widerstandskampfes gegen den Faschismus auf. Pflege diese mit den Freunden Deiner Gruppe.
Lerne die Symbole der Pionierorganisation kennen.
Übe mit Deiner Gruppe das richtige Verhalten beim Fahnenappell.
Besuche eine LPG oder MTS. Laß Dir erklären, was ein Traktor leisten kann und wie durch ihn die Arbeit leichter wird. Gehe auf die Felder der LPG und laß Dir von einem Genossenschaftsbauern erklären, wie man Roggen, Weizen, Hafer, Gerste, Mais und Raps voneinander unterscheiden kann.
Male mit Tusche ein Bild von der Arbeit in der LPG und forme aus Plastilin das Leben auf dem Dorfe.
Hilf alten und kranken Leuten.
Laß Dir von Thälmann-Pionieren über ‚Timur und sein Trupp' erzählen. Eifere ihm nach.
Beteilige Dich mit Deiner Gruppe bei der Sammlung von Heilkräutern.
Laß Dir von einem Soldaten oder Offizier der Volksarmee sagen, wie Du die Land-, See- und Luftstreitkräfte an den Uniformen unterschieden kannst.
Führe mit Deiner Gruppe und Thälmann-Pionieren ein Geländespiel durch. Überbringe in schwierigem Gelände eine Meldung, ohne gesehen zu werden.
Lerne, wie man nach dem Stand der Sonne Himmelsrichtungen feststellen kann.
Übe mit Deinen Freunden für Eure Eltern ein kleines Kulturprogramm über die frohe Ferienzeit ein.
Hilf Deinen Eltern beim Einkaufen.
Laß Dir zeigen, wie Du Dein Halstuch waschen und bügeln mußt.
Merke Dir vom Sportunterricht mindestens fünf Freiübungen, die Du mit Deiner Gruppe ausführen kannst.
Lerne Radfahren, und führe mit Deiner Pioniergruppe die ‚kleine Friedensfahrt' durch.
Lerne die Lieder ‚Pioniere schaffen froh', ‚Ich stehe am Fahrdamm...', ‚Wie ein Vogel zu fliegen' und ‚Nun soll mein Schifflein fahren'.
Lies die Bücher ‚Der kleine Trompeter und sein Freund' von Inge und Gert Baumert, Märchen der Brüder Grimm' und ‚Martin und die Wiesenpieper' von Günter Feustel".[90]

War das Stufenprogramm für Jungpioniere noch spielerisch aufgebaut, so standen für die Thälmann-Pioniere der Klassenstufe 5 bis 8 die Vertiefung bestimmter Kenntnisse, aber

90 Pionierstufen für Jungpioniere und Stufenprogramm für Thälmann-Pioniere, 1958, in: SAPMO-BArch, DY 25/1.042, Teil 1, Beilage der „Trommel", S. 3/4.

auch praktischer Verhaltensweisen, wie insgesamt strengere Anforderungen im Vordergrund. Programmatisch wird vorangestellt:

> „Lieber Thälmann-Pionier!
> Du hast die Bedingungen für das Sputnik-Leistungsabzeichen ‚Immer bereit' in der Hand. Du willst diese Bedingungen erfüllen und das Abzeichen erwerben. Darüber freuen sich Deine Pionierorganisation, Deine Eltern und Lehrer. ...Vier Stufen des ‚Silbernen Sputniks' gibt es für Dich. Welches sind diese Aufgaben?"[91]

Für die 2. Stufe, also den Kindern der 6. Klasse, sah der Plan folgendes vor:

> „In vielen Ländern regieren, wie bei uns, die Arbeiter und Bauern. Diese Länder sind freundschaftlich miteinander verbunden und helfen sich gegenseitig. An ihrer Spitze steht die Sowjetunion.
> Erwirb Dir Wissen über die Sowjetunion und die sozialistischen Staaten. Zeichne ihre Staatsflaggen, sammle Anschauungsmaterial wie Bilder und Zeichnungen aus den sozialistischen Ländern und gestalte damit Wandzeitungen und Ausstellungen.
> Lerne die Hymne der internationalen Arbeiterklasse, ‚Die Internationale'.
> In vielen Ländern gibt es auch eine Pionier- oder eine andere fortschrittliche Kinderorganisation. Gratuliere den Pionieren und Kindern zum Internationalen Kindertag. Beglückwünsche die sowjetischen Pioniere zu ihren Feiertagen in ihrer Muttersprache.
> Lerne, wie die Roten Jungpioniere im politischen Kampf ihren Eltern zur Seite standen.
> In den sozialistischen Betrieben der Industrie und Landwirtschaft werden die Dinge hergestellt, die wir für unser Leben benötigen. Je mehr dort produziert wird, um so besser wird unser Leben. Verschaffe Dir einen Überblick über die sozialistischen Betriebe in Deinem Heimatort. Besuche mindestens einen dieser Betriebe mit Deiner Pioniergruppe. Erkundige Dich bei den Arbeitern, was sie herstellen, wofür dieses gebraucht wird, wohin es geht und wo die Rohstoffe herkommen.
> Sei selbst ein junger Techniker oder Naturforscher und beteilige Dich an einer Arbeitsgemeinschaft.
> Baue eine Klingelanlage und erkläre ihre Schaltung. Fertige mit Deiner Gruppe das Modell eines wichtigen Betriebes unseres sozialistischen Aufbaus an. Nutze dabei Deine elektrotechnischen Kenntnisse.
> Beteilige Dich an der Anlage und Pflege von Grünanlagen und Spiel- und Sportplätzen.
> Richte Dir ein Aquarium, Terrarium, Pflanzenfenster oder dergleichen ein.
> Die Eltern erwarten von ihren Kindern, daß sie ihnen helfen. Erfülle diese Erwartungen. Hilf Deinen Eltern beim Waschen und Saubermachen. Lerne, Essen zubereiten und Deine Kleidung selbst auszubessern.
> Sport und Spiel dienen der Gesundheit und machen kräftig. Erwirb Kenntnisse über ein zweites Sportspiel. Hangele als Junge mindestens 5 m, als Mädchen 3 m. Übe den Keulenzielwurf.
> Lerne einige Meister des Sports und ihre Leistungen kennen. Nimm an einer Wochenendfahrt teil. Baue ein Zelt auf. Präge Dir die Morsezeichen ein.

---

91 Ebenda, S. 5

Gute kulturelle Darbietungen erfreuen die Menschen. Übe mit Deiner Gruppe ein Agit-Kultur-Programm ein, das der Öffentlichkeit gezeigt werden kann.
Lies die Bücher ‚Butje Pieter und sein Held' von Max Zimmering, ‚Frank' von Karl Neumann und ‚Das Schicksal des Trommlers'.
Lerne mit Deiner Gruppe das Lied des Monats. Lerne die Lieder ‚Der kleine Trompeter' und ‚Hell scheint die Sonne'."[92]

Nicht die einzelnen Aufgabenstellungen an sich, die nach einem Punktesystem abgerechnet wurden, waren dabei zwangsläufig problematisch, sondern die Gesamtheit der Anforderungen, die ein Reglement von Verhaltensweisen darstellten, nach denen sich die Kinder zu richten hatten. Diese Fülle von Anforderungen ließen wenig bis gar keinen Raum für davon abweichende Interessen und Tätigkeiten, aber auch spontanes und kreatives Verhalten. Das Stufenprogramm förderte ein stures Nachvollziehen von vorgegebenen Aufgaben, die kein individuelles Ausscheren zuließen.

Die einzelnen Programmpunkte des Stufenplans waren gleichzeitig mit denen des schulischen Lehrplans sowohl zeitlich als auch inhaltlich in Übereinstimmung gebracht. Wurden beispielsweise im Chemie-Unterricht der 7. Klasse chemische Reaktionen unter der Thematik „Stoffe-Stoffveränderungen" behandelt, so war laut Stufenprogramm die Anwendung der Chemie in der Landwirtschaft durch einen Agronomen zu veranschaulichen.[93] Dies betraf nicht nur die naturwissenschaftlichen, sondern auch die geisteswissenschaftlichen Fächer.

So von der Pionierorganisation unterstützt, sollte die Schule ihre Aufgaben besser erfüllen können. Das Stufenprogramm demonstriert auf markante Weise das Verständnis von der Einheitlichkeit des sozialistischen Bildungs- und Erziehungssystems.

5. Von Beruf Funktionär: Der hauptamtliche Pionierleiter an den Schulen

Nachdem mit der Gründung der Jungen Pioniere die Organisationsbasis ausschließlich an die Schulen verlegt worden war, mußte eine Institution geschaffen werden, die die Pionierarbeit der Gruppen an den Schulen koordinierte. Zunächst wurde versucht, diese Aufgabe mit ehrenamtlichen Kräften zu bewältigen. Da diese jedoch nicht mit der Schule unmittelbar verbunden waren, sondern „von außen" kamen, konnte nur sehr schwer die Pionierarbeit mit den schulischen Anforderungen in Übereinstimmung gebracht werden. Hinzu kam, daß die Stellung der Pionierleiter an dieser staatlichen Erziehungseinrichtung wenig gefestigt war und sie nur über geringe Autorität gegenüber der Lehrerschaft verfügten. Ihre Durchsetzungskraft war dementsprechend gering, zudem waren sie mit keinerlei Kompetenzen ausgestattet. Dieses Problem erkannte man sehr schnell. Bereits Anfang

92 Ebenda, S. 6/7.

93 Frank Grünewald, Die Ziele der Erziehung in der Pionierorganisation „Ernst Thälmann" und Inhalte der Pioniertätigkeit in der Zeit des Kampfes für den Sieg der sozialistischen Produktionsverhältnisse in der Deutschen Demokratischen Republik (1955 bis 1961), Diss., Halle 1978, S.165. Vgl. darin auch S. 133 ff.

1949 gab es Absprachen mit den Ministerien für Volksbildung der Länder der SBZ, an den wichtigsten und größten Schulen hauptamtliche Pionierleiter einzustellen.[94] In dem Tätigkeitsbericht des Zentralbüros der Jungen Pioniere wurde dazu festgestellt, daß die Entwicklung der Pionierleiter kein erfolgreiches Ergebnis gebracht habe, und zwar, weil die Leitungen dem nicht genügend Aufmerksamkeit geschenkt hätten. „Es ist von allergrößter Wichtigkeit, dass sich die Gesamtorganisation der Frage der Pionierleiter mit aller Ernsthaftigkeit annimmt...“[95]. Die Heranbildung von fähigen Funktionären war zur „brennendsten Frage“[96] geworden.

Ohne die koordinierende Funktion von Pionierleitern an den Schulen war es ungleich schwieriger, Pioniergruppen aufzubauen und deren Tätigkeit anzuleiten, wodurch überhaupt eine Pionierarbeit erst zustande kam. Die Entwicklung zur Massenorganisation konnte folglich nur durch hauptamtliche Funktionäre bewältigt werden. Dabei ging es zunächst um die richtige Auswahl und Schulung der hauptamtlichen Funktionäre. Sie sollten vor allem aus den Reihen der FDJ selbst kommen und zu „bewußten FDJlern herangebildet werden, die konsequente Kämpfer für die Einheit Deutschlands und den Frieden sind, die fest an der Seite der Sowjetunion stehen und deren Liebe unserer Deutschen Demokratischen Republik und ihrer Regierung gehört.“[97] In erster Linie ging es also um die politische Qualifikation der Pionierleiter. Diese sollten sie zunächst durch einen dreieinhalbmonatigen Lehrgang an den FDJ-Schulen erwerben.[98] Die Auswahl und Bestätigung der hauptamtlichen Pionierleiter in ihrer Funktion nahm die FDJ-Kreisleitung vor, die Anstellung an den Schulen erfolgte jedoch von den Verwaltungen der Volksbildung, später dem Ministerium für Volksbildung. Für die Anleitung dieser Funktionäre wurde die Herausgabe der Zeitschrift „Der Pionierleiter“ beschlossen[99], die regelmäßig monatlich erschien.

Dem Pionierleiter fiel die Aufgabe zu, sowohl die Pioniergruppen an den Schulen aufzubauen und ihre Arbeit anzuleiten als auch die Politisierung der Schule insgesamt im Sinne der SED voranzutreiben. Auf der 4. Tagung des ZK der SED malte man ein düsteres Bild vom ideologischen Zustand an den Schulen. „Einzelne reaktionäre Lehrkräfte sabotieren auch heute noch offen oder versteckt...die Demokratisierung des Schulwesens, indem sie die Kinder mit unwissenschaftlichen oder sogar feindlichen Auffassungen verseuchen und die Entwicklung der Jungen Pioniere behindern“[100]. Von dem Pionierleiter erwartete man, diese Situation zu verbessern und die Kinder den „feindlichen Einflüssen“ zu entzie-

94 Vgl. Protokoll der 18. Tagung des Zentralrats der FDJ vom 6. 2. 1949, S. 10, in: SAPMO-BArch, DY 24/2.121.

95 Tätigkeitsbericht des Zentralbüros der Jungen Pioniere, (undatiert, 1949), S. 4, in: SAPMO-BArch, DY 25/807.

96 Protokoll der 4. Tagung des Zentralrats der FDJ vom 1./2. 12. 1949, S. 74, in: SAPMO-BArch, DY 24/2.129.

97 Ebenda.

98 Zur Ausbildung der Pionierleiter in der DDR vgl. Heinz-Hermann Krüger: „Wie Ernst Thälmann treu und kühn...“. Zur Politisierung des Studien- und Forschungsalltags in der DDR am Beispiel der Pionierleiterausbildung, in: Heinz-Hermann Krüger/ Winfried Marotzki (Hg), Pädagogik und Erziehungsalltag in der DDR. Zwischen Systemvorgaben und Pluralität. Opladen 1994, S. 275-294.

99 Protokoll der Sitzung des Sekretariats des Zentralrats der FDJ vom 10. 2. 1950, S. 2, in: SAPMO-BArch, DY 24/2.394.

100 Entschließung der 4. Tagung des ZK der SED vom 17.-19. 1. 1951 zum Referat von Paul Wandel: Die nächsten Aufgaben der allgemeinbildenden Schulen, in: SAPMO-BArch, DY 30/J IV 2/2/127, Bl. 8.

hen. Die Pionierleiter sollten ein politisches Klima an den Schulen schaffen, das solche Vorgänge unmöglich machte. Damit waren sie jedoch hoffnungslos überfordert. Die SED-Führung sah hierbei ein wichtiges Feld ihrer Betätigung und sicherte ihnen Hilfe zu. Sie verpflichtete alle Parteileitungen, die Pionierleiter in ihren Bemühungen zu unterstützen. Die Genossen Lehrer an den Grundschulen wurden aufgerufen, die Arbeit der Jungen Pioniere zu fördern. Die Parteileitungen hatten dafür Sorge zu tragen, daß „im Laufe des Jahres 1951 in allen Schulen mit mehr als 400 Kindern ein hauptamtlicher Pionierleiter eingesetzt werden kann"[101]. Die SED-Mitglieder im Zentralrat der FDJ wurden beauftragt, sich stärker um die Aus- und Weiterbildung der Pionierleiter zu kümmern.

Trotz intensiver Werbungsversuche gelang es jedoch nicht, genügend geeignete Funktionäre zu finden. Die zu konstatierenden „Schwächen" in der Arbeit der Jungen Pioniere, die in der „ungenügenden Entfaltung eines inhaltsreichen und interessanten Pionierlebens" bestanden, wurden vor allem an der „ungenügenden Auswahl und Ausbildung der Kader"[102] festgemacht. Daher beschloß man, die Einsetzung von Pionierleitern an allen Schulen zu forcieren, deren Ausbildung zu intensivieren und ihnen ein Pionierleiterstudium zu ermöglichen. Mit einem Dreijahres-Weiterbildungslehrgang, der die Grundausbildung der Pionierleiter gewährleisten sollte, war bereits begonnen worden. Ein vierjähriges Studium wurde an den Instituten für Lehrerbildung eingerichtet, das mit einer staatlichen Abschlußprüfung endete und wodurch zugleich die Lehrbefähigung für die Unterstufe der allgemeinbildenden Schulen erworben wurde.[103] Für die Qualifizierung der Pionierleiter zeichnete sowohl das Ministerium für Volksbildung als auch die FDJ, vor Ort insbesondere die FDJ-Kreisleitungen, verantwortlich. Zugleich wurden auf der Ebene der Kreise, Bezirke und Zentrale „methodische Kabinette" gebildet, die zur Anleitung und Unterstützung der Pionierarbeit gedacht waren.[104] Diese zahlreichen Neuerungen gingen sämtlich auf das Vorbild der Pionierarbeit in der Sowjetunion zurück.

Derart politisch geschult, verstanden es jedoch viele Pionierleiter nicht, auf die Bedürfnisse der Kinder einzugehen. An einer Grundschule in Berlin wurde u.a. beklagt, daß die dort tätige Pionierleiterin die Wünsche der Kinder, gemeinsam zu wandern oder eine Betriebsbesichtigung zu organisieren, ignoriert hatte. Darauf angesprochen antwortete diese dem zuständigen Instrukteur: „Die Jungen Pioniere wollten mich mit ihrer Forderung, Wanderungen durchzuführen, fertigmachen. Ich habe ihnen aber klargemacht, dass sie erst mal arbeiten sollen"[105] (hier gemeint im Sinne von lernen).

---

101 Ebenda, Bl. 16.

102 Entschließung der 10. Tagung des Zentralrats der FDJ vom 1. 9. 1951. in: Dokumente und Beschlüsse der FDJ, Band III, S. 63.

103 Vgl. Verordnung über die Neuregelung der Ausbildung der Lehrer an allgemeinbildenden Schulen, der Pionierleiter, der Kindergärtnerinnen und der Erzieher in Heimen und Horten vom 15. 5. 1953, in: GBl. Nr. 66 vom 22. Mai 1953, S. 729. Durch den Erwerb dieser Lehrbefähigung bestand die Gefahr der Abwanderung der Pionierleiter in die Volksbildung. Nach relativ kurzer – z.T. erfolgloser oder frustrierender – Tätigkeit als Pionierleiter wechselten viele von ihnen den Beruf und wurden Unterstufenlehrer. Dieser Tendenz versuchte die FDJ immer wieder entgegenzuwirken. Per Gesetz wurden die Abteilungen der Volksbildung und die Leitungen der FDJ verpflichtet, „für Stetigkeit in der Besetzung der Pionierleiterfunktionen zu sorgen". Vgl. Paragraph 53, Abs. (3) der Verordnung zur Verbesserung der Arbeit der allgemeinbildenden Schulen vom 4. März 1954, GBl. Nr. 28 vom 17. März 1954.

104 Ebenda S. 64.

105 Protokoll der 3. Tagung des Zentralrats der FDJ vom 19.-21. 12. 1951, S. 302, in: SAPMO-BArch, DY 24/2.153.

In einem Bericht der Abteilung Leitende Organe der Partei und der Massenorganisationen beim ZK der SED über die Arbeit der Pionierorganisation hieß es: „In den meisten Fällen ist das Verhältnis der Pionierleiter zu den Pionieren ähnlich dem der Lehrer zu den Schülern,...bei dem der Lehrende bestimmt..." Sie „administrieren und kommandieren"[106]. Es herrsche unter den Pionierleitern große Unkenntnis, wie ein inhaltsreiches Pionierleben organisiert werde. Daher „entspricht es zum grössten Teil nicht den Interessen der Kinder."[107]

Durch Schulungen und Qualifizierungen der Pionierleiter sollte die Pionierarbeit auf ein höheres Niveau gehoben und ihr mehr Attraktivität verliehen werden. Sieht man sich jedoch genauer den Ablauf und den Inhalt dieser Schulungen an, so kann an deren Erfolg stark gezweifelt werden. Der Themenplan für den dreieinhalbmonatigen Lehrgang an den Landespionierleiterschulen aus dem Jahre 1951 sah von veranschlagten 75 Lektionen allein 50 zur Geschichte der Arbeiterbewegung, angefangen vom 19. Jahrhundert über den Aufbau des Sozialismus in der Sowjetunion und die Rolle Stalins bis zur chinesischen Revolution und den Gesellschaftsaufbau in der DDR, vor. Weitere 10 Lektionen widmeten sich der Geschichte der sozialistischen Kinder- und Jugendbewegung. Lediglich eine Lektion war für die Einführung in die Psychologie vorgesehen, zwei weitere für die Sowjetpädagogik. Nur 10 Lektionen zum Ende des Lehrgangs hatten die eigentliche Tätigkeit der Pionierorganisation zum Gegenstand und trugen anleitenden Charakter.[108] Es ist daher nicht verwunderlich, wenn viele Pionierleiter mit der Gestaltung eines „interessanten Gruppenlebens" überfordert waren.

Die SED-Grundorganisationen an den Schulen hatten die Aufgabe, sich stärker um die ideologische Qualifizierung der Pionierleiter zu kümmern. So sollte jeder hauptamtliche Pionierleiter an der Schule am Parteilehrjahr der SED teilnehmen.[109] Patenschaften von Lehrern, die SED-Mitglieder waren, sollten über die Pionierleiter übernommen werden. Auf jeder Mitgliederversammlung der SED an den Schulen hatte der Parteisekretär zum Stand der Pionierarbeit Stellung zu nehmen.[110]

Überdies wurde ständig an der Verbesserung der Ausbildung der Pionierleiter gearbeitet. Dabei ignorierte man, daß die ungenügende Qualifizierung nur eine Seite des Problems darstellte. Freilich hätte man die Pioniernachmittage lockerer und unterhaltsamer gestalten können. Andererseits aber ließen die Anforderungen an die Pionierleiter wie z.B. die Organisierung von Wettbewerben zum Zwei- oder Fünfjahrplan, die Befolgung der verschiedensten Aufrufe von SED und FDJ, die Sammelaktionen und Leistungswettbewerbe an den Schulen eine Ungezwungenheit des Pionierlebens nur bedingt bis gar nicht zu. Die Anforderungen an die Pionierleiter waren derart, daß sie ein Eingehen auf kindliche Bedürfnisse häufig ausschlossen, hätten diese sie konsequent befolgt. Das Konzept von Partei- und FDJ-Führung sah nicht in erster Linie vor, daß die Interessen und Bedürfnisse der Kinder zum Ausgangspunkt der Kinderorganisation gemacht wurden. Vielmehr wurde von

106 Bericht über die Arbeit der Organisation der Jungen Pioniere vom 21. 7. 1954, in: SAPMO-BArch, DY 30/J IV 2/2/ A 399, S.4/5.

107 Ebenda, S. 2.

108 Vgl. Themenplan für Landespionierleiterschulen 1951, beschlossen auf der Sitzung des Sekretariats des Zentralrats der FDJ vom 5. 2. 1951, in: SAPMO-BArch, DY 24/2.406, Anlage 26.

109 Maßnahmen zur Verbesserung der Arbeit in der Pionierorganisation „Ernst Thälmann" vom 15. 9. 1952. in: SAPMO-BArch, DY 30/IV 2/905/131, Bl. 57.

110 Ebenda, Bl. 58.

Oben nach Unten durchgestellt, welche Erziehungsziele zu erfüllen seien, die überdies noch konkret nach einem Punktesystem abgerechnet werden mußten. Insofern wurden die Pionierleiter häufig für Dinge kritisiert, die in der Widersprüchlichkeit der Vorgaben selbst begründet lagen. In einem Bericht an das Politbüro der SED über den Zustand der Pionierorganisation vom Januar 1955 wurde festgestellt, daß es der Mehrzahl der Pionierleiter nicht gelungen sei, die Hauptaufgabe der Kinderorganisation zu erfüllen.[111] Diese bestand darin, „die deutsche demokratische Schule bei der Verbesserung der Lernergebnisse und der Disziplin, bei der Erziehung der Kinder zu jungen Patrioten und zu selbständig denkenden und verantwortungsbewußt handelnden Menschen" zu unterstützen.[112] Insbesondere konnten die Lehrplanziele, die Festigung der Disziplin nicht konsequent durchgesetzt sowie der „hohe Prozentsatz an Sitzenbleibern"[113] nicht reduziert werden.

Zum anderen wurde den Pionierleitern (auch den Lehrern) vorgeworfen, das Pionierleben nicht interessant und inhaltsreich gestaltet zu haben, so daß die Mitgliederzahl der Organisation stagniere (etwa 50 Prozent der Schüler[114]). Damit war ein Hauptschuldiger ausgemacht. Aber wie konnte ein Pionierleben interessant gestaltet werden, wenn sich die Organisation vor allem als verlängerter Arm der Schule verstand, wenn in der Freizeit für die Schule gepaukt, Wandzeitungen über die Ergebnisse der Wettbewerbe um die besten Leistungen angefertigt wurden, in den Gruppentagebüchern die Disziplin gerügt und auffällige Kinder denunziert und mit entsprechenden Verpflichtungen versehen wurden. Daß eine solche Pionierarbeit bei den Kindern nicht Begeisterungsstürme auslöste, sondern häufig als Gängelei und langweilig empfunden wurde, scheint auf der Hand zu liegen. Dennoch kritisierte man, die Pionierleiter hätten nur „keine klaren Vorstellungen, wie man an den Schulen ein richtiges Pionierleben gestalten kann, welches der Erfüllung der Hauptaufgabe dient"[115]. Sowohl die FDJ als auch das Deutsche Pädagogische Zentralinstitut sowie das Ministerium für Volksbildung hätten ihnen „keine entscheidenden Hinweise"[116] gegeben. Offenbar war es für alle Institutionen fast unmöglich, die formulierten Vorgaben, wie z.B. die „Erfüllung der Hauptaufgabe" in ein interessantes Pionierleben münden zu lassen. Dies war wohl eher Wunschdenken der obersten Parteiführung, als Kenntnis der realen Vorgänge.

Gleichzeitig wurde den Pionierleitern vorgeworfen, anstatt die Hauptaufgabe zu lösen, Kampagnen, Aktionen und Großveranstaltungen durchzuführen. Genau dies aber wurde von den Jungen Pionieren als politische Organisation erwartet. Im gleichen Bericht werden sie gerügt, daß sie nicht in der Lage wären, die Pionierarbeit „entsprechend der politischen Situation zu gestalten"[117]. Diese Widersprüchlichkeit in den Anforderungen offenbarte nicht zuletzt die Unfähigkeit bzw. den mangelnden Willen der SED-Führung, die reale Lage zu erfassen und sich ein anderes Konzept als die Durchstellung von Anweisungen „von oben nach unten" vorstellen zu können.

---

111 Bericht über die Lage der Pionierorganisation „Ernst Thälmann" vom 8. 1. 1955, in: SAPMO-BArch, DY 30/J IV 2/2/ A 399, S. 5.

112 Ebenda, S. 1.

113 Vgl. ebenda, S. 2/3.

114 Ebenda, S. 2.

115 Ebenda.

116 Ebenda, S. 3.

117 Ebenda, S. 5.

Diese Situation führte nicht zuletzt dazu, daß viele Pionierleiter ihren Beruf aufgaben. Mitte der fünfziger Jahre hatte die Fluktuation unter den Pionierleitern besorgniserregende Ausmaße für die Führung angenommen.[118] Von den 1954 6.384 beschäftigten hauptamtlichen Pionierleitern gaben ca. 1.700 ihre Tätigkeit auf.[119] Viele von ihnen bemühten sich, in den attraktiveren Lehrerberuf überzuwechseln. Trotzdem versuchte man, dieser Situation wiederum durch bessere Auswahl der Kader, Schulung und Kontrolle der FDJ zu begegnen. Darüber hinaus wurde veranlaßt, materielle Vergünstigungen, die die Lehrer erhielten (z.B. Prämien, Versorgung mit Wohnraum usw.) auf die Pionierleiter auszudehnen, um ihnen auch von daher einen materiellen Anreiz zu geben.[120]

Erneut versuchte man, die Situation durch Gewinnung von „bewährten Arbeitern“ für diese Funktion zu verbessern. Einerseits hätten diese ihre vorgeblich politische Erfahrung in die Arbeit einbringen können. Dabei setzte man auf deren „Klassenbewußtsein“, daß man offenbar per se in Übereinstimmung mit der politischen Linie der SED-Führung glaubte. Nur so ist zu erklären, warum sich die SED positive Veränderungen in der Pionierorganisation durch die Rekrutierung von Arbeitern erhoffte. Ihnen billigte man dem Anschein nach von vornherein das „richtige“ politische Bewußtsein zu. Andererseits gedachte man, ihnen dadurch einen sozialen Aufstieg zu ermöglichen, der stabile Bindungen zum System schuf. So richtete man eigens dafür Vorkurse für Produktionsarbeiter an den Instituten für Lehrerbildung ein, um ihnen ein Fachschulstudium an dieser Einrichtung zu ermöglichen.[121]

Die Stellung des Pionierleiters an den Schulen sollte schließlich so gefestigt werden, daß er „neben dem Schuldirektor die entscheidendste Person an der Schule“ zu sein hatte.[122] Allerdings wurde er verpflichtet, den Anordnungen des Schuldirektors zu folgen und ohne Absprache mit diesem keine selbständigen Entscheidungen zu treffen bzw. der Schule zwecks Lehrgängen fernzubleiben.[123] Damit war jedoch die Selbständigkeit der Pionierleiter in gewisser Weise in Frage gestellt und machte diese zu Untergebenen. Daraus wiederum resultierten Spannungen, so daß in dem Beschluß des Politbüros zur Verbesserung der Arbeit der Pionierorganisation vom 26. 7. 1957 explizit hervorgehoben wurde, „an allen Schulen ein gutes kameradschaftliches Verhältnis zwischen den hauptamtlichen Pionierleitern und den Schuldirektoren“ zu sichern.[124] In diesem Beschluß wurde zugleich die bisherige Regelung dahingehend korrigiert, daß die Pionierleiter ihre Weisungen von den Leitungen der FDJ erhielten und die Schuldirektoren sie in ihrer Arbeit unterstützen

---

118 Vgl. dazu: Zu einigen Fragen der Arbeit der Pionierorganisation „Ernst Thälmann“, 1954, a.a.O.

119 Bericht über die Lage der Pionierorganisation „Ernst Thälmann“ vom 8. 1. 1955, a.a.O., S. 7.

120 Vgl. Verordnung zur Verbesserung der Arbeit der allgemeinbildenden Schulen vom 4. März 1954, a.a.O., Paragraph 53, Abs. (2).

121 Vgl. Anordnung über die Ausbildung von Produktionsarbeitern für die Arbeit als Lehrer an den allgemeinbildenden Schulen, Pionierleiter, Horterzieher und Kindergärtnerinnen, vom 6. August 1956, GBl. I Nr. 78 vom 8. 9. 1956, S. 696-697. In der Präambel dazu hieß es als Begründung: „Der Aufbau des Sozialismus stellt hohe Anforderungen an die deutsche demokratische Schule. Um diesen Anforderungen gerecht zu werden, sind in verstärktem Maße bewährte Produktionsarbeiter für den Lehrer- und Erzieherberuf zu gewinnen und auszubilden. Ebenda, S. 696.

122 Bericht über die Arbeit der Organisation der Jungen Pioniere vom 21. 7. 1954, a.a.O., S. 9.

123 Vgl. Maßnahmen zur besseren Organisierung der Pionierarbeit an der Schule, 1955, S. 3, in: SAPMO-BArch, DY 25/142.

124 Weitere Maßnahmen zur Verbesserung der Arbeit der Pionierorganisation „Ernst Thälmann“, vom 26. 7. 1957, S. 7, in: SAPMO-BArch, DY 30/J IV 2/2 A/576.

sollten.[125] Mit der neuen Strukturierung der Pionierorganisation Ende 1957, der Schaffung selbständiger Leitungen, erhielt auch der Pionierleiter wieder ein größeres Gewicht.

Obwohl auch gegenüber der Pionierorganisation das Schlagwort von der „kollektiven Leitung"[126] Einzug hielt, das nach den Enthüllungen des Personenkults um Stalin und den politischen Unruhen in den Ostblockstaaten zur Blüte gelangte, ging es im wesentlichen doch um die Stärkung der Rolle des Pionierleiters zum „wahrhaften Führer der Kinder"[127] und seiner Vorbildfunktion innerhalb der Pionierorganisation. Daher wurde die Qualität der Pionierleiter nochmals einer kritischen Prüfung unterzogen. Der Sekretär der Zentralleitung der Pionierorganisation gelangte dabei zu dem Urteil, „daß ein verhältnismäßig großer Teil der hauptamtlichen Pionierleiter noch keine feste sozialistische Weltanschauung besitzt."[128] Zur Sprache kam dabei, daß einigen Pionierleitern die Arbeit zu politisch sei und sie deshalb aus der Organisation ausscheiden wollten, andere Pionierleiter noch Mitglied der Kirche waren, weiterhin in manchen Bezirken bis zu 20 Prozent der Pionierleiter nicht Mitglied in der „Gesellschaft für Deutsch-Sowjetische-Freundschaft" wären, die Zahl der Arbeiter unter den Pionierleitern sehr zurückgegangen sei und insgesamt eine große Fluktuation bestehe. Allein in den letzten Monaten seien 590 Pionierleiter ausgeschieden. Ebenso seien von den 4.174 Planstellen für hauptamtliche Pionierleiter in der Republik nur 83 Prozent besetzt. Viele Pionierleiter wechselten lieber in den Lehrerberuf über, der nach ihrer Meinung weniger politisch sei.[129]

Für all diese Schwierigkeiten machte man das mangelnde sozialistische Bewußtsein der Funktionäre der Pionierorganisation sowie deren Jugendlichkeit – und damit Unstetigkeit – verantwortlich. In der „ungenügenden" parteilichen Auswahl hätte im übrigen auch der Revisionismus der Pionierorganisation bestanden.[130] So beschloß man, eine intensive Schulung und Weiterbildung zu organisieren, die vorrangig die Aneignung marxistisch-leninistischer Kenntnisse und die Festigung der sozialistischen Weltanschauung zum Ziel haben sollte. Denn ohne politisch geschulte Funktionäre könne es auch keine sozialistische Kinderorganisation geben, wozu sich die Pionierorganisation im Jahre 1958 offiziell bekannte.[131]

Nunmehr wollte man zunehmend ältere „im politischen Kampf erfahrene Funktionäre"[132] als hauptamtliche Pionierleiter gewinnen. Diese wären durch ihre sozialistische Weltanschauung besser in der Lage, die sozialistische Erziehung der Kinder zu gewährleisten. So schlug man beispielsweise vor, ehemalige Angehörige der Nationalen Volksarmee

---

125 Ebenda.

126 4. Tagung der Zentralleitung der Pionierorganisation vom 20./21. Mai 1958, in: „Der Pionierleiter" Heft 6/1958, Beilage, S. 15. Dort wird ausgeführt: „Durch die Schaffung selbständiger, politischer und pädagogischer Leitungen in der Pionierorganisation wird an den Freundschaften die Einzelleitung durch den Pionierleiter durch die kollektive Leitung ersetzt. Das bedeutet aber nicht, daß die Rolle unserer hauptamtlichen Funktionäre dadurch geschmälert wird."

127 Ebenda, S. 16.

128 Ebenda, S. 15.

129 Vgl. Protokoll der 4. Tagung der Zentralleitung der Pionierorganisation, S. 111-112, in: SAPMO-BArch, DY 25/2.100. Diese Fakten sind in der Veröffentlichung der Referate in der Zeitschrift „Der Pionierleiter" nicht aufgenommen worden.

130 Protokoll der 4. Tagung der Zentralleitung, a.a.O., S. 115.

131 Vgl. Kap. 5.6.

132 4. Tagung der Zentralleitung, in: „Der Pionierleiter", a.a.O., S. 17.

oder der Volkspolizei als hauptamtliche Pionierleiter zu gewinnen.[133] Wie man allerdings auf diese Weise die Zusammenarbeit mit der Schule zu regeln gedachte, blieb weithin unklar. Immerhin mußten sie sich gegenüber der Lehrerschaft behaupten können, Kenntnisse über den Schulbetrieb und den Lehrstoff haben, um die Pionierarbeit darauf abzustimmen und wenigstens über minimale pädagogische Erfahrungen verfügen. So waren solche Vorstellungen auch von wenig Erfolg gekrönt. Der zunehmend üblicher werdende Weg war der einer Ausbildung an dem Institut für Lehrerbildung oder von Lehrgängen an den Pionierleiterschulen.

Mit der Einführung einer Zentralleitung der Pionierorganisation Ende 1957 wurde auch das Verhältnis von Pionierorganisation und Schule so geregelt, daß sich zwar nach wie vor die Schule für die Pionierarbeit verantwortlich fühlen sollte, jedoch die Stellung des Pionierleiters gestärkt wurde. So mußte er nicht mehr von den Beschlüssen des Pädagogischen Rates abhängig sein und befand sich auch gegenüber dem Direktor nicht mehr in einem Über- oder Unterordnungsverhältnis. Die Pionierleiter wären in erster Linie Funktionäre der Pionierorganisation, so wurde nochmals bekräftigt.[134] Damit unterlagen sie auch deren Anweisungen. Zu diesem Zeitpunkt hatte sich auch die Partei ihren direkten Einfluß auf die Pionierleiter gesichert, da nunmehr fast 70 Prozent der Pionierleiter Mitglied in der SED waren.[135] Die Pionierarbeit konnte auf diese Weise in Absprache und in Übereinstimmung mit der SED realisiert werden.

---

133 Ebenda, S. 21. Vielleicht wollte man auch auf diese Weise die ungünstigen Geschlechterproportionen in der Pionierorganisation bereinigen. So waren von den Pionierleitern 27 Prozent männlichen, aber 73 Prozent weiblichen Geschlechts. Vgl. Protokoll der 4. Tagung, a.a.O., S. 112.

134 Protokoll der 4. Tagung der Zentralleitung vom 20-21. 5. 1958, a.a.O., S. 123/124.

135 Ebenda, S. 112.

KAPITEL 4

„Junge Pioniere sollen fröhlich sein!“: Die Pionierorganisation als Freizeitverband

1. Zur Funktion der Arbeitsgemeinschaften

Die politische Kinderorganisation Junge Pioniere mußte sich, um als solche zu bestehen, von Anfang an zwei Standbeine verschaffen. Das war zum einen die organisatorische und inhaltliche Verankerung an den Schulen und zum anderen die Profilierung als attraktive Freizeitorganisation. Über diese beiden Ebenen versuchte sie, ihren politischen Einfluß geltend zu machen. Dabei knüpfte sie – wie bereits ausgeführt – an die mehr oder weniger spontan nach dem Kriege entstandenen Kindergruppen an, deren Absicht es war, die Kinder sinnvoll zu beschäftigen. Diese meist kulturell sich betätigenden Gruppen boten für viele der häufig sich selbst überlassenen Kinder angesichts der Notlagen der Familien einen Anziehungspunkt. Sie spielten, tanzten, bastelten nicht nur gemeinsam, sondern übten unter der Anleitung von Helfern Theaterstücke, Lieder, Zaubereien usw. ein und traten mit ihrem künstlerischen Repertoire in der Öffentlichkeit auf. Diese Interessengemeinschaften, die häufig eine Kindergruppe bildeten, wurden zur kulturellen Umrahmung von politischen Veranstaltungen, aber auch zur Gestaltung von Weihnachtsfesten genutzt und erfreuten sich großer Beliebtheit. In dieses Feld versuchten nun die politischen Akteure von FDJ und SED vorzudringen. Sie unterstellten die Interessengemeinschaften der FDJ und gaben ihnen damit einen offiziellen Status. Da andere Möglichkeiten der Organisierung mit dem SMAD-Befehl vom 31. Juli 1945 untersagt waren, stellten die Kindergruppen der FDJ die einzige Form offizieller Betätigung dar. Damit war der Grundstein für den Monopolstatus der Kindergruppen der FDJ gelegt, der auch in Zukunft nicht angetastet wurde.[1] Über diese Freizeitgruppen gelang es, allmählich politischen Einfluß zu erlangen. Auf der 17. Zentralratstagung der FDJ wurde in diesem Sinne festgestellt: „Wenn wir als Kindervereinigung unsere großen Aufgaben erfolgreich lösen wollen, müssen wir die

1 Daneben existierten natürlich auch die Kindergruppen innerhalb der Kirchen weiter. Sie waren allerdings weder staatlich anerkannt noch genossen sie irgendeine Form der Förderung. Im Gegenteil wurden diese häufig – in Abhängigkeit von der politischen Wetterlage – als illegal denunziert und besaßen damit insgesamt eine unsichere Existenz (vgl. Exkurs). Darüber hinaus war in Berlin aufgrund des Viermächtestatus die Monopolstellung der Kindergruppen der FDJ nicht konsequent durchsetzbar.

Masse der Kinder für uns gewinnen. Ich glaube, die Interessengemeinschaften sind im großen Maße die Möglichkeit, an die breiteste Masse der Kinder heranzukommen."[2]

Wollte man die Erziehung auf den außerschulischen Bereich ausdehnen, mußte man zwangsläufig an die Bedürfnisse der Kinder anknüpfen. Mit politischen Aktionen allein waren die Kinder, insbesondere aber auch die Eltern, nicht zu gewinnen. Eine wesentliche Bedeutung für die Freizeitgestaltung der Kinder erhielten dabei die in Arbeitsgemeinschaften umbenannten Interessengemeinschaften. Sie hatten nicht nur die Funktion der bereits im vorangegangenen Kapitel behandelten Unterstützung der Schule, der Vertiefung schulischer Lehrinhalte. Darüber hinaus hatten sie eine kulturelle Funktion zu erfüllen, indem sie für die freie Zeit der Kinder interessante Angebote und Beschäftigungsmöglichkeiten unterbreiteten, weshalb sie an dieser Stelle nochmals Erwähnung finden. So entwickelte sich ein breites Spektrum an Arbeitsgemeinschaften, das sich auf naturwissenschaftlich-technische, gesellschaftswissenschaftliche und künstlerische Gebiete erstreckte. In den Arbeitsgemeinschaften fanden viele Kinder eine anregende Betätigung, durch die sie Interessen und Neigungen entwickeln konnten, die unter Umständen ansonsten unbeachtet geblieben wären. Die Arbeitsgemeinschaften standen allen Kindern unabhängig von ihrer sozialen Zugehörigkeit und der materiellen Lage der Herkunftsfamilie offen; die Teilnahme daran war kostenlos. Zudem verfügten die Arbeitsgemeinschaften durch deren staatliche Förderung über eine materielle Ausstattung, die die Möglichkeiten einzelner Familien überstiegen. Dies traf besonderes auf Arbeiter- und Bauernfamilien zu, deren Kinder durch die Arbeitsgemeinschaften besonders gefördert werden sollten.

Diese Bedingungen insgesamt waren es, die den Zuspruch der Arbeitsgemeinschaften durch die Eltern und Kinder ausmachten. Da Alternativen von organisierten Formen der Freizeitbetätigung außerhalb von Schule und Pionierorganisation kaum existierten (die Kirche bildete in dieser Hinsicht die einzige ernstzunehmende Konkurrenz), waren viele Eltern nicht abgeneigt, daß ihre Kinder an den Arbeitsgemeinschaften teilnahmen.
Für das Jahr 1953/54 z.B. existierten insgesamt:

Anzahl	Art der AG's	Teilnehmerzahlen
8 599	Junge Techniker	99 731
4 643	Junge Naturforscher	70 810
12 310	Junge Künstler	277 487
734	Junge Historiker	10 934
2 685	Geschickte Hände	46 290
2 709	Sonstige AG's wie Russisch, Mathematik u.a.	26 942
1 777	Junge Bücherfreunde	

Im Vergleich zum Vorjahr bedeutete dies eine Steigerung von 10 000 Arbeitsgemeinschaften.[3]

Im Laufe der Jahre nahm auch die Vielfalt der Arbeitsgemeinschaften zu. Sie richteten sich häufig unmittelbar nach den ökonomisch-technischen Entwicklungen, die dann zur

2 Protokoll der 17. Tagung des Zentralrats der FDJ vom 11./12. 12. 1948, S. 34, in: SAPMO-BArch, DY 24/2.120.

3 Bericht über die Erfüllung der „Verordnung zur Verbesserung der Arbeit der allgemeinbildenden Schulen" vom 4. 3. 1954, S. 26, in: SAPMO-BArch, DY 30/J IV 2/2 A 415.

Bildung der Arbeitsgemeinschaften beispielsweise „Junger Chemiker“ oder „Junger Elektrotechniker“ usw. führten. Dadurch sollte sowohl das Interesse für diese Fachgebiete geweckt als auch die Berufswahl in die staatlich gewünschte Richtung gelenkt werden.[4]

Nicht alle Arbeitsgemeinschaften funktionierten allerdings gut und stießen auf Interesse. Vielfach stellten sie, wie bereits beschrieben, eine Form des schulischen Nachhilfeunterrichts dar. Dort jedoch, wo sie interessant gestaltet waren, entbrannte auch die Frage, ob diese Arbeitsgemeinschaften allen Schülern zugänglich sein oder nur den Pionieren offenstehen sollten. Um möglichst die gesamte Schülerschaft zu erreichen, entschloß man sich in der Regel für die erste Variante. Dies beeinträchtigte allerdings die Versuche des Pionierverbandes, mit attraktiven Freizeitangeboten die Kinder für die Organisation zu werben. Für die Pioniere selbst bestand jedoch die Pflicht, in einer Arbeitsgemeinschaft mitzuwirken, was allerdings nie konsequent durchgesetzt wurde.

Die Frage, wem die Arbeitsgemeinschaften „gehörten“, wurde administrativ mit der „Verordnung über die außerschulischen Einrichtungen“ vom Oktober 1952 geregelt, indem die Arbeitsgemeinschaften dem Ministerium für Volksbildung unterstellt wurden und damit allen Schülern zugänglich waren. Das schloß auch die Einrichtungen der außerhalb der Schule entstandenen „Stationen Junger Naturforscher“, „Stationen Junger Techniker“ und „Stationen Junger Touristen“ ein, die sich ansonsten dem direkten Zugriff der Schule zu entziehen drohten.[5] Dem vorausgegangen war die Bildung einer Hauptabteilung „Außerschulische Erziehung“ im Ministerium für Volksbildung, die auf Beschluß des Sekretariats des ZK der SED vom 11. 10. 1951 geschaffen wurde. Auf diese Weise wollte man die schulische und außerschulische Erziehung der Heranwachsenden zentral planen, steuern und kontrollieren.

Diese außerschulischen Einrichtungen sollten unter Leitung der entsprechenden staatlichen Organe „in enger Zusammenarbeit mit der Freien Deutschen Jugend“[6], die die Aufsicht über die Pionierorganisation besaß, arbeiten. Diese schwammige Formulierung sorgte immer wieder unterschwellig für Konfliktstoff. Die außerschulischen Einrichtungen hatten ihrerseits die Pionierorganisation „bei der Erziehung von jungen Kämpfern für Frieden, Einheit, Demokratie und Sozialismus...“ zu unterstützen.[7] Besonders in den Anfangsjahren und der „Tauwetterperiode“ Mitte der fünfziger Jahre versuchte die FDJ, die Arbeitsgemeinschaften ausschließlich in ihren Einflußbereich zu integrieren. So wurde z.B. im Juli 1956 vom FDJ-Zentralrat gefordert, „zu überprüfen, wie interessante Aufgaben, die bisher nur von den Arbeitsgemeinschaften erfüllt wurden, wieder zum Bestandteil der Gruppenarbeit gemacht werden können.“[8] Immerhin ging bei der gängigen Praxis der Anreiz, durch die Arbeitsgemeinschaften die Kinder zum Eintritt in die Pionierorganisation zu veranlassen, verloren. Daher hieß es in der Entschließung: „Der Zentralrat beauftragt das Sekretariat, gemeinsam mit dem Ministerium für Volksbildung eine gründliche Überprü-

---

4 Ähnliches vollzog sich auch im kulturellen Bereich. Der Proklamation einer engen Verbindung von Künstlern mit der Arbeiterschaft und umgekehrt ab Ende der fünfziger Jahre entsprach die noch stärkere Forcierung auch von künstlerischen Arbeitsgemeinschaften.

5 Vgl. Verordnung über die außerschulischen Einrichtungen vom 23. Oktober 1952, in: GBl. Nr. 150 vom 29. Oktober 1952, S. 1087-1090.

6 Ebenda.

7 Ebenda, S.1089.

8 Entschließung der 14. Tagung des Zentralrats der FDJ vom 14. Juli 1956, in: Dokumente zur Geschichte der Freien Deutschen Jugend, Band III, Berlin 1964, S. 553.

fung des Systems der Arbeitsgemeinschaften vorzunehmen und entsprechende Regelungen zu treffen.“[9] Diese Argumentation, daß mit interessanten Arbeitsgemeinschaften, die ausschließlich der Pionierorganisation unterstanden hätten, gleichzeitig Mitglieder zugeflossen wären, war sicherlich nachvollziehbar. Vom Standpunkt der übergeordneten Interessen des Staates war diese Frage allerdings nicht von entscheidender Bedeutung, da sich inhaltlich an den Arbeitsgemeinschaften, die ohnehin ab 1954 nach einem zentralen Plan arbeiteten und in der Regel von Lehrern geleitet wurden, nichts Wesentliches geändert hätte. Dazu waren beide Erziehungsinstanzen fest in ein einheitliches Bildungs- und Erziehungssystem eingebunden, das der Führung durch die SED unterlag.

Dennoch versuchten viele Arbeitsgemeinschaften zunächst, sich dem direkten politischen Einfluß zu entziehen. Vielfach stand – wie beschrieben – die Auseinandersetzung mit dem Fachgebiet und die Aneignung von Kenntnissen und praktischen Erfahrungen sowie der Unterhaltungswert im Vordergrund. Durch eine Entpolitisierung der Arbeitsgemeinschaften konnte aber das beabsichtigte Ziel, über sie eine entsprechende politische Haltung und Überzeugung bei den Kindern herausbilden zu helfen und sie auch für die Pionierorganisation zu gewinnen, nur unzureichend verwirklicht werden. Immerhin wurde angenommen, daß ca. 50 Prozent der in den Arbeitsgemeinschaften tätigen Kinder noch für die Pionierorganisation geworben werden könnten[10] – neben den bereits bestehenden Mitgliedschaften. Im Laufe der Jahre wurden die Arbeitsgemeinschaften daher immer stärker in politische Verpflichtungen und Kampagnen einbezogen, so etwa in die Vorbereitung der Pioniertreffen, die Wettbewerbe zu den Parteitagen der SED (z.B. Das „Rote Buch der guten Taten“ anläßlich des V. Parteitages der SED), in politische und wirtschaftliche Aktionen zur Stärkung des sozialistischen Staates. Durch entsprechende Auszeichnungen versuchte man, den Anreiz der Kinder, an diesen Wettbewerben teilzunehmen, zu fördern. Auf diese Weise sollten Spiel, Wißbegierde und Neugier der Kinder für (partei-)politische Zwecke instrumentalisiert werden.

2. Organisierte Freizeit in den Pionierhäusern

Für die Pioniere im besonderen war die Einrichtung von sogenannten Pionierhäusern (nach sowjetischem Vorbild) gedacht. Das erste wurde auf Befehl der SMAD errichtet und am 2. Mai 1949 in Berlin-Lichtenberg eröffnet. In ihnen waren zahlreiche Arbeitsgemeinschaften untergebracht, fanden eine Vielzahl von kulturellen Veranstaltungen statt und sie konnten dank ihrer vergleichsweise guten materiellen Ausstattung anspruchsvolle Angebote, wie z.B. Kinderorchester, große Chöre und Theater mit eigener Bühne, attraktive Arbeitsgemeinschaften, ausgestattet mit qualitativ hochwertigen Arbeitsgeräten usw. unterbreiten. Die Pionierhäuser überschritten die Möglichkeiten von Arbeitsgemeinschaften an den Schulen bei weitem. Darüber hinaus erlaubte deren relativ gute finanzielle Ausstattung, auch außerhalb des Hauses Auftritte zu organisieren und gemeinsame Fahrten mit der Gruppe zu unternehmen.

---

9 Ebenda, S. 554.

10 Bericht über die Lage der Pionierorganisation „Ernst Thälmann“ vom 8. 1. 1955, S. 4, in: SAPMO-BArch, DY 30/J IV 2/2 A 399.

Diese Pionierhäuser wurden nach und nach in allen größeren Städten errichtet.[11] Sie boten tatsächlich abwechslungsreiche Beschäftigungsmöglichkeiten für die Kinder, noch dazu in einem materiellen Rahmen, der für viele Kinder unerschwinglich gewesen wäre.

Anziehungspunkt bildeten die Pionierhäuser auch deshalb, weil es sowohl dem Zentralrat der FDJ als auch dem Ministerium für Volksbildung, die beide für die Pionierhäuser die Verantwortung trugen, nicht sofort gelang, die vorgegebene politische Linie durchzusetzen und die dort angesiedelten Arbeitsgemeinschaften politisch gleichzuschalten. So konnten sie noch einige Zeit relativ unabhängig von zentraler Aufsicht agieren. Im Frühjahr 1953 hatte der Zentralrat der FDJ jedoch von „politisch-erzieherischen Schwächen und Mängeln" Kenntnis erhalten, der daraufhin eine Untersuchung der Pionierhäuser veranlaßte und deren Leiter zu einer Auswertung zusammenrief. Margot Feist als zuständiger Sekretär des FDJ-Zentralrats für die Pionierorganisation charakterisierte in ihrem Referat den Zustand als „außerordentlich ernst"[12]. Die politisch-erzieherische Arbeit sei nicht zielstrebig genug entsprechend den Beschlüssen des FDJ-Zentralrats erfolgt. Als schwerwiegende Fehler bezeichnete sie, daß es keine ständigen Ausstellungen über das Leben von Lenin, Stalin, Ernst Thälmann und Wilhelm Pieck gebe, mithin der „Kampf dieser großen Führer der revolutionären Arbeiterbewegung" den Kindern nicht nahegebracht werde.[13] Es gebe nicht genügend Vorträge, die sich politischen Themen zuwendeten und Fragen der deutschen Arbeiterbewegung oder das Leben „großer Deutscher" behandelten. Die in den Pionierhäusern angesiedelten Arbeitsgemeinschaften leisteten eine ungenügende politisch-ideologische Arbeit. So würde bei den Kindern zwar das Interesse an Technik geweckt, indem sie bauen, konstruieren und Versuche durchführen, aber die Leiter würden dabei nicht die Überlegenheit der Technik der Sowjetunion gegenüber der Technik in den kapitalistischen Ländern erklären. Sie würden vielmehr darauf hinweisen, daß verschiedene Versuche in der DDR nicht möglich wären und stellten „die Überlegenheit der Lehren von Mitschurin in Abrede".[14] In der Arbeitsgemeinschaft Junger Techniker beschäftige man sich zwar mit den Funktionsprinzipien von Hochöfen, aber nicht mit dem gewaltigen Aufbau des Eisenhüttenkombinats „J. W. Stalin"[15] in Stalinstadt (später Eisenhüttenstadt). Auch die Grundlagen des Sozialismus in der Landwirtschaft würden in den entsprechenden Arbeitsgemeinschaften nicht erläutert werden. Ebenfalls nutze man die künstlerischen Arbeitsgemeinschaften nicht dazu, „den Kindern die Überlegenheit der sozialistischen, der sowjetischen Kultur gegenüber der kapitalistischen untergehenden Kultur bzw. der amerikanischen Unkultur darzulegen."[16] Darüber hinaus würden die Kinder mit „unwissenschaftlichen Thesen verwirrt". Margot Feist forderte daher das Ministe-

---

11 Auf Beschluß des Politbüros der SED vom 17. 1. 1950 wurden in den Großstädten Dresden, Halle, Potsdam, Erfurt und Schwerin die ersten Pionierhäuser geschaffen. Vgl. Dokumente der Sozialistischen Einheitspartei Deutschlands, Bd. II, Berlin 1952, S. 436.

12 Referat von Margot Feist vom Mai 1953, gehalten in der Pionierrepublik am Werbellinsee, in: SAPMO-BArch, DY 25/535, S. 26.

13 Ebenda, S. 5.

14 Ebenda, S. 6.

15 Ebenda, S. 7.

16 Ebenda.

rium für Volksbildung auf, umgehend Stoffpläne „auf wissenschafticher Grundlage" für die Arbeitsgemeinschaften herauszugeben.[17]

Diese „Mängel und Schwächen" führte man im übrigen auf die schlechte Kaderpolitik zurück. Bemerkenswert ist dabei, welche Merkmale als negativ für die Kaderauswahl angesehen wurden. Dazu gehörten die Mitgliedschaft in der Kirche, die Kriegsgefangenschaft in einem westlichen Land, die Mitgliedschaft in einer Blockpartei (mit der Folge der „Konzentration von Mitgliedern bürgerlicher Parteien als Arbeitsgemeinschaftsleiter"[18]) und die „Republikflucht" eines Familienangehörigen[19], um nur einige zu nennen. Als negativ bewertete man zudem, daß es im Sektor Kunsterziehung in Weimar beispielsweise keinen einzigen Arbeiter gäbe. Zusammenfassend kam M. Feist zu dem Resümee: „Solchen Menschen vertrauen also einige Kreisleitungen die Erziehung unserer Kinder an".[20] Dadurch sei die Vermittlung einer materialistischen Weltanschauung, insbesondere durch die CDU-Mitglieder, nicht gegeben. Diese Kaderpolitik müsse sofort geändert werden.

Daran ist jedoch gleichzeitig ersichtlich, welchen Spielraum es Anfang der fünfziger Jahre noch für die Arbeitsgemeinschaften gab, in denen die Kinder offenbar zu einem gewissen Teil unabhängig von politischen Zwängen und Vorgaben ihren Interessen nachgehen konnten. Daher war zunächst der politische Charakter dieser Freizeitangebote für Eltern und Kinder auch nicht eindeutig durchschaubar.

Durch die Organisierung einer Vielzahl von Veranstaltungen für die Kinder, von Festen und Feiern, gelang es der Pionierorganisation, an Attraktivität zu gewinnen. In der „Einschätzung des Standes der Organisation der Jungen Pioniere" des Zentralrats der FDJ wird in diesem Sinne festgestellt, daß durch „diese Maßnahmen" ein großer Teil neuer Mitglieder für die Pionierorganisation gewonnen werden konnte.[21]

Nach und nach erhielten alle größeren Städte und Kreise der Republik Pionierhäuser, wodurch das Verbandsleben interessanter gestaltet werden konnte. In Berlin entstand ein Zentralhaus für Junge Pioniere, das neben der Organisierung von Veranstaltungen und Arbeitsgemeinschaften die Funktion der methodischen Anleitung für Lehrer und Pionierleiter sowie für Pionierfreundschaften und außerschulische Einrichtungen übernahm.

3. Körperliche Ertüchtigung zur Stärkung der Kampfbereitschaft: Die Kindersportgruppen

Nach dem Kriege ging es zunächst darum, den Kindern ausreichend körperliche Betätigungsmöglichkeiten vornehmlich unter dem Aspekt der Gesunderhaltung zu bieten. Die

---

17 Diese Rahmenpläne für die Arbeitsgemeinschaften wurden dann für das Schuljahr 1954/55 erstellt. Vgl. Verordnung zur Verbesserung der Arbeit der allgemeinbildenden Schulen vom 4. März 1954, GBl. Nr. 28 vom 17. März 1954, Paragraph 45.

18 Ebenda, S. 25.

19 Ebenda.

20 Ebenda.

21 Einschätzung des Standes der Organisation der Jungen Pioniere vom Januar 1951, S. 5, in: SAPMO-BArch, DY 25/529.

entbehrungsreichen Kriegsjahre und die mangelnde Ernährungslage, die insgesamt die Gesundheit der Kinder angegriffen hatten, sollten u.a. durch sportlichen Ausgleich kompensiert werden. Daher widmete man sich frühzeitig der Organisation sportlicher Angebote, die zudem den Kindern eine Beschäftigungsmöglichkeit gaben, der ihrem altersspezifischen Bewegungsbedürfnis entgegenkam.

Gleichzeitig registrierte man mit Besorgnis, daß sich auf lokaler Ebene spontan Sportgruppen gebildet hatten, die sich jeglicher Kontrolle entzogen. Diesen Sportgruppen bescheinigte man „illegale Arbeit", sie würden in gar keiner Verbindung zur Kinderorganisation stehen und nahmen überdies eine „ablehnende Haltung zur Kinderorganisation" ein.[22] Da sich die Jungen Pioniere nunmehr an den Schulen etablierten, müßten folglich auch die Sportgruppen an den Schulen angesiedelt werden, um sie so „unter eine Haube zu bringen"[23]. In der bisher geführten Diskussion war die organisatorische Anbindung der Sportgruppen ein strittiger Punkt – ähnlich der Frage der Kindergruppen. Mit der Entscheidung über die Etablierung der Pionierorganisation an den Schulen war auch die Frage der Sportgruppen geklärt. Man wollte eine enge Zusammenarbeit von Pionier- und Sportgruppen erreichen. „Eine Pioniergruppe ohne Spiel und Sport wird es niemals geben können."[24] Die Sportgruppen sollten zum Bestandteil der Pionierorganisation werden, die wiederum ihre inhaltliche und organisatorische Leitung übernahmen. „Wir haben", so wurde auf der 17. Zentralratstagung der FDJ von Fridl Lewin kritisch vermerkt, „den kommunalen Kindersport...vollkommen unbeachtet gelassen. Er und die außerschulische Betreuung durch die Lehrer an den Schulen stellten die Formen der illegalen Kinderarbeit dar. Wir werden daher dem Sport unsere größte Aufmerksamkeit widmen und ihn an den Schulen organisieren."[25]

Immerhin ging es nicht nur um die körperliche Ertüchtigung durch sportliche Betätigung. Vielmehr sollte über die Sportgruppen eine ideologische Einflußnahme auf die Kinder erreicht und diese als Mitglieder des Pionierverbandes gewonnen werden. Der bestehende Zustand, „daß zwischen der politisch-handelnden Jugend und der nur sportlich interessierten Jugend eine Kluft besteht", müsse überwunden werden.[26] Die Jungen Pioniere als politische Organisation müßten hier Wurzeln fassen und die ideologische und organisatorische Leitung der Kindersportgruppen übernehmen – womit sie allerdings in der Wirklichkeit völlig überfordert gewesen wären. Aber nur so könne man auf die Kinder einwirken und „unsere fortschrittlichen demokratischen Ideen vorwärtstreiben."[27] Der Kindersport sollte folglich politisch instrumentalisiert und parteipolitischen Zwecken unterworfen werden. Der Verweis auf „unsere" Ideen gab die Zielrichtung der politischen Beeinflussung vor. Betont wurde, daß „der Sport nicht Selbstzweck ist"[28], sondern dazu beitragen solle, „unsere Kinder zu Kämpfern für den Frieden werden zu lassen."[29]

---

22 Protokoll der 17. Tagung des Zentralrats der FDJ vom 11./12. 12. 1948, in: SAPMO-BArch, DY 24/2.120, S. 55.
23 Ebenda.
24 Ebenda.
25 Ebenda, S. 12.
26 Ebenda, S. 55.
27 Ebenda, S. 56.
28 Ebenda.
29 Ebenda, S. 58.

Im Zentralrat der FDJ wurde ein Referat Sport des Zentralbüros der Jungen Pioniere noch im Jahr 1949 eingerichtet, welches sportpolitische Richtlinien gemeinsam mit dem Deutschen Sportausschuß erarbeitete.

In den Ländern der SBZ fand Anfang 1949 eine „Versammlungskampagne" zum Thema „Gibt es einen unpolitischen Sport?", veranstaltet von den Sportausschüssen, statt[30], die über den Zusammenhang von Sport und SED-Politik aufklären wollte. Von zentraler Stelle wurden Wettkämpfe organisiert, Wettkampfabzeichen herausgegeben, Spartakiaden und Wintersportmeisterschaften (im Januar 1951 die ersten) durchgeführt. Sie alle standen unter politischen Losungen wie „Seid bereit für Frieden und Völkerfreundschaft", „Bereit zur Arbeit und Verteidigung des Friedens", „Immer bereit für Frieden und Völkerfreundschaft"[31].

Stand anfänglich die körperliche Gesunderhaltung der Kinder im Vordergrund, denn der Aufbau der demokratischen Republik erfordere „kräftige, widerstandsfähige Körper"[32], so wurde nach und nach der wehrpolitische Charakter des Sports thematisiert. So heißt es bereits in der „Direktive zur Organisierung des Kindersports außerhalb des obligatorischen Schulsports" von 1951: „Der Kampf des deutschen Volkes um die Erhaltung des Friedens...erfordert gesunde, kräftige und willensstarke Menschen, die ihre Heimat lieben und bereit sind zur Arbeit und zur Verteidigung des Friedens."[33] Die Jungen Pioniere sollten dabei Initiator für eine breite Sportbewegung und für das Ablegen von Sportabzeichen sein.

Mit Zuspitzung des Kalten Krieges, der militärischen Konfrontation außerhalb Deutschlands[34] wurde die Stärkung der Verteidigungsbereitschaft auch für die Kinder- und Jugendorganisation zur Aufgabe gemacht. Die Fronten der beiden Großmächte waren verhärtet, die Westintegration der Bundesrepublik war nicht mehr aufzuhalten. Dies wurde nochmals bei der Ablehnung der sogenannten Stalin-Note vom 10. März 1952 deutlich. Die Führungsspitze der SED erhielt daraufhin von Moskau die Anweisung, eine „Volksarmee" zu schaffen.[35]

Diese Entwicklungen ließen die Kinderorganisation nicht unberührt. Auf dem IV. Parlament der FDJ 1952 übernahm die FDJ die Patenschaft über die 1948 gegründete Kasernierte Volkspolizei und verpflichtete sich, ihre Mitglieder zum Eintritt in die KVP zu bewegen.[36] Die Kinderorganisation sollte diese Werbungskampagne unterstützen, die Genossen der KVP feierlich verabschieden und mit ihnen in Briefwechsel treten. Auf diese Weise konnten auch die Pioniere ideologisch auf eine solche Karriere vorbereitet werden. Die Pionierorganisation erklärte 1952: „Wir müssen Menschen erziehen, die die ganze

30 Protokoll der Sitzung der Leiter und Org.-Leiter der Landessportausschüsse am 11. 1. 1949, in: SAPMO-BArch, DY 30/IV 2/16/117, Bl. 29.

31 Direktive zur Organisierung des Kindersports ausserhalb des obligatorischen Schulsportes, in: Protokoll der Sitzung des Sekretariats des Zentralrats der FDJ vom 31. 8. 1951, Anlage 3, S. 4, in: SAPMO-BArch, DY 24/2.414.

32 „Der Pionierleiter", Heft 4/1950, S. 28.

33 Direktive zur Organisierung des Kindersportes...a.a.O., S. 1.

34 Z.B. der 1950 beginnende Koreakrieg, aber auch die konventionelle und atomare Aufrüstung spielten dabei eine Rolle.

35 Vgl. dazu: Gerhard Wettig, Die Deutschland-Note vom 10. März 1952 auf der Basis diplomatischer Akten des russischen Außenministeriums, in: Deutschland Archiv, Heft 7/1993, S. 786ff.

36 Vgl. Ulrich Mählert, „Die gesamte junge Generation für den Sozialismus begeistern". Zur Geschichte der Freien Deutschen Jugend, in: Jürgen Weber (SAPMO-BArch), Der SED-Staat: Neues über eine vergangene Diktatur, München 1994, S. 83.

Kraft und ihr ganzes Können für den Aufbau des Sozialismus einsetzen und ihr sozialistisches Vaterland gegen alle inneren und äußeren Feinde leidenschaftlich verteidigen."[37] Für die Bereitschaft zur Verteidigung der DDR gehörte ein körperliches Training, das in den Sportgruppen absolviert werden sollte. In den Richtlinien über die außerunterrichtliche körperliche Erziehung an den Schulen heißt es dazu: „Die körperliche Erziehung...ist eine wichtige Voraussetzung, unsere Jungen Pioniere und Schüler für den Beruf und die Verteidigung der Heimat vorzubereiten."[38]

Diese körperliche Ertüchtigung wurde zugleich immer mehr Bestandteil der Pionieraufträge. So heißt es in dem Pionierauftrag „Lernt und kämpft zum Ruhme unseres sozialistischen Vaterlandes" von 1952: „Junge Pioniere, stärkt eure Körper für den Aufbau des Sozialismus und den Schutz unserer Heimat."[39]

Die älteren Schüler sollten für die 1952 gegründete Gesellschaft für Sport und Technik (GST), die als vormilitärische Ausbildungsstätte fungierte, geworben werden.[40] In ihr konnten nahezu alle Sportarten betrieben werden, bis hin zu der verlockenden Aussicht, in entsprechendem Alter eine Fahrerlaubnis kostenlos zu erwerben.

Die körperliche Erziehung war Aufgabe des einheitlichen Bildungssystems. Pionierorganisation und Schule als Bestandteil desselben hatten sich infolgedessen die Verantwortung für die körperliche Ertüchtigung – auch außerhalb der Schule – zu teilen. In den „Richtlinien über die außerunterrichtliche körperliche Erziehung an den Grundschulen" wurde festgelegt, daß die „Organe der Volksbildung" den außerunterrichtlichen Sport zu organisieren und die FDJ und Pionierorganisation durch die Bildung von Sportaktivs und durch entsprechende Propagierung diesen zu unterstützen hätten. Gleichzeitig waren sie für die Organisierung von Massenkämpfen und DDR-Meisterschaften der Jungen Pioniere verantwortlich.[41] Durch eine Verordnung der Regierung der DDR wurde die Aufgabe der Pionierorganisation und FDJ, die körperliche Erziehung der Heranwachsenden zu unterstützen, bekräftigt.[42]

Unabhängig davon, wie die Verantwortlichkeiten im einzelnen aufgeteilt waren, ist insgesamt die zentral erfolgende Organisation dieser Freizeittätigkeit – bis hin zum jährlichen Sportkalender, der die Übungspläne enthielt – bemerkenswert. Zentrale Organisation hieß aber auch zentrale Aufsicht. Häufig leiteten diesen außerunterrichtlichen Sport – zumindest in den Anfangsjahren – die Sportlehrer an den Schulen, aber auch Pionierleiter. Wollte ein Schüler organisiert Sport treiben, so gab es kaum eine andere Chance, als dies unter der Obhut von Schule und Pionierorganisation – ältere Jahrgänge in der GST, die ebenfalls eine quasi staatliche Institution war – zu tun. Sie allein verfügten über die notwendigen materiellen Mittel und eine entsprechende Ausstattung, von den Turnhallen bis

37 Die Rolle der Pionierorganisation „Ernst Thälmann" im Kampf um tiefe und gründliche Kenntnisse der Schüler, S. 1, 1952, in: SAPMO-BArch, DY 25/478.

38 Richtlinie über die außerunterrichtliche körperliche Erziehung an den Grundschulen, Sitzung des Sekretariats des Zentralrats der FDJ vom 14. 1. 1953, Anlage 14, S. 1, in: SAPMO-BArch, DY 24/2.463.

39 Pionierauftrag „Lernt und kämpft zum Ruhme unseres sozialistischen Vaterlandes, S. 4, in: SAPMO-BArch, DY 25/248.

40 Die GST wurde vom Ministerium des Innern angeleitet. Ihre Tätigkeit sollte „in enger Zusammenarbeit mit den demokratischen Massenorganisationen" erfolgen. Verordnung über die Bildung der „Gesellschaft für Sport und Technik" vom 7. August 1952, GBl. Nr. 108 vom 14. August 1952, S. 713.

41 Vgl. Richtlinie über die außerunterrichtliche körperliche Erziehung an den Grundschulen, a.a.O.

42 Vgl. Verordnung über die körperliche Erziehung der Schüler an den allgemeinbildenden Schulen vom 30. April 1953, in: GBl. Nr. 60 vom 7. Mai 1953, Paragraph 16, S. 657.

hin zu den Sportgeräten. Die Verlockung bestand andererseits darin, daß jedem Schüler, unabhängig von seiner sozialen Zugehörigkeit und materiellen Lage der Familie, jede Sportart, sofern sie angeboten werden konnte, zugänglich war. Die Lust auf sportliche Betätigung ließ viele Kinder und Eltern über die damit verbundene politische Instrumentalisierung hinwegsehen. Trotzdem gelang die Mobilisierung der Kinder für die Sportgruppen zunächst nicht überall. Sie wurden auf dem Lande, wo es wenige Alternativen für Betätigungen gab, eher angenommen als in den Städten. So gebe es Stadtschulen, in denen fast keine außerschulische Sportarbeit existieren würde.[43]

Die häufig veranstalteten Sportwettkämpfe standen nicht nur unter politischen Losungen, sondern belebten Festveranstaltungen und politische Feierlichkeiten. Auf den Pioniertreffen der Republik zeigten die Sportgruppen ihre Leistungen, um „Rechenschaft vor der Partei der Arbeiterklasse" abzulegen. Sport und Politik sollten miteinander verbunden werden. Die Parteiführung demonstrierte mit der staatlichen Förderung des Sports ihre Anteilnahme an der Entwicklung der Heranwachsenden und forderte dafür Ergebenheit und Unterwerfung ein. Dies war der Mechanismus, mit dem eine Bindung der Kinder und Jugendlichen an das politische System in der DDR erzeugt werden sollte. Was dem einen dabei als Zuwendung des Staates erschien, war für den anderen Bevormundung.

Mit der Schaffung der Zentralleitung der Pionierorganisation im Jahre 1957 wurde auch die Sportarbeit intensiviert. Fanden seit Gründung der Pionierorganisation zahlreiche Sportmeisterschaften statt, so auch die bekannten Wintersportmeisterschaften seit 1951 – wurde nunmehr ein zentrales Sommer- und Wintersportprogramm entwickelt, das auch Angebote für die Ferienzeit enthielt. Für das Wintersportprogramm war der Erwerb des Abzeichens die „Goldenen Schneeschuhe" vorgesehen. Auch diese sportliche Betätigung und Wettkämpfe waren nicht allein als vergnügliche Freizeitveranstaltungen gedacht, sondern standen in einem größeren politischen Zusammenhang. Für das Jahr 1958 war die Sportbewegung mit dem politischen Ereignis des V. Parteitages der SED verbunden. Das Sekretariat der Zentralleitung wies dementsprechend darauf hin, „die Durchführung der nachfolgenden sportlichen Veranstaltungen eng mit dem Kampf der Pionierorganisation und aller Werktätigen für den Frieden und den Aufbau des Sozialismus zu verbinden. Im Jahr des V. Parteitages der SED sollen unsere Pioniere durch ihre sportliche Tätigkeit allen Menschen zeigen, wie sie sich auf den Schutz unserer Arbeiter-und-Bauern-Macht vorbereiten."[44]

Darüber hinaus sollte über die Kindersportgruppen eine Förderung besonders sportlich begabter Kinder erfolgen, die schließlich als Auslese für den Hochleistungssport zur Verfügung stand. Der Sport erhielt daher nicht nur zentrale Bedeutung unter paramilitärischem Gesichtspunkt, sondern hatte weiterhin eine entscheidende politische Funktion zu erfüllen: über ihn wollte die DDR politisches Ansehen erringen. Später sollte auf diesem Wege die juristische Anerkennung des Staates befördert werden.

---

43 Bericht über die Arbeit der Organisation der Jungen Pioniere vom 21. 7. 1954, in: SAPMO-BArch, DY 30/IV 2/16/121, Bl. 247.

44 Hinweise des Sekretariats der Zentralleitung für die Sommersportarbeit der Pionierorganisation „Ernst Thälmann" vom 13. 3. 1958, S. 1 in: SAPMO-BArch, DY 25/2.680.

4. Zwischen Romantik und Gleichschritt: Die Ferienlager als Erziehungsinstitution

Die Wanderbewegung war seit ihrem Bestehen für jede Kinder- und Jugendorganisation charakteristisch. Sie bildete in der Vergangenheit häufig auch den eigentlichen Anstoß für die Entstehung von Jugendverbänden, einschließlich einer eigenen Jugendkultur. Diese setzten sich vom Alltag in der vom Industrialisierungsprozeß geprägten Lebensweise in den Städten ab, um in der Natur Freiheit und Unbeschwertheit unter Gleichgesinnten zu finden. Auch für die eindeutig politisch ausgerichteten Kinder- und Jugendverbände gehörte die Wanderbewegung, verbunden mit der Inszenierung von Lagern, zum immanenten Bestandteil.

Die Pionierorganisation knüpfte an diese Tradition an, um diese nunmehr mit eigenem Inhalt zu füllen. Aus ihrem persönlichen Erleben wußten die einstmaligen Jugendfunktionäre der KPD um den romantischen und erbauenden Charakter von Wanderfahrten und Lagern, die nicht nur im Nationalsozialismus politisch geschickt genutzt wurden. Im Unterschied zur Jugendbewegung vor 1933, die in der Regel auf Selbstorganisation gegründet war und ihren unterschiedlichen Zielen Rechnung trug, erhielten die vom Staat inszenierten Lageraufenthalte eine andere Dimension. Fern von ihrer alltäglichen Umgebung, wurden die Kinder in eine Gemeinschaft gestellt, deren Beaufsichtigung in staatlicher Hand lag. Der Staat übernahm die Organisierung, inhaltliche Ausrichtung und Kontrolle der Lager und gliederte sie in sein staatliches Erziehungssystem ein. Damit dokumentierte er auch den Anspruch, sämtliche Lebensbereiche der Heranwachsenden unter seine Aufsicht zu stellen. Die Freizeit sollte kontrolliert und mit Erziehungsabsichten verbunden werden. Daher reagierte er stets empfindlich, wenn sich nichtstaatliche Formen kollektiver Freizeitgestaltung auftaten. Diese versuchte man dann, wie beispielsweise die kirchlichen Sommerlager für Kinder und Jugendliche (die sogenannten Rüsten der evangelischen Jugend), als illegal zu denunzieren und möglichst zu verbieten.[45]

Welche Bedeutung diesen Lagern zukam, zeigt die regelmäßige Beschäftigung des Politbüros der SED mit deren Planung. Im folgenden soll gezeigt werden, wie diese Lager nach staatlichen Vorgaben zu funktionieren und welche Aufgaben sie zu erfüllen hatten, nach welchen Ritualen diese abliefen und wie sie zur politischen Mobilisierung genutzt wurden. Diese Feststellungen gelten ganz unabhängig von dem Empfinden der Kinder, die zum Teil positive Erlebnisse mit dem Lagerleben verbanden. Für viele Kinder bedeuteten die Lager daher eine abwechslungsreiche und vergnügliche Zeit. Tatsächlich wurde an die Bedürfnisse der Kinder nach Romantik, Geselligkeit und gewisser Unabhängigkeit von der Familie angeknüpft. Gerade dadurch wurden diese Lager auch zum großen Teil von den Kindern angenommen, was wiederum deren Instrumentalisierung erleichterte. In diesem Kontext sind auch die verschiedenen Formen der Lager zu unterscheiden. Der Verband der Jungen Pioniere führte seine Feriengestaltung

„a) in den Pionierlagern

b) in den Lagern der örtlichen Feriengestaltung

45 Vgl. Exkurs.

c) in der örtlichen Feriengestaltung der Freundschaften" durch.[46] Hinzu kamen Schulungslager für Funktionäre, die aber nicht unter die Feriengestaltung fielen. In diesen Lagern wurden Gruppen- und Freundschaftsräte sowie Pionierleiter für die Pionierarbeit qualifiziert.

In den unter a) genannten Pionierlagern fanden die „besten Jungen Pioniere" Aufnahme, die sich in ihrer Arbeit „hervorgetan" hatten. Sie gehörten entweder zu den Ausgezeichneten im schulischen Wettbewerb oder übten eine Funktion in der Pionierorganisation aus.[47] Dementsprechend sollte es eine Ehre sein, an diesen Pionierlagern teilnehmen zu dürfen.

Im Unterschied dazu wurden die Lager der örtlichen Feriengestaltung zunächst in Zusammenarbeit mit dem zuständigen Jugendamt durchgeführt und standen auch Kindern offen, die „zur Zeit noch nicht dem Pionierverband angehören"[48]. Diese Lager befanden sich am Wohnort der Kinder. Um eine günstige „Durchmischung" zu erreichen, sollte der Anteil der Pioniere an der örtlichen Feriengestaltung 50 Prozent betragen.[49] Davon versprach man sich eine Sogwirkung auf die nichtorganisierten Kinder, da man die örtliche Feriengestaltung zur Werbung für die Pionierorganisation zu nutzen gedachte. Geplant war weiterhin eine örtliche Feriengestaltung ausschließlich für Pioniere der Freundschaften an den Schulen. Diese Trennung von der übrigen örtlichen Feriengestaltung war jedoch personell und materiell nicht durchzuhalten.

Für besonders verdienstvolle Pioniere gab es Zentrale Pionierlager (1951 waren es bereits 39)[50], sowie ab 1952 die Pionierrepublik „Wilhelm Pieck" am Werbellinsee, die insgesamt ein besonderes Privileg darstellten. Die „Pionierrepublik" war ein internationales Pionierlager, in das Pioniere und Schüler aus den sozialistischen Ländern bzw. den westlichen kommunistischen Organisationen delegiert wurden. Dieses Lager hatte eine besondere politische Bedeutung – dementsprechend erfolgte auch die Auswahl der Pioniere.

Die hier aufgeführten unterschiedlichen Formen der Lager verdeutlichen die starke Hierarchisierung in der Pionierorganisation, die die Jungen Pioniere in einfache Mitglieder einerseits und Funktionäre andererseits trennte. Entsprechend waren die Belohnungen für politische Aktivität und Wohlverhalten der Kinder verteilt. Damit wurde versucht, bereits in diesen jüngsten Altersgruppen eine politische Elite zu rekrutieren, die sich ihrer Auserwähltheit bewußt und dem Staat für ihren Aufstieg zu Dank verpflichtet war.

Die ersten Ferienlager für Kinder wurden bereits 1946 unter der Obhut der FDJ in Verbindung mit der SMAD, vorwiegend auf Länderebene, organisiert. Es handelte sich dabei in der Regel um kleine Lager, die überschaubar und von den materiellen Bedingungen her leichter zu bewältigen waren. Immerhin mußten Lebensmittel organisiert, Zelte oder andere Unterkünfte zur Verfügung gestellt werden und das zu einer Zeit, in der Mangel an allem herrschte. Zum II. Parlament der FDJ 1947 in Meißen konnte aber bereits ein zentrales Zeltlager für 250 Kinder durchgeführt werden. Dienten diese ersten Ferienlager vornehmlich der Erholung der Kinder, eines unbeschwerten Aufenthaltes außerhalb der zerstörten Städte, so zeigte sich doch schon die Tendenz der beabsichtigten politischen

46 Richtlinie für die Lager der örtlichen Feriengestaltung 1950, Protokoll der Sitzung des Sekretariats des Zentralrats der FDJ vom 8. 4. 1950, Anlage 1, S. 2, in: SAPMO-BArch, DY 24/2.394.

47 Ebenda.

48 Ebenda, S. 2.

49 Ebenda, S. 4.

50 Einschätzung des Standes der Organisation der Jungen Pioniere, Januar 1952, S. 5, in: SAPMO-BArch, DY 25/529.

Wirkung der Kindergruppen. Fridl Lewin schrieb in ihren Erinnerungen dazu: „Die Ferienlager wurden ein großer Erfolg. Sie waren Ausdruck der Kraft, die wir in diesem einen Jahr der Arbeit mit den Kindergruppen gewonnen hatten und sie führten dazu, daß sich weitere Kinder anschlossen. Nicht selten trugen die Kindergruppen des Lagers dazu bei, am Ort eine Kindergruppe des Dorfes oder der Kleinstadt zu schaffen. In Mühlrose (bei Frankfurt/Oder) z.B., wo auf der Abschiedsveranstaltung der Bürgermeister im Namen der Ortsgruppe der FDJ versprach, daß am Ort gleichfalls eine Kindergruppe entstehen wird."[51]

Da die Möglichkeiten der Unterbringung der Kinder in entfernteren Gegenden so kurz nach dem Kriege sehr begrenzt waren, wurde ab 1949 eine „örtliche Kindererholung" organisiert, d.h. die Kinder verbrachten die Ferien am Heimatort, jedoch wurden Gruppen gebildet, die Wanderungen unternahmen, Dampferfahrten und Exkursionen durchführten, zu Filmvorführungen gingen, selbst Theater spielten oder Sport trieben, insgesamt also unter Anleitung von Erwachsenen oder Jugendlichen, z.T. auch an den Wochenenden, beschäftigt wurden. So nahmen 1949 ca. 260 000 Kinder in der SBZ an der örtlichen Kindererholung teil, das waren 9,5 Prozent aller schulpflichtigen Kinder in der SBZ.[52] Die Auswahl der Kinder, die durch die Schulen und Jugendämter vorgenommen wurde, erfolgte nach dem Kriterium der Berufstätigkeit der Eltern. Das Ziel dieser Aktion war es, „recht vielen Kindern der werktätigen Bevölkerung erlebnisreiche Ferientage und eine gute Erholung zu geben, wobei mit diesem Ziel unlösbar die Aufgabe verbunden wurde, die Erziehungsarbeit der Schule und der Jugendorganisation auch in der Freizeit fortzusetzen."[53] Dieser Erziehungsanspruch widerspiegelte sich auch in der sozialen Zusammensetzung der Helfer. Die Mehrheit unter ihnen waren FDJ-Funktionäre, Lehrer und Pionierleiter, aber auch Mitglieder des DFD.[54] Sie durchliefen in Vorbereitung ein mehrtägiges Schulungsprogramm.

Um den Zulauf für die Ferienlager und die örtliche Kindererholung mußten sich die Organisatoren keine Sorgen machen, wurden diese doch angesichts der Notlagen der Familien dankbar angenommen. Besonders aus Arbeiterfamilien, die am wenigsten über die Möglichkeit einer gemeinsamen Urlaubsreise verfügten, sollten die Kinder Erholung und Entspannung in den Ferienlagern, aber auch den am Wohnort existierenden Lagern finden.

Die beste „propagandistische Auswertung" der örtlichen Kindererholung erfolge durch die Eltern selbst, so wurde in dem o.g. Bericht hervorgehoben. So wären noch während der Aktion „unzählige Eltern" gekommen, um ihre Kinder anzumelden. Zum Abschluß hätten überall Feste stattgefunden, zu deren Höhepunkten auch „die Aufnahme der in der örtlichen Kindererholung geworbenen Kinder in den Verband der Jungen Pioniere"[55] gehörte.

Die Vorbereitung und Durchführung dieser örtlichen Kindererholung sollte zukünftig stärker von der Pionierorganisation ausgehen. Dies wurde als notwendig erachtet, um größeren erzieherischen Einfluß auf die Kinder zu gewinnen. „Wir werden auch bei unseren

51 Fridl Lewin: Erinnerungsbericht, a.a.O., S. 19.

52 Bericht der „Zentralen Wettbewerbskommission über die Durchführung der örtlichen Kindererholung 1949 vom 21. 10. 1949, in: SAPMO-BArch, DY 30/IV 2/905/130, Bl. 2.

53 Ebenda.

54 Ebenda.

55 Ebenda, Bl. 5.

Fahrten und Wanderungen nicht unser Erziehungsziel vergessen", so wurde betont und gleichzeitig die lediglich auf Erholung ausgerichtete Feriengestaltung kritisiert.[56]

In diesem Zusammenhang wurde auch die unzureichende politische Anleitung der Funktionäre für die Pionierlager bemängelt. Nicht in allen Pionierlagern, in denen die Pioniere im Jahre 1949 ihre Ferien verbrachten, wäre eine gute Erziehungsarbeit geleistet worden. Häufig sei lediglich „nur ein Erholungsaufenthalt durchgeführt"[57] worden. Dagegen wurden als positive Beispiele der Themengestaltung in den Lagern hervorgehoben: der Kampf um die Einheit Deutschlands und einen gerechten Frieden, die Geschichte der Jugendbewegung, die Bedeutung der staatlichen Handelsorganisation (HO), der Maschinenausleihstationen (MAS), die Politik der Sowjetunion usw.[58] Dies waren die Vorstellungen der verantwortlichen Funktionäre einer gelungenen Kombination von Erholung und sinnvoller Freizeitbeschäftigung.

Die örtliche Kindererholung wiederum sollte vor allem auch denjenigen Pionieren offenstehen, die nicht an einem Pionierlager teilnehmen konnten. Denn man wollte sie in den Ferien „nicht ohne die Arbeit im Pionierverband treiben" lassen.[59]

Der Bedeutung der Lager entsprach auch eine demgemäße Struktur innerhalb des Zentralrats der FDJ. Im Zentralbüro der Jungen Pioniere arbeitete u.a. ein Referat „Lagerarbeit", ein Referat „Fahrten und Wandern" und ein Referat „örtliche Feriengestaltung". Diese hatten sich mit der Herausgabe von Richtlinien, der Vorbereitung der Lagerleiterschulungen und den personellen Besetzungen der Lager zu beschäftigen.[60]

In der Sommerlageraktion des Jahres 1951 konnten bereits 75 Prozent aller Schulkinder in den verschiedenen Formen der Lager und der Feriengestaltung erfaßt werden.[61] Im Vorfeld hatte das Politbüro die Aktion „Frohe Ferientage für unsere Kinder" beschlossen.[62] Als Ziel der Lager der Jungen Pioniere und der „Ferienarbeit mit allen Kindern" wurde formuliert, daß die Kinder Gelegenheit haben sollten, „ihre Heimat kennen und lieben zu lernen und im Geiste der Liebe zu unserer Deutschen Demokratischen Republik und ihrem Präsidenten Wilhelm Pieck sowie im Geiste einer festen Freundschaft mit allen friedliebenden Menschen, insbesondere mit den Völkern der grossen Sowjet-Union und dem besten Freund und Lehrer aller Kinder, dem grossen Stalin, erzogen zu werden". In den Ferieneinrichtungen sollen sie „neue Kraft für die Erfüllung der im neuen Schuljahr vor ihnen stehenden Aufgaben schöpfen."[63] Nicht zum Selbstzweck, der Erholung und Entspannung, verlebten die Kinder ihre Ferien in den Lagern, sondern auch hier wurden Richtlinien entworfen, nach denen die Erziehung gemäß den sozialistischen Erziehungszielen zu gestalten war. Bemerkenswert ist für sämtliche Freizeitbereiche, so auch für die Lager, daß dabei immer das Postulat der Erfüllung von Arbeitsaufgaben im Vordergrund

56 Herbert Dählmann zum 1. Jahrestag der Pionierorganisation am 13. 1. 1949, S. 8, in: SAPMO-BArch, DY 25/477.

57 Ebenda.

58 Ebenda.

59 Ebenda.

60 Arbeitsplan des Zentralbüros der Jungen Pioniere, Protokoll der Sitzung des Sekretariats des Zentralrats der FDJ vom 18. 10. 1949, Analge 2, in: SAPMO-BArch, DY 24/2.391.

61 Einschätzung des Standes der Organisation der Jungen Pioniere, a.a.O., S. 5.

62 „Frohe Ferientage für alle Kinder", Beschluß des Politbüros vom 30. März 1951, Anlage Nr. 5, in: SAPMO-BArch, DY 30/IV 2/905/130, Bl. 8ff.

63 Ebenda, Bl. 8.

stand. Dies wird an Begriffen wie der Pionier*arbeit*, der *Arbeits*gemeinschaften, der *Arbeits*aufgaben der Freizeitgemeinschaften, der gesellschaftlich-nützlichen *Arbeit* u.a. deutlich. Sie weisen jeweils auf die Ernsthaftigkeit und den gesellschaftlichen Bezug jeder Tätigkeit hin. Bedeutungsschwere und Anstrengung wurden mit dieser Hervorhebung des Arbeitsbegriffs assoziiert. Entspannung, „Freude und Frohsinn“ wurden sozusagen als ein Nebenprodukt der Tätigkeit angesehen. Der Selbstzweck einer Beschäftigung, z.B. zur persönlichen Befriedigung und Selbstbestätigung, wurde dagegen nicht thematisiert, vielmehr als bürgerlicher Egoismus und kleinbürgerliches Verhalten abgetan. Demzufolge war jede Beschäftigung mit einer Aufgabenstellung verbunden, so auch die eigentliche „arbeitsfreie“ Zeit in den Ferien.

Für die mit enormem Aufwand verbundene Aktion „Frohe Ferientage für alle Kinder“ des Jahres 1951 wurden durch einen Beschluß des Politbüros 39 der größten volkseigenen Betriebe verpflichtet, Ferienlager für 70 000 Pioniere zu errichten.[64] Diese hatten die wirtschaftlichen Bedingungen für die Lager zu schaffen und die verwaltungsmäßigen Aufgaben zu übernehmen. Die Verantwortung für die „gesamte erzieherische Arbeit“ lag jedoch in den Händen der FDJ (einschließlich der Pionierorganisation).

Darüber hinaus hatten die Betriebe aus „eigener Initiative und mit eigenen Mitteln“ für die Kinder ihrer Betriebsangehörigen Ferienlager zu schaffen.[65] Zur Koordinierung dieser Aufgaben wurde wiederum eine Kommission berufen, die aus Vertretern der gesellschaftlichen Organisationen, dem Ministerium für Volksbildung, dem Ministerium für Handel und Versorgung, dem Ministerium für Gesundheitswesen, dem Staatssekretariat für Materialversorgung, dem Ministerium für Finanzen und dem Sportausschuß bestand. Daran wird deutlich, wie durchgeplant diese Lageraktionen waren, nichts sollte dem Zufall überlassen bleiben, geschweige denn in die Hände der eigentlich Beteiligten gelegt werden. Hier erfüllte der Staat seine fürsorgende und zugleich vormundschaftliche Funktion.

Die Lager selbst waren nach einem strengen Reglement aufgebaut. Das Sekretariat des Zentralrats der FDJ beschloß in Abstimmung mit dem Sekretariat des ZK der SED Richtlinien für die Pionierlager und zur „Erziehungsarbeit im Lager“[66]. Darin wurden die Verantwortlichkeiten der Lagerleitungen und der Pionierleiter festgelegt. Am Beispiel dieser Richtlinie soll im folgenden die Durchorganisiertheit der Lager und ihre disziplinierende Funktion aufgezeigt werden.
Nach diesem Rahmenplan sollte das Lagerleben wie folgt ausgefüllt werden:

„1. Sport: Für die Sportarbeit stehen 9 Stunden in einer Lagerbelegung zur Verfügung. Dazu kommen 18 Stunden für Baden und Sonnenbaden. Der Sportleiter kann diese 27 Stunden entsprechend den gegebenen Möglichkeiten selbst aufteilen, er erhält für seine Tätigkeit eine Anweisung vom Zentralrat.
2. Arbeitsgemeinschaften: Hierfür stehen jede Woche 4 Stunden, insgesamt 12 Stunden zur Verfügung. Arbeitsanweisung für jede Arbeitsgemeinschaft sind die Vorschläge in der Richtlinie und Materialien, die den einzelnen Ländern vom Zentralrat übersandt werden.

64 Ebenda.
65 „Erholung für alle Jungen und Mädchen“. III. Anordnung zur Durchführung des Jugendgesetzes. Beschluß des Politbüros vom 3. 4. 1951, Anlage 1, in: SAPMO-BArch, DY 30/J IV 2/2/141, Bl. 16 ff.
66 Vgl. „Der Pionierleiter“, Heft 5/1951, S. 1-5.

3. Veranstaltungen: Im Lagermaßstab führen wir nur wenige Veranstaltungen durch. Es stehen uns hier zwölf Stunden in einer Lagerbelegung zur Verfügung. Folgendes wollen wir durchführen: Eröffnungsveranstaltung, zweimal Kino, Freundschaftsratswahl, eine Kulturveranstaltung, die nicht von den Lagerteilnehmern ausgestaltet wird, ein Lagerfeuer mit kultureller Umrahmung durch die Gruppen.
4. Gruppen und Zirkelarbeit: Für eine Lagerbelegung stehen für diese Arbeit 84 Stunden zur Verfügung. Folgendes führen wir durch: 3 Gruppennachmittage, je Gruppennachmittag 4 Stunden Vorbereitung, 1 1/2 Stunden Durchführung = 16 1/2 Stunden.“[67]

Es wurde jedoch nicht nur ein exakter zeitlicher Ablaufplan erstellt, sondern auch ein Themenplan vorgegeben. Danach sollten folgende Schwerpunkte behandelt werden:

„1. Unsere Aktivisten schaffen im Fünfjahrplan für ein besseres Leben.
2. Der Komsomol – die Vorhut der demokratischen Jugend der Welt.
3. Berlin – Treffpunkt der friedliebenden Jugend der Welt (Hierbei ist besonders die Rolle der FDJ zu behandeln, um die Jungen Pioniere auf einen späteren Eintritt in die FDJ vorzubereiten).“[68]

Darüber hinaus waren 6 1/2 Stunden für eine Buchbesprechung vorgesehen, und zwar entweder zu „Wie der Stahl gehärtet wurde“ oder „Ein Mensch wie du“. Geplant waren weiterhin 2 1/2 Stunden für einen Liederabend („Im Vordergrund stehen die Lieder zu den Weltfestspielen der Jugend und Studenten für den Frieden in Berlin“[69]), eine Tageswanderung („Hier sollen die Jungen Pioniere sich auf das Touristenabzeichen vorbereiten und mit der Lagerumgebung vertraut werden“[70]), eine Expedition, neun Stunden für Zeitungsschauen, fünf Stunden für zwei Wandzeitungen sowie die Ausgestaltung des Lagers. Schließlich sollten Gruppenratswahlen stattfinden und ein Gruppentagebuch geführt werden.

Auch der Tagesplan wurde für alle Lager zentral beschlossen. Der Tag begann mit der Morgengymnastik und dem Morgenappell und der Hissung der Flagge. Das Tagesthema wurde zuvor von der Lagerleitung festgelegt. Folgende Gedenktage sollten für die Ausgestaltung der Morgenappelle berücksichtigt werden:

„18. 7. Tag der internationalen Brigaden (Beginn des Freiheitskampfes in Spanien.)
20.-24. 7. III. Parteitag der Sozialistischen Einheitspartei Deutschlands.
6. 8. Abwurf der ersten Atombombe über Hiroshima
13. 8. Karl Liebknecht geboren
18. 8. Ermordung Ernst Thälmanns – dieser Tag ist zu einem besonderen Gedenktag im Lager zu gestalten. In einer Morgenfeier ist das Leben Ernst Thälmanns erschöpfend zu behandeln.“[71]

67 Ebenda, S. 4.
68 Ebenda.
69 Ebenda.
70 Ebenda.
71 Ebenda.

Nachdem der Tagesplan „abgearbeitet" war, endete er mit dem „Gruppenappell mit Tageskritik" sowie der Feststellung der Gruppenstärke und schließlich der Einholung der Flagge.[72]

Diese für militärische Formationen üblichen Elemente wie Flaggenhissung, Morgenappell, Sport und Exerzieren, Wachestehen hatten die Ein- und Unterordnung des Individuums in das „Kollektiv" bzw. die „Kampfgemeinschaft" zum Ziel. Durch diese Lagerrituale sollte eine Gemeinschaft konstituiert werden, in der der einzelne einen größeren Zusammenhang seines Daseins fand und dem er sich bei Aufgabe seines spezifischen Willens zum Gehorsam verpflichtet fühlte. Die Nivellierung der Individualität und das Aufgehen des Einzelnen in der Gemeinschaft waren die kalkulierten Wirkungen dieser „Gemeinschaftserlebnisse". Nicht das Individuum, sondern seine Funktion innerhalb des „Kollektivs" stand im Vordergrund. Nur durch das Kollektiv, die Bestätigung in der Gemeinschaft, bekam das eigene Leben einen sinnvollen Inhalt. Diese Wirkungen unterschieden sich nicht von denen, die in nationalsozialistischen Lagern beabsichtigt waren.[73]

Nicht die Betonung der Gemeinschaft und die Bedeutung gemeinschaftlicher Erziehung ist in diesem Kontext beachtenswert – diese Vorstellungen spielten bereits in der Reformpädagogik und der sozialdemokratisch orientierten Kinderfreundebewegung eine große Rolle –, sondern die Gemeinschaft als eine von außen aufgezwungene Einrichtung war das Kennzeichen totalitärer Regime, die durch die Lager erfahrbar wurde. Nicht die selbstbestimmte Gemeinschaft war gemeint, sondern die in ihren Zielen und Inhalten von Staats wegen verordnete. Das Leben für die Gemeinschaft bedeutete danach die Zurückdrängung des Privaten, Individuellen. Dem entsprach auch die Uniformierung der Jungen Pioniere in den Lagern. Zu den Appellen, Gedenkveranstaltungen und Pionierfesten hatten sie in der Regel Pionierkleidung anzulegen, die ihre Zugehörigkeit zur Organisation und damit ihre Gemeinsamkeiten betonte, gleichzeitig ihre Unterschiede und Individualität verwischte.

Diesem militärisch anmutenden Tagesablauf entsprach auch die strenge Hierarchisierung der Lagerverwaltung. An der Spitze der Pionierlager stand der Lagerleiter, umgeben von seinen Stellvertretern, die für die „politisch-erzieherische Arbeit" und Verwaltungsaufgaben zuständig waren. In den Pionierlagern mit über 400 Teilnehmern wurden überdies Lagerfreundschaftsleitungen geschaffen, denen der Freundschaftsleiter und der Chefpionierleiter vorstand.[74] Zu Beginn des Ferienlagers hatten die Pioniere einen Freundschaftsrat, bestehend „aus 7-15 der besten Jungen Pioniere"[75] und einen Gruppenrat zu wählen. Alle diese verschiedenen Gremien sollten nach einem Rahmenplan arbeiten, der vom Chefpionierleiter und dem Freundschaftsrat kontrolliert wurde. Nach einem ähnlich hierarchischen Prinzip, allerdings mit weniger Personal und Funktionären, hatten die Betriebs- und örtlichen Erholungslager zu arbeiten.[76]

Die Inhalte des Lagerlebens einschließlich der „politisch-erzieherischen Aufgaben" wurden von der Lagerleitung vorgegeben, die wiederum ihre Anleitung in den Schulungen

---

72 Ebenda.

73 Vgl. Kapitel 6.6.

74 Richtlinie für die Arbeit der Freien Deutschen Jugend in der Aktion „Frohe Ferientage für alle Kinder 1952", Protokoll der Sitzung des Sekretariats des Zentralrats der FDJ vom 5. 3. 1952, Anlage 7, in: SAPMO-BArch, DY 24/2.422.

75 Ebenda, S. 20.

76 Ebenda.

der FDJ erhielt. Von einer Selbstbestimmung und Selbstverwaltung der Lager durch die Kinder, ähnlich wie sie in der sozialdemokratischen Kinderbewegung der Weimarer Republik praktiziert wurden, konnte dementsprechend keine Rede sein. Nicht um das Erlernen demokratischer Regeln und der Organisation des täglichen Lebens, die Gestaltung des Lageraufenthalts nach den Vorstellungen der Kinder ging es, sondern um die Unterordnung unter die Weisungen der Lagerleitung. Die scheinbar demokratisch gewählten Räte der Pioniere, die bereits nach vorgegebenen Auswahlkriterien zustandekamen – denn gewählt werden sollten nur die „Besten" –, hatten lediglich die Umsetzung und Einhaltung der unabhängig von ihnen erarbeiteten Anweisungen zu kontrollieren. Ihr Spielraum für eigene Gestaltungsmöglichkeiten, z.B. der Modifizierung von Freizeitbeschäftigungen, war relativ begrenzt. Keineswegs aber sollten sie selbst die Organisation der Lager in die Hand nehmen. Solche bis Ende der vierziger Jahre vereinzelt bestehenden Bestrebungen wurden heftig angegriffen und dann unterbunden. Unterordnung und Anpassung waren daher die Prinzipien, auf denen die Organisation der Lager beruhte. Die hierarchisch agierende Lagerleitung sowie die nach militärischem Vorbild ablaufenden Tagesrituale sollten letztlich zur Disziplinierung der Heranwachsenden beitragen. Die Disziplin wurde dabei nicht nur als ein Mittel zur Umsetzung von relevanten Handlungsabsichten betrachtet, sondern als anzustrebendes Verhaltensmuster an sich. Was in bezug auf die Disziplin in der Schule geäußert wurde, galt auch generell für alle Lebensbereiche: „Jeder Pionierleiter muß sich darüber im klaren sein, daß die Disziplin nicht Mittel zum Zweck, sondern selbst ein wichtiges Erziehungsziel ist. Dieses Ziel kann nur durch ein festes Kollektiv der Kinder erreicht werden."[77] Die in den Lagern erfolgende Disziplinierung der Kinder war demzufolge nicht nur Organisationsprinzip dieser Institution, sondern Erziehungsprinzip an sich. In den Lagern sollten die Kinder Verhaltensregeln für den alltäglichen Umgang und zur Einpassung in das Gesellschaftssystem erlernen. In diesem Sinne stellten die Lager nicht nur eine Organisationsform zur Erholung und Betreuung der Kinder dar, sondern waren als eine wichtige Sozialisationsinstanz für die Einpassung der Heranwachsenden in das diktatorische Herrschaftssystem anzusehen.

Aber nicht nur die Disziplinierung gehörte zu den entscheidenden Erziehungszielen der verschiedenen Formen der Lager. In ihnen wurde gleichermaßen versucht, über die Arbeitsgemeinschaften, die Exkursionen und sportlichen Wettkämpfe das politische Weltbild der SED zu vermitteln. Daher erachtete man es als notwendig, daß die Lagerleiter nach einem zentral vorgegebenen Rahmenplan arbeiteten, der die politischen Inhalte der Feriengestaltung enthielt.

Diese Bewertung soll insgesamt jedoch nicht besagen, daß die Kinder etwa gegen ihren Willen oder nur sehr ungern in die Pionierlager geschickt wurden. Im Gegenteil wurde diese Art der Feriengestaltung dankbar angenommen, entsprachen doch die Lagerromantik, die abwechslungsreichen Freizeitbetätigungen sowie die Unabhängigkeit von der Familie den Bedürfnissen der Kinder. Besonders für Kinder aus Arbeiter- und bäuerlichen Familien boten diese Lager unerwartete Möglichkeiten der Erholung und der sinnvollen Beschäftigung. Die militärisch geprägten Rituale sowie die Hierarchisierung der Funktionen in den Pionierlagern verliehen den Lagern zudem den Anschein von Bedeutsamkeit. Die zahlreichen Aufgaben, die in den Lagern durch Kinderfunktionäre zu erfüllen und zu

77 Die Rolle der Pionierorganisation „Ernst Thälmann" im Kampf um tiefe und gründliche Kenntnisse der Schüler, Lektionsdisposition, 1952, S. 5, in: SAPMO-BArch, DY 25/478.

kontrollieren waren, ließen den einzelnen aus der Masse heraustreten und vermittelten ihm das Gefühl von Gewichtigkeit und z.T. persönlicher Macht. Sie verliehen dem Kind ein Selbstwertgefühl, das es unter Umständen außerhalb der Lager – in der Familie, der Schule usw. – nicht entwickeln konnte. Daher stellte sich für viele Kinder die Militarisierung der Lager, die politische Indoktrination sowie die Hierarchisierung der Lagerverwaltung nicht als problematisch dar. Zudem standen sie in keinem ausgeprägten Gegensatz zu ihrer sonstigen Lebenswirklichkeit.

Darüber hinaus existierten allerdings Lager, in denen die politische Mobilisierung absolut im Vordergrund stand. Diese wurden auch von einigen Eltern nicht kritiklos hingenommen. In verschiedenen Beschwerden an den Zentralrat der FDJ aus dem Jahre 1950 wird beispielsweise ein Lager, das in den Osterferien stattfand, aus der Sicht einer betroffenen Mutter wie folgt beschrieben: „An allen Abhängen, unter Sträuchern und Bäumen versteckt, lagen Jungen und Mädchen, krochen vorwärts über die Wege immer in Deckung, teilweise mit Zweigen, die sie über ihre Köpfe hielten, getarnt. Wir konnten uns kein rechtes Bild machen und beobachteten weiter: hier sollte ein Trupp ankommen, dort wurde zum Sammeln gerufen, ‚Hierher Verstärkung' usw. usw. Als wir weitergingen, sahen wir eine Pionierleiterin mit roter Armbinde, bei der wir uns erkundigten, was die Kinder spielen. Sie erklärte uns, dass die Kinder in zwei Armeen eingeteilt sind, in die Volksarmee und in eine kapitalistische Armee. Sie zeigte uns dann auf einem Berg eine FDJ-Fahne, die von der kapitalistischen Armee erobert werden sollte. ...Auf einer anderen Anhöhe waren viele grünbebänderte Volksarmee-Pioniere, die in Sprechchören zur kapitalistischen Armee hinüberriefen: ‚Kämpf nicht für die Kapitalisten, lauf über zur Volksarmee' und ähnliche Losungen. Beim Kampf musste dem Gegner das kennzeichnende Bändchen abgerissen werden. Ein Pionier ohne Bändchen galt als Toter...Danach...war eine Versammlung aller 850 Pioniere auf dem Sportplatz...Es wurde bekannt gegeben, dass die Fahne in den Händen der Volksarmee geblieben ist, weil die Volksarmee weiss, wofür sie kämpft und die kapitalistische Armee nicht.

Als Erklärung für dieses Kriegsspiel gaben die Pionierleiter an, dass es sich um eine Vorbereitung der Kinder für den Kampf um den Frieden handele. Die Kinder müssen wissen, dass sie etwas verteidigen müssen!"[78]. In einer Reihe von Beschwerden an den Zentralrat der FDJ forderten Eltern die Unterbindung dieses Kriegsspiels.[79] Diese Kritik wurde u.a. vom Sekretariat des Zentralrats zurückgewiesen mit der Bemerkung: „Es ist ganz selbstverständlich, dass die Erziehung zur bewussten Disziplin eine der entscheidenden Grundlagen in der Arbeit unter den Jungen Pionieren darstellt."[80] Auf einer Pionierleiterschulung wurde in Vorbereitung auf ein Pionierlager in diesem Zusammenhang hervorgehoben, „dass man bewusste Patrioten nur durch straffe Erziehung erreichen kann."[81]

Diese vielerorts stattfindenden – meist zeitlich kürzeren – Pionierlager zeugten von dem gewollten paramilitärischen Charakter der Lager, verbunden mit einer entsprechenden politischen Mobilisierung. Daß sie sich dabei auch der Mystik des Lagerlebens bedienten,

---

78 Bericht von Frau Kunze, „Kind und Erziehung" Lichtenberg, über den Besuch des Pionierlagers in Niederlehme, Ostern 1950, in: SAPMO-BArch, DY 25/482.

79 Vgl. auch L. Ansorg: „Für Frieden und Sozialismus – seid bereit!" Zur politischen Instrumentalisierung der Jungen Pioniere von Beginn ihrer Gründung bis Ende der 1950er Jahre, in: Jürgen Kocka, Historische DDR-Forschung. Aufsätze und Studien, Berlin 1993, S. 178-179.

80 Brief des Sekretariats des Zentralrats der FDJ vom 2. Mai 1950, in: SAPMO-BArch, DY 25/482.

81 Protokoll der Pionierleiterschulung von W. Lünser vom 12. 4. 1950, in: ebenda.

verlieh ihnen eine gewisse Attraktivität. Dennoch wurden sie von den Eltern nicht unwidersprochen hingenommen, wie einige erhalten gebliebene Beschwerden aus dem Bestand des Archivs der FDJ dokumentieren.

Aber auch in den Sommerlagern spielte dieser paramilitärische Gesichtspunkt eine wesentliche Rolle. In den Lagern sollten Freundschaftstreffen mit der Kasernierten Volkspolizei stattfinden. Dies entsprach dem Erziehungsziel, Menschen zu erziehen, „die fähig und bereit sind, den Sozialismus aufzubauen und die Errungenschaften der Werktätigen bis zum Äußersten zu verteidigen.“[82]

Die bedeutende Rolle der Lager zur Nutzung für die politische Mobilisierung und Disziplinierung wurde bereits mit den Anfängen der Pionierorganisation erkannt. Sie wurden in den Folgejahren immer weiter ausgebaut, so daß bald ein flächendeckendes Netz von Pionier-, Betriebs- und örtlichen Ferienlagern bestand. Hinzu kamen die am Ort stattfindenden sogenannten Ferienspiele, die organisiert wurden, um die Kinder in den Ferien – besonders wenn beide Elternteile berufstätig waren – zu beschäftigen. Für diese Ferienerholung wurden von SED und FDJ jährlich Direktiven erlassen, die sowohl organisatorisch als auch inhaltlich die Ferienbetreuung absichern sollten.

Diese Angebote wurden sowohl von den Kinder als auch von den Eltern gerne angenommen – auch infolge mangelnder Alternativen. Angesichts der zunehmenden Berufstätigkeit der Frauen in der DDR stellte die Ferienbetreuung eine wesentliche Entlastung für die Familien dar. Trotz allem führte man zusätzliche Werbekampagnen für die Popularisierung der Sommerlager durch. Stabsplanmäßig wurde die Ferienaktion propagandistisch vorbereitet. In Elternversammlungen sollten die Eltern zur Teilname ihrer Kinder überzeugt werden, in Schaukästen sollten die Ferienlager vorgestellt und über die vergangenen berichtet, Losungen dazu verfaßt und Filme gezeigt werden.[83]

Die Organisatoren der Lager standen vor der Aufgabe, eine geeignete Mischung aus politischer Zielrichtung der Lager und dem unterhaltenden und geselligen Charakter herzustellen. Einerseits war ein umfangreiches politisches Programm zu absolvieren (einschließlich der ständigen Auswertung der politischen Tagesereignisse[84]), andererseits sollte für Entspannung gesorgt werden. In der Direktive zur Durchführung der Aktion „Frohe Ferientage für alle Kinder“ für das Jahr 1953 wurde daher auch resümierend festgestellt: „Ausgehend von den Erfahrungen des vergangenen Jahres besteht die wichtigste Aufgabe darin, ein fröhliches und interessantes Ferienleben zu entwickeln...“ Es sei daher notwendig, „eine noch breitere Entfaltung des kulturellen Lebens“ zu befördern.[85] Kulturelles Leben und politische Betätigung sollten möglichst wirksam miteinander verknüpft werden. Auf diese Weise erhoffte man, einen optimistischen und kämpferischen Menschentyp erziehen zu können.

Nachdem im Jahre 1957 die Pionierorganisation neu strukturiert und sie zur „sozialistischen Kinderorganisation“ erklärt wurde[86], betonte man explizit das sozialistische Erziehungsziel der Ferienlager. So hieß es dazu: „Die Kinderferiengestaltung ist ein

---

82 Direktive zur Durchführung der Aktion „Frohe Ferientage für alle Kinder“ 1953, Protokoll der Sitzung des Sekretariats des Zentralrats der FDJ vom 21. 1. 1953, Anlage 6, in: SAPMO-BArch, DY 24/2.509.

83 Vgl. z.B. den Vorschlag zum Agitationsplan für die Ferienarbeit im Kreis Prenzlauer Berg vom 17. 4. 1953, FDJ-Kreisleitung Prenzlauer Berg, Abt. Junge Pioniere und Schulen, in: LAB, FDJ/AB 341.

84 Direktive zur Durchführung der Aktion „Frohe Ferientage für alle Kinder“, 1953, a.a.O., S. 7.

85 Ebenda, S. 3.

86 Vgl. Abschnitt 5.6.

Bestandteil der Jugendförderung unseres Arbeiter- und Bauernstaates. Sie wird unter besonderer Einflußnahme der Pionierorganisation ‚Ernst Thälmann' gemeinsam von den Staatsorganen, den Gewerkschaften und demokratischen Organisationen im Sinne des sozialistischen Erziehungszieles durchgeführt."[87] Im Jahre 1959 erging zugleich ein von der Zentralleitung der Pionierorganisation gefaßter „Beschluß zur stärkeren Einflußnahme der Pionierorganisation ‚Ernst Thälmann' auf die Feriengestaltung", der ebenfalls darauf hinauslief, daß „die erzieherische Arbeit von sozialistischem Inhalt bestimmt wird."[88]

5. „Gesellschaftlich-nützliche Tätigkeit" der Piongruppen

Die Jungen Pioniere waren von Anfang an dazu aufgerufen, „gesellschaftlich-nützliche Tätigkeit" in ihrer Freizeit zu vollbringen – sei es in den Piongruppen oder in den Arbeitsgemeinschaften. Diese Idee, soziale Arbeit zu leisten, ging z.T. auf reformpädagogische Vorstellungen zurück. Sie wollten dadurch dem bürgerlichen Individualismus und Egoismus entgegenwirken und durch das Engagement und die Hilfeleistung für andere die Ausbildung sozialer Verhaltensweisen fördern. Zum anderen sollten die Kinder durch eigene Tätigkeit erfahren, wie schwer die Lebensgrundlagen zu erarbeiten sind, wodurch zugleich einem elitären Bewußtsein die Basis entzogen werden sollte. Die Achtung der Arbeit durch eigene praktische Erfahrung stand mithin im Vordergrund der Erziehungsabsichten.[89] Durch die Tätigkeit für die Gemeinschaft sollten solidarische Verhaltensweisen erlernt, aber auch Selbstbestätigung, die Stärkung des Selbstwertgefühls, erreicht werden.

Dieses reformpädagogische Gedankengut wurde zunächst von den Helfern der Kindervereinigung aufgegriffen und in die Organisation eingebracht. Die von den Kindern geleisteten Tätigkeiten reichten von der Hilfe für ältere Bürger über Enttrümmerungsaktionen bis hin zu wirtschaftlichen Aufbauleistungen. Kindergruppen der Stadt Dresden verpflichteten sich im Jahre 1947 z.B. folgende gesellschaftlich-nützliche Arbeit zu leisten:

> „Ziegelsteine abputzen (Befehl 209),
> Nägel und Altmaterialien sammeln,
> Schulen mitausbauen helfen,
> Sportplätze zu schaffen,
> Kinderlesehallen zu errichten,
> Obstbaumkulturen anzulegen,

---

87 Anordnung über die Gestaltung froher Ferientage für alle Kinder im Jahre 1958 vom 14. Mai 1958, in: GBl. I Nr. 31 vom 24. 5. 1958, S 1.

88 Beschluß „Zur stärkeren Einflußnahme der Pionierorganisation ‚Ernst Thälmann' auf die Feriengestaltung" vom 3. 2. 1959, S. 3, in: SAPMO-BArch, DY 25/1.042, Teil 1.

89 Auf dieser Überzeugung beruhte das ursprünglich von Kerschensteiner entwickelte Konzept der Arbeitsschule, das nach 1945 in der schulpolitischen Diskussion in der SBZ wieder aufgegriffen wurde. Vgl. Ulrich Herrmann, Pädagogisches Denken und Anfänge der Reformpädagogik, a.a.O., S. 166 und Gert Geißler, in: ders./Ulrich Wiegmann, Schule und Erziehung in der DDR, a.a.O., S. 25.

> im Borkenkäfergebiet an der Bekämpfung des
> Borkenkäfers mitzuhelfen,
> Baumsamen zu sammeln und bei
> Aufforstungsarbeiten zu helfen."[90]

Zugleich arbeiteten viele Kindergruppen in der Landwirtschaft, besonders bei der Schädlingsbekämpfung mit. Auf dem Lande halfen sie bei der Errichtung der Neubauerngehöfte und sammelten vor allem Baumaterial. In den Schulen machten sie sich bei der Einrichtung der Klassenräume, dem Anfertigen von Lehrmaterial sowie bei der Errichtung von Schulgärten (in der Folgezeit verbunden mit Kleintierhaltung) nützlich.

Mit der Gründung der Pionierorganisation wurde diese gesellschaftlich-nützliche Tätigkeit immer stärker politisch ausgerichtet. Die Kinder leisteten nunmehr nicht schlechthin Arbeit für die Gemeinschaft, sondern vollbrachten Taten für den Arbeiter-und-Bauernstaat, für den Präsidenten der Republik oder für die Sozialistische Einheitspartei, für den Aufbau der sozialistischen Gesellschaft usw. Sie legten mit ihren Leistungen Rechenschaft vor der Regierung der Deutschen Demokratischen Republik ab, oder sie traten mit ihrer Arbeit für ein friedliebendes Deutschland ein. Es gab nunmehr kaum noch eine Tätigkeit, die nicht unter einer politischen Losung vollbracht worden wäre.

Ausgenommen davon war die Bewegung „Timur und sein Trupp", die in den fünfziger Jahren sämtliche Pioniergruppen erfaßt hatte. In Anknüpfung an das gleichnamige sowjetische Vorbild wurden ältere und andere hilfsbedürftige Menschen unterstützt. Die Pioniere schleppten Kohlen oder gingen einkaufen, machten Wohnungen sauber oder übernahmen kleinere Besorgungen. Damit erfüllten sie tatsächlich in dieser Zeit wichtige sozialbetreuerische Funktionen, die bis dahin noch nicht ausreichend staatlich organisiert waren.

Mit der zunehmenden Politisierung aber nahm die ursprünglich positive Idee der gemeinnützigen Arbeit kampagnehaften Charakter an. Nicht nur die Verrichtung unter wechselnden politischen Losungen, auch der zunehmend verpflichtende Charakter in Anlehnung an die Planerfüllungen in den Betrieben nahm diesen Tätigkeiten ihren vormals beabsichtigten charakterbildenden Wert. Sie wurde mehr und mehr zu einer Form der unmittelbar wirtschaftlichen und eingeplanten Arbeitsleistung. So hatten die Jungen Pioniere im Rahmen des „Nationalen Aufbauwerkes" (NAW) Leistungen abzurechnen, den Aufbau der Schwerindustrie in Form von unzähligen Schrottsammelaktionen zu unterstützen, Hilfe in der Landwirtschaft zu leisten, Geldsammlungen z.B. für ein Frachtschiff durchzuführen usw. Die „gesellschaftlich-nützliche Arbeit" wurde als „höchste Form der Pioniererziehung"[91] proklamiert. Aus Anlaß des V. Parteitages der SED 1958 wurde ein „Rotes Buch der guten Taten" angelegt, in das die Pioniergruppen ihre erbrachten Leistungen eintragen lassen sollten. Um die wirtschaftliche Dimension der „gesellschaftlich-nützlichen Tätigkeit" zu erfassen, seien hier einige der Ergebnisse angeführt. Die Pioniere hatten:

2 850 ha Mais angebaut, 548 636 Stunden in der LPG geholfen, 23 194 kg Schrott gesammelt, 7 665 837 Flaschen gesammelt, 884 400 Stunden im Nationalen Aufbauwerk

---

90 Bericht über die Entwicklung der Kindervereinigung der Freien Deutschen Jugend, 1948, S. 4, in: SAPMO-BArch, DY 30/IV 2/16/119.

91 Bericht der Zentralleitung der Pionierorganisation „Ernst Thälmann" über die Tätigkeit der Pionierorganisation seit der 18. Tagung des Zentralrats der FDJ, (undatiert), S. 11, in: SAPMO-BArch, DY 25/348.

gearbeitet, 75 476 DM für den Rostocker Hafen aufgebracht, 750 000 Bäume gepflanzt.[92] Kaum war diese Aktion beendet, erfolgte der Pionierauftrag „Pionierexpreß“, der wiederum mit guten Taten zu beladen war.[93] Über diese Aktivitäten sollte in Form der Brigadetagebücher der Pioniergruppen Bericht erstattet werden.

Die „gesellschaftlich-nützliche Tätigkeit“ war somit zu einer eingeplanten volkswirtschaftlichen Größe geworden, die dementsprechend auch zentral gesteuert wurde. Nicht die Kinder untereinander machten sich Gedanken, welche Arbeiten für die Gemeinschaft ihnen wichtig erschienen, sondern die Schwerpunkte und Pläne wurden ihnen bereits vorgegeben. Damit ging die eigene, schöpferische Aktivität der Kinder zu einem großen Teil verloren und nahm ihnen die Spontaneität von Aktionen. Auch wenn viele Pioniere letztlich Stolz über die erbrachten Leistungen empfanden und sie das Gefühl, etwas Sinnvolles erarbeitet zu haben, bestärkte, so waren sie dennoch nicht die Initiatoren und eigentlichen Akteure dieser Bewegung. Die „gesellschaftlich-nützliche Tätigkeit“ war zu einer Form der Pflichterfüllung gegenüber dem SED-Staat geworden. Bei einem Teil der Pioniere stellte sich daher Gleichgültigkeit und Abneigung gegenüber diesen Kampagnen ein. Vielfach versuchten sie dann, sich diesen Aktionen zu entziehen. Die von den Funktionären häufig beklagte mangelnde Teilnahme an den Pioniernachmittagen, an denen gesellschaftlich-nützliche Tätigkeit geleistet wurde, waren ein Ausdruck dafür. Zu wenig waren die Aufgaben der Pioniere selbstbestimmt, so daß sich dies auch auf die Identifikation mit ihrer Organisation auswirkte.

Ernsthafte Tätigkeit und spielerische Unterhaltung sollten sich in der Pionierorganisation gegenseitig ergänzen und Frohsinn stiften. Immerhin ging es auch um die Erziehung lebensfroher Menschen, die optimistisch in die Zukunft schauten, da der Staat vorgeblich ihnen – im Gegensatz zu den westlichen Ländern – die Existenzsorgen abnahm. „Ein junger Pionier muß lustig sein!“, so wurde in einem Pionierauftrag gefordert.[94] Und bedeutungsschwer wurde begründet: „Die Kämpfer für eine gute Sache sind immer frohen Mutes und verzagen auch in den schwersten Stunden nicht.“[95] So hatte auch die Fröhlichkeit ihren eigentlichen Sinn gefunden. Obwohl immer wieder zum Frohsinn aufgefordert wurde („Junge Pioniere lieben das fröhliche Leben!“), überwog in den Plänen und Aufträgen der Pionierorganisation im ganzen doch die ernsthafte politische Arbeit. Sogar den üblichen Kinderspielen versuchte man einen politischen Charakter zu verleihen. Nachdem man sich am Ende der fünfziger Jahre detaillierter Gedanken um die Erziehung der Jungpioniere machte, verkündete die Zentralleitung der Pionierorganisation: „Das Spiel darf nie Selbstzweck sein, sondern muß der sozialistischen Erziehung dienen.“[96] Gefordert wurden daher neue Spiele sozialistischen Inhalts. Vorgeschlagen wurde von den Funktionären folgendes Kreisspiel in Anspielung auf den „Pionierexpreß“- dem o.g. Pionierauftrag:

92 Ebenda, S. 6.

93 Ebenda, S. 5.

94 Pionierauftrag „Lernt und kämpft zum Ruhme unseres sozialistischen Vaterlandes“, 1952, S. 3, in: SAPMO-BArch, DY 25/248.

95 Ebenda.

96 6. Tagung der Zentralleitung der Pionierorganisation „Ernst Thälmann“ vom 16.-17. 10. 1958, in: „Der Pionierleiter“ Heft 11/1958, Beilage, S. 15.

„Eins, zwei, drei –
der Expreß kommt vorbei.
Hast Du eine Tat vollbracht,
wird hier Station gemacht.
Eins, zwei, drei –
der Expreß kommt vorbei".
Als Abzählreime sollten folgende Verse verwendet werden:
„1, 2, 3, 4, 5, 6, 7,
pflegst du Mais und Zuckerrüben,
steig in den Expreßzug ein,
wird die Fahrt gleich schneller sein."[97]

Gleichfalls wurde für ein altes Kreisspiel ein neuer Text entworfen: „Bauer, lieber Bauersmann, kommst du mit zur LPG..."[98]. Da man von den eigenen Fähigkeiten in dieser Hinsicht offenbar doch nicht so überzeugt war, wurden Schriftsteller und andere Künstler sowie Pädagogen aufgefordert, „sich unserer Sorgen anzunehmen" und Lieder, Spiele und Verse mit sozialistischem Inhalt zu entwickeln. Eine Aufforderung erging auch an die Spielzeugproduzenten, Spielzeug herzustellen, „das die patriotische Erziehung unterstützt."[99]

Angeprangert wurden dagegen Spiele, die „heute sogar" noch beliebt seien, aber in denen spontan die Ideologie des Kapitalismus zum Ausdruck käme. Man war der Meinung, daß der westliche Geist noch weiter wirken und einen schädlichen Einfluß auf die Kinder ausüben könne. Als Beispiele dafür wurden angeführt: „Räuber und Gendarm", „Himmel und Hölle", das Ballspiel „Kaiser, König, Edelmann, Bauer, Bürger, Bettelmann"[100]. Auf dieser Tagung kam daher der Vorschlag, die Hopse als „Fünfjahrplan" zu gestalten sowie Spiele, in denen der Traktorist oder der Volksarmist die Hauptrolle darstellten, zu schaffen. „In unseren Spielen wollen wir die Romantik und Realität widerspiegeln und üben. Die Gruppen sollen als Interbrigadisten, als Rote Matrosen in den Kampf gegen den Faschismus ziehen". Dies würde mehr Begeisterung auslösen als die „süßlich falsche Pfadfinderromantik."[101] Und anschließend wurde ein umfassender Plan zur sozialistischen Erziehung der Jungpioniere, der die Kämpfe und Erfolge der Arbeiterklasse in den Vordergrund rücken sollte, entwickelt.

Aufgrund der zentralistischen Planwirtschaft, in der der Staat als einziger Auftraggeber fungierte, war es möglich, durch entsprechende Anweisungen sowohl die künstlerischen Produktionen über die Verlage, das Filmwesen usw. als auch die Spielzeugindustrie zu einer den sozialistischen Idealen gemäßen Produktion zu veranlassen. Über die sich in staatlicher Hand befindenden Erziehungsinstanzen – so auch die Pionierorganisation – konnten diese Erziehungsvorstellungen auch umgesetzt werden. Inwiefern diese tatsächlich von den Betroffenen selbst – den Kindern – angenommen wurden, lag allerdings außerhalb der Macht der Herrschenden.

---

97 Ebenda.

98 Ebenda.

99 Ebenda.

100 4. Tagung der Zentralleitung der Pionierorganisation „Ernst Thälmann" vom 20.-21. 5. 1958, in: „Der Pionierleiter" Heft 6/1958, Beilage, S. 12.

101 Ebenda.

EXKURS

Die Bekämpfung der Konkurrenz – Das Verhältnis von Pionierorganisation und Kirche

Die Pionierorganisation stand von Beginn an in einem Konkurrenzverhältnis zur kirchlichen Kinderarbeit. Einmal konnte die Kirche nach dem Kriege relativ bruchlos ihre Kinderarbeit in den Gemeinden fortsetzen, wohingegen die Kindervereinigung der FDJ und danach der Pionierverband sich erst als neue Institutionen etablieren und ihre Mitglieder neu einwerben mußten. Zum anderen war die Kirche der einzig existierende und ernstzunehmende Gegenpart, nachdem mit dem SMAD–Befehl vom 31. Juli 1945 sämtliche Kinder- und Jugendvereinigungen verboten und ab März 1946 die FDJ als einzige Jugendorganisation zugelassen wurde. Obwohl SMAD und SED zunächst um ein gutes Verhältnis zur Kirche bemüht waren – die FDJ richtete im Zentralrat sogar Verbindungsstellen zur evangelischen und katholischen Jugendarbeit ein – in dem Glauben, auf diese Weise die konfessionell gebundenen Jugendlichen in eine einheitliche Jugendbewegung integrieren zu können,[1] war schon nach kurzer Zeit, nachdem die Kirchen an ihrer gesamtdeutschen Verankerung festhielten und sich nicht ohne weiteres von der SED für deren Politik instrumentalisieren ließen, ein spannungsreiches Verhältnis entstanden. In der Politbürositzung vom 10. Mai 1949 wurde die FDJ bereits aufgefordert, die kirchlichen Verbindungsstellen aufzuheben, „da sie einen Fremdkörper in der Jugendorganisation darstellen und den notwendigen Kampf gegen die reaktionäre Politik bestimmter kirchlicher Kreise und für die Einheit der Jugend hemmen."[2]

Ohne auf die fortschreitenden Konflikte zwischen Kirche und Staat in der DDR im einzelnen einzugehen, sei hier nur auf die unterschiedlichen Haltungen in der Deutschlandfrage und die Zuspitzung des Kalten Krieges hingewiesen.[3] Das Verhältnis der Pionierorganisation zur Kirche kann dabei nur im Kontext der offiziellen Politik der SED und der Beziehungen der FDJ zur Kirche betrachtet werden.

---

1 Vgl. zum Verhältnis von FDJ und Kirchenvertretern die Ausführungen von Ulrich Mählert, Die Freie Deutsche Jugend 1945-1949, a.a.O., insbes. S. 101-123.

2 Politbürositzung vom 10. Mai 1949, Anlage 1 zum Protokoll Nr. 22, in: SAPMO-BArch DY 30/J IV 2/2/22, Bl. 11/12

3 Vgl. dazu u.a. Horst Dähn, Konfrontation oder Kooperation? Das Verhältnis von Staat und Kirche in der SBZ/DDR 1945-1980, Opladen 1982; Joachim Heise, Kirchenpolitik von SED und Staat. Versuche einer Annäherung, in: Günther Heydemann/Lothar Kettenacker (Hg.), Kirchen in der Diktatur, Göttingen 1993, S. 126-150; Gerhard Besier, Der SED-Staat und die Kirche. Der Weg in die Anpassung, München 1993, insbesondere S. 23-139.

Obwohl die Kirche nach dem Krieg über günstigere organisatorische und materielle Ausgangsbedingungen für die Kinderarbeit verfügte, besaß sie eigentlich – moralisch gesehen – die schlechteren Voraussetzungen. Zu sehr war sie, insbesondere die protestantische Kirche, die im Osten Deutschlands die verbreitetste war, in das zusammengebrochene System involviert gewesen.[4] Sehr eng waren die Verbindungen der offiziellen Kirche zu den einstigen nationalsozialistischen Machthabern, zuviel hatte sie von deren Macht partizipiert. Allerdings wurden diese Tatsachen von der Bevölkerung kaum reflektiert, wie Kleßmann festgestellt hat[5], so daß sie vielmehr als eine stabile Institution nach dem Kriege erschien. Dennoch ist anzunehmen, daß diese Verstrickung der Kirche bei einem Teil der Bevölkerung nicht ohne Wirkung geblieben sein wird.

Die Kindervereinigung der FDJ und der Pionierverband beriefen sich demgegenüber auf eine antifaschistische Tradition. Sie boten einen antifaschistischen Grundkonsens an und stellten sich gegenüber der Kirche als die dementsprechend „fortschrittlichere“ Erziehungsinstitution dar. Die Pionierorganisation wollte sich erklärtermaßen den Kindern aller Bevölkerungsschichten – unabhängig von ihrer Konfession – öffnen und den überparteilichen Konsens wahren. Als atheistische Kinderorganisation geriet sie jedoch immer mehr in einen Glaubenskampf mit der Kirche. In dem Maße, wie die Pionierorganisation sich die Lehren des Marxismus-Leninismus aneignen und immer offener zur Politik der SED bekennen sollte, spitzte sich die Auseinandersetzung zwischen beiden Institutionen zu.[6] Staat und Kirche wollten sich gleichermaßen ihren Einfluß auf die heranwachsende Generation sichern. Wenn in der Pionierorganisation von der schützenden Funktion gegenüber den Einflüssen des Gegners die Rede war[7], so bezog sich das auch auf die Kirche.

Zunächst einmal ging es um die Frage der Vereinbarkeit der Mitgliedschaft in der Pionierorganisation und der Kirche. Die Kirche beharrte häufig auf einer eindeutigen Entscheidung. In einer Parteiinformation „über die reaktionäre Tätigkeit von Pfarrern im Lande Sachsen-Anhalt“ wird konstatiert, daß die Kirche versuche, ihren „Einfluss auf die Kinder und Jugendlichen in zunehmendem, stärkeren Maßstabe geltend zu machen“[8]. Die Pfarrer bemühten sich, die Kinder von der Pionierorganisation „abzuziehen“. Verschiedene Austritte aus der Pionierorganisation wären die Folge. Die Pfarrer stellten die Kinder vor die Alternative: „Wer ein guter Konfirmand sein will, kann kein Pionier sein.“[9]

Beide Institutionen beharrten auf dem Mittwochnachmittag für ihre Veranstaltungen. So fanden jeweils am Mittwoch die Pionierveranstaltungen und die Christenlehre statt, so daß infolgedessen die Kinder bzw. Eltern zur Entscheidung gezwungen wurden. Kirche und Junge Pioniere übten beide gleichermaßen Druck auf ihre Mitglieder aus, indem mit Nachteilen gedroht wurde, um sie jeweils von den „feindlichen Einflüssen“ fernzuhalten.

---

4 So war die Erörterung der „Schuldfrage“ der Kirche 1945 eines ihrer zentralen Themen, die mit der Absicht, eine neuen Anfang zu setzen, verbunden war. Vgl. Horst Dähn, Konfrontation oder Kooperation? a.a.O., S. 25 ff.

5 Christoph Kleßmann, Die doppelte Staatsgründung. Deutsche Geschichte 1945-1955, Bonn 1986, S. 59.

6 Diese Auseinandersetzungen liefen in der Regel über die FDJ und SED mit den entsprechenden Kirchenvertretern.

7 Vgl. 17. Tagung des Zentralrats der FDJ vom 11./12. 12. 1948, in: SAPMO-BArch, DY 24/2.120.

8 Bericht über die reaktionäre Tätigkeit von Pfarrern im Lande Sachsen-Anhalt, in: SAPMO-BArch DY 30/IV 2/16/82, Bl. 40.

9 Ebenda.

So weigerten sich Pfarrer, Kinder einzusegnen, die z.B. an Wanderfahrten der Jungen Pioniere teilgenommen hatten. Mit dem Argument, die Kinder könnten in den Lagern der Jungen Pioniere keine „innere Einkehr", die für die Einsegnung notwendig sei, halten[10], versuchte die Kirche ihrerseits, entsprechenden Druck auf die Elternhäuser auszuüben. Zutreffend wurde dazu von den Funktionären festgestellt, daß diese Haltung sich „zwangsläufig nachteilig auf die Arbeit der Jungen Pioniere auswirken"[11] würde.

Die verantwortlichen Funktionäre in SED und FDJ wußten, daß sie – neben den Einschüchterungsversuchen der Eltern – letztlich nur mit einem attraktiven Freizeitangebot die Kinder locken konnten. Die auf der 10. Tagung des Zentralrats der FDJ 1951 getroffene Feststellung, daß die bisherige Schwäche der Pionierorganisation „in der noch ungenügenden Entfaltung eines inhaltsreichen und interessanten Pionierlebens" bestehe[12], traf dabei den Kern. Die Pionierleiter vor Ort standen daher immer vor der Gratwanderung zwischen einerseits politischer Unterweisung und andererseits Organisierung eines abwechslungsreichen „Pionierlebens". Die Kirche ihrerseits bekräftigte ihren Anspruch, sich auch für die Freizeit der Kinder und Jugendlichen verantwortlich zu fühlen. So definierte sie ihre Aufgabenbereiche als „Dienst an der Gemeinde, Jugendmission und Evangelisation durch Wort, Schrift und Lied und Spiel u.a. in Gottesdiensten (auch übergemeindlicher Art), in Rüstungen und Freizeiten, in denen christliche Lebensgemeinschaft sichtbar wird..."[13] So hatte die Kirche es verstanden, interessante Veranstaltungen für die Kinder zu organisieren und Kinderkreise mit geselligem Charakter zu bilden. Anfang der fünfziger Jahre wurden in dieser Hinsicht verstärkte Aktivitäten von den „zuständigen Organen" registriert. Vielerorts wurden Sportveranstaltungen, interessante Vorträge, Kulturgruppen für Kinder u.a. seitens der Kirche organisiert.[14]

Neben dem Appell an die Funktionäre der Pionierorganisation, ein abwechslungsreiches Freizeitangebot für die Kinder zu entwickeln, versuchte man, indirekt eine Entscheidung zugunsten der Pionierorganisation zu erzwingen, indem Wanderungen, Fahrten und Veranstaltungen auf den Zeitpunkt für kirchliche Gedenkfeiern oder Gottesdienste gelegt wurden. Massiver noch versuchte der Staat über die „Verordnung über die Anmeldepflicht von Veranstaltungen" vom 29. März 1951 kirchliche Veranstaltungen, die nicht der rein religiösen Erbauung dienten, zu kontrollieren und gegebenenfalls zu unterbinden. Diese sollte sich auch gegen die konfessionellen Jugendlager richten, die dann aber mit Rücksicht auf die Weltfestspiele 1951 stattfinden konnten.[15]

Im Jahre 1952 spitzte sich die Auseinandersetzung zwischen Staat und Kirche zu, die im Frühsommer 1953 mit der Relegierung von Oberschülern, die der Jungen Gemeinde

---

10 Brief des Rates des Landkreises Salzwedel, Abt. Unterricht und Erziehung an das Zentralkomitee der Sozialistischen Einheitspartei Deutschlands vom 6. 3. 1951, in: SAPMO-BArch DY 30/IV 2/905/103, Bl. 190.

11 Ebenda.

12 Entschließung der 10. Tagung des Zentralrats der FDJ vom 1. 9. 1951, in: Dokumente und Beschlüsse der FDJ, Berlin 1951, Bd. III, S. 63.

13 Stellungnahme des Evangelisch-Lutherischen Landeskirchenamtes Sachsen, zit. nach Ulrich Mählert, Die Freie Deutsche Jugend, a.a.O., S. 203.

14 Vgl. Bericht über die reaktionäre Tätigkeit von Pfarrern im Lande Sachsen-Anhalt, in: SAPMO-BArch DY 30/IV 2/16/82 Bl. 40 ff.

15 Vgl. Hermann Wentker, „Kirchenkampf" in der DDR. Der Konflikt um die Junge Gemeinde 1950-1953, in: Vierteljahreszeitschrift für Zeitgeschichte 1/1994, S. 100.

angehörten, ihren Höhepunkt fanden.[16] Es muß an dieser Stelle deshalb auf den Kampf gegen die Junge Gemeinde eingegangen werden, weil von den Funktionären der SED und der FDJ die gesamte Kinder- und Jugendarbeit der Kirche unter den Begriff der Jungen Gemeinde subsumiert wurde. In den Parteiinformationen ist u.a. von „Kindergruppen der Jungen Gemeinde" die Rede.[17] Ob dies aus Unkenntnis oder in verkürzender Weise geschah, ist nicht erkennbar. Die Ausschaltung der Jungen Gemeinde sollte auf jeden Fall auch die Kinderarbeit der Kirche treffen.

Hintergrund für diesen konfrontativen Kurs war die verschärfte Stalinisierung der DDR, verbunden mit der Maßgabe des raschen Aufbaus des Sozialismus nach sowjetischem Vorbild, wie er von der II. Parteikonferenz beschlossen worden war. Die Kirche wurde in diesem Kontext als überflüssig und hemmend für die sozialistische Entwicklung angesehen. Ihr Einfluß war dementsprechend radikal zurückzudrängen, ähnlich wie dies in der Sowjetunion gelungen war. Nach der Leninschen Auffassung war die Religion ohnehin „Opium fürs Volk", das zur Verdummung der Volksmassen diente. Dem Aufbau des Sozialismus durfte sich kein Widersacher in den Weg stellen, wie er in der Kirche gesehen wurde. Erwogen wurde daher ein Verbot der Jungen Gemeinde überhaupt.[18]

Die Junge Gemeinde wurde nunmehr als ein Instrument des „amerikanischen und westdeutschen Spionagedienstes" denunziert. Sie erhielte von dort „ihre materielle Unterstützung, ihre Anleitung und ihre Aufträge"[19]. Diese Aussage, daß die Junge Gemeinde im Dienste des „westlichen Imperialismus" stünde, beruhte – nach Wentker – allein auf der Vorgabe Walter Ulbrichts und lasse sich nach Kenntnis der Aktenlage in keiner Weise auf konkrete Anhaltspunkte zurückführen.[20]

Die SED-Führung entschloß sich im November 1952 zu einem systematischen Vorgehen gegen die Junge Gemeinde, nachdem die bisherigen administrativen Maßnahmen nicht ausgereicht hatten, deren Einfluß zurückzudrängen. Zu diesem Zeitpunkt existierte bereits eine Dienstanweisung des MfS, alle Aktivitäten von jungen Christen und kirchlichen Organisationen genau zu beobachten und entsprechende Maßnahmen einzuleiten. Es sollte versucht werden, über die Gewinnung von Informanten in die Leitungen der Jungen Gemeinde und Kirchenkreise einzudringen.[21]

Von nun an wurden regelmäßig von der SED und der FDJ Informationen über die Junge Gemeinde und andere kirchliche Aktivitäten zusammengestellt. Es wurde ein ganzes Bün-

---

16 Vgl. dazu auch Sonja Häder, Von der „demokratischen Schulreform" zur Stalinisierung des Bildungswesens – der 17. Juni 1953 in Schulen und Schulverwaltung Ost-Berlins, in: Jürgen Kocka (Hg.): Historische DDR-Forschung: Aufsätze und Studien, a.a.0., S. 206 ff.

17 Vgl. z.B. in: Bericht über die reaktionäre Tätigkeit von Pfarrern im Lande Sachsen-Anhalt, SAPMO-BArch DY 30/IV 2/16/82, Bl. 40.

18 Vgl. Hermann Wentker, Kirchenkampf in der DDR, a.a.O., S. 107.

19 Sitzung des Sekretariats des Zentralrats der FDJ vom 25. 7. 1952, in: SAPMO-BArch. DY 24/2.517.

20 Vgl. Wentker, Kirchenkampf in der DDR, a.a.O., S. 106.

21 Vgl. Gerhard Besier/Stephan Wolf, ‚Pfarrer, Christen und Katholiken'. Das Ministerium für Staatssicherheit der ehemaligen DDR und die Kirchen, Neukirchen-Vluyn 1991, S. 158/159. In der Dienstanweisung Nr. 6/52 V/E heißt es dazu: „In der Vergangenheit wurde die Notwendigkeit der Abwehr feindlicher Tätigkeit reaktionärer Personengruppen, die zu Kreisen der Kirche und der CDU gehören, oft unterschätzt." Um deren Absichten „zu durchkreuzen und zunichte zu machen" sei es notwendig, „ständig wertvolle GM und Informatoren" zu gewinnen. Zit. nach ebenda, S. 159.

del von Maßnahmen eingeleitet, um die Junge Gemeinde zu liquidieren.[22] Die Vorstellungen reichten dabei von der „Entlarvung“ und Relegierung von Oberschülern der Jungen Gemeinde bis hin zu beabsichtigten Schauprozessen.[23]

In diesen Berichten wurde die gesamte Tätigkeit der Jungen Gemeinde, darunter die Organisierung von geselligen Kinder- und Jugendveranstaltungen, als „Zersetzung“ und „Spaltung“ der Pionierorganisation und FDJ begriffen.[24] Besorgt registrierte man, daß die Junge Gemeinde zahlenmäßig immer mehr anwachse.[25] Dies sei vor allem möglich gewesen, weil die Parteileitungen, aber besonders die FDJ, deren Tätigkeit unterschätzt hätten.[26]

Auch die Durchführung von Rüstwochen, insbesondere die Kinderrüsten, wurden als eine Bedrohung für die Pionierorganisation angesehen.[27] Auch hierin kam deutlich deren Konkurrenz zum Ausdruck. Beschränkte man sich im Sommer 1951 noch darauf, die Ferienlager der Kirche „strengstens zu beobachten“ und sie „im Interesse der Vorbereitung der Weltfestspiele nicht zu verbieten“[28], so wurde bereits im Frühjahr 1952 die Durchführung von kirchlichen Ferienlagern für ungesetzlich erklärt und verboten. Davon waren 1952 insgesamt 154 kirchliche Ferienlager betroffen, davon 106 der evangelischen und 45 der katholischen Kirche und 3 sonstiger Religionsgemeinschaften.[29]

Verwiesen wurde auf die Aktion „Frohe Ferientage für alle Kinder“, die doch allen Kindern offenstünde.[30] Die staatlichen Stellen bestanden darauf, daß „die Durchführung von ‚Freizeitgestaltung‘ oder ‚Ferienlagern‘ lediglich Sache des Staates oder der FDJ“ sei.[31] Man berief sich dabei auf die „Dritte Anordnung zur Durchführung des Gesetzes über die Teilnahme der Jugend am Aufbau der Deutschen Demokratischen Republik und die Förderung der Jugend in Schule und Beruf, bei Sport und Erholung“ vom 12. 4. 1951.[32]

Diesen staatlichen bzw. von der Pionierorganisation durchgeführten Ferienlagern fehlte allerdings der zwanglosere Charakter der Kinderrüsten, da sie immer unter dem Diktat der Erfüllung eines politisch-erzieherischen Auftrages standen. In diesem Sinne wurde in der entsprechenden Direktive für das Jahr 1953 betont: „Die Aktion Frohe Ferientage für alle Kinder“...wird „dazu beitragen, unsere Kinder vor dem Gift imperialistischer Verhetzung, vor allen Erscheinungen der bürgerlichen Ideologie sowie vor den Machenschaften von Kriegshetzern und Agenten, die teilweise auch unter religiösem Deckmantel auftreten, zu

22 So u.a. auf der Politbürositzung vom 27. Januar 1953, in: SAPMO-BArch, DY 30/J IV 2/2/259, Bl. 27-32.

23 Vgl. dazu auch Christian Stappenbeck, Freie Deutsche Jugend und Junge Gemeinde 1952/53, in: Helga Gotschlich (Hg.): „Links und links und Schritt gehalten...“. Die FDJ: Konzepte – Abläufe – Grenzen, Berlin 1994, S. 152.

24 Bericht über die Tätigkeit der Kirche und der „Jungen Gemeinde“ vom 2. 4. 1953. In: SAPMO-BArch, DY 30/IV 2/16/82 Bl. 55.

25 Ebenda, Bl. 55.

26 Ebenda, Bl. 60.

27 Vgl. ebenda, Bl. 54.

28 Mitteilung an des ZK der SED, an Edith Baumann, vom 9. 8. 1951, in: SAPMO-BArch, IV 2/16/121, Bl. 228.

29 Vgl. Hermann Wentker, Kirchenkampf in der DDR, a.a.O., S. 106.

30 „Betr.: ‚Frohe Ferientage für alle Kinder‘, vom 30. 5. 1952. In: SAPMO-BArch , DY 30/IV 2/16/169, Bl. 46.

31 Schreiben von Bischof Müller an Otto Nuschke vom 4. 8. 1952, zit. nach Horst Dähn, Konfrontation oder Kooperation, a.a.O., S. 43.

32 Vgl. ebenda, S. 44.

schützen."[33] Insofern wäre die Verbringung der Ferien in den Pionierlagern allemal denen der Kirche vorzuziehen – dies sollte wohl die Botschaft sein.

Nachdem die Junge Gemeinde zu einer „staatsfeindlichen Bewegung" avanciert war, entfaltete das Sekretariat des Zentralrats der FDJ eine breite Kampagne. Auf der Sekretariatssitzung des Zentralrats der FDJ vom 15. 4. 1953 wurde der Redaktion der „Jungen Welt" eine Anweisung erteilt, eine Sondernummer herauszugeben, die „neue Enthüllungen" über die Junge Gemeinde zu enthalten hatte.[34] Gleichzeitig erging ein Fernschreiben an alle 1. Sekretäre der Bezirksleitungen der FDJ, in dem ihnen die politische Linie hinsichtlich des Umgangs mit der Jungen Gemeinde mitgeteilt wurde. In diesem Schreiben wurde die Junge Gemeinde als „Tarnorganisation für Kriegshetze, Sabotage und Spionage, die von den westdeutschen und amerikanischen Imperialisten dirigiert wird",[35] bezeichnet. Daraufhin sah sich der Rat der EKD veranlaßt, entgegen den staatlichen Behauptungen zu bekräftigen, daß die Junge Gemeinde keine Organisation darstelle: „Sie hat keine Mitglieder, keine Mitgliederausweise, keine Beiträge, keine Vorstände. Sie kennt keinen Ein- und Austritt. Sie führt keine Fahnen und Wimpel. Sie ist nicht in Kreis-, Bezirks- und Landesverbände organisiert."[36]

Darüber hinaus erscheint der Vorwurf der Kriegshetze besonders absurd, da in den Monaten zuvor die pazifistischen Tendenzen der Jungen Gemeinde als besonders negativ herausgestellt wurden, die sich auch gegen den Aufbau der nationalen Streitkräfte in der DDR richteten.[37] Den Hintergrund für diese Vorhaltungen an die Junge Gemeinde bildete die Tatsache, daß auf dem IV. Parlament der FDJ im Mai 1952 die Stärkung der Verteidigungsbereitschaft, die Militarisierung der Jugendorganisation durch Förderung entsprechender Kampfsportarten und die Übernahme der Patenschaft über die Kasernierte Volkspolizei (KVP) beschlossen worden war. Diesem Kurs stellte sich die Kirche entgegen, indem sie auf Pazifismus und Friedenssicherung bestand.

In dem oben erwähnten Fernschreiben an die 1. Bezirkssekretäre wurde weiterhin dazu aufgefordert, eine „breite Aufklärungsarbeit unter der Jugend und der Bevölkerung" zu leisten. „Auf keinen Fall" dürfe die weitere Arbeit der Jungen Gemeinde zugelassen werden. Treffen der Jungen Gemeinde „sind mit allen zur Verfügung stehenden Mitteln zu unterbinden."[38] Es müsse erreicht werden, daß in kürzester Zeit die „Liquidierung" der Jungen Gemeinde erreicht werde.

Auf der nächsten Sitzung des Sekretariats des Zentralrats der FDJ wurde beschlossen, u.a. Versammlungen mit Elternbeiräten durchzuführen, „in denen zur verbrecherischen Tätigkeit der Jungen Gemeinde Stellung genommen wird."[39] Margot Feist wurde damit

33 Direktive zur Durchführung der Aktion „Frohe Ferientage für alle Kinder" im Jahre 1953, S. 4, Sitzung des Sekretariats des Zentralrats der FDJ vom 21. 1. 1953, Anlage 6, in: SAPMO-BArch,. DY 24/ 2.509.

34 Protokoll der Sitzung des Zentralrats der FDJ vom 22. 4. 1953, S. 3, in: SAPMO-BArch, DY 24/2.514.

35 Protokoll der Sitzung des Zentralrats der FDJ vom 15. 4. 1953, Anlage 1, S. 1.

36 Zit. nach Horst Dähn, Konfrontation oder Kooperation? a.a.O., S. 44.

37 Berichte über pazifistische Auffassungen und Arbeit der „Jungen Gemeinde" vom 10. 6. 1952, SAPMO-BArch, DY 30/IV 2/905/104, Bl. 169 ff.

38 Protokoll der Sitzung des Sekretariats des Zentralrats der FDJ vom 15. 4. 1953, Anlage 1, S. 2, in: SAPMO-BArch, DY 24/ 2.514.

39 Protokoll der Sitzung des Sekretariats des Zentralrats der FDJ vom 22. 4. 1993, S. 3, in: SAPMO-BArch, DY 24/2.514.

beauftragt, Überprüfungen an den Schulen durchführen zu lassen, mit dem Ziel, „weitere Elemente der Jungen Gemeinde von diesen Schulen zu entfernen."[40]

Die Härte der Auseinandersetzung traf vorwiegend kirchlich gebundene Jugendliche an den Oberschulen und Universitäten, weniger die kirchlich gebundenen Kinder. Denn an den höheren Bildungseinrichtungen sollten die zukünftigen Kader für Staat und Wirtschaft ausgebildet werden, daher war hier die Zurückdrängung des konkurrierenden und „gegnerischen" Einflusses besonders notwendig. Dennoch wirkte sich dieser politische Druck auch auf die Kinder aus, sollte doch dieser scharfe Kurs ebenfalls durch die Pionierorganisation mitgetragen werden. In Schülerversammlungen wurde gegen die Junge Gemeinde Stellung genommen und der Austritt aus ihr gefordert.[41] Darüber hinaus blieben diese Ereignisse eine vielleicht prägende und unvergessene Erfahrung im Leben der Kinder. Eine einschüchternde Wirkung – auch auf die Eltern – ist allemal anzunehmen.

Im Resultat dieser Verfolgungskampagne gegen Mitglieder der Jungen Gemeinde wurden bis Juni 1953 nach Aussage Grotewohls gegenüber kirchlichen Vertretern 712 Schüler von den Oberschulen in der DDR verwiesen.[42] Diese Relegierungen wurden auf der obersten Ebene der politischen Führung getroffen, während das Ministerium für Volksbildung dabei sogar übergangen wurde.[43]

Eine weitere Umsetzung der begonnenen Liquidierungsmaßnahmen der Jungen Gemeinde, und damit der gesamten Kinder- und Jugendarbeit der Kirche, verhinderte die nach Stalins Tod gebildete neue sowjetische Führung. Der nach Moskau einbestellten Delegation des ZK der SED wurde zu dieser Problematik mitgeteilt: „Die Verfolgung der einfachen Teilnehmer der kirchlichen Jugendorganisation ‚Junge Gemeinde' ist einzustellen und die politische Arbeit unter ihnen zum Schwerpunkt zu machen."[44] Die SED-Führung, die sich dieser Weisung – auch nach eigenem Selbstverständnis – unterzuordnen hatte, versuchte nunmehr eine vorsichtige Kurskorrektur. Die relegierten Oberschüler und exmatrikulierten Studenten sollten wieder aufgenommen werden, wobei diese Wende an den Schulen und der FDJ-Basis sowie bei den Pionierleitern einige Irritationen auslöste.[45] Man rückte von der Auffassung ab, daß es sich bei der Jungen Gemeinde um eine Organisation handele. Vielmehr sei sie als eine Sammlung junger Christen im Rahmen der Kirche anzusehen.[46] Die Kinder- und Jugendarbeit der Kirche konnte nunmehr im kirchlichen Raume fortgeführt werden, wenn auch unter den ständigen Bedrohungen seitens des Staates. Eine ungehinderte Betätigung gab es für sie nie.

Daß eine grundsätzliche Veränderung der Politik – auch nach dem 17. Juni 1953 – nicht beabsichtigt war, wurde auf der Politbürositzung der SED im Anschluß an diese Kurskorrektur deutlich. Im Beschlußprotokoll hieß es: „An die Bezirke ist folgende Information zu geben: ‚Aus verschiedenen Orten wird berichtet, daß...solche Lehrer und Oberschüler, die

---

40 Ebenda.

41 Vgl. Kleßmann, Die doppelte Staatsgründung, a.a.O., S. 267.

42 Hermann Wentker, Kirchenkampf in der DDR, a.a.O., S. 117.

43 Vgl. Das übergangene Ministerium: Brief von Else Zaisser an Walter Ulbricht, Dokumentation, in: Deutschland Archiv 10/1994, S. 1120.

44 Rolf Stöckigt, Ein Dokument von großer historischer Bedeutung vom Mai 1953, in: Beiträge zur Geschichte der Arbeiterbewegung, Heft 5/1990, S. 654.

45 Vgl. die Informationsberichte der FDJ-Kreisleitung Prenzlauer Berg, in denen Unverständnis geäußert wurde, daß die religierten Schüler nunmehr wieder an die Schulen zurückdürften, in: LAB, FDJ/AB 330.

46 Hermann Wentker, Kirchenkampf in der DDR, a.a.O., S. 123.

auf Grund des Beschlusses vom 9. Juni 1953 wieder an den Schulen zugelassen wurden, glauben, nunmehr freie Hand für staatsfeindliche Tätigkeit zu haben. Obwohl die frühere Politik des Druckes weder von der Partei noch von den staatlichen Organen weitergeführt werden darf, so sind doch gegen die feindlichen Elemente, die staatsfeindliche Handlungen begehen und gegen die Regierung der DDR auftreten, die Gesetze zur Anwendung zu bringen'."[47]

Eine erneute Verschärfung erlangte der Konflikt mit der 1954 beschlossenen und im Jahre 1955 erstmals durchgeführten Jugendweihe in der DDR. Die Einführung der Jugendweihe war Bestandteil der „neuen" „Politik der Partei in Kirchenfragen", wie sie auf der Politbürositzung vom 14. März 1954 beschlossen wurde.[48] Für die Propagierung der Jugendweihe wurden neben den Parteiinstanzen und dem Ministerium für Volksbildung vor allem die FDJ und die Pionierorganisation verantwortlich gemacht. Für die Teilnahme möglichst vieler Schüler der 8. Klasse an der Jugendweihe, sollte schon im Vorfeld kräftig geworben werden, d.h. maßgeblich in der 7. Klasse, in der die betreffenden Schüler noch Mitglied in der Pionierorganisation waren. Daraus erklärte sich die besondere Verpflichtung der Jungen Pioniere, in diesem Sinne aktiv zu werden.

Diese Form der Weihe, die als Gegenkonzept zur Konfirmation Anfang des 20. Jahrhunderts entstanden war und auf den Deutschen Freidenker-Verband zurückging, spielte vor allem in der Arbeiterbewegung bis 1933 eine bedeutende Rolle. Die Weiterführung der Tradition nach 1945 in der SBZ war zunächst jedoch nicht erwünscht. In einem Artikel des „Zentralorgans" der SED „Neues Deutschland" wurde unter der Überschrift: „Warum keine Jugendweihe?" argumentiert, daß diese insbesondere aus einer kämpferischen Einstellung gegenüber der Kirche entstanden wäre, der nunmehr die Grundlage entzogen sei. „Die Arbeiterklasse ist heute zur führenden Kraft unseres Volkes geworden, in der Nationalen Front des demokratischen Deutschlands sind alle Kräfte zum gemeinsamen Kampf für die Einheit Deutschlands auf demokratischer Grundlage, für den Frieden und für den Fortschritt vereint. Nicht wenige kirchliche Vertreter nehmen aktiven Anteil an diesem Existenzkampf des deutschen Volkes. Und die Kirchen stehen in einem loyalen Verhältnis zur Deutschen Demokratischen Republik..." Aus diesem Grunde würden „unsere Genossen, die eine ideologische Auseinandersetzung, auch mit dem Mittel der Jugendweihe, wünschen", einen „reaktionären Standpunkt" vertreten.[49] Ganz offensichtlich war man zu diesem Zeitpunkt noch an einem guten Verhältnis zur Institution Kirche (aber schon nicht mehr einzelner Kirchenvertreter)[50] interessiert, von der man eine Unterstützung der Politik der SED, besonders in Hinblick auf die Lösung der Deutschlandfrage, die durch die Staatsgründungen in weitere Ferne gerückt war, erhoffte. Bemerkenswert ist, daß die Einführung der Jugendweihe sehr deutlich von der SED als Affront gegenüber der Kirche gewertet wurde und man deren Folgen realistisch einschätzte. Daher muß der 1954 vom Politbüro der SED gefaßte Beschluß zur Einführung der Jugendweihe als bewußtes Vorgehen und

---

47 Politbürositzung vom 20. 6. 1953, Protokoll Nr. 37, in: SAPMO-BArch, DY 30/J IV 2/2A 275, Bl. 209. Den bisherigen Kurs lediglich als „Politik des Druckes" zu bezeichnen, verweist auf das Spektrum terroristischer Energie, die nicht mehr freigesetzt werden konnte.

48 Vgl. Politbürositzung vom 14. 3. 1954, in: SAPMO-BArch, DY 30/J IV 2/2/353, Anlage 6.

49 Stefan Heymann, Warum keine Jugendweihe?, in: Neues Deutschland vom 31. 3. 1950, S. 4, zit. nach: Detlev Urban/Hans Willi Weinzen, Jugend ohne Bekenntnis? 30 Jahre Konfirmation und Jugendweihe im anderen Deutschland 1954-1984, Berlin 1984, S. 20.

50 Vgl. in ebenda die Ausfälle gegen einzelne Pfarrer.

eine Kampfansage gegen die Kirchen gewertet werden, auch wenn der Aufruf des Zentralen Ausschusses für Jugendweihen in der DDR in dieser Hinsicht moderat gehalten wurde.[51]

Immerhin erklärte Walter Ulbricht die Jugendweihe zur Chefsache und ließ sich über deren Durchsetzung ständig unterrichten.[52] Die Jugendweihe wurde dazu genutzt, eine Identifikation mit dem DDR-Staat zu erreichen, den Heranwachsenden eine entsprechende Weltanschauung zu vermitteln und von ihnen ein Glaubensbekenntnis zur bestehenden Ordnung abzufordern. Insbesondere die der Vorbereitung auf die Jugendweihe dienenden sogenannten Jugendstunden wurden zur Vermittlung der als einzig wissenschaftlich ausgegebenen Staatsideologie und im Sinne politischer Agitation für den Aufbau des Sozialismus genutzt, auch wenn dabei geschickt Fragen, die die Jugendlichen interessierten, aufgegriffen wurden. Als Ziel der Jugendweihe wurde formuliert: „Angesichts des starken Vorherrschens rückständiger Anschauungen sollte die Jugendweihe ein Schritt vorwärts zur Klärung des gesellschaftlichen Bewußtseins werden."[53] Dies richtete sich eindeutig gegen die Kirche. In dem auf der Jugendweihe überreichten Buch „Weltall, Erde, Mensch", welches Generationen von Jugendlichen begleitete, heißt es sehr deutlich: „Die Verwirklichung des Sozialismus setzt voraus, daß auch die schädlichen religiösen, mystischen Vorurteile überwunden werden und daß an die Stelle religiöser Vorstellungen die wissenschaftliche Erkenntnis tritt."[54] Statt zu argumentieren und zu überzeugen, wurde diffamiert. Auch daran wird ersichtlich, daß es sich nicht nur um einen Angriff auf religiöse Auffassungen handelte, sondern daß letztlich die Stellung der Kirche in der Gesellschaft zur Disposition stand.

Daß diese Konfrontation mit der Kirche bewußt herbeigeführt wurde, zeigt sich auch an der Absicht, die Jugendweihe nahezu zeitgleich zur Konfirmation stattfinden zu lassen. Der Vorschlag einer Funktionärin, einen anderen Termin für die Jugendweihe zu finden, um konfessionell gebundenen Elternhäusern den Konflikt zu ersparen, wurde rigoros abgelehnt.[55] Von Anfang an wurde von den Bezirksleitungen der SED genau erfaßt, wo die

---

51 In dem Aufruf hieß es, daß die Jugendweihe für alle Schüler der 8. Klasse unabhängig von der Weltanschauung offen stehe. Sie solle „ein Kraftquell für die weitere Entwicklung der jungen Menschen" und ein Ansporn sein, „alle ihre Fähigkeiten zum Wohle ihres Vaterlandes zu entfalten". Vgl. dazu Andreas Paetz, Zum Aufbau und Inhalt der Jugendweihe in den 50er und 60er Jahren. Beitrag zum Kolloquium „Weltanschauliche Erziehung in der DDR im Spannungsfeld von allgemeiner Wissensvermittlung und politischer Instrumentalisierung", im Georg-Eckert-Institut Braunschweig vom 22.-23. 11. 1993, unveröff. Manuskript, S. 6. Paetz hat zu dieser Thematik umfangreiches Quellenmaterial insbesondere des Zentralen Ausschusses für Jugendweihe der DDR und des Zentralen Parteiarchivs erschlossen.

52 Vgl. ebenda.

53 Aufruf des Zentralen Ausschusses für Jugendweihe, in: Bundesarchiv, Außenstelle Potsdam., 5209, Bl. 175, zitiert nach Paetz. S. 6

54 Weltall, Erde, Mensch. Ein Sammelwerk zur Entwicklungsgeschichte von Natur und Gesellschaft, Berlin/Ost 1955, S. 428.

55 Andreas Paetz, Zum Aufbau und Inhalt der Jugendweihe...,a.a.O., S.12. Einige namhafte Funktionäre, unter ihnen Paul Wandel, versuchten der Kirche in dieser Frage entgegenzukommen und die Jugendweihe auf das Jahresende zu verlegen bzw. den Namen „Weihe" fallenzulassen und statt dessen den Begriff der Schulentlassungsfeier zu verwenden. Diese Diskussion wurde endgültig Ende 1956 unterbunden. Vgl. Joachim Heise, Kirchenpolitik von SED und Staat, a.a.O., S. 130.

Schwerpunkte in der Werbung zur Teilnahme an der Jugendweihe zu liegen hatten und wo der „Klassengegner“ besonders aktiv war.[56]

Die Kirche reagierte sofort. So erklärte die Evangelische Kirchenleitung in Berlin-Brandenburg: „Die Jugendweihe ist von jeher eine Angelegenheit derjenigen Menschen gewesen, die die Kirche und ihre Botschaft ablehnen. Es kann kein Zweifel sein, daß auch die...neugeplanten Jugendweihen an diese alte Tradition der Jugendweihen anknüpfen. Wir sind uns mit den überzeugten Anhängern des Marxismus-Leninismus darin einig, daß christlicher Glaube und marxistische Weltanschauung in einem unüberbrückbaren inneren Gegensatz bestehen. Daher dringen wir auf eine klare Unterscheidung zwischen der kirchlichen Konfirmation und der weltlichen Jugendweihe. Eltern und Kinder müssen wissen, daß sich das Bekenntnis zum evangelischen Glauben nicht mit der Teilnahme an einer Jugendweihe in Einklang bringen läßt.“[57] Auch die katholische Kirche bekräftigte, daß die Teilnahme katholischer Christen an der Jugendweihe ausgeschlossen sei.[58]

In der Folge weigerten sich viele Pfarrer – wie vorauszusehen war – Jugendweiheteilnehmer zu konfirmieren. Damit war die Kraftprobe zwischen Kirche und Staat in die Familien verlagert und wurde mithin auf dem Rücken der Kinder und Jugendlichen ausgetragen. Dennoch stieg die Zahl der Jugendweiheteilnehmer stetig an, von 17,7 Prozent des entsprechenden Altersjahrganges im ersten Jahr der Jugendweihe 1955 bis 87,8 Prozent im Jahre 1960.[59] Obwohl die Freiwilligkeit der Jugendweihe proklamiert wurde, erfolgten über die verschiedenen gesellschaftlichen Organisationen, aber auch in den Betrieben, zahlreiche Aussprachen mit den Eltern, wenn sie ihre Kinder nicht zur Jugendweihe anmeldeten.[60] Für die Jungen Pioniere sollte es ohnehin zur Pflicht gehören, sich auf die Jugendweihe vorzubereiten. Auf der 4. Tagung der Zentralleitung der Pionierorganisation wurde erneut bekräftigt, „daß die Jugendweihe ein fester Bestandteil der sozialistischen Erziehung ist.“[61] Die Pionierorganisation finde durch die Jugendweihe eine notwendige Ergänzung. „Die Pionierorganisation unterstützt deshalb die Jugendweihe und sieht ihre Aufgabe darin, ihre Mitglieder möglichst früh für die Teilnahme an den Jugendstunden und an der Jugendweihe zu gewinnen.“[62] Sie folgte damit einem Beschluß des Politbüros, der sie auf diese Aufgabe festlegte.[63] Diejenigen, die nicht an der Jugendweihe teilnehmen

---

56 Andreas Paetz, Zum Aufbau und Inhalt der Jugendweihe, a.a.0., S. 15.

57 Wort der Evangelischen Kirchenleitung an die Gemeinden der Evangelischen Kirche in Berlin-Brandenburg vom 30. November 1954, in: Detlev Urban/Hans Willi Weinzen, Jugend ohne Bekenntnis?, a.a.O., S. 25.

58 Vgl. Horst Dähn, Konfrontation oder Kooperation, a.a.O., S. 53.

59 Vgl. DDR-Handbuch. Wissenschaftliche Leitung: Hartmut Zimmermann, Köln 1985, S. 692 f.

60 Vgl. Andreas Paetz, Zum Aufbau und Inhalt der Jugendweihe, a.a.0., S. 21.

61 4. Tagung der Zentralleitung der Pionierorganisation vom 20./21. Mai 1958, in: „Der Pionierleiter“, Heft 5/1958, Beilage, S. 18.

62 Beschluß über die Aufgaben der Pionierorganisation „Ernst Thälmann“ bei der sozialistischen Erziehung der Pioniere und Schüler zur Bildung von selbständigen Leitungen der Pionierorganisation...vom 23. 1. 1958, in: Dokumente und Beschlüsse der Zentralleitung der Pionierorganisation, Band I, Berlin 1961, S. 42.

63 Vgl. Beschluß des Politbüros vom 8. 10. 1957, Protokoll Nr. 42, Anlage, in: SAPMO-BArch, DY 30/J IV 2/2/562, Bl. 36. Darin heißt es: „Die Pionierorganisation soll sich dafür einsetzen, die Jungen Pioniere möglichst für die Teilnahme an der Jugendweihe früh zu gewinnen.“

wollten, hatten entsprechend mit Nachteilen in der Pionierorganisation zu rechnen und gerieten unter den Druck der gesamten Pioniergruppe. In bezug auf das III. Pioniertreffen in Halle im August 1958 wurde von Funktionären die Meinung vertreten: „Wir fahren nur als geschlossene Gruppe nach Halle, und selbstverständlich können nur Jugendweiheteilnehmer nach Halle fahren!" Da jedoch z. B. ein Pionier sich bisher geweigert hatte, an der Jugendweihe teilzunehmen, stand die Fahrt der Gruppe insgesamt in Frage. „Entweder gewinnen wir diesen Pionier für die Jugendweihe, oder wir können nicht nach Halle fahren! Es hat harte Auseinandersetzungen gegeben. Es wurde eine Pionierdelegation zu den Eltern dieses Pioniers geschickt, mit dem Ergebnis, daß dann dieser Pionier tatsächlich zur Jugendweihe angemeldet werden konnte."[64]

Dieser Druck, an der Jugendweihe teilzunehmen, wurde jedoch nicht nur gegenüber den Pionieren ausgeübt, sondern bezog sich auf alle Schüler. So beklagten Kirchenvertreter, daß diejenigen, die sich weigern würden, befürchten müßten, nicht auf die Oberschule zu gelangen oder nicht als rechte Staatsbürger angesehen zu werden oder keine Lehrstelle zu erhalten.[65] Der Vorwurf, kein guter Staatsbürger zu sein, wurde abgeleitet aus der Nichtbereitschaft, das Gelöbnis der Jugendweihe abzulegen. Das Gelöbnis erhielt immerhin ein deutliches Bekenntnis zum politischen System in der DDR. So lauteten die Gelöbnisformeln von 1958:[66]

> Frage:
> Liebe junge Freunde! Seid Ihr bereit, als treue Söhne und Töchter unseres Arbeiter-und-Bauernstaates für ein glückliches Leben des ganzen deutschen Volkes zu arbeiten und zu kämpfen, so antwortet mir: Ja, das geloben wir!
> Frage: Seid Ihr bereit, mit uns gemeinsam Eure ganze Kraft für die große und edle Sache des Sozialismus einzusetzen, so antwortet mir: Ja, das geloben wir!
> Frage: Seid Ihr bereit, für die Freundschaft der Völker einzutreten und mit dem Sowjetvolk und allen friedliebenden Menschen der Welt den Frieden zu sichern und zu verteidigen, so antwortet mir: Ja, das geloben wir!"[67]

Die Jugendweihe erhielt damit eine klare politische Funktion, indem die Teilnehmer auf „ihren" sozialistischen Staat verpflichtet wurden.

Die immer stärkere Annahme der Jugendweihe durch die Jugendlichen selbst erklärt sich jedoch aus dem Bedürfnis nach Geselligkeit, nach feierlichen Höhepunkten im Lebensverlauf und nicht zuletzt den damit zu befriedigenden materiellen Wünschen. Die vom Staat verfolgten Intentionen dürften dagegen eine untergeordnete Rolle gespielt haben. Die stetig gewachsenen Teilnehmerzahlen sind aber auch Resultat der Zurückdrängung des Einflusses der Kirche.

Es ist jedoch zu bezweifeln, ob dieser insgesamt geringer werdende kirchliche Einfluß vor allem auf die Lernfähigkeit der Funktionsträger des Staates zurückzuführen war, in

---

64 Protokoll der 4. Tagung der Zentralleitung der Pionierorganisation vom 20.-21. 5. 1958, S. 43, in: SAPMO-BArch, DY 25/2.100.

65 Vgl. Horst Dähn, Konfrontation oder Kooperation?, a.a.O., S. 56.

66 Die ursprüngliche Fassung des Gelöbnisses von 1955 wurde auf Beschluß des Politbüros vom 22. 10. 1957 dahingehend geändert, daß es jetzt ein „Bekenntnis zum Aufbau des Sozialismus" enthalten sollte. Vgl. Protokoll Nr. 45, in: SAPMO-BArch, DY 30/J IV 2/2/565, Bl. 3.

67 Zit. nach Detlev Urban/Hans Willi Weinzen, Jugend ohne Bekenntnis?, a.a.O., S. 58.

ihrer Kirchenpolitik vorwiegend auf die Propagierung des Atheismus zu setzen und was letztlich zum Erfolg geführt hätte, wie dies Wentker begründet.[68] Vielmehr scheint mir der stetige Druck, der auf Eltern und Kinder über verschiedene Institutionen ausgeübt wurde und der Verunsicherungen und Behinderungen in Schule und im Berufsleben – und damit Existenzängste insgesamt – auslösen sollte, sehr viel stärker gewirkt zu haben. Die Folge davon waren ein massiver Rückgang der Konfirmationen in den evangelischen Landeskirchen der DDR und massenhafte Austritte aus der Kirche.[69] Die SED war damit eindeutiger Gewinner dieser Auseinandersetzungen und hatte ihren Monopolanspruch auf die Erziehung der heranwachsenden Generation erneut bekräftigt. Sie bediente sich der Kinder- und Jugendorganisation zur Durchsetzung ihrer Politik, um gleichzeitig alternative Formen der Kinder- und Jugendarbeit zu unterbinden.

---

68 Wentker stellt resümierend fest: „Im Zusammenhang mit einem Neuansatz in der Kirchenpolitik nach 1954, der u.a. auf die Propagierung des Atheismus setzte, gelang die Zurückdrängung des kirchlichen Einflusses in einem sehr viel größeren Ausmaß als in den Jahren 1950 bis 1953." Vgl. ders., Kirchenkampf in der DDR., a.a.O., S. 127.

69 Vgl. Detlev Urban/Hans Willie Weinzen, Jugend ohne Bekenntnis?, a.a.O., S. 158 ff.

KAPITEL 5

Die Entwicklung zur sozialistischen Massenorganisation

1. Die Durchsetzung zentralistischer Organisationsprinzipien

Der Verband der „Jungen Pioniere“ war von Anfang an sowohl personell als auch in seiner inhaltlichen Ausrichtung eng mit der FDJ verbunden. Daran änderte auch die formale Umbenennung der „Kindervereinigung der FDJ“ in „Verband der Jungen Pioniere“ nichts. Bis zum Jahre 1957 erfolgte die unmittelbare Leitung der Pionierorganisation über den Zentralrat der FDJ.

Mit der Übernahme des Sekretariats für Pioniere und Schulen des Zentralrats der FDJ durch die der SED angehörenden Margot Feist im Dezember 1949 war die politische Führung im Sinne der Parteilinie der SED endgültig durchgesetzt. Sämtliche politische Kursänderungen der FDJ wurden folglich von der Pionierorganisation mitgetragen, ebenso wie sie in die Vorbereitung von politischen Höhepunkten miteinbezogen wurde.

War in der Anfangszeit der Pionierorganisation die Unterstellung unter die Aufsicht der SED noch nicht so deutlich wahrnehmbar, so änderte sich dies mit der 1. Funktionärskonferenz der FDJ vom 26. 11. 1950, an der auch Vertreter der Pionierorganisation teilnahmen, grundlegend. Das Hauptreferat auf dieser bedeutenden Konferenz hielt Walter Ulbricht. Nachdem er den anwesenden Funktionären die Linie der SED in bezug auf den internationalen Klassenkampf und die Verantwortung der Jugend in diesem Rahmen ausführlich dargestellt hatte, kam er zu dem Schluß, daß die „Freie Deutsche Jugend ihre Aufgabe nur erfüllen (kann), wenn sie die führende Rolle der Sozialistischen Einheitspartei anerkennt, der einzigen Partei, die sich von der wissenschaftlichen Lehre Marx, Engels, Lenins und Stalins leiten läßt, die Partei, die...die höchste Organisation unter allen Organisationen darstellt.“[1] Obwohl offiziell vom Aufbau des Sozialismus in der DDR noch keine Rede war, forderte Ulbricht die FDJ auf, noch „größere Anstrengungen zu unternehmen, um die junge Generation im Geiste der Demokratie und des Sozialismus zu erziehen...“[2]

---

1 Protokoll der 1. Funktionärskonferenz der FDJ am 26. 11. 1950, in: SAPMO-BArch, DY 25/490, S. 58.
2 Ebenda.

Die FDJ und mit ihr die Pionierorganisation nahm diese Forderung nach Anerkennung der Führungsrolle der SED und des Aufbaus des Sozialismus sofort auf. Margot Feist als Verantwortliche für die Pionierorganisation beteuerte: „Man kann daher mit vollem Recht feststellen, daß noch niemals in der Geschichte unseres Volkes ein solch herzliches und schöpferisches Verhältnis zwischen Regierung und Jugend vorhanden war, wie es in der Deutschen Demokratischen Republik besteht. Voll Dankbarkeit und Liebe gedenkt die Jugend unseres Landes der Männer, die in der Regierung der Deutschen Demokratischen Republik alles tun, damit das Werk des friedlichen Aufbaus, in enger Zusammenarbeit mit dem werktätigen Volk und seiner Jugend weiter voranschreitet."[3] Und so würde das Ziel verfolgt, „die Jungen Pioniere noch stärker in der Liebe zur Deutschen Demokratischen Republik und unserem Präsidenten zu erziehen"[4]. Damit war die FDJ gemeinsam mit den Jungen Pionieren die erste Massenorganisation, die sich zur führenden Rolle der SED bekannte, obwohl die FDJ dies offiziell erst in ihrem auf dem IV. Parlament im Mai 1952 verabschiedeten Statut verankerte.[5] Die einst wie „ein Augapfel" zu hütende angebliche Überparteilichkeit war damit im Grundsatz aufgegeben.

Dieser Vorgang konnte so reibungslos ablaufen, weil die Mehrzahl der Funktionäre in der FDJ zum Anfang der fünfziger Jahre bereits Mitglieder der SED waren[6] und diese vor allem anderen die Parteilinie durchzusetzen hatten. Diejenigen, die sich bis dahin nicht gleichschalten ließen, waren entweder von ihren Funktionen zurückgetreten, aus dem Verband ausgeschlossen oder aber auch verhaftet worden.[7] Die bestehenden Parteien des Antifaschistischen Blocks griffen in diese Entwicklung nicht ein, machten sie doch selbst einen Transformationsprozeß in Hinblick auf die Anerkennung der Führungsrolle der SED durch.

Diese Bindung von FDJ und Pionierorganisation an die SED betraf nicht allein ideologische Fragen, in denen es in der Folge niemals zu ernsthaften Widersprüchen oder Konflikten gekommen ist. Die SED versuchte gleichzeitig ihr bewährtes Struktur- und Führungsprinzip des „demokratischen Zentralismus" in der Massenorganisation einzuführen. Obwohl schon auf der Gründungstagung der Pionierorganisation dieses Prinzip in die entworfene Struktur der Pionierorganisation einfloß, wurde es in geradezu bürokratischer Weise auf der 10. Tagung des Zentralrats der FDJ im September 1951[8] dargelegt. Die SED vertraute eben nicht allein auf die charismatische Überzeugungskraft ihrer Heroen der Arbeiterbewegung, sondern setzte auf ein ausdifferenziertes und gestuftes System von bürokratischen Regeln und Kontrollinstanzen. Nach den Vorgaben des Zentralrats der FDJ, die selbstverständlich mit der zuständigen Abteilung im ZK der SED abgestimmt waren, hatte sich die Struktur von der Basis, der Pioniergruppe, über den Gruppenrat bis zum Freundschaftsrat, der dem Pionierleiter der Schule zur Seite stand, per Wahlakt aufzubauen. Die Führungsfunktionen wie der Gruppenpionierleiter, der Pionierleiter der Freundschaft (auf der Ebene der Schule), wurden von der FDJ-Kreisleitung bestimmt, die – wie

---

3 Ebenda, S. 21.

4 Ebenda.

5 Vgl. Ludwig Vogt, Die Freie Deutsche Jugend, a.a.O., S. 392.

6 Vgl. Ulrich Mählert, „Die gesamte junge Generation für den Sozialismus begeistern", in: Jürgen Weber (Hg.), Der SED-Staat: Neues über eine vergangene Diktatur, a.a.O., S. 78.

7 Vgl. dazu Manfred Klein, Jugend zwischen den Diktaturen, 1945 - 1956, a.a.O., S. 53 ff.

8 Vgl. Zur Verbesserung der Arbeit der Organisationen der Jungen Pioniere. Entschließung der 10. Tagung des Zentralrats der FDJ vom 1. 9. 1951, in: Dokumente und Beschlüsse der FDJ, Band III, S. 62 ff.

alle höheren Funktionen in den Sekretariaten der Kreis- und Bezirksleitungen bis zum Zentralrat der FDJ – von der jeweils übergeordneten Leitungsebene berufen wurden. Die Kader für die höchste Leistungsebene, des Sekretariats des Zentralrats der FDJ wurden in logischer Konsequenz vom Politbüro der SED[9] bestätigt. Ebenso verhielt es sich mit den Berichten und Rechenschaftslegungen, die an die jeweils übergeordnete Ebene zu richten und nicht etwa in erster Linie an die Organisationsbasis adressiert waren.

Detailliert wurden die Anleitungsformen für die Gruppen- und Freundschaftspionierleiter beschrieben, die Häufigkeit der Zusammenkünfte festgelegt sowie die Methoden der Arbeitsplanung, wie über Monats-, Quartals- und Perspektivpläne, fixiert.[10] Einen breiten Raum nahm die Festlegung ritualer Handlungen ein. An jeder Schule hatte der Direktor den Jungen Pionieren einen Raum zur Verfügung zu stellen. In diesem sollte eine Ausstellung über die Organisation eingerichtet und in den Ecken Ehrungen von Stalin, Wilhelm Pieck und Ernst Thälmann vollzogen werden. Jede Freundschaft sollte über eine eigene Fahne, eine Trommel und Fanfare, die Gruppe über Wimpel, Horn und Trommel verfügen, womit die Tradition aus der kommunistischen Jugendorganisation fortgeführt wurde. Die Aufnahme eines Pioniers hatte mit der Unterschrift unter das Gelöbnis und der bekannten Grußformel „Für Frieden und Völkerfreundschaft – seid bereit“ und der Erwiderung „Immer bereit“ zu erfolgen. Gleichzeitig wurden dem Pionier Halstuch und Pionierabzeichen übergeben. Dabei war ihm das Bewußtsein zu vermitteln, daß diese in Ehre zu halten seien und keineswegs achtlos mit diesen Symbolen umgegangen werden dürfe. Darüber hinaus wurden Regeln für Ehrungen von Pionieren (z.B. an den Wandzeitungen) und disziplinarische Maßnahmen beschlossen. Struktur und Verhaltensregeln entsprachen dabei auffallend denen der sowjetischen Pionierorganisation, was nicht verwunderlich war, reisten doch regelmäßig Delegationen des FDJ-Zentralrats zum Studium der dortigen Erfahrungen in die Sowjetunion. Zudem wurde das Organisationsprinzip des „demokratischen Zentralismus“ in dieser Zeit von der SED in allen Massenorganisationen durchgesetzt.

Ein weiteres – sichtbares – Zeichen der Bindung der Kinderorganisation an die herrschende Partei war die Verleihung des Ehrennamen „Ernst Thälmann“ auf Beschluß des ZK der SED. Sie wurde anläßlich des ersten Pioniertreffens im August 1952 in Dresden, an dem rund 25 000 Junge Pioniere teilnahmen, vorgenommen. Symbolisch wurde die Rote Fahne mit den Bildnissen Ernst Thälmanns und Wilhelm Piecks an die Pionierorganisation übergeben. In einem Bericht darüber hieß es: „Mit heiligem Ernst küßten die Jungen Pioniere die rote Fahne der Arbeiterklasse und zehntausende Pioniere gelobten feierlich bei ihrer Pionierehre, als Söhne und Töchter des deutschen Volkes, sich stets des Namens Ernst Thälmann würdig zu erweisen.“[11] In kultischer Weise und in mystischer Inszenierung legten die Pioniere ein Gelöbnis vor der SED und der Regierung der DDR ab. Sie gelobten, sich „stets unerschrocken für den Sieg des Sozialismus in unserem Lande“ einzusetzen und „die Freundschaft mit der Sowjetunion zu pflegen und zu hüten so wie Ernst

---

9 Vgl. z.B. die Bestätigung der „Vorschlagsliste“ durch das Politbüro der SED vom 10. Mai 1949 für das Büro des Zentralrats der FDJ, die Sekretäre des Zentralrats sowie des Vorsitzenden der FDJ, in: SAPMO-BArch, DY 30/J IV 2/2/22, Anlage 1. Bl. 12-14. Diese Zeremonie wiederholte sich vor jedem neuen Wahlakt.

10 10. Tagung des Zentralrats der FDJ vom 1. 9. 1951, in: Dokumente und Beschlüsse der FDJ, a.a.O.

11 Protokoll der 3. Tagung des Zentralrats der FDJ vom 19.-21. 12. 1952, S. 277, in: SAPMO-BArch, DY 24/2.153.

Thälmann und Wilhelm Pieck". Sie versprachen, vorbildlich „zu leben und zu lernen, um würdige Bürger unserer Deutschen Demokratischen Republik zu werden"[12].

Der Zentralrat der FDJ zog aus der Namensverleihung die Konsequenz, „daß wir die Jungen Pioniere und Schüler zur Achtung und in der Liebe zur Arbeiterklasse und ihrer Vorhut, der Sozialistischen Einheitspartei Deutschlands erziehen, die unserem Volk im Kampf um Frieden, Demokratie und Sozialismus vorangeht"[13]. Die Pionierorganisation hatte sich damit eindeutig unter die Führerschaft der SED begeben und auf ihre Vorbilder – häufig in geradezu schwülstiger Weise – fixiert.

Nach der 2. Parteikonferenz der SED im Juli 1952, die den Aufbau der Grundlagen des Sozialismus in der DDR beschloß, sollten die Jungen Pioniere ebenfalls für diese Aufgabe verpflichtet werden. Sofort gab der Zentralrat der FDJ den Pionierauftrag „Lernt und kämpft zum Ruhme unseres sozialistischen Vaterlandes" heraus, mit dem man die Pioniere in klassenkämpferischer Weise auf die neue Parteilinie einschwören wollte. Die Pioniere wurden vor den „Kriegstreibern", den „Pest-Amis" und der „Adenauerbande" gewarnt, die die Heimat der Jungen Pioniere angeblich bedrohten, um in Reaktion darauf die Aufgaben für den Aufbau des Sozialismus in der DDR abzuleiten.[14] Der Pionierauftrag stellte ein Programm für Verhaltensanforderungen und zu erbringende „gute Taten" an die Jungen Pioniere dar, die auch sie für die Entwicklung des Sozialismus leisten könnten. „Geht mit Begeisterung an die Arbeit. Kein Tag für den Jungen Pionier ohne eine patriotische Tat."[15] Dieses Gedankengut und die Umsetzung dieser Anforderungen waren Gegenstand der Pioniernachmittage. „Bewährte Genossen" und Arbeiterveteranen wurden eingeladen, um aus ihrem Leben und ihrem Kampf für die Arbeiterklasse zu erzählen. Pioniere gingen in Betriebe und LPG's, um den sozialistischen Aufbau in Industrie und Landwirtschaft zu bestaunen und die Leistungen der Werktätigen zu würdigen. Auf diese Weise wurde die kindliche Suche nach Vorbildern und Lebensorientierung für Herrschaftsinteressen mißbraucht. Sehr gefiltert bekamen die Kinder ein ideales Bild der Wirklichkeit geschildert, sollten sie vom guten Willen der Partei, der man uneingeschränkt vertrauen könnte, überzeugt werden, weil auch sie ihnen vertraute. „Ihr besitzt das Vertrauen der Sozialistischen Einheitspartei Deutschlands, mit Wilhelm Pieck, Otto Grotewohl und Walter Ulbricht an der Spitze. Ihr besitzt das Vertrauen der Regierung der Deutschen Demokratischen Republik, auf Euch schaut das ganze deutsche Volk."[16] Dieses Pathos und diese Überhöhung hatten schon einmal ihre Wirkung gezeigt, so glaubte man wohl.

Um das Bewußtsein von Pflicht und Verantwortung wachzuhalten und bei den Kindern ständige Mobilisierungsbereitschaft zu erzeugen, wurden zahlreiche Verpflichtungserklärungen gegenüber Partei und Regierung abgegeben, wurden Wettbewerbe, Appelle, Großveranstaltungen und Manifestationen durchgeführt. Ständiger Aktionismus sollte ein politisch bewegtes und inhaltsreiches Pionierleben vortäuschen. Allein im Jahre 1952 wurden von zentraler Ebene zu ungefähr fünf Wettbewerben bzw. Pionieraufträgen aufgerufen, die dann in den einzelnen Pioniergruppen umgesetzt wurden. Darunter waren der Wettbewerb „Mein Freund – der Plan", der in Vorbereitung zum IV. Parlament der FDJ geführt wurde,

---

12 Gelöbnis der Jungen Pioniere, enthalten in „Lernt und kämpft zum Ruhme unseres sozialistischen Vaterlandes, in: SAPMO-BArch, DY 25/248.

13 Protokoll der 3. Tagung des Zentralrats der FDJ vom 19.-21. 12. 1952, a.a.O., S. 278.

14 Pionierauftrag „Lernt und kämpft zum Ruhme unseres sozialistischen Vaterlandes, S. 3, a.a.O.

15 Ebenda, S. 8.

16 Ebenda.

wie auch die mehr auf den schulischen Bereich orientierenden Pionieraufträge, wie „Lernt und kämpft für den Frieden“ u.a., die aber sämtlich mit politischer Zielrichtung geführt wurden.

Mit der Verkündung des Aufbaus des Sozialismus in der DDR und „in Auswertung der II. Parteikonferenz“[17] wurden dann auch Gelöbnis und Gesetze der Jungen Pioniere geändert und dem neuen politischen Kurs angepaßt. Nunmehr hatten die Jungen Pioniere laut ihren Gesetzen für den Aufbau des Sozialismus zu kämpfen und im Geiste Ernst Thälmanns und Wilhelm Piecks zu handeln, deren Namen vorher nicht erwähnt worden waren. Konkreter hieß es jetzt: „Wir helfen nach unseren Kräften mit im Kampf um den Frieden, ein einheitliches, demokratisches, friedliebendes und unabhängiges Deutschland und den Aufbau des Sozialismus in unserer Deutschen Demokratischen Republik.“[18] Keine Kursänderung der SED, die nicht in der Pionierorganisation nachvollzogen worden wäre!

2. Die politische Mobilisierungsrolle der Kinderorganisation am Beispiel des 2. Pioniertreffens 1955

Dem Zweck der politischen Mobilisierung der Kinder dienten auch die mit großem Aufwand inszenierten Pioniertreffen, wovon das erste im August 1952 in Dresden stattfand und die weiteren im Drei-Jahresrhythmus in unterschiedlichen Städten durchgeführt wurden. Diese Treffen, zu denen die Pioniere aus der gesamten Republik anreisten, wurden gerne wahrgenommen, entsprachen sie doch dem Bedürfnis der Kinder nach Geselligkeit, Abwechslung und gemeinschaftlichen Erlebnissen mit Gleichaltrigen. Sie wurden jedoch propagandistisch genutzt, um die Verbundenheit zwischen den Heranwachsenden und der Partei zu demonstrieren und die Führungsrolle der SED in bezug auf die Jugend zu bekräftigen.

Das zweite Pioniertreffen, das vom 12. 8.-19. 8. 1955 in Dresden stattfand, sollte nicht nur den politischen Aktionismus der Jungen Pioniere zu diesem Ereignis zum Ausdruck bringen, sondern bereits im Vorfeld wurde ein umfangreiches Programm der politischen Mobilisierung der Jungen Pioniere entwickelt. Gleichzeitig sollten breite Kreise der Bevölkerung in das Geschehen miteinbezogen werden, um so dessen politische Ausstrahlung zu erhöhen. Gerade angesichts der zurückliegenden Ereignisse um den 17. Juni 1953 hielt es die SED-Führung für notwendig, ihre vorgebliche Verbindung zum Volk offiziell zur Schau zu stellen und andererseits ihren Anspruch auf die Jugend erneut deutlich zu machen.[19] Allein durch diktatorische Maßnahmen, die Unterdrückung und Verfolgung An-

---

17 Beschluß des Zentralrats der FDJ zur Ergänzung des Gelöbnisses und der Gesetze der Jungen Pioniere, S. 1, in: SAPMO-BArch, DY 24/2.154.

18 Nunmehr wurde der Satz: "die Kämpfer der Werktätigen sind die Vorbilder der Jungen Pioniere“ ersetzt durch „die revolutionären Kämpfer...“, auch trieb man nicht mehr nur Sport, sondern stählte seinen Körper, man sollte nicht nur zu den „Besten“ in der Schule gehören, sondern auch „diszipliniert“ sein, usw. Vgl. ebenda.

19 Der 17. Juni 1953 ging auch an der Pionierorganisation nicht spurlos vorüber. Die Akten der FDJ-Kreisleitungen hielten einige Vorkommnisse in der Pionierorganisation fest. Für Berlin-Prenzlauer Berg wird z.B. berichtet, daß Pioniere öffentlich ihre Halstücher zerrissen oder verbrannten und ihren Austritt aus der Organisation erklärten. An einer Schultafel prangte die Losung: „Wir wollen keine Pan-

dersdenkender, konnte die SED-Führung diesem System keine Stabilität verleihen – gerade auch aufgrund der nicht geklärten Deutschlandfrage und unter den Bedingungen der Zweistaatlichkeit. Sie mußte – neben Maßnahmen auf sozialpolitischem Gebiet – auch „Höhepunkte" für die Bevölkerung schaffen, die zum Mitmachen oder zur Identifikation mit dem politischen System einluden. Diese Erwartung knüpfte die SED-Führung auch an das II. Pioniertreffen und dessen propagandistische Ausschlachtung.

Das Pioniertreffen diente im Selbstverständnis des FDJ-Zentralrats dem Ziel, „vor der Partei der Arbeiterklasse und der Regierung unseres Arbeiter- und Bauernstaates Rechenschaft darüber abzulegen, wie die Vorschläge und Weisungen der Sozialistischen Einheitspartei Deutschlands und des Präsidenten Wilhelm Piecks zur Verbesserung der Arbeit der Pionierorganisation ‚Ernst Thälmann' verwirklicht wurden. In einer Leistungsschau auf allen Gebieten der Tätigkeit der Pionierorganisation soll das glückliche und unbeschwerte Leben der Kinder unserer Deutschen Demokratischen Republik zum Ausdruck kommen". Das Treffen sollte weiterhin dazu beitragen, „die Bedeutung der Pionierorganisation als Massenorganisation aller Kinder... in der Öffentlichkeit" zu dokumentieren.[20]

Bereits in Vorbereitung des Ereignisses, im Januar 1955, erging ein Aufruf des Zentralrats der FDJ an die Pionierorganisation unter der Losung: „Wir rufen Euch zum II. Pioniertreffen!". Er stellte die Aufgabe, höhere Leistungen in der Schule zu vollbringen, durch gesellschaftlich-nützliche Tätigkeit bei der ökonomischen Stärkung der DDR mitzuhelfen sowie die Jungen Pioniere zu einer Massenorganisation zu entwickeln.[21] So kam es in Vorbereitung des Pioniertreffens zu zahlreichen Verpflichtungserklärungen, neue Mitglieder für die Organisation zu werben, schulische Leistungen zu verbessern und materielle Werte für den Aufbau des Sozialismus in der DDR zu schaffen. Zugleich wurden anläßlich des Pioniertreffens Einzel- und Kollektivverpflichtungen, – besonders in Berlin – abgegeben, „die Schülerregeln einzuhalten und keine Schund- und Schmutz-Literatur zu lesen", worunter die beliebten Mickymaus-Hefte, Abenteuerromane und Groschenhefte aus dem Westen zählten. In Berlin-Friedrichshain gelang es den Pionieren sogar, „ein ganzes Nest von Schülern auszuheben, die regen Handel mit diesen Schmökern trieben".[22] Weiterhin hatten sich im Vorfeld des Pioniertreffens sämtliche Pädagogische Räte mit den Problemen der Pionierarbeit auseinanderzusetzen.[23] Darüber hinaus wurden an verschiedenen Schulen neue Patenschaftsverträge mit Produktionsbetrieben abgeschlossen. Deren Betriebsparteiorganisationen stellten den Jungen Pionieren die Aufgabe, die Geschichte des Betriebes und das Leben der Arbeiter „früher und heute" zu erforschen. Die Ergebnisse sollten auf dem II. Pioniertreffen präsentiert werden. Gleichzeitig stellten verschiedene Betriebe Geschenke für das Pioniertreffen zur Verfügung.[24] Auf diese Weise beschäftigte

---

zer, sondern Butter". Von einer Pionierleiterin wurden Akten der Organisation verbrannt. Wandzeitungen mit den Bildnissen von Wilhelm Pieck oder Karl Marx wurden abgerissen. Insgesamt zeugen die Akten von einer allgemeinen Verunsicherung der Pionierfunktionäre. Vgl. Informationsberichte der FDJ-Kreisleitung Prenzlauer Berg, in: LAB, FDJ/AB 330.

20 Veranstaltungsplan des Zweiten Pioniertreffens in Dresden, S. 2, in; SAPMO-BArch, DY 25/1.147.

21 Bericht über die Vorbereitung des II. Pioniertreffens der Jungen Pioniere, in: SAPMO-BArch, DY 25/1.147.

22 Abschlußbericht über den Wettbewerb zum II. Pioniertreffen der FDJ-Bezirksleitung Groß-Berlin vom 1. 8. 1955, S. 2, in: SAPMO-BArch, DY 25/155.

23 Ebenda.

24 Die hier angeführten Aktivitäten stützen sich sämtlich auf Berichte aus den verschiedenen Bezirksleitungen der FDJ, die vom Zentralrat angefordert worden waren. Vgl. in: SAPMOB-Arch,DY 25/155.

man Schule, Betriebe und die gesamte Pionierorganisation mit der Ausgestaltung des Treffens.

Die Lehrer und Pionierleiter hatten die Pioniere auf das Ereignis nicht nur durch zahlreiche Verpflichtungserklärungen, das Anfertigen von Geschenken (Bastelarbeiten, Fotoalben usw.) einzustimmen, sondern es sollten zugleich verschiedene politische Themen angesprochen werden. So wurden Wandzeitungen zu den „Warschauer Verträgen" gestaltet und gegen die „Pariser Verträge" Stellung genommen.[25] Zur „Verbesserung der patriotischen Erziehung" nahmen zahlreiche Pionierfreundschaften Kontakt zu den Abschnittsbevollmächtigten der Deutschen Volkspolizei auf und führten verschiedene Sportwettkämpfe durch.

Viele Initiativen waren im Zusammenhang mit der 1948 gegründeten Kasernierten Volkspolizei geplant. So gab es Patenschaftsverträge mit den Einheiten der KVP, Geländespiele wurden gemeinsam durchgeführt, Wandzeitungen über die KVP angefertigt und Angehörige der KVP festlich verabschiedet. In Ebersbach, Bezirk Leipzig, schrieben die Pioniere 200 Briefe an Jugendliche, um sie zum Eintritt in die KVP zu bewegen. Anläßlich von Feierlichkeiten mit der KVP verpflichteten sich Pioniere, mit 18 Jahren ebenfalls der KVP beizutreten.[26] In den Grenzgebieten des Bezirkes Suhl wurden unter dem Motto „Wie können wir unseren Volkspolizisten helfen" zahlreiche Gruppennachmittage mit den Angehörigen der Volkspolizei durchgeführt.[27] Im Bezirk Erfurt gab es allein 173 Veranstaltungen mit der KVP.[28]

Anläßlich der Genfer Konferenz der Außenminister der Großmächte[29] sammelten Junge Pioniere Unterschriften unter der Bevölkerung, um ihren Friedenswillen zu demonstrieren. Sie gestalteten Hauswandzeitungen und Litfaßsäulen und verteilten z.B. in Leipzig Handzettel über den Verlauf der Genfer Konferenz.[30] Es gab große Unterschriftenaktionen gegen das „Schandurteil des Karlsruher Verfassungsgerichts gegen Jupp Angenfort und Wolfgang Seiffert" im Zusammenhang mit dem Verbot der FDJ in Westdeutschland, wie insgesamt die gesamtdeutsche Arbeit der Jungen Pioniere enorm belebt wurde, um den Willen zur Wiedervereinigung Deutschlands – zu den Bedingungen der Sowjetunion und der DDR – erneut zu bestätigen. Allein im Bezirk Erfurt schrieben die Pioniere 30 000 Briefe an westdeutsche Institutionen, aber auch an Kinder, in denen sie ihren politischen

---

25 Die „Pariser Verträge", die am 27. 2. 1955 im Deutschen Bundestag ratifiziert worden waren, besiegelten die West-Integration der Bundesrepublik. Im Mai folgte dann die Gründung des Warschauer Paktes. Damit wurde die Spaltung Deutschlands weiter vorangetrieben. Vgl. Christoph Kleßmann, Zwei Staaten, eine Nation. Deutsche Geschichte 1955-1970, Bonn 1988, S. 68 ff.

26 Abschlußbericht im Wettbewerb der Jungen Pioniere in Vorbereitung auf das II. Treffen vom 30. 7. 1955, FDJ-Bezirksleitung Leipzig, S. 3, in: SAPMO-BArch, DY 25/155.

27 Bericht zur Auswertung des Wettbewerbs der Pionierorganisation..., vom 13. 4. 1955, FDJ-Bezirksleitung Suhl, S. 4, in: SAPMO-BArch, DY 25/155.

28 Abschlußbericht des Wettbewerbs zur Vorbereitung des II. Pioniertreffens in Dresden vom 27. 7. 1955, FDJ-Bezirksleitung Erfurt, S 2, in: SAPMO-BArch, DY 25/155.

29 Von der Genfer Außenministerkonferenz der Großmächte, die im Juli 1955 stattfand, erwartete man Fortschritte in der Deutschlandfrage in Hinblick auf eine Wiedervereinigung. Da die Westmächte erneut gesamtdeutsche Wahlen als Vorbedingung forderten, denen die Sowjetunion wiederum nicht zustimmte, kam keine Einigung zustande. Vgl. Hermann Weber, DDR. Grundriß der Geschichte 1945-1990, Hannover 1991, S. 71 ff.

30 Abschlußbericht der FDJ-Bezirksleitung Leipzig vom 30. 7. 1955, S. 2. Alle Berichte bis Fußnote 35 in: SAPMO-BArch, DY 25/155.

Standpunkt darlegten und über ihre glückliche Kindheit in der DDR berichteten.[31] Sie fügten den Briefen Reden von DDR-Politikern bei oder schickten die Pionierzeitung an Schulen und westdeutsche Pioniergruppen. Auch wurden Päckchen an westdeutsche Kinder geschickt oder Geld für die „eingekerkerten Friedenskämpfer" und streikende Arbeiter versandt.[32] Entsprechend der politischen Lage sollten wiederum die Beziehungen zu Westdeutschland belebt werden, um der Forderung nach der Einheit Deutschlands aus der Sicht der Pionierorganisation Nachdruck zu verleihen. Diese Aktionen fanden sämtlich als Vorbereitung auf das Pioniertreffen statt.

Zur materiellen Unterstützung des Pioniertreffens wurden zahlreiche Aktionen wie Altstoffsammlungen, Arbeitseinsätze oder Organisierung von Geldspenden durchgeführt. Im Bezirk Erfurt konnte so ein Erlös von 40 000 Mark erzielt werden[33], im Bezirk Suhl erbrachte eine Geldsammelaktion ca. 8 000 Mark[34], in den anderen Bezirken fanden ebensolche Sammlungen statt. Darüber hinaus verpflichteten sich zahlreiche Pioniergruppen und Pionierfreundschaften, gegenständliche Werte für das Pioniertreffen zu stiften. Im Bezirk Erfurt verpflichteten sich die Pioniere 10 Physikzimmer den koreanischen und vietnamesischen Pionieren in Dresden als Solidaritätsgeschenk zu überreichen.[35] In Strausberg sammelten Pioniere Bleistifte und Radiergummis für die Volksrepublik Albanien und stellten Trachtenpuppen für koreanische Kinder her.

Im Rahmen des Nationalen Aufbauwerkes (NAW) wurden zahlreiche Einsätze durchgeführt. Im Bezirk Rostock pflanzten Pioniere 14 Hektar Mais[36], auf jeden Kreis kam dabei ein Hektar, im Bezirk Erfurt wurden Weiden und Pappeln gepflanzt und insgesamt für 18 000 Mark Werte im Rahmen des NAW geschaffen.

Dies sind einige der im Vorfeld des Pioniertreffens verzeichneten Aktivitäten, die hier nur beispielhaft angeführt wurden. Sie sollten den Jungen Pionieren das Gefühl geben, „tatkräftig" am Aufbau des Sozialismus teilzunehmen.

In die Vorbereitung und Durchführung des Pioniertreffens waren darüber hinaus eine Vielzahl von Betrieben und gesellschaftlichen Organisationen, aber auch Hausgemeinschaften – besonders im Dresdner Raum – einbezogen. Sie hatten materielle Unterstützung zu leisten, Veranstaltungen zu organisieren bzw. selbst durchzuführen, wie z.B. Betriebsbesichtigungen, Exkursionen, kulturelle Darbietungen usw. sowie für die benötigten Quartiere zu sorgen. Somit diente das Pioniertreffen nicht nur der Mobilisierung der Pionierorganisation selbst, sondern strahlte auf die übrige Bevölkerung aus. Man versuchte, diese zu aktivieren, was über Partei, Gewerkschaft, Kulturbund, DFD und andere Organisationen mit entsprechendem Druck – so z.B. über gemeinschaftliche Verpflichtungserklärungen – erfolgte.

Das Ereignis selbst wurde als große Massenveranstaltung unter Teilnahme der Dresdner Bevölkerung inszeniert. Es begann mit einem Eröffnungsappell, einer Parade mit 15 Marschblöcken und einer Großkundgebung. Nunmehr fand die Auszeichnung des „besten Bezirkes" und „der Pionierorganisation der besten Kreise" im Wettbewerb zur Vorberei-

31 FDJ-Bezirksleitung Erfurt vom 27. 7. 1955, S. 3.
32 FDJ-Bezirksleitung Suhl vom 13. 4. 1955, S. 2.
33 FDJ-Bezirksleitung Erfurt vom 27. 7. 1955, S.3.
34 FDJ-Bezirksleitung Suhl vom 13. 4. 1955, S. 4.
35 FDJ-Bezirksleitung Erfurt vom 27. 7. 1955, S. 3.
36 FDJ-Bezirksleitung Rostock vom 1. 8. 1955, S. 4.

tung des Pioniertreffens statt, indem ihnen ein rotes Banner mit dem Bildnis Ernst Thälmanns verliehen wurde.[37]

Während des Pioniertreffens, das fast eine Woche dauerte, wurden Veranstaltungen der Pionierräte, die über ihre Arbeit diskutierten, durchgeführt, Treffen mit ausländischen Delegationen organisiert, auf denen auch die im Vorfeld angefertigten Geschenke überreicht wurden. Jeweils fand ein Tag der „Jungen Naturforscher", der „Jungen Techniker", der „Jungen Touristen" – viele Veranstaltungen davon, die der Ausbildung der Wehrbereitschaft dienen sollten – und der „Jungen Historiker" statt. Es gab zahlreiche Begegnungen mit den Angehörigen der KVP, mit denen gemeinsame Geländespiele durchgeführt wurden. Gleichzeitig organisierte man eine Vielzahl von sportlichen Wettkämpfen. So setzte sich der „touristische Fünfkampf" beispielsweise aus den Disziplinen „Luftgewehr schießen, Handgranaten Zielwurf, Hindernislauf, Entfernung schätzen und Kartenzeichen erkennen" zusammen.[38] Eine Vielzahl von Kulturveranstaltungen, Exkursionen und Wanderungen belebten das Pioniertreffen. Aber auch Betriebsbesichtigungen, Treffen mit Arbeiterveteranen und Angehörigen der Sowjetarmee gehörten zum Plan. Beendet wurde das Pioniertreffen mit einer „Leistungsschau" und einer großen Abschlußkundgebung.

Das Ende des Pioniertreffens war allerdings keinesfalls mit dem Nachlassen der Aktivitäten verbunden. Schon schritt man zur nächsten Aktion. Noch auf dem II. Pioniertreffen verkündete das Zentralkomitee der SED einen Aufruf an die Jungen Pioniere: „Unsere Werktätigen begannen ein ‚Wilhelm-Pieck-Aufgebot', um bessere Arbeitsleistungen zu Ehren unseres geliebten Präsidenten, der sein 80. Lebensjahr vollendet. Wir kennen Eure Liebe zu Wilhelm Pieck und wissen, daß Ihr ihm für seine unermüdliche Arbeit danken wollt."[39] Das Zentralkomitee der SED rief daher die Pionierorganisation dazu auf, „zu Ehren unseres Präsidenten den Arbeitern beim Bau eines 3000 Tonnen Handelsschiffes zu helfen. Jedes einzelne Schiffsteil soll erzählen können, von welcher Gruppe Junger Pioniere Schrott gesammelt, von welcher Freundschaft das Geld aufgebracht, von welchem Kreisverband das Material zusammengetragen wurde. Das Schiff soll den Namen ‚Ernst-Thälmann-Pioniere' tragen, und Eure Besten werden seine erste Fahrt miterleben...Vorwärts, Junge Pioniere! Im Geiste Ernst Thälmanns! Für Frieden und Völkerfreundschaft! Seid bereit!"[40]. Die nächste Aufgabe für die Jungen Pioniere war gestellt, neue Taten waren im Dienste der SED und der Republik zu vollbringen. Dabei floß auch hier – wie bei anderen Aufrufen ebenfalls – die kultische Verehrung um die Führerpersönlichkeit ein, der sich der einzelne verpflichtet fühlen sollte. Da die Repräsentanten der DDR allerdings kaum über eine charismatische Ausstrahlung verfügten, gingen diese kultischen Absichten meist ins Leere. Sie trugen nicht in vergleichbarer Weise wie z.B. in der nationalsozialistischen Diktatur zur Identifikation über die Führerpersönlichkeiten mit dem gesellschaftlichen System bei.

Zur Durchführung dieser vom ZK der SED gestellten neuen Aufgabe wurde ein detaillierter Plan durch den Zentralrat der FDJ für die Pionierorganisation erarbeitet. Er enthielt u.a. Maßnahmen an das Ministerium für Volksbildung, um die Mitwirkung der Schulen an

---

37 Veranstaltungsplan des Pioniertreffens, in: SAPMO-BArch, DY 25/1.147.

38 Abschlußbericht der Abteilung Sport und Touristik vom 23. 8. 1955, S. 1, in: SAPMO-BArch, DY 25/155.

39 Aufruf des Zentralkomitees der SED an die Jungen Pioniere anläßlich des II. Treffens der Jungen Pioniere in Dresden 1955, in: Der Junge Pionier, Nr. 34, 8. Jg. vom 20. 8. 1955.

40 Ebenda.

dem Auftrag zu erreichen, indem diese Massenveranstaltungen organisierten und die außerschulischen Einrichtungen einbezogen. Darüber hinaus sollten in den Verlagen, speziell den Kinder- und Jugendbuchverlagen, Erzählungen und Artikel zur Entwicklung des Schiffbaus, Bilderserien zur Entwicklung der Seefahrt, über Konstruktionen moderner Kriegsschiffe in der Sowjetunion u.a. erscheinen. Presse, Film und Funk sollten ihrerseits Pläne ausarbeiten, wie sie diesen Auftrag der Partei an die Pionierorganisation wirksam unterstützen könnten. Mit dem Ministerium für Leichtindustrie war zu vereinbaren, die Spielzeugfabriken auf die Herstellung entsprechender Erzeugnisse wie Schiffsmodelle, Matrosen, Schiffe zum Aussägen, Spielkarten mit entsprechender Thematik usw. zu orientieren.[41]

Ein solch koordiniertes Vorgehen konnte nur in einer zentralistisch organisierten und durchplanten Gesellschaft, in der das Weisungsprinzip von oben nach unten unumstößliches Gesetz war, realisiert werden. Alle denkbaren Einrichtungen, von den Elternbeiräten, gesellschaftlichen Organisationen, den Medien bis zu den herstellenden Industrien sollten für die Umsetzung der Aufgabe einbezogen werden. Daran zeigt sich auch die Breitenwirkung, die durch die Pionierorganisation erreicht werden sollte.

Anläßlich des 80. Geburtstages von Wilhelm Pieck berichteten im Januar 1956 die Jungen Pioniere über die Erfüllung des von der SED gestellten Pionierauftrages. Innerhalb von nur 4 Monaten hatten sie für den Bau des 3000-Tonnen-Frachters namens „Thälmann-Pionier“ 29 000 t Schrott, 495 t Buntmetall, 290 t Altpapier sowie 1.4 Mill. Mark (!) gesammelt.[42]

Neben dem nicht unbedeutenden wirtschaftlichen Effekt hatte der Aufruf auch den Aktionismus der Pionierorganisation wachzuhalten. Durch die Organisierung einer Vielzahl ähnlicher „Initiativen“ versuchte man, die Jungen Pioniere – und mit ihnen die daran beteiligten Organisationen, Institutionen und Personen – in ständiger Mobilisierungsbereitschaft zu halten. Dabei übersah man allerdings, daß auf die Dauer sich ein solcher Aktionismus abnutzte und Gleichgültigkeit bis Ablehnung bewirken konnte. In dem Bestreben, die Bevölkerung und mit ihr die Pioniere ständig gleichsam an einem Band zu halten, ihr keine Atempause – etwa zur Reflexion – zu gönnen, sondern durch Aktionen sie immer stärker in den Aufbau und die Entwicklung des politischen Systems zu integrieren, verlor die Führung das Maß für die von ihr gestellten Forderungen. Sie überforderte z.T. die Bevölkerung, zumal sich allein auf diesem Wege keine Identifikation mit dem Staat erreichen ließ.

Dennoch fand die Inszenierung von „Höhepunkten“ – besonders geselligen Charakters – bei einem Teil der Kinder und Jugendlichen Anklang. Sie kamen ihrem Bedürfnis nach Gemeinsamkeit, Unterhaltung und Romantik, auch dem Wunsch, etwas Bedeutsames leisten zu können und dafür Anerkennung zu erfahren, entgegen.

---

41 Vgl. Plan des Zentralrats der Freien Deutschen Jugend zur Führung des Verbandes und der Pionierorganisation „Ernst Thälmann“ zur Mithilfe beim Bau des 3000-t-Frachtschiffes „Thälmann-Pioniere“, (undatiert), in: SAPMO-BArch, DY 25/248.

42 Geschichte der Pionierorganisation „Ernst Thälmann“, Chronik, a.a.O., S. 56.

3. „Tauwetter" in der Pionierorganisation?

Trotz der vielen inszenierten Kampagnen und „Höhepunkte" für die Heranwachsenden in der DDR, von denen man sich eigentlich Identifikation mit dem bestehenden System erhoffte, entsprach das Verhalten der Kinder und Jugendlichen nicht den Erwartungen der herrschenden Partei. In dem Beschluß des Politbüros des ZK der SED „Der Jugend unser Herz und unsere Hilfe" vom 24. 1. 1956 wurde realistisch festgestellt, daß es der Partei bisher nicht gelungen sei, die Mehrheit der Jugend zu erreichen. Eher hilflos wurde die Frage aufgeworfen, warum trotz der optimistischen Perspektive, die der Sozialismus den Jugendlichen biete, noch viele „abseits stehen oder dem Einfluß des Gegners unterliegen"[43]. Zentrale Bedeutung erhielt folgende Frage – im übrigen im Vorfeld der Ereignisse in Ungarn 1956, die diese noch erhärtet hätte – : „Woran liegt es, daß trotz der großen Leistungen unserer Jugend, trotz der Erfolge der Arbeit mit der Jugend der gegenwärtige Stand der Jugendarbeit angesichts der neuen Aufgaben unbefriedigend ist, daß Rückschläge eingetreten sind, daß Teile der Jugend sich noch nicht so einmütig und fest für die Festigung, Stärkung und Verteidigung der DDR einsetzen, wie das notwendig und möglich wäre."[44] Und man hatte sogleich das übliche verkürzte Erklärungsmodell parat: „Das hat seine Hauptursache darin, daß ein wesentlicher Teil der Parteileitungen sich trotz richtiger Beschlüsse und ernster Hinweise des ZK nicht genügend mit der Jugend beschäftigt, die Fragen der Jugend in ihrem Bereich nicht genügend geklärt hat..."[45]. Der Partei sei es noch nicht gelungen, „täglich und stündlich auf allen Wegen und mit allen geeigneten Mitteln...auf die Entwicklung des Bewußtseins der Jugend einzuwirken..."[46]. Vielfach würde die Entwicklung der jungen Menschen dem Selbstlauf überlassen und man glaube, diese könnten sich selbst erziehen. Es würde sorglos mit der Tatsache umgegangen werden, daß zahlreiche Jugendliche noch nicht der Jugendorganisation angehörten, andere nur formal Mitglied seien. Und so zog die SED die Schlußfolgerung: „Diese Lage kann um so weniger geduldet werden, als das Ziel der Partei darin besteht, die junge Generation, die unsere Arbeit fortsetzen und vollenden wird, zu unbeugsamen, standhaften Patrioten zu erziehen, sie ideologisch zusammenzuschweißen zu einer festen Einheit des Willens und der Tat, zu einer einzigen großen Stoßbrigade des sozialistischen Aufbaus."[47] Um diese Formung nach den Vorstellungen der Herrschenden zu erreichen, war nach Ansicht der Partei die möglichst frühzeitige Einflußnahme auf die Heranwachsenden erforderlich. Folglich wurde herausgestellt, daß die ideologische Erziehung „zu standhaften Kämpfern für die Sache der Arbeiterklasse bereits im Kindergarten und in der Schule (anfängt)"[48].

Dieser Beschluß reflektiert im Grunde die „stagnierende" Entwicklung der Kinder- und Jugendorganisation und auch ihr bisher begrenzter Einfluß hinsichtlich einer systemkon-

---

43 Der Jugend unser Herz und unsere Hilfe. Beschluß des Politbüros vom 24. 1. 1956, S. 4, in: SAPMO-BArch, DY 30/IV 2/16/114, oder in: Dokumente der Sozialistischen Einheitspartei Deutschlands, Band VI, Berlin 1958, S. 11 ff. Den folgenden Zitaten wurde der Beschluß des Politbüros, wie er im SAPMO-BArch enthalten ist, zugrundegelegt.

44 Ebenda, S. 6.

45 Ebenda.

46 Ebenda, S. 7.

47 Ebenda, S. 8.

48 Ebenda.

formen Sozialisation der Heranwachsenden. Gleichwohl formulierte die SED-Führung detailliert Aufgaben für die Gesamtpartei, die einzelnen Parteigruppenorganisationen in den Betrieben, Institutionen und gesellschaftlichen Organisationen sowie für das einzelne Parteimitglied, wie die Erziehung der Jugend wirksam zu verbessern sei. Mit Hilfe von Parteiaufträgen sollte ein Aufschwung in der patriotischen Erziehung der Jugend erreicht werden.

Dennoch konnte die SED sich zunächst nicht intensiv mit der Umsetzung dieses Beschlusses befassen. Zu sehr war sie mit ihren eigenen Problemen konfrontiert, nachdem die Enthüllungen des XX. Parteitages der KPdSU (14. 2-25. 2. 1956) über den stalinistischen Terror und den Personenkult zu Unruhen in den eigenen Reihen geführt hatten. Mit der Aufdeckung stalinistischer Verbrechen verbanden sich auch in der DDR Hoffnungen auf eine Veränderung des Führungsstils in der SED, aber auch auf Reformen des gesellschaftspolitischen Systems. Sowohl innerhalb der SED als auch unter Intellektuellen und Studenten artikulierten sich Erwartungen in Hinblick auf eine Kurskorrektur in Richtung eines demokratischen Sozialismus. Alternativen zu der bisherigen politischen und wirtschaftlichen Entwicklung rückten ins Blickfeld und die Frage eines besonderen deutschen Weges mit der Perspektive der Wiedervereinigung spielte erneut eine Rolle. Als herausragende Konzeption dieser Zeit kann wohl die von Wolfgang Harich erarbeitete „Plattform für einen besonderen deutschen Weg zum Sozialismus“ gelten. Sie sollte zur Diskussion „mit dem Ziel der sozialistischen Demokratisierung der DDR und der friedlichen Wiedervereinigung Deutschlands, des Sozialismus und der nationalen Souveränität und Unabhängigkeit“[49] anregen. Vorgeschlagen wurden Reformen auf wirtschaftlichem und politischen Gebiet, die zugleich mit einer Stärkung der demokratischen Mitbeteiligungsmöglichkeiten der Bevölkerung verbunden wurden.[50] Fragen der Dezentralisierung in Wirtschaft und Verwaltung, der Tolerierung unterschiedlicher Eigentumsverhältnisse spielten dabei ebenso eine Rolle wie die Herstellung demokratischer Bürgerrechte, einschließlich des Streikrechts der Gewerkschaften. Ähnliche Überlegungen wie die in der „Plattform“ festgehaltenen kursierten in verschiedenen Gruppen von Intellektuellen, Studenten und in Wirtschafts- und Parteikreisen, in denen immer wieder eine Demokratisierung der Gesellschaft eingefordert wurde.[51] Sie zielten in der Mehrheit auf die Einleitung von Reformen innerhalb des sozialistischen Systems und nicht auf die Abschaffung desselben.[52] In diesem Zusammenhang gerieten auch die bisherigen Führungsmethoden der SED sowie die persönliche Macht Walter Ulbrichts in das Zentrum der Kritik. Dieser versuchte, die Vorwürfe des Personenkults abzuwehren wie auch insgesamt die Diskussion um Demokratisierungsbestrebungen in der DDR einzudämmen. Mit der Feststellung, Stalin sei kein Klassiker des Marxismus[53] und dem Appell, keine „Fehlerdiskussion“ zuzulassen, wollte

---

49 Wolfgang Harich, Keine Schwierigkeiten mit der Wahrheit. Berlin 1993, S. 123.

50 Vgl. ebenda, S. 138 ff.

51 Vgl. Rüdiger Beetz, Die „Rebellion der Intellektuellen“ in der DDR 1956/58, in: Inge Kircheisen (Hg.), Tauwetter ohne Frühling. Das Jahr 1956 im Spiegel blockinterner Wandlungen und internationaler Krisen, Berlin 1995, S. 126 ff.

52 Wie breitgefächert diese Diskussionen waren und welches Ausmaß diese angenommen hatten, belegen sehr eindrucksvoll die von A. Mitter und S. Wolle ausgewerteten parteiinternen Akten und Informationsberichte des Ministeriums für Staatssicherheit. Vgl. Armin Mitter/Stefan Wolle, Untergang auf Raten. Unbekannte Kapitel der DDR-Geschichte, München 1993, S. 163 ff.

53 „Neues Deutschland“ vom 4. März 1956.

Ulbricht die Auseinandersetzungen um den XX. Parteitag der KPdSU bewenden lassen. Die III. Parteikonferenz der SED vom 24.-30. 3. 1956 machte daher weniger die Konsequenzen, die aus der Rede Chruschtschows zu ziehen waren zum Thema als vielmehr wirtschaftliche Fragen. Es erfolgte lediglich eine oberflächliche Distanzierung vom Stalinkult sowie den aufgedeckten Repressalien.[54] Die Erwartungen der Öffentlichkeit wurden in dieser Hinsicht schwer enttäuscht. Die Auseinandersetzung um den Stalinismus war jedoch nicht so einfach zu unterbinden. Die Diskussionen in und außerhalb der SED weiteten sich aus und nahmen an Schärfe zu. Am 22. Mai 1956 beschloß das Politbüro eine „Direktive über die Aufhebung von Parteiverfahren, Einsprüche gegen Parteiverfahren und Beschwerden", die „Überspitzungen" vergangener Parteiverfahren und Entscheidungen revidieren sollte[55] und in deren Folge zahlreiche Rehabilitierungen ausgesprochen wurden. Allmählich begriff die SED-Führung, daß sie aktiv werden mußte. Nachdem Walter Ulbricht selbst zum „wissenschaftlichen Meinungsstreit" aufgerufen hatte, forderte erstmals auch das ZK der SED auf seiner 28. Tagung, die vom 27. 7. bis 29. 7. 1956 stattfand, zur freimütigen Diskussion auf. Das ZK der SED gestand nunmehr ein, daß es auch innerhalb der Partei Erscheinungen des Personenkultes und des Dogmatismus gegeben habe, die konsequent zu überwinden seien. Mit frischem Mut solle an neue Fragestellungen herangegangen werden und sich in der Partei eine breite Diskussion entfalten.[56] Dieser Aufforderung kamen nicht nur viele Wissenschaftler und Künstler bereitwillig nach, sondern auch Mitglieder der SED in den verschiedenen Institutionen wagten einen zaghaften Versuch einer kritischen Auseinandersetzung.

Interessant ist in diesem Zusammenhang, wie die FDJ in bezug auf die Führung der Pionierorganisation auf diese Entwicklungen reagierte. Zunächst mußte die FDJ sich selbst einer kritischen Prüfung unterziehen lassen. Auf der 25. Tagung des ZK der SED vom 24.-27. Oktober 1955 wurde ihr vorgeworfen, daß die Leitungen des Verbandes den Kontakt zu den Jugendlichen weitgehend verloren hätten und kaum noch Einfluß auf die Masse ihrer Mitglieder ausüben würden. Bei den Jugendlichen entstünde der Eindruck, „daß sie selbst keinerlei Einfluß auf die Tätigkeit der FDJ ausüben können, weil dort alles von oben bestimmt werde und weil man jeden mit Mißtrauen betrachtet und behandelt, wenn er mal einen anderen Gedanken zum Ausdruck bringt".[57] Als Ursache dafür wurde die Bürokratisierung und die Aufblähung des Apparates angesehen, wodurch die Beziehungen zu den jugendlichen Mitgliedern verlorengegangen seien. Erneut wurden die verantwortlichen Funktionäre gemahnt, nicht das „frohe Jugendleben" zu vergessen. Vor allem die zunehmend hohe Zahl von jugendlichen Republikflüchtigen bildete dabei die eigentliche Besorgnis der Führung der SED. So hatte sich deren Zahl von 1954 auf 1955 nahezu verdoppelt, so daß insgesamt im Jahre 1955 der Anteil der Jugendlichen im Alter von 18 bis 25 Jahren an den Ausgereisten aus der DDR fast 40 Prozent betrug.[58] Als Begründung für diese Ausreisebewegung mußte die unattraktive Arbeit der FDJ unter den Jugendlichen

---

54 Vgl. Hermann Weber, DDR. Grundriß der Geschichte 1945-1990, a.a.O., S. 76.

55 Frank Stern, Dogma und Widerspruch. SED und Stalinismus in den Jahren 1946-1958, München 1992, S. 178/179.

56 Vgl. Die nächsten ideologischen Aufgaben der Partei, Beschluß des ZK vom 29. Juli 1956. In: Dokumente der SED, Band VI, S. 120-122.

57 SAPMO-BArch, DY 30/IV 2/1/152, Bl. 85, zitiert nach Peter Skyba, Die FDJ im Tauwetter – Tauwetter in der FDJ? In: Helga Gotschlich (Hg.), Links und Links und Schritt gehalten..., a.a.O., S. 207.

58 Ebenda, S. 208.

herhalten. In Konsequenz der 25. Tagung des ZK der SED richtete der Zentralrat der FDJ in Absprache mit dem Politbüro der SED[59] einen Aufruf an die Jugendlichen in der DDR „An euch alle, die ihr jung seid", der im Kern – neben der erneuten Abgrenzung zum „Klassenfeind" – eine Verbesserung der Jugendarbeit unter Berücksichtigung der Interessen und Bedürfnisse der Jugendlichen vorsah.[60] Das Verbandsleben sollte insgesamt an Attraktivität gewinnen, indem u.a. Jugendforen veranstaltet werden sollten, auf denen über Fragen, die die Jugendlichen bewegten, offen diskutiert werden konnte.[61]

Diese Wendung in der Arbeit der Jugendorganisation bildete den Hintergrund für die 14. Tagung des Zentralrats der FDJ, die vom 13. bis 14. Juli 1956 stattfand und die sich ausschließlich mit Fragen der Pionierorganisation beschäftigte. In der Vergangenheit standen im übrigen Probleme der Kinderorganisation nur noch selten auf ihrer Tagesordnung. Zum letzten Mal hatte man sich 1952 ausführlich mit der Pionierorganisation befaßt, wie selbstanklagend vermerkt wurde.[62] Zu sehr wäre die Pionierarbeit bisher als „Ressortangelegenheit" einzelner Funktionäre betrachtet worden und nicht als Angelegenheit des ganzen Verbandes der FDJ. „Den stärksten Ressortgeist gibt es gegenwärtig noch in den Sekretariaten und Apparaten, sowohl beim Zentralrat, wie auch in den Bezirks- und Kreisleitungen".[63] Die Argumentation glich damit auffallend der, die die SED in bezug auf die Jugendarbeit geübt hatte.

Dennoch versuchte der Zentralrat auf dieser Tagung die Pionierarbeit kritisch zu beleuchten und andere Akzente zu setzen. So standen diesmal nicht vorrangig Probleme der Administration, der Anleitung und Schulung im Vordergrund, sondern die Frage, inwieweit die Pionierorganisation tatsächlich die Interessen und Bedürfnisse der Kinder berücksichtige und somit als „ihre" Organisation angesehen werde. Die Pionierorganisation solle „nicht nur alles machen, was den Kindern Freude bereitet", sondern sie müsse sogar alles machen, „was die Kinder sonst außerhalb der Pionierorganisation in ihrer Freizeit tun würden."[64] Dabei sollte die Selbsttätigkeit der Kinder größere Berücksichtigung finden. Immerhin war das Bemühen sichtbar, stärker auf die Interessen und Bedürfnisse der Kinder einzugehen. Dazu boten die obligatorischen Gruppennachmittage bisher allerdings wenig Anreiz. Die interessanten Tätigkeiten, so wurde festgestellt, fanden vielmehr in den einzelnen Arbeitsgemeinschaften statt, die auch Nichtmitgliedern offenstanden. Wie sollte die Pionierarbeit ansprechender werden, „wenn jegliche praktische Tätigkeit, jegliche neue, interessante Tätigkeit außerhalb der Gruppe in den Arbeitsgemeinschaften durchgeführt wird", so wurde gefragt. „Bleiben den Pioniergruppen nur noch Versammlungen?"[65] Um die Pionierarbeit daher anziehender zu gestalten, sollten Inhalte von Arbeitsgemeinschaften „an die Pioniergruppen zurückgegeben werden"[66]. Auf diese Weise versuchte man, die Pionierarbeit neu zu beleben, indem man wiederum die Arbeitsgemeinschaften beschnitt,

59 Vgl. Politbürositzung vom 7. 2. 1956, Protokoll Nr. 6, in: SAPMO-BArch, DY 30/J IV 2/2/460.
60 Der Aufruf wurde abgedruckt in: Junge Welt vom 9. 2. 1956.
61 Zur tatsächlichen Umsetzung dieses Aufrufes in die Praxis vgl. Peter Skyba, a.a.O., S. 211 ff.
62 14. Tagung des Zentralrats der FDJ vom 13.-14. Juli 1956, in: „Der Pionierleiter", Heft 9/1956, Beilage, S. 10.
63 Ebenda.
64 Ebenda, S. 2/3.
65 Ebenda, S. 4.
66 Ebenda, S. 5.

und damit zugleich einen Anwerbungsversuch für den Eintritt in die Pionierorganisation verband.

Stärker als bisher wurde eine deutliche Trennung zwischen Pionierorganisation und außerschulischen Veranstaltungen gezogen, die die exponierte Rolle der Organisation herausstellen sollte. Es sei notwendig, „die Pionierarbeit von der Massenarbeit mit allen Kindern zu unterscheiden“ und es müsse daher „Veranstaltungen geben, die nur für die Jungen Pioniere sind“.[67] Um die altersbedingten Besonderheiten der Kinder wesentlich mehr berücksichtigen zu können, sollten „Spielgruppen der Jungen Pioniere“, und zwar für die sechs- bis zehnjährigen Kinder, gebildet werden.[68] Diese hatten vor allem geselligen und kurzweiligen Charakter zu tragen. „Mehr Spiel und Sport – ohne Reglementierung“, so wurde gefordert.[69] Die Pionierorganisation sollte darüber hinaus vermehrt kulturelle Angebote auch an den Wochenenden offerieren, um stärker in der Freizeit der Kinder präsent sein und diese lenken zu können. „Mit Hilfe der Pionierorganisation ist mehr auf das Spiel und die Tätigkeit aller Kinder in den Wohngebieten und auf den Spielplätzen Einfluß zu nehmen“[70], hieß es dazu in der Entschließung der 14. Zentralratstagung. Es sei nicht richtig, so wurde betont, daß die gesamte Arbeit unter den Kindern nur an den Schulen stattfinde und nicht dort, wo die Kinder zu Hause wären. Auf der Ebene der FDJ-Kreisleitungen begann man in Auswertung dieser Tagung sogleich darüber nachzudenken, Pioniergruppen auf Wohngebietsbasis zu organisieren.[71] Dies hätte allerdings eine Verlagerung des Schwerpunktes der Pionierarbeit auf den Freizeitbereich zur Folge gehabt. Daher wurden diese Überlegungen später in scharfer Form als revisionistisch und sektiererisch verurteilt.[72]

Auffallend an dieser Tagung ist weiterhin die starke Betonung der Bedeutung der Gruppe im Vergleich zu der sonst exponierten Behandlung der Stellung des Pionierleiters und Leitungsorgane. Nachdrücklich wird aufgefordert, „sich gründlich mit dem Problem der Kollektiverziehung zu befassen“[73]. Diese Hervorhebung wird allerdings nur im Kontext mit anderen Veröffentlichungen dieser Zeit, die sich ebenfalls mit diesem Problem beschäftigen, deutlich. Besonders zu nennen ist dabei der in der Zeitschrift „Der Pionierleiter“ erschienene Aufsatz von Werner Lindner „Die Gruppe – das Zentrum der Erziehungsarbeit in der Pionierorganisation ‚Ernst Thälmann‘“[74], in dem explizit die Selbsttätigkeit der Gruppe und das Eingehen auf die Interessen der Kinder zum Thema gemacht wird. Die besondere Betonung von Kollektivität und Gruppe zu dieser Zeit ist nur vor dem Hintergrund der Auseinandersetzungen mit dem Personenkult und Führerprinzip, die zu als „Entartung“ bewerteten Erscheinungen des Sozialismus geführt hätten, zu begreifen. Der Macht eines einzelnen Führers und ihr Mißbrauch sollte daher durch kollektive Leitung und Entscheidung entgegengewirkt werden – so die Forderung einer Reihe von opponierenden SED-Mitgliedern in den Apparaten und der Basis der Partei selbst. Keineswegs

67 Ebenda, S. 4.
68 Ebenda, S. 5.
69 Ebenda, S. 9.
70 Ebenda, S. 21/22.
71 Vgl. z.B. Sekretariatsbesprechung der FDJ-Kreisleitung Berlin-Prenzlauer Berg vom 28. 8. 1956, in: LAB, FDJ/AB 336.
72 Vgl. Abschnitt 5.5.
73 14. Tagung des Zentralrats der FDJ, a.a.O., S. 4.
74 Vgl. „Der Pionierleiter“, Heft 1/1956, Beilage, S. 1-16.

wollten diese die Fragen des Personenkults auf die Sowjetunion begrenzt wissen. Auf der kurz zuvor stattgefundenen Politbürositzung vom 3. Juli 1956 forderte Fred Oelßner: „Wir haben mit der Auswertung des XX. Parteitages noch nicht richtig begonnen...Für uns steht in diesem Zusammenhang die wichtige Frage: Gibt es in der SED einen Personenkult. Jawohl, es gibt ihn und im Zusammenhang damit ein persönliches Regime, das hauptsächlich vom Genossen Ulbricht ausgeübt wird.“[75] Da das politische System selbst von den führenden Genossen nicht in Frage gestellt wurde, machte sich die Kritik vor allem an der Person Ulbrichts, seiner Selbstherrlichkeit und seinen Entscheidungsalleingängen, fest. Dieser behindere die notwendigen Reformen des gesellschaftspolitischen Systems und damit die weitere Entfaltung des Sozialismus.

Diese Diskussionen, die nur zum geringsten Teil in der Öffentlichkeit geführt wurden, prägten jedoch indirekt die Beschlüsse, Stellungnahmen und Aufrufe verschiedenster Organisationen in dieser Zeit. Sie flossen daher auch in die Erörterung der Fragen um die Inhalte und Methoden der Pionierorganisation ein. Die stärkere Betonung der Kollektivität der Führung wurde an der Rolle des Freundschaftsrates an den Schulen festgemacht. „Uns scheint, daß der Freundschaftsrat häufig dem Pionierleiter mehr oder weniger zur Dekoration seiner von ihm selbst, ohne Beachtung der Wünsche der Kinder, ausgedachten ‚Beschlüsse‘ gedient hat.“[76] Die Mitglieder der Freundschaftsräte wären nicht genug in den Gruppen verwurzelt, da sie mehr oder weniger von diesen wegdelegiert würden – als diejenigen, die man in der Gruppe entbehren könne. Dadurch hätte aber auch der Pionierleiter leichtes Spiel und könnte seine Entscheidungen ohne nennenswerte Einwände durchsetzen.

Dies sollte sich mit der Einbindung des Pionierleiters in eine kollektive Führung und damit der Beschneidung seiner „Allmacht“ ändern. Auf diese Weise könnten wiederum die Wünsche und Bedürfnisse der Kinder stärkere Berücksichtigung finden. Daher wurde vorgeschlagen, daß die Vorsitzenden der Gruppenräte selbst, die durch die Pioniergruppe legitimiert waren, den Freundschaftsrat bildeten, um wiederum aus ihren Reihen den Vorsitzenden und seinen Stellvertreter zu wählen. Gleichzeitig forderte der Zentralrat der FDJ, „von den übertriebenen Wahlkampagnen zu Beginn jedes Schuljahres Abstand zu nehmen“[77], die die Wahl des Freundschaftsrates begleiteten.

Diese Details sind insofern von Interesse, weil sie die Auswirkungen der politischen Vorgänge dieser Zeit bis hin zur Pionierorganisation aufzeigen. Immerhin wurde die Frage der Eigenständigkeit der Organisation erstmals in dieser Weise thematisiert. Versucht wurde dabei ein Spagat zwischen schulischer Einbindung und relativer Unabhängigkeit der Pionierorganisation. In diesem Zusammenhang wurde die heikle Frage aufgeworfen, ob die Pionierorganisation „verschult“ sei.[78] Obwohl die Pionierorganisation die Schule unterstützen solle, müsse „trotz allem die Pionierorganisation in allen Dingen ein eigenes, selbständiges, unabhängiges Leben führen...“ Der Pionierleiter habe nicht „allgemeine Schulpolitik zu betreiben, sondern...die Organisation der Kinder zu leiten.“[79] Dies waren deutliche Worte. Auch in der Entschließung der 14. Zentralratstagung heißt es dazu: „Der

75 Zit. nach: Frank Stern, Dogma und Widerspruch, a.a.O., S. 179. Vgl. zu dieser Problematik insgesamt ebenda, S. 168 ff.

76 14. Tagung des Zentralrats der FDJ, a.a.O., S. 5.

77 Ebenda, S. 21.

78 Ebenda, S. 3.

79 Ebenda.

selbständige Charakter der Pionierorganisation wurde bisher nicht klar genug herausgestellt."[80] Und an anderer Stelle wird betont, daß die „Formen und Methoden...sich grundsätzlich von denen der Schule" zu unterscheiden haben.[81] In einem nach der 14. Tagung vom Zentralrat der FDJ erstellten internen Diskussionsmaterial, das die Leitungspraxis der Pionierorganisation aufgrund von Untersuchungen einer eigens dafür gebildeten Kommission durchleuchtete, wurden ebenfalls die negativen Auswirkungen durch die enge Bindung an die Schule kritisiert. Es war in diesem Zusammenhang „falsch, mit der fortschreitenden Entwicklung und dem starken Anwachsen der Pionierorganisation bei der Gewinnung von Gruppenpionierleitern in der Hauptsache auf die Lehrer zu orientieren...Die Pionierorganisation verlor dadurch ihren selbständigen Charakter und wurde in vielen Fällen zu einem Anhängsel der Schule."[82] Diese Bestrebungen zur stärkeren Abgrenzung der Pionierorganisation zur Schule, die zu dieser Zeit auch von einigen Lehrern an den Schulen selbst gefordert wurde, stand später unter dem Verdikt des Revisionismus.[83]

Die Verantwortung der Lehrer für die Pionierorganisation hatte jedoch noch eine andere Seite, die vom zuständigen Sekretär der Abteilung Volksbildung und Kultur beim ZK der SED, Werner Neugebauer[84], auf der 14. Tagung des Zentralrats der FDJ angesprochen wurde: die ideologische Überforderung und das mangelnde sozialistische Bewußtsein der Lehrer. Dies führe zu „Komplikationen" im Verhältnis von Lehrer und Pionierleiter sowie Schulleiter und Pionierleiter. „Wir sind uns darüber klar, dass auch viele Lehrer wissen, dass sie rein vom ideologischen Bewußtsein her noch nicht das zu geben vermögen, was unser Staat von ihnen verlangt. Das ist auch eine grosse seelische Belastung. Man muss sehr ernsthaft, auch als junge Menschen, als Jugendfunktionäre, diesen Prozess mit entwickeln helfen."[85] Neugebauer sah hierin einen Grund für die ungewöhnlich hohe Fluktuation unter der Lehrerschaft, die auch die „Republikflucht" mit einschloß. In einem Staat, „der seit 1950 18 500 Lehrer verliert, kann etwas im Verhältnis zum Lehrer nicht in Ordnung sein".[86] Ihm dürfe daher nicht mit Mißtrauen, sondern mit Vertrauen begegnet werden. Er befinde sich in einem Umerziehungsprozeß, den man nur mit Geduld und Überzeugungskraft begleiten könne, nicht aber mit dem „Holzhammer", einer „Anordnung"

---

80 Ebenda, S. 21.

81 Ebenda, S. 20.

82 Material zur Diskussion über die Arbeit der Pionierleiter, Einbeziehung der Werktätigen in die Arbeit der Pionierorganisation und der Führung der Pionierorganisation durch die Leitungen der FDJ, 1956, S. 11, in: SAPMO-BArch, DY 25/347. Immerhin waren zu diesem Zeitpunkt 80 Prozent der Gruppenpionierleiter Lehrer. In einigen Fällen waren Lehrer und Direktoren sogar als ehrenamtliche Freundschaftspionierleiter tätig. Vgl. ebenda, S. 9-10.

83 Vgl. u.a. 6. Tagung der Zentralleitung der Pionierorganisation, in: „Der Pionierleiter" Heft 11/1958, Beilage, S. 9.

84 Werner Neugebauer (1922-1993), war zunächst als Neulehrer tätig, wurde 1951 Kreisschulrat in Chemnitz-Land und dann Sekretär für Kultur und Erziehung des Bezirkstages in Karl-Marx-Stadt. 1956 wurde er als Leiter der Abteilung Allgemeinbildende Schulen in der Abteilung Volksbildung und Kultur in das ZK der SED berufen. 1958 wurde er Leiter dieser Abteilung. Er gehörte zu den Hartlinern unter den SED-Funktionären.

85 Protokoll der 14. Tagung des Zentralrats der FDJ vom 13.-14. 7. 1956, S. 229, in: SAPMO-BArch, DY 24/2.172.

86 Ebenda, S.228.

oder „Druck".[87] Allerdings kritisierte er in scharfer Form den Mangel an sozialistischem Bewußtsein bei einem großen Teil der Lehrerschaft, wofür er ihre bürgerliche und kleinbürgerliche Herkunft verantwortlich machte: „Das ist doch eine bedeutsame Tatsache, dass also auch diese über zwei Drittel Lehrer zu jener Schicht der Millionenmassen kleinbürgerlicher Kräfte gehören, die wir zum Sozialismus umerziehen müssen, und dass sie zum anderen noch vor einem viel größeren Konflikt stehen, nämlich einen staatlich gegebenen sozialistischen Erziehungsauftrag erhalten zu haben und selbst noch keine sozialistischen Persönlichkeiten sind."[88] Er kündigte an, daß sich die Führung der Partei mit diesem Problem bald beschäftigen wolle[89], was u.a. auch auf dem 30. Plenum des ZK der SED geschah.

Insgesamt wurde jedoch auf der 14. Tagung des Zentralrats der FDJ weitgehend auf administrative Maßnahmen verzichtet und es wird das Bemühen sichtbar, den Verband der Jungen Pioniere zu einer lebendigen Organisation zu entwickeln. In die Entschließung der Tagung sollte daher auch ausdrücklich der „Kampf gegen jeglichen Schematismus, jede Starrheit und jede Gängelei"[90] aufgenommen werden.

Allerdings dürfen diese neuen Akzente nicht überbewertet werden, da an dem politischen Charakter, dem Beitrag der Pionierorganisation zur patriotischen Erziehung der Kinder nicht gerüttelt wurde. Die 14. Zentralratstagung ist daher als höchst ambivalent zu werten. Die Funktionäre sicherten sich in vieler Hinsicht ab, verwickelten sich selbst in Widersprüche, so daß sie insgesamt den Eindruck großer Unsicherheit vermitteln. Und trotzdem wurden zum ersten Mal wieder Fragen aufgeworfen, die bislang nicht zur Debatte stehen durften, wie auch tatsächlich Probleme zur Sprache kamen, auf die nicht schon von vornherein eine fertige Antwort existierte.

4. Die Unterstellung der Pionierorganisation unter die Führung der SED

Den schwachen Tendenzen einer „Liberalisierung" der Pionierarbeit war jedoch keine lange Dauer beschieden. Die Reaktionen auf die Unruhen in Polen und die Niederschlagung des Volksaufstandes in Ungarn verliehen den reformfeindlichen Kräften in der SED neuen Auftrieb. Ab Oktober 1956 begann eine Verhaftungswelle, die sich vor allem gegen Studenten, Intellektuelle, opponierende Kommunisten, leitende Kirchenmitglieder und sogar Oberschüler richtete. Ende November wurde die „staatsfeindliche Gruppe" um Wolfgang Harich verhaftet, im Dezember folgten Janka, Zöger, Just und Wolf, die 1957 zu langjährigen Haftstrafen verurteilt wurden.[91] Um möglichst die gesamte Opposition erfas-

87 Ebenda.

88 Ebenda.

89 Vgl. ebenda S. 270/271.

90 Ebenda, S. 276.

91 Vgl. u.a. Walter Janka, Die Unterwerfung. München/Wien 1994; Wolfgang Harich, Keine Schwierigkeiten mit der Wahrheit, Berlin 1993; Erich Loest, Durch die Erde ein Riß, Leipzig 1990.

sen zu können, erließ die Volkskammer im Dezember 1957 ein Strafrechtsergänzungsgesetz, das die politischen Straftatbestände erheblich ausweitete.[92]

Mit dem 30. Plenum des ZK der SED vom 30. 1.-1. 2. 1957 begann der „harte Kern" der SED-Führung, seine ins Wanken geratene Macht zu stabilisieren und die aufgekommenen Demokratisierungsbestrebungen rasch zu unterbinden. Walter Ulbricht erklärte die DDR zum Bestandteil des sozialistischen Lagers,[93] damit jeder Tendenz in Richtung einer Wiedervereinigung eine Absage erteilend. Reformen auf wirtschaftlichem Gebiet wurden abgelehnt.[94] Werner Neugebauer hielt eine scharfmacherische Rede gegen das „Wirken des Gegners" an den Schulen und Hochschulen. Die Duldung dieser Einflüsse lastete er im besonderen den Lehrern und dem Hochschulpersonal, die im bürgerlichen und kleinbürgerlichen Bewußtsein verhaftet wären, an.[95] Damit war auch die Abrechnung mit den „revisionistischen Tendenzen" auf dem Gebiet des Erziehungs- und Bildungssystems eingeläutet.

Diese Offensive gegen den „Revisionismus" führte auch zu einer programmatischen Wende in der FDJ.

Die Diskussionen in der FDJ über die Ereignisse in Ungarn galten im Dezember offiziell als abgeschlossen.[96] Die Stellung der FDJ-Führung dazu war eindeutig und auch die Jungen Pioniere leisteten ihren politischen Beitrag, indem sie Geld und Spielzeug für die Kinder aus Ungarn sammelten.[97] Die FDJ beeilte sich, ihre Ergebenheit mit der SED zu demonstrieren. Auf „Empfehlung des Politbüros" arbeitete sie eine Vorlage für das Politbüro aus, in der sie sich als „Sozialistische Jugend-Organisation" deklarierte.[98] Diese wurde am 9. 4. 1957 als Beschluß des Politbüros auf seiner 18. Sitzung mit einigen Änderungen verabschiedet.[99] So wies das Politbüro den FDJ-Zentralrat an, u.a. folgende Veränderungen in dem Beschluß vorzunehmen: „Kein FDJler duldet, daß die Arbeiter- und Bauernmacht verleumdet wird", und: „die FDJ ist ein Teil der deutschen Arbeiterklasse und zuverlässiger Helfer ihrer Partei"[100]. Zwei Tage später ließ die FDJ-Führung diese veränderte

---

92 Frank Stern, Dogma und Widerspruch, a.a.O., S. 217 ff.

93 Vgl. Hermann Weber, DDR. Grundriß der Geschichte 1945-1990, a.a.O., S. 78.

94 In das Kreuzfeuer der Kritik gerieten vor allem auch die konzeptionellen Reformversuche Kurt Viewegs auf dem Gebiet der Landwirtschaft. Nach Honeckers Worten, der als Scharfmacher auftrat, liefen diese auf einen Verzicht der sozialistischen Umgestaltung der Landwirtschaft hinaus. Vgl. Rüdiger Beetz, Die „Rebellion der Intellektuellen" in der DDR 1956/58, a.a.O., S. 137.

95 30. Plenum des ZK der SED, Teil IV, S. 130.

96 Wocheneinschätzung der FDJ-Kreisleitung Berlin-Prenzlauer Berg, vom 17. 12. 1956, S.1, in: LAB, FDJ/AB 338. Dennoch zeigen die Informationsberichte insgesamt, daß die FDJ-Basis eine sehr kritische Haltung zur SED-Politik einnahm. Diese Aussage ist deshalb von der übergeordneten FDJ-Bezirksleitung auch in der Einschätzung mit einem Fragezeichen versehen.

97 FDJ-Kreisleitung Berlin-Prenzlauer Berg, Zu Fragen der massenpolitischen Arbeit, S. 3, vom 4. 12. 1956, in: LAB, FDJ/AB 338.

98 Dabei nutzte Walter Ulbricht im Politbüro der SED die Abwesenheit Karl Schirdewans, als Leiter der Abteilung Leitende Organe der Partei und Massenorganisationen des ZK der SED zuständig für die Anleitung der FDJ, aus, um den Kurs der FDJ neu zu bestimmen. Vgl. Peter Skyba, Die FDJ im Tauwetter – Tauwetter in der FDJ? a.a.O., S. 223. Schirdewan galt als Verfechter von Reformen und eines Entstalinisierungsprozesses und zog sich damit die besondere Feindschaft Walter Ulbrichts zu. Er war maßgeblich an der Wendung der FDJ zu einer lebendigen Jugendorganisation, wie sie in dem Aufruf: „An Euch alle, die Ihr jung seid!" vom Februar 1956 zum Ausdruck kommt, beteiligt.

99 Politbürositzung vom 23. 4. 1957, Protokoll Nr. 18, in: SAPMO-BArch, DY 30/J IV 2/2/538.

100 Ebenda, Bl. 3/4.

Fassung auf ihrer 16. Zentralratstagung am 25. 4. 1957 von ihren Mitgliedern beschließen. Walter Ulbricht persönlich nahm an dieser Zentralratstagung teil und überwachte die Durchsetzung des neuen Kurses. Die FDJ sollte mit einer großen ideologischen Auseinandersetzung mit „rückständigen" Auffassungen beginnen, um sich wirklich zu einer „sozialistischen Kampforganisation" der Jugend zu entwickeln.[101]

Diese ideologische Auseinandersetzung wurde von den jeweils übergeordneten FDJ-Leitungen kontrolliert – so sehr mißtraute man den entsprechenden Aktivitäten an der Basis. Darin kam letztlich die Unsicherheit sowohl der SED- als auch der FDJ-Führung zum Ausdruck, ihren neuen Kurs unbeschadet umsetzen zu können. So ließ der FDJ-Zentralrat im wöchentlichen Abstand von den Kreisleitungen der FDJ Stimmungsberichte über die Meinungen unter den FDJ-Mitgliedern an der Basis zu den politischen Ereignissen und der politischen Lage anfertigen. Die Berichte beispielsweise der FDJ-Kreisleitungen in Berlin zeichnen dabei ein äußerst negatives Bild über die Meinungen der Jugendlichen zur Politik der SED und erstaunen in ihrer Offenheit.[102] Ungeachtet dessen bekräftigte die FDJ ihre Rolle als „Kampfreserve der Partei", von der sie sich auch in Zukunft leiten ließ. Die 16. Tagung des Zentralrats der FDJ hatte die Organisation auf den stalinistischen Kurs zurückgeführt.

Nachdem die SED-Führung auf diese Weise in die Tätigkeit der FDJ eingegriffen hatte, kam nunmehr die Pionierorganisation an die Reihe. Immerhin hatte diese sich in der zurückliegenden Zeit als „schwankend" erwiesen und litt nach Meinung der SED-Funktionäre an Stagnationserscheinungen. Zudem sollten die Liberalisierungstendenzen in der Kinderorganisation unterbunden werden. Auf der Politbürositzung vom 30. 7. 1957 wurde daher beschlossen, eine Arbeitsgruppe zu berufen, die „Maßnahmen zur Verbesserung der Arbeit der Pionierorganisation ‚Ernst Thälmann'" erarbeiten sollte „unter dem Gesichtspunkt der Gewährleistung der leitenden Rolle der Partei"[103]. Dem vorausgegangen war die Ablehnung einer Vorlage[104], die zwar in Konsequenz der 16. Zentralratstagung der FDJ die Formulierung „Sozialistische Kinderorganisation" aufnahm, dennoch in ihren Aussagen noch stark an die „liberalen" Tendenzen des Jahres 1956 (z.B. der 14. Zentralratstagung) erinnerte.

Die nunmehr erstellte Fassung rief einige Unruhe unter den Sekretären des Zentralrats der FDJ hervor – und das nicht ohne Grund. Am 25. September beauftragte das Sekretariat des Zentralrats seinen Vorsitzenden Karl Namokel, sich dringend mit Karl Schirdewan, der zu diesem Zeitpunkt noch im Amt sowie Mitarbeiter dieser gebildeten Arbeitsgruppe war, in Verbindung zu setzen und „ihn zu bitten, eine Aussprache dazu mit dem gesamten Sekretariat noch vor Behandlung des Materials im Politbüro durchzuführen"[105]. Der Eingriff war dennoch nicht mehr aufzuhalten. Am 8. Oktober 1957 beschloß das Politbüro, die Pionierorganisation aus der unmittelbaren Unterstellung unter die FDJ herauszulösen und ihr eine selbständige Leitungsstruktur unter direkter Führung der SED zu verleihen. Dies

101 Vgl. Peter Skyba, Die FDJ im Tauwetter – Tauwetter in der FDJ? a.a.O., S. 223.

102 Vgl. die Informationsberichte z.B. der FDJ-Kreisleitungen Berlin-Lichtenberg, Köpenick und Pankow, in: LAB, FDJ/AB 366-367, AB 346, AB 454.

103 Politbürositzung vom 30. 7. 1957, Protokoll Nr. 32, in: SAPMO-BArch, DY 30/J IV 2/2/552, Bl. 3.

104 Die Vorlage war vom Sekretariat des Zentralrats der FDJ und der Abteilung Volksbildung und Kultur beim ZK der SED erarbeitet worden.

105 Sitzung des Sekretariats des Zentralrats der FDJ vom 25. 9. 1957, Protokoll Nr. 128, S. 2., in: SAPMO-BArch, DY 24/2.613.

war die Konsequenz aus der Tatsache, daß es der FDJ nicht gelungen war, sich intensiv um die Arbeit der Pionierorganisation zu kümmern und eine attraktive Kinderorganisation zu entwickeln. So blieb ihr nur übrig, auf der Dezember-Tagung die Zentralleitung der Pionierorganisation „Ernst Thälmann“ und ihren Vorsitzenden Robert Lehmann zu berufen.[106] Der bisherige Vorsitzende der Pionierorganisation Heinz Plöger, der diese Funktion seit 1955 ausgeübt hatte, wurde seiner Funktion entbunden und stand nunmehr der neuen Zentralleitung als Sekretär zur Verfügung.

Diese Maßnahme wurde vom Politbüro damit begründet, daß die sozialistische Erziehung der Kinder „höhere Anforderungen an die Pionierorganisation“[107] stelle. Diese könnten durch die Leitungen der FDJ nicht mehr erfüllt werden. Auch die Volksbildungsorgane erwiesen sich dafür als unzureichend. Zu dieser Zeit begann im Bildungswesen der DDR die Auseinandersetzung um „revisionistische Tendenzen“, die sich schon auf der 30. Tagung des ZK der SED durch die Rede Werner Neugebauers angekündigt hatte. Auf der Mitte Oktober stattfindenden 33. ZK-Tagung der SED (16.-19. 10. 1957) wurde Paul Wandel seiner Funktion als Sekretär des ZK für Kultur und Volksbildung enthoben.[108]

In der Begründung der Entscheidung des Politbüros hieß es: „Um die Beschlüsse des 30. und 32. Plenums des ZK der Sozialistischen Einheitspartei Deutschlands durchzuführen, ist es erforderlich, die Millionenmassen der Kinder im Sinne der sozialistischen Prinzipien zu erziehen und dahin zu wirken, daß sie durch ihre Umwelt im sozialistischen Sinne beeinflußt werden. Die Arbeiterklasse muß auf den sozialistischen Inhalt der gesamten Erziehungsarbeit in Schule, Jugendorganisation und Elternhaus zielstrebig Einfluß nehmen.“[109] Es sei daher notwendig, „eigene selbständige Leitungen der Pionierorgansiationen zu bilden, die sich aus partei- und lebenserfahrenen, politisch und pädagogisch qualifizierten Kräften zusammensetzen“.[110] Dies war eine herbe Niederlage für die Funktionäre der FDJ, denn das bedeutete indirekt, daß sie genau diese aufgeführten Qualitäten nicht besaßen. Einerseits hätte die FDJ sich zwar durch diesen Beschluß entlastet fühlen können, war sie doch mit ihren eigenen Aufgaben, der Gewinnung und politischen Mobilisierung der Jugendlichen für die von der SED vorgegebenen Aufgaben und Ziele, überaus beansprucht. Andererseits bedeutete aber die Abgabe der Verantwortung einen Prestigeverlust,

---

106 18. Tagung des Zentralrats der FDJ vom 10. 12. 1957, in: Dokumente und Beschlüsse der Pionierorganisation „Ernst Thälmann“, Bd. 1, o.J., S. 10.

107 Politbürobeschluß vom 8. 10. 1957, in: SAPMO-BArch, DY 30/J IV 2/2/562, Anlage, S. 5.

108 Auch wenn der Hauptangriffspunkt gegen Paul Wandel vor allem die Entwicklungen in den Bereichen Kultur und Wissenschaft bildete, denen er nicht Einhalt geboten habe, so kann die Schulpolitik dabei nicht ganz außer Betracht bleiben, wie dies Birgit Gebhardt behauptet. Danach wäre zu diesem Zeitpunkt die Schulpolitik noch kein Thema für die SED-Führung gewesen und sie sei auf die sich dort vollziehenden Liberalisierungstendenzen noch nicht aufmerksam geworden. Vgl. Birgit Gebhardt, Vom Revisionismusverdikt zum einheitlichen Bildungssystem. Zu Strategien in der Bildungspolitik Ende der 50er Jahre, a.a.O., Die nichtveröffentlichte Rede von Werner Neugebauer, dem zuständigem Abteilungsleiter im ZK der SED, auf der 14. Tagung des Zentralrats der FDJ belegt die Absicht, sich mit den Vorgängen in der Volksbildung zu befassen. Vgl. SAPMO-BArch, DY 24/2.172. Die Realisierung mußte jedoch weiter vertagt werden, da zunächst für die SED offenbar entscheidendere Fragen im Vordergrund standen. Daher konnten auch in wissenschaftlichen Gremien noch einige Zeit lang Probleme der Pädagogik thematisiert werden, wie sie z.B. Gert Geißler beschreibt. Vgl. ders./Ulrich Wiegmann, Schule und Erziehung in der DDR, a.a.O., S. 85 ff..

109 Politbürobeschluß vom 8. 10. 1957, in: SAPMO-BArch, DY 30/J IV 2/2/562, Anlage, S. 1.

110 Ebenda, S. 5.

waren ihr doch unmittelbare Einflußmöglichkeiten genommen worden, was sich nicht zuletzt auf die eigene, zukünftige Mitgliederrekrutierung negativ auswirken konnte. Tatsächlich ging die Mitgliederzahl von 1957 (53,6 Prozent) bis 1959 (38,2 Prozent) heftig zurück. Erst Mitte der sechziger Jahre wurde – nach Angaben der FDJ – wieder die 50-Prozent-Marke überschritten.[111] Ob dieser Rückgang auch in der organisatorischen Trennung des Pionierverbandes von der FDJ begründet liegt, kann noch nicht zweifelsfrei festgestellt werden. Hier spielen die „Republikflucht" und die Mitgliederüberprüfungen ebenso eine Rolle wie die distanzierte Haltung einer großen Zahl von Jugendlichen in der DDR. Es kann jedoch angenommen werden, daß der Übertritt von der Kinder- zur Jugendorganisation bei vielen Vierzehnjährigen nicht mehr so nahtlos verlief und eher mit einem Eintritt in die FDJ gezögert wurde.

Allerdings gab es massive Werbungsversuche unter den 14jährigen Thälmann-Pionieren für den Eintritt in die FDJ, wobei man sich durchaus rigider Methoden bediente.[112] Da die Bildungschancen wie z.B. die Weiterführung zum Abitur, wesentlich aussichtsreicher waren, wenn man eine Mitgliedschaft in der FDJ nachweisen konnte, dürften die Einbußen bei den Oberschülern geringer gewesen sein. Anders sah es mit denjenigen Schülern aus, die nach der 8. Klasse die Schule verließen und in die Betriebe gingen, wo sie sich weniger ansprechbereit gegenüber der FDJ verhielten.

Mit dem neuen Beschluß führte die Partei nicht mehr die Pionierorganisation über die Leitungen der FDJ, sondern die Pionierorganisation wurde nunmehr direkt den Leitungen der Partei unterstellt.[113] Dies verbarg sich unter dem Begriff der „Selbständigkeit der Pionierorganisation". Allerdings hatte die SED-Führung durchaus recht, wenn sie die FDJ mit der Leitung der Pionierorganisation überfordert sah. Tatsächlich hatte sie dabei versagt, die Jungen Pioniere zu einer attraktiven Kinderorganisation zu entwickeln, wofür ihr jedoch nicht allein die Schuld gegeben werden konnte. Schließlich wurden die Vorgaben für die Gestaltung des Verbandslebens und die politische Erziehung der Kinder in Übereinstimmung mit den Führungsgremien der SED gefaßt. Deren Umsetzung erfolgte dann häufig in bürokratischer Manier und mehr oder weniger lustlos von oben nach unten bis zum Freundschaftspionierleiter. Die 14. Zentralratstagung der FDJ legt diesen Schluß zumindest nahe. Daher kann der Beschluß zur organisatorischen Trennung der Pionierorganisation von der FDJ auch in realistischer Einschätzung und unter dem Aspekt der Entlastung der FDJ getroffen worden sein.

Zugleich war angesichts der labilen politischen Situation und der geringen Akzeptanz des politischen Führungsanspruchs der SED die Erziehung der Heranwachsenden im Sinne

---

111 Vgl. Dorle Zilch, Millionen unter der blauen Fahne. Die FDJ: Zahlen-Fakten-Tendenzen, Rostock 1994, S. 14. Nach Berechnungen von Zilch erreichte die FDJ erst 1967 wieder eine Mitgliederzahl von 50 Prozent, die in den folgenden Jahren stetig anstieg. Ob ein Zusammenhang damit gegeben ist, daß 1967 auch die Pionierorganisation wieder der FDJ unterstellt wurde, kann nur vermutet werden.

112 So wurden Schüler in den Ferienlagern überredet, Mitglied in der FDJ zu werden, ohne daß sie mit den Eltern Rücksprache nehmen konnten. Per Brief sollte den Eltern dann mitgeteilt werden, daß sich ihr Kind zur Aufnahme in die FDJ entschlossen habe. Oder aber es wurden ganze Schulklassen der Erweiterten Oberschule in die FDJ übernommen. Vgl. Christa Mahrad, Der Jugendverband FDJ und die gesellschaftliche Erziehung in der DDR. Aus Politik und Zeitgeschichte, Beilage zur Wochenzeitung Das Parlament v. 5. 7. 1986, B 27/86, S. 27.

113 Vorlage an das Sekretariat der Zentralleitung der Pionierorganisation vom 6. 12. 1957, S. 1, in: SAPMO-BArch, DY 25/1.137.

systemtragender, d.h. „sozialistischer Prinzipien“[114] für die Herrschenden so bedeutsam geworden, daß sie die Pionierorganisation unmittelbar ihrer Anleitung unterstellte. Die instabile Lage im Ostblock und die Unzufriedenheit großer Teile der DDR-Bevölkerung, wofür auch die permanent hohe „Republikflucht“ dieser Jahre ein Indikator war[115], sowie der „ideologische Zustand“ der Jugend, veranlaßten die SED-Führung, sich stärker um die Erziehung der Jüngsten zu kümmern. Relativ frühzeitig sollte die Saat für eine sozialistische Einstellung bei den Heranwachsenden gelegt werden, um sie so später resistent gegenüber „feindlichen Einflüssen“ zu machen. In Anbetracht des realen Zustandes zog der Vorsitzende der FDJ die Schlußfolgerung: „Es ist verständlich für uns alle, daß eine sozialistische Erziehung der heranwachsenden Generation nicht erst beginnt und beginnen kann, wenn die Jugendlichen Mitglied unseres Verbandes werden. Die sozialistische Erziehung muß frühzeitig, bereits bei den Kindern beginnen.“[116] Es sei daher Aufgabe der Pionierorganisation, den Kindern die sozialistische Weltanschauung zu vermitteln, ihnen sozialistische Charaktereigenschaften und erste Elemente eines proletarischen Klassenbewußtseins „anzuerziehen“[117]. Auf diese Weise hoffte man, eine der Partei treu ergebene Generation gewinnen zu können, die die Führung – und mit ihr das System – nicht mehr in derartige Unruhe versetzen würde. Auch in diesem Zusammenhang wird wiederum die totale Überschätzung der Möglichkeiten von Erziehung deutlich, der die Vorstellung eines eindimensionalen Einwirkens auf das Objekt zugrunde lag, ähnlich der Herstellung eines Produktes. Sie entsprach ganz der stalinistischen Ideologie wie sie in der „Sowjetpädagogik“ zum Ausdruck kam. Alternatives pädagogisches Denken war längst als bürgerliches Gedankengut abgetan.

Zugleich erhob die SED-Führung erstmals auch offiziell die Forderung, die Pionierorganisation zu einer „sozialistischen Massenorganisation“[118] zu entwickeln – in Anlehnung an die 16. Zentralratstagung der FDJ, auf der diese sich zur sozialistischen Jugendorganisation bekannt hatte. Dieser eher äußerlich und formal vollzogene Akt des eindeutigen Bekenntnisses zum Sozialismus und damit zur Sozialistischen Einheitspartei nahm nun den letzten Zweifel, daß von einer überparteilichen Organisation endgültig auch offiziell nicht mehr die Rede sein konnte.

Unter der Maßgabe, daß die „Führung der Arbeiterklasse“ mehr Einfluß auf die Pionierorganisation erhalten sollte, waren dem Prinzip des „demokratischen Zentralismus“ entsprechend Leitungen auf Republiks-, Bezirks- und Kreisebene der Pionierorganisation zu bilden. Diesen Leitungen sollten „bewährte Arbeiterfunktionäre, Lehrer, Eltern, FDJ-Funktionäre, erfahrene Jugendfunktionäre aus der Arbeiterjugendbewegung vor 1933 und fortschrittliche Menschen, die in wissenschaftlichen, technischen und künstlerischen Arbeitsgebieten tätig sind“ angehören.[119] Gleichzeitig sollte gewährleistet sein, daß die „wichtigsten gesellschaftlichen Organisationen der Arbeiterklasse“ durch ihre Vertreter in den Leitungen präsent waren.[120]

---

114 Politbürobeschluß vom 8. 10. 1957, a.a.O., S. 1.

115 Seit 1955 lag die Zahl der Einwohner der DDR, die in die Bundesrepublik flüchteten, jeweils über 250 000 pro Jahr. Vgl. Hermann Weber, DDR. Grundriß der Geschichte 1945-1990, a.a.O., S. 298-300.

116 18. Tagung des Zentralrats der FDJ vom 10. 12. 1957, in: „Der Pionierleiter“, Heft 1/1958, S. 2.

117 Ebenda, S. 3.

118 Politbürobeschluß vom 8. 10. 1957, a.a.O., S. 2.

119 Ebenda, S. 5.

120 Ebenda.

Im Unterschied zur FDJ wurden die Mitglieder der Leitungen nicht von der Pionierorganisation von unten nach oben, wenigstens formal „gewählt“, sondern von der FDJ berufen. Damit erhielten die Leitungen der Pionierorganisation nicht einmal scheinbar das Mäntelchen einer demokratischen Legitimation. Dies ist ein deutlicher Beweis dafür, daß die Jungen Pioniere zu keinem Zeitpunkt als eine Selbstorganisation der Kinder anzusehen war. Die Führungen der Pionierorganisation hatten auf den unterschiedlichen Ebenen die Intentionen der herrschenden Partei umzusetzen – die Kinder dabei als Objekte ihrer Einwirkung betrachtend. Die Tätigkeit der Pionierorganisation sollte nunmehr stärker als bisher von den Prinzipien der marxistisch-leninistischen Pädagogik getragen sein. Schwerpunkte der Erziehungsaufgaben waren daher:
„1. Die Pionierorganisation soll die Kinder zur sozialistischen Weltanschauung erziehen. Sie soll dahin wirken, daß die Pioniere ihr sozialistisches Vaterland, den Staat der Arbeiter und Bauern sowie ihre sozialistische Umwelt kennen- und liebenlernen...
2. Aufgabe der Pionierorganisation ist es, den Kindern eine gute Einstellung zur sozialistischen Schule, zum gewissenhaften und freudigen Lernen und zur körperlichen Arbeit anzuerziehen.“[121] Sie muß bestrebt sein, die Pioniere „unmittelbar am sozialistischen Aufbau zu beteiligen, um in ihnen die Überzeugung und den Willen zu stärken, die Arbeiter- und Bauernmacht jederzeit mit allen Kräften zu festigen und zu verteidigen...“[122]
„3. Die Pionierorganisation muß die Kinder zu einem sozialistischen Kollektivbewußtsein erziehen“..., damit sie „ von klein auf lernen, sich als aktive Staatsbürger in das Kollektiv der sozialistischen Gesellschaft einzuordnen...“
4. Die Pionierorganisation muß das gesamte Leben der Kinder im Wohngebiet, in Heimen, Horten, Klubhäusern und anderen außerschulischen Einrichtungen, vor allem ihre Freizeit an den Nachmittagen, an Sonn- und Feiertagen und während der Ferien stark beeinflussen und im Sinne der sozialistischen Erziehung gestalten. Dadurch ist es möglich, Einflüsse, die gegen die sozialistische Erziehung gerichtet sind, von den Kindern fernzuhalten.“[123]

In diesem Politbüro-Beschluß wird sowohl das sozialistische Erziehungsziel deutlich als auch das Bestreben sichtbar, Einfluß auf das gesamte Leben der Kinder in Schule und Freizeit ausüben zu wollen. Die privaten Räume der Kinder sollten möglichst eingeschränkt werden, um Fremdeinflüsse so weit wie möglich von ihnen fernzuhalten. Selbstverständlich sollten sie Vergnügen an Spiel, Sport, Wandern und gesellschaftlich-nützlicher Arbeit finden[124], ihre Bedürfnisse waren mithin zu berücksichtigen, jedoch hatten sie sich in das sozialistische Erziehungsziel einzuordnen.

Um diese Vorstellungen effektiv umzusetzen, sah der Politbürobeschluß gleichzeitig vor, die Pionierorganisation altersmäßig zu untergliedern, d.h. Gruppen der Jungpioniere für die Kinder von 6 bis 10 Jahren (1.-4. Klasse) und in Gruppen der Thälmann-Pioniere für die Kinder von 10 bis 14 Jahren (5.-Anfang 8. Klasse) zu bilden.[125] Auf diese Weise versuchte man, die sozialistischen Inhalte altersspezifisch zu vermitteln. So sollten die Gesetze der Pionierorganisation differenziert nach Jung- und Thälmann-Pionieren ausgear-

121 Ebenda, S. 2-3.
122 Ebenda, S. 3
123 Ebenda.
124 Vgl. ebenda.
125 Ebenda, S. 7.

beitet werden. Dies fand seinen Niederschlag in dem 1958 ausgearbeiteten Stufenplan für Jung- und Thälmann-Pioniere.[126]

Die neu geschaffenen Leitungen der Pionierorganisation sollten „alle Erfahrungen der Partei und der Arbeiterklasse für die Arbeit unter den Kindern nutzen"[127]. Dazu gehörte, daß sämtliche Leitungsebenen der SED sich intensiv um die Pionierarbeit kümmern sollten und sie zum Gegenstand ihrer Parteiversammlungen zu machen hatten. Die SED-Parteiorganisationen der Schulen erhielten den Parteiauftrag, die Verantwortung für die Tätigkeit der Pionierfreundschaft in ihrem Schulbereich zu übernehmen.[128]

Welche Vorstellungen die SED-Führung mit dem „Einfluß der Arbeiterklasse auf die Erziehung der Kinder"[129] verband, wird an der Besetzung der Zentralleitung der Pionierorganisation, die am 18. 12. 1957 berufen wurde, deutlich. Der Zentralleitung gehörten neben Edith Baumann[130], Margot Honecker und Heinz Keßler[131] an: Mitglieder und Mitarbeiter des ZK der SED, Mitglieder des Zentralrats der FDJ, Mitarbeiter des FDGB und DFD, die Chefredakteure der Zeitschrift „Der Pionierleiter", der „Pädagogik" und der Zeitung „Der junge Pionier" und anderer Medien, Schulleiter sowie – unterrepräsentiert – eine Vorsitzende des Frauenausschusses im VEB Dieselmotorenwerk Rostock, ein Politleiter im Volkseigenen Gut (VEG) Klessin, ein Werkleiter und eine Hort- und Pionierleiterin u.a. Es handelte sich dabei um insgesamt 39 Personen. Darunter befand sich kein tatsächlicher Arbeiter bzw. Arbeiterin. Dominiert wurde diese Zentralleitung von Funktionären der Partei, des Staates und der Massenorganisationen.[132]

Mit der Erlangung der „Selbständigkeit" wurde die Pionierorganisation nunmehr den anderen Massenorganisationen gleichgestellt. So erhielt sie z.B. einen eigenen finanziellen Haushalt. In den Finanzplan gingen sowohl die Pionierleiterschulen, die Pionierhäuser und das nun zu schaffende hauptamtliche Personal ein.[133] Damit war sie auch in dieser Hinsicht von der FDJ finanziell unabhängig, was ihr größere Bewegungsfreiheit erlauben sollte.

Die direkte Unterstellung unter die Partei bedeutete, daß die Beschlüsse und Hinweise des ZK der SED für die Pionierorganisation ebenso bindend waren wie für die FDJ.[134] Diese allein bildeten nunmehr die Grundlage ihrer Arbeit. Damit war der zentrale Zugriff

---

126 Vgl. dazu Abschnitt 3.4.

127 Politbürobeschluß vom 8. 10. 1957, a.a.O., S. 11.

128 Ebenda, S. 12.

129 Ebenda, S. 1.

130 Edith Baumann (1909-1973), war von 1946-49 stellvertretende Vorsitzende der FDJ und ab 1950 Mitglied des ZK der SED, ab 1949 Sekretär des ZK der SED und in dieser Funktion zugleich Mitglied der Zentralleitung der Pionierorganisation. Im ZK der SED arbeitete sie zu dieser Zeit als Leiterin der Arbeitsgruppe Frauen. Ab 1963 war sie Sekretär des Magistrats von Berlin.

131 Heinz Keßler, geb. 1920, war von 1947-1960 Mitglied des Zentralrats der FDJ, seit 1946 Mitglied des Parteivorstandes der SED bzw. des ZK der SED, ab 1952 Generalmajor und stellv. Minister des Innern und von 1957-1985 stellvertretender Minister für Nationale Verteidigung, danach Minister.

132 Vgl. Protokoll der Sitzung des Sekretariats des Zentralrats der FDJ vom 9. 12. 1957, Protokoll Nr. 139, Analge 1. in: SAPMO-BArch, DY 24/2.612.

133 Vgl. Vorlage an das Sekretariat der Zentralleitung der Pionierorganisation vom 6. 12. 1957, in: SAPMO-BArch, DY 25/1.137. Wiederum wurde ein bürokratischer Apparat mit 907 Planstellen in der gesamten Republik geschaffen.

134 Vgl. Prinzipien der Führungsarbeit des Sekretariats der Zentralleitung der Pionierorganisation „Ernst Thälmann" (undatiert), in: SAPMO-BArch, DY 25/987.

der Partei auf die außerschulische Organisation gesichert. Die FDJ wurde dennoch nicht vollkommen aus der Verantwortung für die Pionierorganisation entlassen. Beide sollten eng miteinander zusammenarbeiten, die FDJ hatte die Arbeit der Pionierorganisation durch entsprechende Beschlüsse und Maßnahmen zu unterstützen. Gleichzeitig wollte man insofern Kontinuität wahren, als die Leiter der jeweiligen Ebene der Pionierorganisation den entsprechenden Sekretariaten der FDJ angehören sollten. Im übrigen beeilte sich die FDJ selbst, ihren Anspruch auf die Pionierorganisation deutlich zu machen, da sie wußte, welches Kaderreservoir ihr ansonsten verlorenging. Unverhüllt erklärte das Büro des Zentralrats der FDJ in einem Beschluß, drei Monate nach Gründung der Zentralleitung : „Die Freie Deutsche Jugend trägt gegenüber der Pionierorganisation eine besondere Verantwortung. Die Mitglieder der FDJ sind das Vorbild der Pioniere und dafür verantwortlich, dass die Pioniere als Nachwuchs unseres sozialistischen Jugendverbandes erzogen und sie nach Absolvierung der Grundschule für den Eintritt in die FDJ gewonnen werden. Dieser grossen Verantwortung gerecht zu werden, kann nicht mehr allein die Aufgabe der Pionierfunktionäre in den Leitungen der Grundeinheiten und der vom Verband beauftragten Pionierleiter sein."[135] Detailliert wurde nun ein Maßnahmeplan erörtert, wie die Zusammenarbeit mit der Pionierorganisation zu gestalten sei und in welcher Weise sie unterstützt werden müsse.[136] Fortan fehlte auf keiner Tagung des Zentralrats der FDJ der Hinweis auf die außerordentliche Verantwortung, die die FDJ für die Pionierorganisation „Ernst Thälmann" trage.

5. Die Überwindung des „Revisionismus" in der Pionierorganisation

Nachdem die SED die Pionierorganisation direkt ihrer Leitung unterstellt hatte, konnte die nunmehr eingesetzte Zentralleitung darangehen, mit den „revisionistischen Tendenzen", die sich angeblich Mitte der fünfziger Jahre entwickelt hatten, in der Organisation aufzuräumen. Als erstes bezeugte sie ihre Treue zur SED und verpflichtete sich auf ihrer II. Zentralleitungssitzung am 23. 1. 1958, die Pionierorganisation zur sozialistischen Kinderorganisation zu entwickeln. Deren Aufgaben bestünden vorrangig darin, die Kinder zur sozialistischen Weltanschauung und zur „inneren Verbundenheit mit der Sache der Arbeiterklasse und ihrer Partei" zu erziehen.[137] Werner Neugebauer, der regelmäßig an den Sitzungen der Zentralleitung teilnahm und die Durchsetzung der politischen Linie überwachte, insistierte für die Zukunft darauf, stärker herauszuarbeiten, „daß es sich bei der Pionierorganisation um eine politische Massenorganisation der Kinder handelt und nicht um eine Kinderorganisation schlechthin".[138] In der Arbeitsordnung für die Leitungen der Pionierorganisation hieß es ausdrücklich: „Der Pionierorganisation „Ernst Thälmann" als

135 Beschluß des Büros des Zentralrats der FDJ vom 26. 3. 1958, S. 1, in: SAPMO-BArch, DY 25/348.

136 Vgl. ebenda, S. 2 ff.

137 Beschluß über die Aufgaben der Pionierorganisation „Ernst Thälmann" bei der sozialistischen Erziehung der Pioniere und Schüler zur Bildung von selbständigen Leitungen ...in: Dokumente und Beschlüsse der Pionierorganisation, Band 1, S. 41.

138 Aus der Diskussionsrede von Werner Neugebauer, in: „Der Pionierleiter", Heft 2/1958, Beilage, S. 11.

selbständige gesellschaftliche Organisation der Kinder kommt grundsätzliche Bedeutung bei der Formung des neuen sozialistischen Staatsbürgers zu. Sie erzieht die Pioniere und Schüler im Kindesalter im Auftrage der Arbeiterklasse und ihrer Partei....“[139].

Nach der Bildung der Zentralleitung ging man nun daran, die unteren Leitungsebenen aufzubauen. Von der Bezirks-, über die Kreis- bis hin zu den Stadtteilleitungen wurde eine Organisationsstruktur entworfen, die auf allen Ebenen den Einfluß der SED sichern sollte. Die Mitglieder der jeweiligen Leitungen wurden daher von der SED und den Massenorganisationen vorgeschlagen. Darüber hinaus war darauf zu achten, daß „die soziale und politische Zusammensetzung...die führende Rolle der Arbeiterklasse widerspiegelt“[140], was hieß, die überwiegende Mehrzahl sollten Mitglieder der SED sein.

Die Angehörigen der Leitungen wurden von der jeweils übergeordneten Leitungsebene berufen, wie auch Rechenschaftspflicht gegenüber der höheren Ebene bestand. Gleichzeitig hatten sie die Weisungen der Leitungen der Partei auf der jeweiligen Ebene (ZK, Bezirks- und Kreisleitungen der SED) zu beachten.[141] Die Leitungen der Pionierorganisationen der jeweiligen Ebenen beriefen wiederum ein Sekretariat, das die „operative Arbeit“ zwischen den Tagungen zu leiten hatte (ähnlich wie bei der FDJ), diesem Sekretariat stand ein Apparat zur Verfügung, dessen Mitarbeiter „nach den Kaderrichtlinien der Zentralleitung ausgewählt und durch das Bezirkssekretariat eingesetzt“ wurden.[142] Die bürokratische Aufblähung war dementsprechend gewaltig.

Um die Durchsetzung der Parteilinie zu gewährleisten, konnte die jeweilige Leitungsebene „falsche“ Beschlüsse und Entscheidungen nachgeordneter Einrichtungen mit sofortiger Wirkung aussetzen und auf ihre Veränderung dringen.[143] Die jeweiligen Sekretariate hatten zu sichern, daß sämtliche Beschlüsse die „Lösung der Aufgaben vom Klassenstandpunkt....den ideologischen Kampf gegen alle Formen der imperialistischen Ideologie“ beinhalteten.[144]

Detailliert wurde das Verfahren der Berufungen und Besetzungen der verschiedenen Gremien mit Funktionären und „verdienten Werktätigen“ erörtert. Als besonders anachronistisch mutet die Anweisung für die jeweiligen Tagungen der Leitungen an. „Eine besondere Bedeutung hat die Einladung von Pionieren, um dem Charakter der Pionierorganisation als Organisation der Kinder Rechnung zu tragen“[145]. Demnach hatten die Kinder nur eine legitimatorische und Garnierungs-Funktion zu erfüllen, ein Recht der Mitsprache hatten sie jedenfalls nicht.

Besetzt mit den neuen Mitgliedern in den Leitungen der Pionierorganisation, konnte die inhaltliche Auseinandersetzung beginnen. Sie wurde zeitgleich mit der „Säuberung“ des Bildungswesens von „nichtsozialistischen Elementen“ geführt.[146] Dies ergab durchaus

---

139 Beschluß über die Arbeitsordnungen und Aufgaben der Leitungen der Pionierorganisation, 1958, S. 1, in: SAPMO-BArch, DY 25/1.124.

140 Ebenda, S. 5.

141 Ebenda, S. 11.

142 Ebenda, S. 18.

143 Ebenda, S. 8.

144 Ebenda, S. 11.

145 Ebenda, S. 7.

146 Vgl. dazu Birgit Gebhardt, Vom Revisionismusverdikt zum einheitlichen Bildungssystem, a.a.O.; Gerd Geißler, Zur pädagogischen Diskussion in der DDR 1955-1958, in: Zeitschrift für Pädagogik, Heft 6/1992 (38. Jg.), S. 913-940.

Sinn, war doch die Pionierorganisation mit der Schule engstens verbunden, einmal durch die häufig anzutreffende Personalunion von Lehrer und Pionierfunktionär und zum anderen auch durch deren inhaltliche Verknüpfung. Die Abrechnung mit den „revisionistischen Tendenzen" fand – für die Öffentlichkeit – vor allem auf der Schulkonferenz der SED im April 1958 statt, die im Vorfeld bereits personelle Folgen hatte.[147] In der Pionierorganisation fand diese Auseinandersetzung insbesondere auf der III. und IV. Tagung der Zentralleitung im März und Mai 1958 statt.

Zu dieser Zeit hatte sich der stalinistische Kurs der SED auf nahezu allen Gebieten durchgesetzt. Nachdem auf dem 33. Plenum des ZK der SED (16.-19. 10. 1957) der Angriff gegen Kultur und Wissenschaft geführt worden war, brachte das 35. Plenum des ZK der SED (3.-6. 2. 1958) eine Generalabrechnung unter maßgeblicher Führung von Walter Ulbricht. Seine Position war nicht zuletzt durch die Mitte November 1957 stattgefundene Weltkonferenz der kommunistischen und Arbeiterparteien gestärkt worden, auf der die dogmatischen Kräfte den Sieg davontrugen und der „Revisionismus" zum „Hauptfeind" erklärt wurde.[148] Nunmehr konnte Ulbricht auch gegen die Kontrahenten in der SED-Führung vorgehen, ohne seine eigene Macht zu gefährden. Das ZK der SED verurteilte auf der 35. ZK-Tagung die angebliche „Schirdewan-Gruppe" und schloß Schirdewan, Wollweber und Oelßner aus dem Politbüro aus.[149] Parallel dazu verliefen Ausschlußverfahren auf allen Ebenen der Partei. Seit Ende 1956 lief eine Verhaftungswelle durch das Land, deren Opfer vornehmlich unter das Verdikt der „Feindtätigkeit" fielen.[150] Auf der III. Hochschulkonferenz (28. 2.-2. 3. 1958) erfolgte die Abrechnung mit den vermeintlichen Verfechtern der bürgerlichen Ideologie, die beabsichtigt hatten, die führende Rolle der SED und den demokratischen Zentralismus zu untergraben. Eingeleitet wurde die sozialistische Umgestaltung des Hochschulwesens, die die Lehre, Ausbildung und Erziehung am Marxismus-Leninismus ausrichtete.[151]

Vor diesem Hintergrund fand zwei Monate später die Schulkonferenz der SED (24-25. 4. 1958) statt. Bereits im Vorfeld waren Hauptschuldige auf dem Gebiet der Volksbildung ausgemacht worden.[152] Zunächst wurde auf der Schulkonferenz den Genossen, vor allem des ZK der SED, des Ministeriums für Volksbildung, der Gewerkschaft Unterricht und Erziehung u.a. Konzeptionslosigkeit in den Erziehungsfragen vorgeworfen.[153] Ihnen wurde angelastet, daß „richtungsweisende Beschlüsse der Partei" nicht verwirklicht wurden. Das bezog sich im wesentlichen auf die Einführung der polytechnischen Bildung und den Ausbau der Zehnklassigen Mittelschule als Regelschule, die bereits auf der 3. Parteikonferenz 1956 beschlossen worden waren.[154] Zum anderen aber richtete sich der Hauptvorwurf auf die „Versäumnisse" in der Erziehungsarbeit, insbesondere in der Herausbil-

147 So wurde z.B. der Staatssekretär im Ministerium für Volksbildung Hans-Joachim Laabs seiner Funktion enthoben.

148 Vgl. Hermann Weber, DDR. Grundriß der Geschichte, a.a.O., S. 78.

149 Vgl. Frank Stern, Dogma und Widerspruch, a.a.O., S. 225 ff.

150 Vgl. dazu Armin Mitter/Stefan Wolle, Untergang auf Raten, a.a.O., S. 285-287.

151 Vgl. Frank Stern, Dogma und Widerspruch, a.a.O, S. 235.

152 Das waren neben dem bereits 1957 abgesetzten Sekretär für Kultur und Erziehung im ZK der SED Paul Wandel, der Staatssekretär im Ministerium für Volksbildung Hans-Joachim Laabs und eine Frau Dr. Klaus vom Deutschen Pädagogischen Zentralinstitut. Dessen Leiter sowie der Minister für Volksbildung selbst, Fritz Lange, wurden nach dem V. Parteitag abgesetzt.

153 Schulkonferenz der SED vom 24./25. 4. 1958, in: Deutsche Lehrerzeitung, Nr. 18/1958, Beilage, S. 11.

154 Ebenda, S. 8.

dung eines sozialistischen Bewußtseins sowie einer fehlenden Orientierung auf den Klassenstandpunkt.[155] In diesem Zusammenhang wurden die pädagogischen Erziehungsauffassungen, wie z.B. „die Lehre ‚vom Kinde aus', des Wachsenlassens und der sogenannten freien Erziehung"[156] angegriffen. Diese „Überreste der bürgerlichen Ideologie" entsprächen keinesfalls den Grundlagen einer sozialistischen Schule. Sie mißachte die Entwicklung eines Klassenstandpunktes und daher kann „es auf dem Gebiet der Pädagogik keine Koexistenz mit der bürgerlichen Pädagogik und ihrer Ideologie geben"[157]. Unter dem Deckmantel des Kampfes gegen den Dogmatismus sei eine Belebung schulreformerischer Gedanken „Weimarer Observanz" erfolgt, die zur Ablehnung der Sowjetpädagogik geführt habe.[158] Diese Vernachlässigung der „Anerziehung" des Klassenstandpunktes wurde auch der Pionierorganisation attestiert. So habe es in der Kinderorganisation eine „Entpolitisierung der Pionierarbeit, die im Revisionismus und Opportunismus ihre Wurzeln haben"[159], gegeben. Es wären Diskussionen darüber geführt worden, daß man die Kinder nicht mit Politik „füttern" solle. Man würde sie dadurch zu sehr in Konflikte bringen.[160] Dies war sicherlich eine beabsichtigte Vereinfachung des Vorsitzenden der Pionierorganisation. Letztlich ging es hier darum, daß verschiedene Funktionäre der Pionierorganisation sich gegen die Indoktrinierung der Kinder wandten und es nicht als ihre Aufgabe ansehen, ihnen die SED-Linie an den Pioniernachmittagen zu vermitteln. Tatsächlich legten viele Gruppenleiter vielmehr den Schwerpunkt auf eine gesellige Freizeitgestaltung und bildeten beispielsweise Spielgruppen für die jüngeren Kinder innerhalb der Pionierorganisation. Auf der 4. Tagung der Zentralleitung der Pionierorganisation wurde deshalb gefordert: „Die Spielgruppenideologie muß ausgemerzt werden"[161]. Es wäre weithin eine Mißachtung und Unterschätzung der politischen Erziehung der Kinder erkennbar. Aufgrund dieser falschen Einstellung würden zahlreiche Pionierleiter, Leitungsmitglieder und Lehrer davor zurückweichen, die Kinder der 1. Klassen in die Pionierorganisation aufzunehmen.[162]

Zum anderen wurde ihnen vorgeworfen, daß sie den Kindern – besonders in den Arbeitsgemeinschaften – naturwissenschaftliche oder technische Erkenntnisse vermittelten, ohne die Leistungen der Sowjetunion auf diesen Gebieten zu würdigen. Kritisiert wurde auf der Schulkonferenz, es hätten sich – besonders unter den naturwissenschaftlichen Fachlehrern – die „Vorstellung breitgemacht, daß der objektive Charakter der Fächer eine Bezugnahme auf ideologisch-politische Fragen unmöglich macht bzw. erübrigt"[163]. Gegen diesen „Revisionismus" nahm auch die Leitung der Pionierorganisation Stellung und forderte: „Die Kinder mit Politik (zu) beschäftigen, mit unseren Problemen des politischen Kampfes, sowohl der Erzeugung des Hasses gegen Adenauer als auch der Liebe zu Walter Ulbricht,

155 Ebenda.
156 Ebenda, S. 8.
157 Ebenda, S. 9.
158 Ebenda.
159 Protokoll der III. Tagung der Zentralleitung der Pionierorganisation vom 20. 3. 1958, S. 153, in: SAPMO-BArch, DY 25/2.100.
160 Ebenda, S. 157.
161 4. Tagung der Zentralleitung der Pionierorganisation. In: „Der Pionierleiter", Heft 6/1958, Beilage, S. 19.
162 Ebenda, S. 12.
163 Schulkonferenz der SED, a.a.O., S. 13.

das ist einfach eine historische Notwendigkeit..."[164]. Damit war deutlich, was die verantwortlichen Funktionäre unter der Vermittlung des Klassenstandpunktes verstanden. Zugleich beschäftigte man sich mit dem offenbar mehrfach geäußerten Argument, die Kinder würden durch die sozialistische Erziehung den Eltern entfremdet[165] und es sei allein das Recht der Eltern, über die Erziehung ihrer Kinder zu entscheiden. Dieser Einwand wurde in geradezu lächerlicher Weise denunziert, indem auf das kapitalistische Westdeutschland Bezug genommen wurde, wo die Eltern angeblich kein Recht besäßen, ihre Kinder mit der wissenschaftlichen Weltanschauung vertraut zu machen. Dies aber sei nun eindeutig ein Vorteil der DDR. „Also, was das Elternrecht angeht, ökonomisch, politisch, ideologisch – bei uns ist das Elternrecht in höchstem Maß verwirklicht. Wir müssen nur richtig erklären, worin diese Verwirklichung besteht, daß sie nicht darin besteht und bestehen kann, daß das Recht der einzelnen Familie als Massenerscheinung bis zu dem Extrem ausgedehnt wird, daß die Eltern sagen: Ich schicke mein Kind nicht zur Schule, weil es da etwas über Wilhelm Pieck gelehrt bekommt!"[166]. Jedoch bezogen sich die Einwände nicht nur auf die Schule, sondern auch auf die Pionierorganisation, die man mit dieser Antwort geschickt umgangen hatte.

Zugleich wurden Arbeiterfamilien ins Visier genommen, aus deren Denkweise zum Teil der Gegner spreche. „Da beginnt unsere Pflicht, nämlich die Auseinandersetzung mit der feindlichen Ideologie so zu führen, daß uns die Masse der Arbeitereltern begreift, daß sie nicht länger meinen, ihren Kindern geschehe doch nicht gut, wenn das gemacht wird, was Pioniere doch gerade tun in Aktionen usw. usw."[167] Diese Aussagen illustrieren gleichzeitig indirekt die Einstellung eines Teils der Eltern in bezug auf die Pionierorganisation. Gegenüber den Eltern hätte man nun verstärkt Überzeugungsarbeit zu leisten und sie mehr in die Pionierarbeit einzubeziehen. Ähnlich argumentierte auch die SED auf der Schulkonferenz: „In dem Maße, wie alle Eltern über die hohe und edle Zielsetzung der sozialistischen Erziehung aufgeklärt werden, verstärkt sich auch der Beitrag, den sie in der Familie zur sozialistischen Erziehung leisten."[168] Dabei käme den Elternbeiräten eine wichtige Aufgabe zu. Auf diese Weise war auch eine Übereinstimmung zwischen Familie und Staat hergestellt, da bekanntermaßen keine antagonistischen Widersprüche in der sozialistischen Gesellschaft existieren durften.

Im Kern ging es in diesen Auseinandersetzungen, die im Frühjahr 1958 ausgetragen wurden, vor allem um die schärfere Politisierung von Schule und Pionierorganisation, die Durchsetzung „sozialistischer Erziehungsprinzipien". Dazu gehörte neben der Lehre der entsprechenden Weltanschauung und der Entwicklung einer sozialistischen Moral auch die Disziplinierung der jungen Generation. Die Liberalisierungstendenzen in der Mitte der fünfziger Jahre hatten gleichfalls neue Überlegungen in bezug auf die Erziehungsmethoden

---

164 Protokoll der III. Tagung der Zentralleitung der Pionierorganisation vom 20. 3. 1958, a.a.O., S. 157.

165 Auf der Schulkonferenz der SED hieß es dazu: „In gewissen reaktionären Kreisen ist es zur Gewohnheit geworden, darüber zu jammern, daß die Kinder durch die sozialistische Erziehung den Eltern entfremdet würden und ein Gegensatz zur sozialistischen Schule angeblich bestehe. Wir können uns nicht vorstellen, daß die Eltern, die es gut mit ihren Kinder meinen, nicht damit einverstanden sind, daß ihre Kinder für eine glückliche Zukunft erzogen werden. Schulkonferenz der SED, a.a.O., S. 31.

166 Protokoll der III. Tagung der Zentralleitung der Pionierorganisation vom 20. 3. 1958, a.a.O., S. 160.

167 Ebenda, S. 159.

168 Schulkonferenz der SED, a.a.O., S. 31.

begünstigt, so daß nun nicht mehr schwergewichtig die Disziplin im Vordergrund stand.[169] In der Pionierorganisation führte dies zur nachlassenden Kontrolle über die Anwesenheit zu den Pioniernachmittagen, die dementsprechend auch nicht mehr regelmäßig besucht wurden, auch mußte beispielsweise die Pionierkleidung nicht mehr so häufig getragen werden.[170] Insgesamt lockerte sich das strenge Regime etwas. Dazu erklärte die SED im April 1958: „Die gesamte gesellschaftliche Situation, der Klassenkampf beim Aufbau des Sozialismus, die Abwehr feindlicher Diversions- und Aggressionsakte, verlangen gebieterisch, daß die Jugend der Deutschen Demokratischen Republik bewußt zu einer stählernen sozialistischen Disziplin erzogen, d.h. von klein auf daran gewöhnt werden."[171]

Mit der Bildung der Zentralleitung der Pionierorganisation sollten diese „revisionistischen Tendenzen" in der Organisation überwunden werden. Man attestierte ihr bereits auf der Schulkonferenz der SED, daß sie seitdem ein gutes Stück auf dem Wege zur sozialistischen Massenorganisation der Kinder vorangekommen sei. Zugleich mahnte man Lehrer und Schulleiter, nach der Bildung der neuen Leitungen der Pionierorganisation die Pionierarbeit nicht mehr als ihre Angelegenheiten zu betrachten. „Das ist ein Irrtum"![172]. Die Pionierorganisation sollte sich jedoch überlegen, wie sie der Schule bei der sozialistischen Erziehung helfen könne. Dafür gab es auch konkreten Anlaß.

Auf der Schulkonferenz der SED wurde zugleich die Forderung nach einer polytechnischen Bildung und nach Einführung der 10klassigen Oberschule als allgemeinbildende polytechnische Oberschule erhoben.[173] Die neuen Schlagworte hießen: Einheit von Theorie und Praxis, Verbindung von Unterricht und produktiver Arbeit. Vier Monate später wurde der Unterrichtstag in der Produktion eingeführt. Von der Hinwendung zur polytechnischen Ausbildung erhoffte man sich auch eine „reinigende Kraft" der Praxis.

Diese von der SED eingeleitete schulpolitische Entwicklung entsprach den Anforderungen, die sich aus der ökonomischen Situation in der DDR ergaben. Zu dieser Zeit proklamierte die SED enorme wirtschaftliche Ziele, wie den Aufbau und die Expansion neuer Industriezweige, z.B. der chemischen und Braunkohlenindustrie, neue Industriestandorte wurden aus dem Boden gestampft, die Landwirtschaft wurde nunmehr unter Druck zwangskollektiviert, die auch die flächendeckende Einführung neuer technischer Methoden zum Ziel hatte.[174] Der V. Parteitag, der nur kurze Zeit später stattfand (10.-16. Juli 1958) bekräftigte: „Die ökonomische Hauptaufgabe besteht darin, die Volkswirtschaft innerhalb weniger Jahre so zu entwickeln, daß die Überlegenheit der sozialistischen Gesellschaftsordnung gegenüber der kapitalistischen umfassend bewiesen wird. Deshalb muß erreicht werden, daß der Pro-Kopf-Verbrauch der werktätigen Bevölkerung an allen wichtigen Lebensmitteln und Konsumgütern höher liegt als der Pro-Kopf-Verbrauch der Gesamtbe-

169 Vgl. Gerd Geißler/Ulrich Wiegmann, Schule und Erziehung in der DDR, Neuwied, Kriftel, Berlin 1995, S. 69 ff.

170 Dieser Sachverhalt geriet auf der III. Tagung der Zentralleitung unter heftige Kritik. Vgl. Protokoll der III. Tagung der Zentralleitung der Pionierorganisation vom 20. 3. 1958, a.a.O., S. 144.

171 Schulkonferenz der SED, a.a.0., S. 14.

172 Ebenda, S. 30.

173 Diese von der SED ausgearbeiteten Leitlinien gingen dann in das „Gesetz über die sozialistische Entwicklung des Schulwesens in der Deutschen Demokratischen Republik" vom 2. 12. 1959 ein. Vgl. GBl. Teil I Nr. 67 vom 7. 12. 1959, S. 859-863.

174 Vgl. Peter Borowsky, Deutschland 1945-1969, Hannover 1993, bes. S. 236-244; Christoph Kleßmann, Zwei Staaten eine Nation. Deutsche Geschichte 1955-1970, a.a.O., S. 308-319; Hermann Weber, Geschichte der DDR, a.a.O., S. 86-91.

völkerung in Westdeutschland."[175] Die Arbeitsproduktivität sollte daher enorm gesteigert werden. „Überholen ohne einzuholen" – das war das formulierte Ziel der SED in bezug auf die Wirtschaftsentwicklung in der Bundesrepublik.

Diese neuen Entwicklungen erforderten gut ausgebildete Fachkräfte, besonders auf naturwissenschaftlich-technischem Gebiet. Auf diese neuen Aufgaben hatte sich die Schule einzustellen und in diese Richtung die Ausbildung qualifizierter Fachkräfte zu forcieren. In diese Zeit fällt zugleich die Förderung von Mädchen auf naturwissenschaftlich-technischem Gebiet, die vor allem durch die neuen Anforderungen getragen und womit dem Grundsatz der Gleichberechtigung der Geschlechter entsprochen wurde.

Im Rahmen der genannten neuen Zielstellungen wurde auch die Rolle der Pionierorganisation neu definiert. Sie sollte mit „ihren eigenen Mitteln und Arbeitsformen", die „Politik der Partei auf dem Gebiet der Volksbildung und Erziehung in die Tat umsetzen".[176] Ein Resultat dieser Überlegungen bildete die Entwicklung des Stufenprogramms für die Jung- und Thälmann-Pioniere.[177] Dieses mit dem Lehrplan abgestimmte Programm der Pionierorganisation sollte der Aneignung naturwissenschaftlicher und technischer Kenntnisse in einer möglichst praxisnahen Vermittlung dienen. Daher organisierte man verstärkt Besuche in Betrieben der Industrie und der Landwirtschaft, baute die Patenschaftsbeziehungen zu den Betriebskollektiven aus und führte produktive Einsätze durch. „Bisher", so wurde auch auf der 1. Funktionärskonferenz der Zentralleitung der Pionierorganisation betont, „hatten wir im Schulwesen eine Überbetonung der intellektuellen Bildung, eine Losgelöstheit vom Leben, von der Praxis"[178]. Dies wäre teilweise mit einer Mißachtung der sogenannten einfachen Arbeit verbunden gewesen[179], der auch die Pionierorganisation entgegenwirken müsse. Bisher sei verkündet worden, der Jugend stünden alle Tore der Hochschulen und Universitäten offen, was durchaus richtig gewesen wäre. In dieser neuen Etappe aber müsse man sagen: „Euch stehen besonders die Tore der sozialistischen Betriebe offen"[180]. Die Pionierorganisation versuchte, diesen neuen Anforderungen gerecht zu werden, indem sie die Hinwendung zur polytechnischen Bildung in ihrem Erziehungsprogramm verankerte.

Aber auch direkt wurde die Schule durch Bildung von Lernbrigaden, der „Pionieraufsicht" zur Aufrechterhaltung von Ordnung und Disziplin während des Unterrichts und den Pausen (der Vertreibung der „Plappermühlen, „Schnatterenten" und „Unruheteufel"[181]), der Auswertung der Lernergebnisse an den Wandzeitungen usw. unterstützt. Während der Fahnenappelle, deren Einführung auf Beschluß des Politbüros vom Juni 1957 an den Schulen erfolgte[182], sollte eine Auswertung der schulischen Leistungen vorgenommen werden, die eine Verzahnung von politischer Agitation und schulischen Anforderungen bewirken sollte.

---

175 Dokumente der SED, Bd. VII, Berlin 1961, S. 259.

176 Schulkonferenz der SED, a.a.O., S. 30.

177 Vgl. Abschnitt 3.4.

178 Protokoll der 1. Funktionärskonferenz der Zentralleitung der Pionierorganisation vom 20.-21. 8. 1958 in Halle, in SAPMO-BArch, DY 25/144, S. 127.

179 Ebenda, S. 129.

180 Ebenda.

181 Stand der Auswertung des 4. Plenums des Zentralkomitees der SED, (undatiert), S. 6, in: SAPMO-BArch, DY 25/142.

182 Politbürositzung vom 30. 7. 1957, Protokoll Nr. 32, in: SAPMO-BArch, DY 30/J IV 2/2/544, Bl. 6.

Durch diese enge Bindung an die Schule stellte die Pionierorganisation allerdings immer wieder ihre Funktion als Freizeitorganisation in Frage. Erneut wurde auf der Schulkonferenz der SED die „Zusammenarbeit" von Pionierorganisation und Schule bekräftigt.[183] Die Bildung der Zentralleitung bedeutete daher nicht, daß die Kinderorganisation eine eigenständige, von der Schule unabhängige Rolle spielen sollte – wie dies etwa in der Zeit des „Revisionismus" angedacht worden war. Die Durchsetzung zentralistischer Strukturen in der Pionierorganisation und deren Unterstellung unter die Führung der SED diente vor allem der Intensivierung der politischen Erziehung der Heranwachsenden, der Formung des sozialistischen Staatsbürgers – in Einklang und Ergänzung zur Erziehungsinstanz Schule.

6. Das Jahr 1958: „Vorwärts auf dem richtigen Weg zur sozialistischen Kinderorganisation!"

Das Jahr 1958 war ein Jahr voller Aktionismus in der Pionierorganisation, wie ihn sich die SED wünschte. Der V. Parteitag der SED, der die Erziehung des sozialistischen Menschen zur Hauptaufgabe erklären sollte und dementsprechend einen Normenkatalog in Form der 10 Gebote der sozialistischen Moral verkündete – in Anlehnung an die Gebote der Kirche, von der sich die sozialistische Ideologie eigentlich grundlegend unterscheiden wollte –, wurde von der Pionierorganisation eifrig vorbereitet. Sie wollte dem Parteitag das „Rote Buch der guten Taten" überreichen, indem die besten Leistungen der Pioniergruppen eingetragen waren. „Dieses Buch soll zeigen, daß die Jungen Pioniere der Partei als jüngste Kampfgefährten treu zur Seite stehen, und daß sie für alles was die Partei ihnen sagt, von Herzen danken".[184] Durch diese „Kampfaufgabe" wollte man demonstrieren, daß die Beziehung der Pioniere zur SED ein „Herzensverhältnis"[185] sei. Tatsächlich übergaben sie auf dem Parteitag 60 „Rote Bücher der guten Taten". So sammelten sie Unterschriften „gegen die atomare Aufrüstung der BRD und für eine atomwaffenfreie Zone in Mitteleuropa", verteilten Flugblätter, sammelten Schrott und Altstoffe, leisteten Aufbaustunden im Rahmen des Nationalen Aufbauwerkes und spendeten Geld für Solidaritätsaktionen.[186] Der Parteitag selbst wurde von den Pionieren kulturell umrahmt.[187]

Einen Monat später fand das III. Pioniertreffen in Halle statt. Im Vorfeld des Pioniertreffens hatte das Politbüro der SED bereits den Beschluß gefaßt, den Pioniergruß abzuändern in: „Für Frieden und Sozialismus – seid bereit immer bereit"[188], das zugleich auch die

---

183 Schulkonferenz der SED, a.a.O., S. 30.

184 Protokoll der 4. Tagung der Zentralleitung der Pionierorganisation vom 20. 5.-21. 5. 1958, S. 216, in: SAPMO-BArch, DY 25/2.100.

185 Ebenda, S. 218.

186 Geschichte der Pionierorganisation, Chronik, a.a.O., S. 69.

187 So hatten Pioniergruppen aus den 15 Bezirken der DDR diese jeweils nach folgenden Gesichtspunkten zu symbolisieren, z.B. Bezirk Rostock und Schwerin: Bau des Rostocker Hafens, Bezirk Potsdam und Magdeburg: Freundschaft mit der Sowjetunion, Bezirk Cottbus und Berlin: Blitz contra Wattfraß – Kampf gegen Materialverschwendung usw. In: SAPMO-BArch, DY 25/248.

188 Politbürositzung vom 25. 3. 1958, Protokoll Nr. 14, in: SAPMO-BArch, DY 30/J IV 2/2/586, Bd. 1, Bl. 7.

Losung des Treffens bildete. Die SED-Führung betrieb auf allen Gebieten, nicht nur in Industrie und Landwirtschaft, eine Politik der forcierten Entwicklung des Sozialismus, wovon sogar der Pioniergruß nicht verschont blieb. Das Pioniertreffen selbst sollte sich in seinem Charakter „grundsätzlich von den bisherigen Treffen unterscheiden“[189]. Dieses Neue bestand darin, daß nur Pioniergruppen an dem Treffen teilnehmen konnten – und die sich überdies zuvor im Wettbewerb die „Fahrkarte“ nach Halle erworben hatten. Nur die Besten und Ausgezeichneten sollten die Möglichkeit der Teilnahme haben, um so eine große „Leistungsschau der Arbeit der Pioniergruppen“ zu ermöglichen.

Auf diesem Pioniertreffen wurde ein „Friedensmarsch“ organisiert, an dem 20 000 Junge Pioniere rund um die Bezirksstadt Halle teilnahmen. Auf diesem Marsch sollten „alle Erziehungsmomente geschickt miteinander verbunden“ werden. „So sollen unsere Jungen Pioniere zur Achtung vor den Arbeitern in den Gruben, Fabriken und auf den Feldern erzogen werden. Bei Besuchen in den Betrieben werden die Jungen Pioniere berichten, welche Friedenstaten sie anläßlich des Treffens vollbracht haben...“[190] Darüber hinaus wurden zahlreiche politisch-kulturelle Veranstaltungen durchgeführt. Diese hatten „sozialistische Erziehung in Aktion“ zu sein. Das Pioniertreffen „zeigte insbesondere der Bevölkerung Westdeutschlands, wie eine Jugend lebt und erzogen wird in einem Staat der Arbeiter und Bauern, der den Sozialismus aufbaut“ und es veranschauliche „die Überlegenheit der sozialistischen Gesellschaftsordnung“[191]. In diesem Sinne war das Pioniertreffen sehr stark auf Außenwirkung bedacht, es sollte erneut die Verbundenheit von Partei und Jugend demonstriert werden.

Von diesem Treffen erging wiederum ein Aufruf zum Wettbewerb „Pionierexpreß – immer bereit für den Sieg des Sozialismus“, der in einem Brief an Walter Ulbricht verkündet wurde.[192] Dieser „Pionierexpreß“ bestand symbolisch aus 15 Wagen entsprechend der 15 Bezirke in der DDR, die mit „Frachtbriefen“ – das waren die Pionierpläne der einzelnen Gruppen und Freundschaften – zu beladen waren. Er stand unter einer Losung, die ganz der Zeit des Kalten Krieges entsprach: „Kriegsbrandstifter kriegen Dampf – Pioniere steh‘n im Friedenskampf“[193].

Den abschließenden Höhepunkt des Jahres 1958 stellte der 10. Jahrestag der Gründung der Pionierorganisation „Ernst Thälmann“ dar. Im Vorfeld wurde ein Aktionsprogramm zur Durchführung des Jahrestages der Pionierorganisation im Dezember 1958 beschlossen.[194] Er sollte nicht nur Zeugnis davon ablegen, „daß die Pionierorganisation treu zu ihrem Arbeiter-und-Bauern-Staat steht“[195], sondern war zur politischen Mobilisierung – der Übernahme von Selbstverpflichtungen, Durchführung von Wettbewerben u.ä. – sowohl innerhalb der Pionierorganisation selbst als auch der Bevölkerung gedacht. Betriebe, Gewerkschaften gesellschaftliche Organisationen, die Nationale Front, Hausgemeinschaften usw. sollten in die Gestaltung dieses „Festes“ einbezogen werden. „Der 10. Jahrestag muß

189 „Der Pionierleiter“, Heft 2/1958, Beilage, S. 5.

190 Ebenda.

191 Protokoll der 1. Funktionärskonferenz der Zentralleitung der Pionierorganisation vom 20./21. 8. 1958, S. 112, in: SAPMO-BArch, DY 25/2.107.

192 Brief der Jungen Pioniere an Walter Ulbricht vom 18. 8. 1958, in: SAPMO-BArch, DY 25/1.042, Teil 1.

193 Ebenda.

194 Beschluß der Zentralleitung der Pionierorganisation vom 16./17. 10. 1958, in: „Der Pionierleiter“ Heft 11/1958, Beilage, S. 22 ff.

195 Ebenda, S. 22.

in aller Öffentlichkeit mit allen Menschen, besonders den Arbeitern und werktätigen Bauern, gefeiert werden."[196] Gemeinsame Veranstaltungen sollten in der „Woche der Pioniere" durchgeführt werden und somit große Teile der Bevölkerung erfassen. Bis in die „kleinste Zelle der Gesellschaft", die Familie, hatte die Pionierorganisation wirksam zu werden, indem man überlegte, wie dieser 10. Jahrestag am geeignetsten in der Familie begangen werden könne.[197] Die Vorbereitung des Pioniergeburtstages sollte zudem im Zeichen der Volkskammerwahlen stehen, die im November des gleichen Jahres stattfanden.[198]

Durch diese Kampagnen wurden die Pioniere ständig in Bewegung gehalten. Schon wurde zur Gestaltung von Pionierfesten für das Frühjahr und den Sommer 1959 aufgerufen. Die Pionierfeste, die in Dörfern, Städten, Freundschaften, Kreisen und Bezirken gefeiert werden sollten, waren für die polytechnische Bildung und Erziehung der Kinder zu nutzen.[199] Dafür wurden sogleich entsprechend der aktuellen Lage Losungen, unter denen die Feste zu stehen hatten, von der Zentralleitung vorgegeben. Dabei gab es eindeutig politische Losungen wie auch solche, die die polytechnische Bildung und die gesellschaftliche Umgestaltung zum Thema hatten. Zu den letzteren gehörten u.a. folgende:

„Polytechnisch gebildete Leute,
das sind die Pioniere von heute"

„Erdöl, Kohle, Plaste, Teer
sind uns bald kein Rätsel mehr."

„Moderne Technik, die ist wichtig,
wer sie meistert, der ist richtig."

„Der LPG, der helfen wir,
sagt jeder Thälmann-Pionier."

„Soll unser Dorf das schönste sein,
dürfen wir keine Mühe scheu'n."

„Arbeiter, helft uns Pionieren
beim Werken und beim Konstruieren."

Zu den eindeutig politischen Losungen der Zeit gehörten u.a.

---

196 Ebenda.

197 Ebenda, S. 23.

198 Das Ergebnis der Wahlen: 99,87 Prozent der Wahlberechtigten stimmten für die Einheitsliste. Vgl. Hermann Weber, Geschichte der DDR, a.a.O., S. 301. In den Informationsberichten, die die FDJ-Kreisleitungen nach wie vor erstellten, ergibt sich allerdings ein anderes Stimmungsbild. Danach wurden folgende Argumente von Jugendlichen festgehalten: „‚die Wahlen sind undemokratisch, es gibt nicht mal eine Opposition' und ‚die Wahlen sind belanglos'". Im Funkwerk Berlin-Köpenick äußerten Jugendliche: „‚Wir müssen ja wählen – die Listen sind ja schon fertig – die Ergebnisse stehen fest'" usw. Informationsbericht der Kreisleitung Berlin-Köpenick vom 20. 10. 1958, in: LAB, FDJ/AB 348.

199 Presse-Bulletin der Zentralleitung der Pionierorganisation „Ernst Thälmann Nr. 1/1959, S. 2.

„Wir sind die Kinder der neuen Zeit,
für Frieden und Sozialismus immer bereit".

„Wir sagen's jedem frank und frei,
der beste Freund ist die Partei."

„Junge Pioniere kennen nur eins, die Tat;
Junge Pioniere bauen den neuen Staat."

„Unser Vorbild ist die Partei;
wenn sie uns ruft, sind wir immer dabei"

„Gegen NATO-Krieg und Atomkanonen
wollen wir keine Kräfte schonen."

„Sind unsere Hände auch noch klein,
unserer Republik wollen wir treue Helfer sein."[200]

Unter diesen und anderen Losungen sollte der „Pionierexpreß mit Volldampf zu den Pionierfesten"[201] starten. Mit diesem ständigen Aktionismus war beabsichtigt, die politische Mobilisierungsbereitschaft wachzuhalten. Dabei standen nahezu sämtliche Aktivitäten im Zeichen einer politischen Ergebenheitsbekundung gegenüber der Partei- und Staatsführung. Auf diese Weise sollte sich die innere Überzeugung von „der Sache des Sozialismus" herausbilden. „Je eher das Kind mit den Problemen des Aufbaus des Sozialismus und seiner gesamten sozialistischen Umwelt in Berührung kommt, um so tiefgründiger und vielseitiger sind die Grundlagen für seine Entwicklung zu einem sozialistischen Menschen"[202], so wurde auf einer Zentralleitungssitzung betont. Diese Notwendigkeit ergebe sich auch daraus, daß die „Feinde des Sozialismus" ihren Einfluß bereits auf die jüngsten Kinder ausübten. Daher hätte die Pionierorganisation die Pflicht, durch eine frühzeitige Arbeit mit den Kindern „diesen Kräften die Möglichkeit ihres Einflusses zu nehmen, die Kinder vor reaktionären Einflüssen zu bewahren und vom ersten Schultag eine systematische, der Entwicklung der Kinder entsprechende Pioniererziehung zu organisieren."[203] Die Argumentationslinie hatte sich in den 10 Jahren seit Bestehen der Kinderorganisation nicht geändert.

Und dennoch gelang es den Herrschenden nicht, vollständig von der Jugend Besitz zu ergreifen. In einer Analyse des Zentralrats der FDJ zur politischen Situation in den Klassen 7 bis 10 hieß es: „Eine relativ kleine Gruppe von Pionieren und FDJ-Mitgliedern steht fest

200 Ebenda, S. 4.

201 Ebenda, S. 2.

202 4. Tagung der Zentralleitung der Pionierorganisation vom 20.-21. Mai 1958, in: „Der Pionierleiter", Heft 6/1958, Beilage, S. 12.

203 Ebenda.

zur Organisation und unserer Arbeiter-Bauern-Macht..."[204] Sie hätten eine klare politische Haltung, eine gute Einstellung zum Lernen, leisteten gesellschaftlich-nützliche Arbeit und beteiligten sich an den Arbeitsgemeinschaften. Demgegenüber „gibt es eine zahlenmäßige große Gruppe von Schülern, die abwartend und schwankend in den Grundfragen steht...Hier ist der imperialistische Einfluss auf den Gebieten, die das Leben jedes einzelnen direkt berühren und die z.T. scheinbar unpolitisch sind, sehr stark."[205] Damit waren u.a. die westliche Musik, entsprechende Kleidung, westliche Bücher und Zeitschriften, aber auch Vergnügungsformen wie „Partys" und andere „dekadente Erscheinungen" gemeint. Viele Schüler dieser Gruppe meinten, daß die Freiheit im Westen „besser sei als bei uns". Und dann gäbe es noch eine „kleine Gruppe von Kindern und besonders Jugendlichen...die bewußt in politischer Opposition stehen".[206] Deren politische Grundhaltung sei der Antikommunismus und eine „westliche Lebensweise". Diese Gruppe genieße allerdings große Autorität unter den Mitschülern wegen ihrer Opposition und ihres damit verbundenen Mutes „auch unter Pionieren und FDJ'lern".[207]

In der Konsequenz bedeutete dies, daß die Mehrheit der 13- bis 16jährigen Kinder und Jugendlichen eine distanzierte Haltung zum bestehenden System einnahmen. Besorgniserregend erschien den führenden Funktionären auch, daß mit steigendem Alter der Schüler die „abwartende und schwankende Haltung" wachse.[208]

Diesen Tendenzen konnte nach Meinung der Funktionäre nur mit einem stärkeren Einfluß von Pionierorganisation und Schule auf den politischen Erziehungsprozeß begegnet werden. Allerdings erkannten die Verantwortlichen auch, daß die Heranwachsenden sich infolge der massiven Einwirkungsversuche beider Institutionen einer politischen Debatte immer mehr entzogen und damit zugleich der Einfluß auf sie blockiert wurde. Es bestünde die Meinung unter den Schülern, so wurde in der gleichen Analyse festgestellt, daß unbequeme Fragen und Antworten in- und außerhalb des Unterrichts sich auf die Zensuren negativ auswirkten.[209] Die Erziehungsabsichten beider Institutionen stießen damit an ihre eigenen Grenzen. Dem Anspruch totaler Beherrschung begegneten viele Schüler mit Ignoranz und Gleichgültigkeit.

Die Ergebnisse dieser vom Zentralrat der FDJ angefertigten Analyse beweisen immerhin, daß – trotz jahrelanger Einflußnahme auf die Heranwachsenden – der Indoktrination durch die Erziehungsinstanzen auch Grenzen gesetzt waren. In bezug auf die Schule im Nationalsozialismus beschreibt Tenorth die Indoktrination als „ein Lernmodell, das dem Nürnberger Trichter entspricht..., in dem Eigenaktivität der Lernenden nicht vorgesehen ist oder nur nach einem schulisch standardisierten Muster erlaubt und belohnt wird".[210] Diese Art der Indoktrination kann auch für die Erziehungsinstanz der Pionierorganisation

---

204 Die verstärkte Arbeit der Bezirksleitungen der FDJ und der Pionierorganisation „Ernst Thälmann" entsprechend der Entschließung der Bezirksdelegiertenkonferenz in den Klassen 7 bis 10, S. 5. In: SAPMO-BArch, DY 25/1.137.

205 Ebenda, S. 6.

206 Ebenda, S. 7.

207 Ebenda, S. 8.

208 Ebenda.

209 Ebenda, S. 13.

210 Heinz-Elmar Tenorth, Grenzen der Indoktrination, in: Peter Drewek/Klaus-Peter Horn/Christa Kersting/Heinz-Elmar Tenorth, Ambivalenzen der Pädagogik. Zur Bildungsgeschichte der Aufklärung und des 20. Jahrhunderts, Weinheim 1995, S. 347.

angenommen werden, obwohl diese nicht in gleicher Weise wie die Schule von den starren Regeln eines Lehrprogramms bestimmt wurde. Dennoch lag der Indoktrination durch die Pionierorganisation eine Erziehungsauffassung zugrunde, die das Individuum lediglich unter der Perspektive des Objekts wahrnahm. Eigene Ideen, Aktivitäten und offene Handlungsspielräume hatten in diesem Erziehungskonzept keinen Platz. Dies mußte aber gerade mit den Vorstellungen und den Verhaltensweisen von Kindern kollidieren, die auf eigene Erkundung aus sind, sich spontan verhalten, und vielfältige Handlungsmöglichkeiten erproben möchten. Statt dessen wurde in der Pionierorganisation vielfach reglementiert, Anpassung und Unterordnung verlangt, unduldsam die „von oben" gestellten Forderungen durchgesetzt. Diesen Zumutungen versuchten sich viele Pioniere zu entziehen.

Tenorth sieht vor allem „als systematische Barriere für Indoktrination" die Rationalität des zu vermittelnden Stoffes des Fachunterrichts an. Die „eigenlogischen Prinzipien des Fachunterrichts" stünden der Indoktrination entgegen, da sonst mit Folgen der Selbstentblößung zu rechnen sei.[211] Auch dieses Argument kann gleichermaßen für die Pionierorganisation gelten, machte diese sich doch – im Gegensatz zur Hitlerjugend im Nationalsozialismus – die Vermittlung von fachspezifischen Kenntnissen in Absprache mit der Schule zu eigen. So kann der Bildungserwerb durchaus dazu beitragen, die Irrationalität der auf einem Glaubensbekenntnis beruhenden politischen Anschauungen zu entlarven. Dennoch ist es auch hier möglich, daß unterschwellig eine politische Gesinnung vermittelt wird, indem das zu Vermittelnde in einen entsprechenden gesellschaftspolitischen Zusammenhang gestellt wird. Die Lehrbücher in der DDR sind ein beredtes Beispiel dafür, wie auch naturwissenschaftliche Kenntnisse in politische Zusammenhänge eingebaut und vermittelt wurden. Tenorth spricht dann zwar von „naiver Bildungspolitik"[212], aber das ficht ja das Argument nicht an – sie entsprach der Logik der Herrschenden. Hinzu kam, daß in der DDR die „Weltanschauung der Arbeiterklasse" – im Gegensatz zum Nationalsozialismus – sich auf eine Wissenschaftlichkeit berief, die der marxistischen Theorie auch nicht abzusprechen ist. Es bestand vielmehr für die Herrschenden die Gefahr, diese Theorie tatsächlich mit der vermittelten stalinistisch geprägten Weltanschauung in Übereinstimmung zu bringen, was ihnen jedoch nicht gelingen konnte. Insofern lagen in dieser Differenz und zugleich Durchschaubarkeit die Grenzen einer Indoktrination, die allerdings für die Pionierorganisation, die 6- bis 14jährige Kinder erfaßte, noch nicht als ausschlaggebender Faktor wirkte.

Wesentlicher war zum einen die Tatsache, daß die Kluft zwischen Anspruch und Wirklichkeit, von erlebter Realität und den Aussagen und Bewertungen der Herrschenden über diese von den Heranwachsenden immer stärker registriert wurde, was wiederum die Distanz zu den Erziehungseinrichtungen zur Folge hatte.

Zum anderen erschwerte „die Struktur von Sozialisation in der Moderne"[213] die Möglichkeiten von Indoktrination. Für die Pionierorganisation hieß dies: Die Heranwachsenden kamen bereits mit den von der Herkunftsfamilie geprägten Vorstellungen in die Organisation. Sie nahmen vielfältige Informationen auf, nutzten die modernen Massenkommunikationsmittel, darunter auch die „Westmedien", sammelten ihre Erfahrungen, setzten sich mit ihrer Umwelt auseinander. Die dabei festgestellten Diskrepanzen zu der vermittelten

211 Vgl. ebenda, S. 343/344.

212 Ebenda, S. 344.

213 Ebenda, S. 345. Dies gilt m.E. allerdings nicht nur für die „Moderne", sondern ist jedem Sozialisationsprozeß immanent. Dieser Fakt wird mit der Vielfalt der Sozialisationsmedien lediglich bedeutsamer.

Ideologie konnten innerhalb der Pioniergruppen kaum hinterfragt werden. Das Ansprechen von Problemen und die Diskussion offener Fragen wurden nicht selten als „ideologische Unklarheit“ oder „Wankelmütigkeit“ ausgelegt und konnte entsprechende disziplinarische Maßnahmen nach sich ziehen. Auch der Druck zur Mitgliedschaft in den Jungen Pionieren sowie der Teilnahmezwang zu den verordneten Pionierveranstaltungen waren nicht geeignet, von vornherein ein positives Verhältnis zur Organisation zu erzeugen.

Diese hier beschriebenen Grenzen der Einflußnahmen und des politischen Zugriffs auf die Heranwachsenden bedeuteten allerdings nicht, daß sich massenhaft offener Widerstand gegen die Pionierorganisation formiert hätte. Vielmehr versuchten die Pioniere, die Mitgliedschaft in dem Verband eher formal auszufüllen. Immerhin erfaßte die Pionierorganisation am Ende der fünfziger Jahre bereits die überwiegende Mehrzahl der Schüler. Die Mitgliederzahl stieg von 74,8 Prozent im Dezember 1958 bis Juni 1959 auf 84,3 Prozent.[214] Über dem Republiksdurchschnitt lagen dabei folgende Bezirke:

Bezirk Dresden	89,4 %
Bezirk Suhl	89,0 %.
Bezirk Gera	89,0 %
Bezirk Schwerin	88,6 %
Bezirk Leipzig	88,2 %
Bezirk Karl-Marx-Stadt	87,0 %
Bezirk Neubrandenburg	85,7 %
Bezirk Erfurt	84,6 %

Unter dem Durchschnitt lagen:

Bezirk Magdeburg	83,9 %
Bezirk Rostock	83,2 %
Bezirk Halle	82,3 %
Bezirk Cottbus	81,8 %
Bezirk Potsdam	80,1 %
Bezirk Frankfurt/O	78,3 %
Bezirk Berlin	67,4 %.[215]

Auch die Zahl der Arbeitsgemeinschaften sowie deren Teilnehmer war weiter angestiegen.[216]

Wie immer auch die Indoktrination empfunden wurde, so bleibt die Tatsache bestehen, daß für viele Kinder die Pionierorganisation Möglichkeiten interessanter Freizeitbeschäftigung und zugleich des sozialen Aufstiegs bereithielt. Besondere Aufmerksamkeit sollte auch hier die Förderung der Arbeiter- und Bauernkinder erfahren, sie waren nicht nur in ihren schulischen Leistungen zu unterstützen, sondern auch bevorzugt für Funktionen in der Pionierorganisation auszuwählen. Dadurch konnten sie nicht nur Selbstbewußtsein und

214 Zentrale Einschätzung der Halbjahresberichte, S. 1, 1959, in: SAPMO-BArch, DY 25/ 1337.
215 Ebenda, S. 2.
216 Ebenda.

entsprechende Verhaltensweisen entwickeln, zugleich eröffnete sich hier auch die Aussicht auf eine Funktionärskarriere.
Nicht nur bei einem Teil der zu Erziehenden, sondern auch bei den Erziehern selbst war Distanz gegenüber der Pionierorganisation vorhanden. Die Bedenken, die Mitte der fünfziger Jahre gegenüber der politischen Organisation der Kinder geäußert wurden, waren keineswegs mit den politischen Abrechnungen und Säuberungen des Jahres 1958 ausgeräumt; sie wurden lediglich nicht mehr öffentlich geäußert. Zum anderen gab es nach wie vor den psychologisch argumentierenden Einwand, daß die Kinder mit dem Eintritt in die Schule sehr stark belastet seien, so daß die außerschulische Pionierarbeit sie überfordern würde. Daß dieser Einwand insgesamt nicht ganz unberechtigt war, zeigt eine Anordnung zur „Sicherung von Ordnung und Stetigkeit im Erziehungs- und Bildungsprozeß der allgemeinbildenden Schulen", die auf der Politbürositzung vom 12. 2. 1958 beschlossen wurde. Darin werden die Organe der Volksbildung verpflichtet, „Maßnahmen zu treffen, um die übermäßige außerschulische Beanspruchung der Schüler zu beseitigen"[217]. Zwischen Unterricht und außerschulischen Veranstaltungen – damit sind insbesondere die Arbeitsgemeinschaften und Veranstaltungen der Pionierorganisation gemeint – müsse eine angemessene Pause von mindestens zwei Stunden liegen.[218]

Auf einen anderen Einwand nahm die Leitung der Pionierorganisation nochmals offiziell Stellung. Es gäbe „Unklarheiten" bei Lehrern, Pionierleitern und auch Eltern, über die frühe politische Organisierung der Kinder. Sie wären der Meinung, eine politische Erziehung in diesem Alter sei verfrüht und überfordere die Kinder. „Ihrer Ansicht nach käme bei den Jungpionieren, besonders den 6- bis 7jährigen, nur eine sogenannte ‚humane' Erziehung in Frage."[219] Diesen Auffassungen hielt die Zentralleitung jedoch entgegen: „Aber die wahrhaft humanistische Erziehung kann doch nur eine sozialistische Erziehung sein. Jede Erziehung, die unserem Arbeiter-und-Bauern-Staat und damit dem Sozialismus dient, ist humane Erziehung." Und sogleich wurde die Definition einer humanen Erziehung mitgeliefert: „Wir verstehen darunter, daß man die Kinder zur aktiven Teilnahme am Aufbau des Sozialismus, zur aktiven Teilnahme am Kampf um den Frieden und gegen die Kriegstreiber anhalten muß."[220] Damit war zugleich die Programmatik der Pionierorganisation benannt, wodurch allerdings nicht die geäußerten Bedenken widerlegt waren.

An dieser Zielstellung änderte sich auch in den folgenden Jahren trotz Modifizierungen und struktureller Veränderungen[221] nichts. Die Pionierorganisation hatte ihren Beitrag zur

---

217 Politbürositzung vom 12. 2. 1958, Protokoll Nr. 8, in: SAPMO-BArch, DY 30/J IV 2/2/580.

218 Ebenda, Bl. 15.

219 6. Tagung der Zentralleitung der Pionierorganisation vom 16./17. 10. 1958, in: „Der Pionierleiter", Heft 11/1958, Beilage S. 9.

220 Ebenda.

221 Die „Eigenständigkeit" der Pionierorganisation sollte jedoch nur fast zehn Jahre Bestand haben, da sie offenbar nicht den gewünschten Erfolg brachte und die koordinierte Zusammenarbeit von FDJ und Pionierorganisation nicht in gefordertem Maße funktionierte. 1962 kritisierte der damalige FDJ-Vorsitzende Horst Schumann die mangelnde Kooperation beider Organisationen und forderte: „Deshalb ist es wichtig, wenn wir sagen, daß die Beschlüssse der Freien Deutschen Jugend die Grundlage für die Tätigkeit der Pionierorganisation sind, weil die FDJ die politische Richtung, die die Partei der Arbeiterklasse uns gibt, auf die Fragen der jungen Generation umsetzen und dabei schliessen wir die Kinder nicht aus" (zit. nach Arnold Freiburg/Christa Mahrad, FDJ. Der sozialistische Jugendverband der DDR, Opladen 1982, S. 151). In dem Politbürobeschluß „Die weiteren Aufgaben der Pionierorganisation „Ernst Thälmann im einheitlichen sozialistischen Bildungssystem" vom 28. 4. 1964 wird bereits ausdrücklich die besondere

politischen Sozialisation der Heranwachsenden im einheitlichen Bildungs- und Erziehungssystem zu leisten. Mit dem Jahre 1958 war sie endgültig „auf dem richtigen Weg zur sozialistischen Kinderorganisation“[222] ·Ihre weitere Entwicklung als Teil des Herrschaftssystems war damit bis zu ihrem Untergang im Jahre 1989 festgeschrieben.

Verantwortung der FDJ für die Pionierorganisation hervorgehoben (Geschichte der Pionierorganisation, Chronik, a.a.O., S. 96/97.) Auf der 7. Tagung des Zentralrats der FDJ vom 7./8. September 1964 wurde eine neue Zentralleitung der Pionierorganisation und ein neuer Vorsitzender, W. Engst, durch die FDJ berufen. Aber schon drei Jahre später war die einheitliche Leitung und die Unterstellung unter die FDJ wiederhergestellt. Im FDJ-Statut aus dem Jahr 1967 heißt es: „Die Pionierorganisation ‚Ernst Thälmann‘ wird vom Zentralrat der FDJ geleitet“. Diese Phase der relativen „Selbständigkeit“ der Pionierorganisation ist jedoch nicht mit einer Unabhängigkeit von der FDJ zu verwechseln. Die FDJ übte immer Einfluß auf die Pionierorganisation aus, einerseits dadurch, daß die führenden Funktionäre dieser Organisation zugleich Mitglied des Zentralrats bzw. des Sekretariats des Zentralrats waren. Zum anderen gehörten sämtliche Funktionäre der Pionierorganisation zugleich der FDJ an, häufig waren sie zugleich Mitglieder von Kreis- und Bezirksleitungen. Über diese Strukturen wurde auch die Aufsicht über die Pionierorganisation hergestellt.

222 4. Tagung der Zentralleitung der Pionierorganisation vom 20.-21. Mai 1958, in: „Der Pionierleiter“, Heft 6/1958, Beilage, S. 1.

KAPITEL 6

Staatliche Kinderorganisationen in zwei deutschen Diktaturen – ein Vergleich

1. Die Schwierigkeiten des Vergleichs

Bevor ein Vergleich unternommen wird, sei zunächst noch einmal auf die problematischen Seiten dieses Unterfangens hingewiesen. Sie dürften zugleich diejenigen Punkte sein, die bei Historikern eine Abwehr gegenüber der Anwendung der vergleichenden Methode hervorrufen. Ich werde sie hier kurz thesenartig umreißen.

Als erstes wäre der Vergleich des Ungleichzeitigen zu nennen. Der Nationalsozialismus ging aus einer bürgerlichen Demokratie hervor, die durch das Vakuum der Kräfte, der Polarisation der rechten und der linken Kräfte sowie der Zerstrittenheit besonders in der ansonsten mächtigen Arbeiterbewegung, die dem Land den Anschein der Unregierbarkeit verliehen, den Weg für diktatorische Bestrebungen bereiteten. Die national gesinnten Kräfte setzten auf die einflußreichen kapitalistischen Kreise, die, durch die Wirtschaftskrise und deren mögliche Folgen in Hinblick auf eine eventuell entstehende revolutionäre Situation, die der Arbeiterbewegung einen neuen Aufschwung hätte geben können, verunsichert, in einem diktatorischen Durchgreifen ihre Macht und ihre Expansionsbestrebungen gesichert sahen. Mit der erfolgreichen Installierung der Diktatur war demzufolge kein Wechsel, nicht einmal eine Veränderung der ökonomischen Struktur der Gesellschaft verbunden. Somit erfolgte auch keine Veränderung in der Klassenkonstellation. Die Diktatur war, wie Broszat formulierte, ein „Totalitarismus auf der Grundlage einer privatkapitalistischen Eigentumsordnung“.[1]

Anders in der nach dem Zusammenbruch des Nationalsozialismus nach dem Vorbild der Sowjetunion und unter ihrer zielgerichteten Anleitung errichteten Diktatur in dem östlichen Teil Deutschlands. Die nach einer kurzen „antifaschistisch-demokratischen Phase“ beginnende diktatorische Herrschaft basierte auf einer einschneidenden Veränderung der ökonomischen Struktur, indem sich nach und nach der Staat als Eigentümer der Produktionsmittel einsetzte. Dies führte zu einer völligen Veränderung auch der sozialen Struktur, die in der Ablösung der alten Eliten in Wirtschaft und Staat gipfelte. Diese durch Repression zur Macht gelangte Herrschaft war eine Konsequenz der zusammengebrochenen na-

1 Martin Broszat, Grundzüge der gesellschaftlichen Verfassung des Dritten Reiches, in: Martin Broszat/Horst Möller (Hg.), Das Dritte Reich. Herrschaftsstruktur und Geschichte, München 1986, S. 45.

tionalsozialistischen Diktatur, sie unterschieden sich in den ökonomischen und sozialen Strukturen, aber die stalinistische Diktatur knüpfte mental an die vorausgegangene an. Die Ungleichzeitigkeit beider Diktaturen erfordert daher eine Betrachtungsweise, die von unterschiedlichen historischen Konstellationen und Rahmenbedingungen ausgehen muß.

Zugleich fällt ins Gewicht, daß die stalinistische Diktatur von längerer Dauer war, so daß ihre Entfaltungsmöglichkeiten – die auch in unterschiedlichen Phasen diktatorischer Herrschaft zum Ausdruck kamen – weitaus breiter angelegt waren. Allerdings betrachte ich hier einen ähnlich begrenzten Zeitabschnitt stalinistischer Diktatur, dessen Unterschied vor allem im Fehlen eines Aggressionskrieges globalen Ausmaßes, dem sich sämtliche Interessen unterzuordnen hatten, besteht.

Dieser von vornherein angelegte brutale und aggressive Charakter der nationalsozialistischen Diktatur, der sich sowohl nach innen als auch nach außen richtete und der schließlich ein Auschwitz im Verbund mit anderen Vernichtungsstätten hervorbrachte, bleibt ohne Beispiel. Dies sei nochmals betont, da dieses Argument häufig als ein Haupteinwand gegen einen Vergleich angeführt wird. Da es hier aber nicht um den Vergleich von Identischem geht, sondern um die Frage, worin sich beide (zeitungleiche) Diktaturen unterscheiden und in welcher Hinsicht sie Übereinstimmungen aufweisen, die sie zugleich auch als Diktaturen ausweisen, geht dieses Argument ins Leere. Auf die unterschiedlichen Merkmale beider Diktaturen wurde bereits eingangs verwiesen. Der Vergleich ist immerhin geeignet – wie im folgenden gezeigt werden wird – die Spezifik der jeweiligen diktatorischen Herrschaft anhand des konkreten Gegenstandes hervorzuheben.

Eine weitere Schwierigkeit des Vergleichs betrifft die Kinderorganisationen selbst. Nicht nur, daß die nationalsozialistische Organisation die Kinder erst ab dem 10. Lebensjahr erfaßte und Bestrebungen einer frühzeitigeren Organisierung nicht mehr realisiert werden konnten, wohingegen der Verband der Jungen Pioniere die Kinder bereits ab dem sechsten Lebensjahr einbezog und damit andere inhaltliche Schwerpunkte von Bedeutung waren. Die Kinder waren überdies in der NS-Diktatur nach dem Geschlecht getrennt organisiert, wodurch eine der Weltanschauung entsprechende geschlechtsspezifische Sozialisation bewußt gefördert werden sollte. Das Deutsche Jungvolk und die Jungmädel im BDM waren zwar Gliederungen der Gesamtorganisation der Hitlerjugend, jedoch wiesen sie jeweils eine eigene Organisationsstruktur auf. Sie war verbunden mit unterschiedlichen inhaltlichen Anforderungen an Jungen und Mädchen, die bei einem Vergleich beider Kinderorganisationen berücksichtigt werden müssen. Diese Art der Erfassung und Sozialisation der Heranwachsenden bildet zugleich ein wesentliches Unterscheidungsmerkmal beider deutscher Diktaturen.

Als weiteres Problem für den Vergleich stellt sich auch hier die Ungleichzeitigkeit der Existenz beider Kinderorganisationen dar. Ging die HJ relativ ungebrochen aus ihrer Tradition der von der SA gegründeten Jugendorganisation hervor und konnte an die Elemente einer militanten Jugendbewegung anknüpfen, so lag zwischen der ihrerseits sich auf Traditionen berufenden Kinder- und Jugendorganisation in der SBZ, insbesondere des kommunistischen Kinder- und Jugendverbandes, aber auch zunächst der sozialdemokratischen Kinderbewegung, eine Zeit der Verbote und der Illegalität. Sie konnte weder organisatorisch noch personell ungebrochen ihre Arbeit fortsetzen, sondern ging durch eine Phase der Neukonstituierung und Neufindung, die die veränderten Verhältnisse nach der Befreiung vom Nationalsozialismus und die Kräftekonstellation der Siegermächte berücksichtigen mußte.

Gleichwohl zeigt sich hier wie auch bei der nationalsozialistischen Kinder- und Jugendorganisation, daß sie jeweils Gründungen „ihrer“ Partei waren und es sich keineswegs um eigene Schöpfungen einer unabhängigen Kinder- und Jugendbewegung handelte. Das Schicksal beider Organisationen war untrennbar mit dem der herrschenden Partei verbunden. Die Erlangung ihrer Machtposition war von der Partei initiiert und unterstützt. Im folgenden soll daher untersucht werden, welche Konsequenzen sich aus den unterschiedlichen Formen der Machtetablierung von SED und NSDAP für die Herausbildung der staatlichen Kinderorganisationen ergaben.

2. Die Eroberung der Macht und die Auswirkungen auf den Konstituierungsprozeß der Kinder- und Jugendorganisationen

Die Etablierung der beiden Parteien, die zunächst eine Minderheitenposition besaßen, erfolgte in beiden durch sie errichteten Diktaturen auf unterschiedliche Weise, die auch den Bildungsprozeß der Kinderorganisationen prägten. Gemeinsam ist jedoch beiden Parteien, daß sie ihre Macht nicht durch Wahlen legitimieren konnten. Im Unterschied zur SBZ/DDR vollzog sich aber der Sieg des Nationalsozialismus in einem relativ kurzen Zeitraum und unter Gebrauch terroristischer Methoden. Noch bevor die NSDAP endgültig die Macht erobert hatte, gelang es ihr, durch Verbot und terroristische Verfolgung bereits ihren gewichtigen Konkurrenten und „Erzfeind“, die Kommunistische Partei, auszuschalten und die bürgerlich-demokratischen Grundrechte der Weimarer Verfassung mit der „Verordnung zum Schutz von Volk und Staat“ vom 28. Februar 1933 außer Kraft zu setzen. Nachdem die Wahlen vom 5. März 1933 der NSDAP nicht zu einer absoluten Stimmenmehrheit verholfen hatten, erließ sie am 23. März 1933 das Ermächtigungsgesetz – die dafür notwendige Zweidrittelmehrheit war durch die Ausschaltung der KPD und die Drohungen gegenüber der SPD, die sich daraufhin der Stimme enthielt, sowie Versprechungen an das Zentrum erreicht worden –, wodurch die Regierungsgewalt endgültig auf sie überging und Hitler zum unumschränkten Führer avancierte.[2] Danach erfolgte im Juni das Verbot der SPD; die bürgerlichen Parteien entgingen ihrer Zerschlagung durch die Nationalsozialisten durch Selbstauflösung. Die NSDAP hatte auf diese Weise innerhalb kürzester Frist die Macht an sich gerissen, sich zur alleinherrschenden Partei erklärt und – mit dem Gesetz vom 14. Juli 1933 – Parteineugründungen verboten. Sofort setzte sie den Repressivapparat sowie ihre eigenen terroristischen Formationen zur Unterdrückung widerständiger Teile der Bevölkerung und zur Sicherung ihrer Macht in sämtlichen Bereichen des Staates ein.

Kraft dieser Machtposition konnte die NSDAP nunmehr rigoros gegen die bestehenden Kinder- und Jugendorganisationen vorgehen und auch auf diesem Gebiet ihre Vormachtstellung durchsetzen. Nach dem 30. Januar 1933 – der Ernennung Hitlers zum Reichskanz-

2 Vgl. u.a. Karl Dietrich Bracher, Stufen der Machtergreifung.Hg. von Gerhard Schulz/Wolfgang Sauer, Die nationalsozialistische Machtergreifung. Studien zur Errichtung des totalitären Herrschaftssystems in Deutschland 1933/34, Band I, Frankfurt a. M./Wien/Berlin 1974.

ler – und dem Verbot aller Parteien, erklärte der Reichsjugendführer der NSDAP Baldur von Schirach, der zugleich 1932 zum Reichsleiter der NSDAP ernannt wurde, wodurch die unmittelbare Verflechtung von Partei und Jugendorganisation hergestellt worden war: „Wie die NSDAP nunmehr die einzige Partei ist, so muß die HJ die einzige Jugendorganisation sein."[3] Es galt, die unerwünschte Konkurrenz in Gestalt der konfessionellen, berufsständischen und bündischen Jugendverbände, der politischen und autonomen Jugendorganisationen sowie die Sportjugend auszuschalten und deren Mitglieder unter ihre Kontrolle zu bringen. Da die für Kinder vorgesehenen – allerdings zahlenmäßig weit geringeren – Gliederungen mit den Jugendorganisationen in der Regel unmittelbar verbunden waren, galten die repressiven Maßnahmen von NSDAP und HJ auch ihnen. So traf das Verbot des Kommunistischen Jugendverbandes Deutschlands (KJVD) im gleichen Maße auch dessen Kinderorganisation, die Roten Jungpioniere.

Viele der Jugendorganisationen der Weimarer Republik waren im „Reichsausschuß deutscher Jugendverbände" vertreten, die als Dachorganisation fungierte. Nachdem die Faschisten sich erfolgreich auch im Reichstag behauptet hatten, plante die HJ einen Generalangriff auf die übrigen Jugendverbände. Am 5. April 1933 überfiel ein HJ-Trupp die Geschäftsstelle des „Reichsausschusses" und beschlagnahmte sämtliche Unterlagen, darunter die Mitgliederlisten von Jugendverbänden. Der letzte Vorsitzende des „Reichsausschusses" trat – eigenmächtig – zurück und an dessen Stelle setzte sich selbst der Reichsjugendführer der NSDAP, von Schirach, ein. Der amtierende Vorstand wurde aufgelöst.[4] Mit einem Handstreich hatte sich somit die HJ der Führerschaft über die Jugendorganisationen bemächtigt. Eine der ersten Amtshandlungen war die Auflösung der sozialistischen und der jüdischen Jugendverbände. Die politischen Jugendorganisationen wie die Sozialistische Arbeiterjugend u.a. wurden gleichzeitig mit den entsprechenden Parteien verboten. Die rechtsstehenden Jugendorganisationen traten geschlossen in die HJ über, andere Jugendverbände wurden zwangsweise eingegliedert oder es gab einen Zustrom von einzelnen Gruppen in die HJ.[5] Als alleinige ernstzunehmende Konkurrenten verblieben der Großdeutsche Jugendbund und die konfessionellen Jugendverbände, zusammen mit den ihr zugehörigen Kindergruppen.

Um bei den noch anstehenden Auseinandersetzungen größere Handlungsmöglichkeiten zu erhalten und die Hitlerjugend zu einer straffen Organisation entwickeln zu können, verfügte Hitler am 17. Juni 1933 auf Drängen Schirachs seine Ernennung zum „Jugendführer des Deutschen Reiches" und schuf eine gleichnamige Dienststelle.[6] Sogleich verbot er kraft seines Amtes den Großdeutschen Bund und löste endgültig den Reichsausschuß der Deutschen Jugendverbände auf. Der Jugendführer besaß u.a. die Befugnis, über die Zulässigkeit und Neugründungen von Organisationen zu entscheiden. Im Laufe nur eines halben Jahres war die „gesamte Jugendarbeit in Deutschland potentiell unter die Kontrolle und Lenkung der HJ-Führung gebracht"[7] – und mit ihr auch die Kin-

3 Baldur von Schirach, Die Hitler-Jugend. Idee und Gestalt, S. 69, zit. nach Arno Klönne: Jugend im Dritten Reich, München 1990, S. 19.

4 Hans-Christian Brandenburg, Die Geschichte der HJ. Wege und Irrwege einer Generation, Köln 1982, S. 146 ff.

5 Arno Klönne, Jugend im Dritten Reich, a.a.O., S. 20 ff.

6 Hans-Christian Brandenburg, Die Geschichte der HJ, a.a.O., S. 149.

7 Arno Klönne, Jugend im Dritten Reich, a.a.O., S. 21.

derarbeit. Nunmehr konnte die HJ zu einer straffen, dem Führer und der faschistischen Idee verpflichteten Kinder- und Jugendorganisation entwickelt werden.

Ein solch rigides Vorgehen war nur möglich, weil immerhin ein großer Teil der Bevölkerung dieser neuen Bewegung mit Akzeptanz oder aber auch Gleichgültigkeit begegnete.[8] Brandenburg resümiert, daß auch viele Verbandsleitungen der betroffenen Jugendverbände „in beschämender Bereitwilligkeit...zur Tagesordnung über(gingen) und akzeptierten den Reichsführer der HJ als Vorsitzenden des Reichsausschusses“[9]. Andererseits wurde mit härtesten Maßnahmen gegen diejenigen vorgegangen, die sich dem Machtstreben der HJ-Führung widersetzten.

Im Vergleich dazu brauchte die Durchsetzung der Führungsrolle der SED und mit ihr die Konstituierung einer von ihr beeinflußten Kinder- und Jugendorganisation einen längeren Anlauf. Für die Etablierung der SED als alleinherrschende Partei bedurfte es der Wegbereitung durch die Sowjetische Besatzungsmacht, wie überhaupt die Entstehungsbedingungen der Diktatur ohne die durch den II. Weltkrieg verursachte Teilung Deutschlands und die Interessen der Siegermächte nicht zu erklären ist. Die KPD, deren Führungsspitzen aus der Sowjetunion kurz nach der Befreiung eingeflogen wurden, erhielten von der SMAD die Macht sukzessive übereignet. Sofort begann sie, die sich spontan gebildeten antifaschistisch-demokratischen Ausschüsse aufzulösen und statt dessen die Schlüsselpositionen in den Verwaltungen mit Kommunisten zu besetzen.[10] Bei der Etablierung ihrer Macht mußte sie – im Gegensatz zur NSDAP – wesentlich rücksichtsvoller vorgehen. Nach den Erfahrungen mit dem Nationalsozialismus waren die Kommunisten bemüht, ihren Bestrebungen einen demokratischen Anschein zu verleihen, einen Bruch mit dem vorherigen System zu vollziehen und auf dieser Basis einen antifaschistischen Konsens zu erreichen. Der Antifaschismus der KPD, die immerhin zahlreiche Opfer zu verzeichnen hatte und konsequent zum Widerstand übergegangen war, sollte zugleich zur Legitimierung des Führungsstrebens der Partei dienen. Dieser Umstand veranlaßte die KPD, die Formierung demokratisch gesinnter Kräfte zuzulassen. So folgte nach dem Gründungsaufruf der KPD vom 11. 6. 1945 auch die Genehmigung zur Bildung von SPD, CDU und LDP durch die SMAD. Um jedoch deren Handlungsspielraum zu kanalisieren, forcierte die KPD sofort nach deren Gründung die Bildung eines Antifaschistischen Blocks. Damit sicherte sie sich zugleich Einflußmöglichkeiten auf die Parteien. Diese „Bündnispolitik“ der KPD ermöglichte es ihr in der Folgezeit, sich an die Spitze der Bewegung zu stellen und die neugegründeten Parteien zu abhängigen Vasallen zu degradieren. Dennoch konnten diese zunächst eine eigene Programmatik – und zwar auch im gesamtdeutschen Kontext – entwickeln.[11]

---

8 Die Reichstagswahlen im März 1933 brachten der NSDAP immerhin einen Stimmenanteil von 43,9 Prozent, den großen Arbeiterparteien SPD und KPD zusammen jedoch nur 30,6 Prozent (Deutsche Geschichte in Daten, S. 720). Allerdings muß man berücksichtigen, daß diese Wahlen bereits unter verschärften Bedingungen stattfanden.

9 Brandenburg, Die Geschichte der HJ, a.a.O., S. 148.

10 Vgl. Wolfgang Leonhard, Die Revolution entläßt ihre Kinder, a.a.0., S. 403 ff.

11 Vgl. zur Politik der KPD/SED in der SBZ, auf die sich die hier getroffenen Aussagen stützen u.a.: Peter Borowksy, Deutschland 1945-1969, Hannover 1993, S. 36-85; Christoph Kleßmann, Die doppelte Staatsgründung. Deutsche Geschichte 1945-1955, Bonn 1986, S. 121-153 und 177-208; Dietrich Staritz, Die Gründung der DDR. Von der sowjetischen Besatzungsherrschaft zum sozialistischen Staat, München 1994; Frank Stern, Dogma und Widerspruch. SED und Stalinismus in den Jahren 1946-1958, München 1992, S. 56-81; Hermann Weber, Parteiensystem zwischen Demokratie und Volksdemokratie,

Obwohl die SPD anfangs auf die Einheit der Arbeiterbewegung drängte, entwickelte die KPD zunächst eine eigene Strategie. Erst als ihr bewußt wurde, daß sie in freien Wahlen keine Chance zur Mehrheit haben würde, wie die Wahlen in Österreich gezeigt hatten, bei denen sie trotz Unterstützung der sowjetischen Besatzungsmacht eine herbe Niederlage erlitten hatte, betrieb sie im Eiltempo die Vereinigung mit der SPD, die nun nicht mehr ohne weiteres dafür zu gewinnen war.[12] Durch die trotzdem unter Druck erfolgte Zwangsvereinigung von KPD und SPD konnte ihr wichtigster Konkurrent ausgeschaltet werden. Die zunächst vereinbarte paritätische Besetzung der Führungsfunktionen wurde alsbald nach und nach ausgehöhlt. Für einen begrenzten Zeitraum, der durch die Erklärung der SED zur „Partei neuen Typus" im Herbst 1948 beendet wurde und den Stalinisierungsprozeß beschleunigte[13], konnten sich die Sozialdemokraten jedoch noch einen gewissen Handlungsspielraum erhalten.

Für die Ausschaltung der übrigen Konkurrenten und die Forcierung des Gleichschaltungsprozesses mit der SED sorgte zugleich die SMAD. So setzte die sowjetische Besatzungsmacht schon im Dezember 1945 die CDU-Führer ab. Das gleiche wiederholte sie im Dezember 1947 als sie die CDU-Führer Kaiser und Lemmer ihrer Posten enthob, da sie nicht der Politik von SED und SMAD (hier in der Frage der Volkskongreßbewegung) folgen wollten. Gegen die LDP ging sie ähnlich rigide vor, bis sie auch diese auf ihren Kurs gebracht hatte.[14] Die im Jahre 1948 erfolgten Neugründungen von NDPD und DBD waren ohnehin von der SED initiiert, die auf diese Weise die bürgerlichen Kräfte erreichen wollte und sie ihrer kontrollierenden Aufsicht unterstellte.

Dieser von der NSDAP unterschiedene Machtetablierungsprozeß der SED mußte sich auch auf die Entstehung der Kinder- und Jugendorganisation auswirken. Im Vergleich zur faschistischen Partei vollzog sich die Machtergreifung weitaus planvoller, wie Mario Feit in seiner Einschätzung feststellt.[15] Auch wenn die Errichtung der Diktatur in der SBZ/DDR von Parteigründungen begleitet war, so setzte sie letztlich ihren Führungsanspruch durch und degradierte sie zur Bedeutungslosigkeit. Die SED besaß die uneingeschränkte Macht und konnte so ihre Diktatur weiter ausbauen. Ähnlich wie hinsichtlich der Blockparteien, in denen sich die SED ihren Einfluß sicherte, ging sie auch in bezug auf die Massenorganisationen, so auch die FDJ, vor. Die Gründung der FDJ als faktische Jugendorganisation der SED war, wie bereits beschrieben, von einem Verbot anderer Zusammenschlüsse Jugendlicher begleitet. Die daraus resultierende Monopolstellung der Jugendorganisation und die Bekämpfung konkurrierender Verbände hatte die FDJ durchaus mit der Jugendorganisation im NS-System gemein. Die ihr zugestandene Alleinorganisation von Jugendlichen sicherte im Vorfeld bereits auch der Kinderorganisation, die mit der FDJ direkt als ihrer „Kaderreserve" verbunden war, ihren Alleinvertretungsanspruch zu. Dennoch unterschied sich der Weg bis zur eindeutigen und offiziellen Unterstellung

---

Köln 1982; SBZ-Handbuch, Hg. v. Martin Broszat/Hermann Weber, München 1993; Hermann Weber, Geschichte der DDR, München 1989.

12 Vgl. Peter Borowsky, Deutschland 1945-1969, a.a.O., S. 39/40.

13 Auf der 13. Tagung des Parteivorstandes der SED vom 15./16. September 1948 wurde verkündet: „Unsere Partei ist dabei, eine Partei neuen Typus zu werden!", zit. nach Frank Stern, Dogma und Widerspruch, a.a.O., S. 78.

14 Vgl. Hermann Weber, DDR, a.a.O., S. 27/28.

15 Mario Feit, Machtergreifung und Machtetablierung der NSDAP und KPD/SED, in: Die doppelte deutsche Diktaturerfahrung, a.a.O., S. 61.

unter die SED deutlich von dem der vorausgegangenen Kinder- und Jugendorganisation. Die Rücksichtnahme auf die weltanschauliche und politische Breite der antifaschistischen und demokratischen Kräfte nach dem II. Weltkrieg, die für den Aufbau der neuen Gesellschaft gewonnen werden sollten, führte zunächst zur Proklamation einer überparteilichen und unabhängigen Jugendorganisation. So bemühte sich die FDJ, an deren Spitze allerdings schon der ehemalige KPD-Jugendfunktionär Erich Honecker und weitere SED-Funktionäre standen, Vertreter anderer Parteien und der Kirchen in den Zentralrat der FDJ zu berufen.[16] Auf diese Weise versuchte sie, politisch und weltanschaulich anders orientierte Kreise in eine einheitliche Jugendorganisation einzubinden und zu paralysieren.

Erst als die SED-Mitglieder über die Mehrheit innerhalb des Sekretariats und des Zentralrats der FDJ verfügten und die übrigen Parteien durch den bereits vollzogenen Transformationsprozeß keinen nennenswerten Widerstand mehr leisteten, schlossen sie unerwünschte Mitglieder aus[17] und säuberten den Zentralrat vor Fremdeinflüssen. Bis zum Ende der vierziger Jahre war die FDJ endgültig auf stalinistischen Kurs gebracht, obwohl sie erst auf der 1. Funktionärskonferenz offiziell den Führungsanspruch der SED legitimierte. Dieser allmähliche Prozeß der Ausschaltung nichtgewollter Einflüsse kennzeichnet auch die von ihr abhängige Kinderorganisation. So waren bis zu deren Gründung Ende 1948, wie bereits eingangs ausgeführt, noch eine Vielzahl von sozialdemokratischen Helfern am Werk, war Kirchenmitgliedschaft mit der in der Kindervereinigung der FDJ noch durchaus vereinbar, wie sie insgesamt ihren überparteilichen Charakter und ihre antifaschistisch-demokratischen Bestrebungen herausstellte. Sowohl in der FDJ als auch in deren Kindervereinigung konnte anfangs noch über Inhalte und Richtungen der Kinder- und Jugendorganisation diskutiert werden, ohne brutaler Verfolgung ausgesetzt zu sein. So gesehen war der Weg zu ihrer Etablierung im politischen Herrschaftssystem von Kompromissen und Rücksichtnahmen durchzogen. Eine staatsstreichartige Machterlangung wie im Nationalsozialismus war unter den Bedingungen der Errichtung einer vorgeblich antifaschistisch-demokratischen Ordnung und in Abhängigkeit von den Besatzungsmächten und der ungelösten Deutschlandfrage nicht möglich. Diese politische Konstellation bewirkte anfangs größere Bewegungsmöglichkeiten und Spielräume innerhalb der Kinderorganisation, als es für die nationalsozialistische denkbar gewesen wäre. Dies lag schon daran, daß die Initiative zur Bildung von Kindergruppen nicht ausschließlich von kommunistischen Funktionären ausging und daher andere Einflüsse noch vorhanden waren, wohingegen die Gruppen des Jungvolks und der Jungmädel ausschließlich von Führerinnen und Führern in der Hitlerjugend geleitet wurden. Von oben nach unten wurde eine straffes Organisationsprinzip durchgesetzt, das einzig in den Händen der HJ-Führung lag. Es war undenkbar, daß die Führerinnen und Führer von Jungvolk- und Jungmädelgruppen nicht der Jugendorganisation angehört hätten und auf deren Weltanschauung verpflichtet gewesen wären, wie dies teilweise im Entstehungsprozeß der Kindervereinigung der FDJ möglich war. In diesem Sinne hatte es die SED in der SBZ tatsächlich schwerer, ihre Position in der Kinder- und Jugendorganisation durchzusetzen und ihre Führungsrolle zu verwirklichen. Gleichwohl ging es bei beiden Kinderorganisationen um die Proklamierung eines Monopolanspruchs und damit dem von der alleinherrschenden Partei beabsichtigten Zugriff auf die Heranwachsenden.

---

16 Vgl. Ludwig Vogt, Die Freie Deutsche Jugend, a.a.O., S. 387 ff.

17 Vgl. Ulrich Mählert, Die Freie Deutsche Jugend 1945-1949, a.a.0, S. 236 ff.

3. Die Durchsetzung der Monopolstellung der Kinder- und Jugendorganisationen

Nach der Zerschlagung des faschistischen Systems ging es in der sowjetisch besetzten Zone um eine grundsätzliche Erneuerung sowohl der Verwaltungsstrukturen, die den Veränderungen im ökonomischen und politischen Bereich zu folgen hatten, als auch des Personals im Rahmen des Entnazifizierungsprogramms. Die KPD, gestützt auf die sowjetische Siegermacht, zeichnete sich dabei durch ein zielgerichtetes Vorgehen aus. Innerhalb kürzester Frist besetzte sie die entscheidenden Schlüsselpositionen in Wirtschaft und Verwaltung mit ihren „Kadern", dabei deren mangelnde Fachkompetenz wohlweislich in Kauf nehmend. Wichtiger war es ihr, politisch zuverlässige Genossen an den Nahtstellen der Macht und in den Machtpositionen direkt zu plazieren, um auf diese Weise den Aufbau der neuen Ordnung in ihrem Sinne vorantreiben und steuern zu können. Damit schuf sie gleichzeitig für die wieder- und neuentstehenden Institutionen und Organisationen ihren Intentionen entsprechende Entfaltungsmöglichkeiten. Hinzu kam die strenge Hierarchisierung und Zentralisierung im Verwaltungsaufbau, wodurch ein Durchstellen von an oberster Stelle gefällten Entscheidungen relativ problemlos ermöglicht wurde. Da die Mitglieder der SED in erster Linie ihrer Partei verpflichtet waren, wie an anderer Stelle bereits ausgeführt, und erst in zweiter Linie ihrem Amt zu genügen hatten, konnte die SED praktisch sämtliche Entscheidungen von Bedeutung in ihrem Sinne beeinflussen und ihnen zudem den Anschein von Gesetzlichkeit, weil von Behörden getroffen, verleihen. Dieser Umstand kam auch der neugeschaffenen Kinder- und Jugendorganisation zugute. So konnten auf allen Verwaltungsebenen, insbesondere der Deutschen Verwaltung für Volksbildung, die Unterstützung für die Kinderorganisation sowohl materiell als auch organisatorisch – zu denken ist hier auch an die Ausbildung für Pionierleiter, die in den Verantwortungsbereich der Volksbildung delegiert wurde – durchgesetzt werden. Aber auch die Hilfeleistung von volkseigenen Betrieben, Institutionen und Organisationen konnte per Beschluß oder „Empfehlung" eingefordert werden. Diese von der SED gesteuerten Maßnahmen erleichterten den Weg zur einheitlichen Kinderorganisation. Deren Monopolstellung konnte zudem durch das Verbot von Schülerselbstvertretungsorganen gesetzlich verankert werden. Diese politischen Strukturen weisen auf „den totalitären Anspruch der Parteiherrschaft"[18] hin, der zugleich zu einer Entdifferenzierung der gesellschaftlichen Teilbereiche führte.[19] Diese Verzahnungen von politischen und staatlichen Strukturen erwecken den Anschein vollkommenerer Machtausfüllung als unter dem NS-Regimes. Die Unterordnung staatlicher Angelegenheiten unter die Interessen der Partei begrenzte so den jeweiligen Handlungsspielraum staatlicher Bereiche, wodurch von vornherein Kompetenzstreitigkeiten und Konkurrenzbestrebungen zwischen den gesellschaftlichen Teilbereichen vermieden wurden. So konnte mit Unterstützung sämtlicher politischer, staatlicher und gesellschaftlicher Institutionen der Kinder- und Jugendorganisation zum Durchbruch verholfen als auch deren Gleichschaltung betrieben werden. Auf allen Ebenen der Verwaltung und des Organisationsapparates (des Kreises, des Landes bzw. Bezirkes und Zentrale) gab es Rege-

---

18 Sigrid Meuschel, Überlegungen zu einer Herrschafts- und Gesellschaftsgeschichte der DDR, in: Geschichte und Gesellschaft Heft 1/1993, S. 5.

19 Vgl. dazu auch Sigrid Meuschel, Legitimation und Parteiherrschaft in der DDR, 1992, S. 41 ff.

lungen der Zuständigkeiten und der Absprachen zwischen ihnen zur Durchsetzung von Beschlüssen.

Obwohl auch das NS-Regime versuchte, den staatlichen Verwaltungsapparat ausschließlich in seine Hand zu bekommen und seinen Interessen zu unterwerfen, gelang dies nicht in der vollkommenen Weise wie in der nächstfolgenden Diktatur. Zwar wurde durch die Auflösung der Länderregierungen bereits im März 1933 die demokratische Struktur des föderalen Systems zerstört – eine Maßnahme, die auch die SED im Jahre 1952 betrieb – und die Einsetzung von Reichsstatthaltern verfügt, um auf diese Weise mehr Einfluß zu erlangen sowie durch das Gesetz zur „Wiederherstellung des Berufsbeamtentums“ vom 7. 4. 1933 eine personelle Umstrukturierung in den Verwaltungen zu ihren Gunsten zu erreichen, jedoch gelang dies nicht vollständig. Es existierte ein „Ineinandergreifen von zentralistischer Gleichschaltung mit Parallelschaltung und Delegation“, wie K. D. Bracher diesen viel beschriebenen Kompetenzwirrwarr charakterisierte.[20] Ein grundlegender Personalaustausch fand in Staat und Wirtschaft nicht statt, obwohl es den Nationalsozialisten gelang, auch hier wesentliche Positionen zu besetzen, indem sie politisch Unzuverlässige ihres Amtes enthoben und jüdische Mitbürger aus ihren Stellungen entließen. Zudem verfügten die Nazis selbst nicht über qualifiziertes Fachpersonal, um aus den eigenen Reihen sämtliche leitende Funktionen besetzen zu können. Da es sich nicht um eine grundsätzliche Veränderung des sozialökonomischen Systems handelte, konnte man weitgehend auf einen Elitenaustausch verzichten und sich mit einer „Säuberung“ des Fachpersonals begnügen. Aufs Ganze gesehen war von der meist konservativen Beamtenschaft mit ihrem Obrigkeitsdenken ohnehin kein nennenswerter Widerstand zu fürchten. Dennoch besaß die staatliche Verwaltung eine Eigenlogik und hatte ihre eigenen Interessen zu verteidigen, so daß es nicht selten zu Streitigkeiten mit den Parteibehörden kam. So hatte es die HJ weitaus schwieriger, sich an den Schulen zu etablieren und von dort Unterstützung zu erhalten, wie im folgenden noch zu zeigen sein wird.

Diese unklaren Kompetenzen spiegelten sich in der Stellung des „Jugendführers des Deutschen Reiches“ wider. Am 17. Juni 1933 schuf der Reichskanzler eine gleichnamige „Dienststelle des Reiches“, jedoch war nicht eindeutig, was diese eigentlich für Aufgaben hatte, wie Brandenburg hervorhebt.[21] Zwar hieß es in der Verfügung: „Der Jugendführer des Deutschen Reiches steht an der Spitze aller Verbände der männlichen und weiblichen Jugend, auch der Jugendorganisationen von Erwachsenen-Verbänden...Die von ihm eingesetzten Dienststellen übernehmen die Obliegenheiten der staatlichen und gemeindlichen Ausschüsse, die ihre Aufgaben unter unmittelbarer Mitwirkung von Jugendorganisationen vollziehen.“[22] Dennoch blieb der Verantwortungsbereich der Dienststelle relativ unklar. Die Stellung Schirachs entsprach – so Brandenburg – der eines parteipolitischen Kommissars, die in der Anfangszeit der Diktatur von Hitler eingesetzt wurden, jedoch hatte sich diese Institution bald überlebt. Schirachs Position allerdings überdauerte und damit seine direkte Unterstellung unter die Person des Führers. Obwohl ihm die Verantwortung für die Hitlerjugend zugesprochen wurde, blieb weithin verschwommen, wie weit diese gehen konnte. Es kam daher des öfteren zu Streitigkeiten mit anderen Institutionen, die ebenfalls

---

20 Karl Dietrich Bracher, Stufen totalitärer Gleichschaltung: Die Befestigung der nationalsozialistischen Herrschaft 1933/34, in: Wolfgang Michalka (Hg.), Die nationalsozialistische Machtergreifung, Paderborn 1984, S. 27.

21 Hans-Christian Brandenburg, Die Geschichte der HJ, a.a.O., S. 150.

22 Zit. nach ebenda.

ihren Anspruch auf die Jugend erhoben. So verfügte auch das „Reichsministerium für Wissenschaft, Erziehung und Volksbildung" über Aufsichtsrechte über die Jugendarbeit. Besonders deutlich wurden die Kompetenzüberschneidungen in den Beziehungen zur Schule, die sich durch die häufige Vereinnahmung der Schüler durch die HJ in ihrem Lehrauftrag gefährdet sah. Diese Querelen endeten meist mit einem Kompromiß, so in diesem Falle z.B. mit der im Juni 1934 verfügten Einführung des Staatsjugendtages, der eine feste Regelung zur Freistellung der Mitglieder der HJ von der Schule vorsah, um die Willkür der Führer der HJ zu begrenzen.

Hinzu kam, daß auch die Beziehungen von NSDAP und HJ nicht sehr eindeutig waren. Durch die Verzahnung des Reichsjugendführers der NSDAP, Schirach, mit der Funktion des Jugendführers des Deutschen Reiches, damit auch der Verallgemeinerung seines Verantwortungsbereiches, war zwar eine unmittelbare Verbindung zur Partei hergestellt, jedoch ansonsten keine eindeutige Regelung getroffen. Alles schien allein von der Person des Führers abhängig zu sein. Bei Kompetenzstreitigkeiten konnte mit seiner Person argumentiert und auf diese Weise Regelungen herbeigeführt werden. Im Gegensatz dazu verfügte die SED über einen klaren zentralistischen und hierarchischen Aufbau, der auch die Entscheidungskompetenzen der einzelnen Ebenen absteckte. Mit dem Parteivorstand und ab 1949 dem Politbüro der SED schuf die Partei sich ein institutionalisiertes Leitungsgremium, daß alle wesentlichen Entscheidungen an sich zog.[23] Dies betraf auch die Fragen der Gründung und Entwicklung der Massenorganisationen einschließlich der personellen Besetzungen von Funktionen, die bis ins Detail von der obersten Führungsspitze behandelt wurden. Schon die Bildung einer Abteilung Jugend im ZK der SED – auch wenn deren Bezeichnung im Laufe der Entwicklung sich veränderte – zeigt die enge Verflechtung von Partei und Kinder- und Jugendorganisation. Eine absolut eindeutige Festlegung wurde spätestens mit dem Beschluß des Politbüros vom 16. August 1949 zur „Schaffung von Parteiorganisationen im Apparat der Partei und Massenorganisationen" getroffen, nach dem u.a. geregelt war, daß „jeder Genosse, gleich welche Funktion er im Apparat innehat, zuerst Mitglied der Partei"[24] ist. Damit hatte die SED sich direktes Weisungsrecht gegenüber den Massenorganisationen gesichert. Auf diese Weise waren die Kompetenzen zwischen Partei, gesellschaftlichen Organisationen und auch staatlichen Institutionen klar abgesteckt, wodurch von vornherein Konkurrenzen und Streitereien unterbunden wurden. Jede wichtige Entscheidung in bezug auf die Kinder- und Jugendorganisation war daher zuvor von den zuständigen Gremien geregelt worden.

Über einen solch straffen organisatorischen Aufbau mit festen Kompetenzregelungen verfügte die NSDAP zu keinem Zeitpunkt. So war „die organisatorische Spitze der NSDAP...alles andere als eine homogene Parteibürokratie oder ein straffer Lenkungsmechanismus".[25] Vielmehr besaß sie einen auf einer relativ lockeren Parteistruktur basierenden Führungsstil, der vornehmlich auf die integrierende Kraft der Person Hitlers setzte. Trotz dieser wenig effektiven Leitungsstruktur, die zudem mehr auf der Grundlage von

---

23 Vgl. dazu auch Monika Kaiser, Die Zentrale der Diktatur – organisatorische Weichenstellungen, Strukturen und Kompetenzen der SED-Führung in der SBZ/DDR 1946 bis 1952, in: Jürgen Kocka (Hg.), Historische DDR-Forschung. Aufsätze und Studien, Berlin 1993, S. 57 ff.

24 Protokoll der Politbürositzung vom 16. August 1949, Anlage Nr. 3, in: SAPMO-BArch, DY 30/J IV 2/2/38.

25 Wolfgang Benz, Partei und Staat im Dritten Reich, in: Martin Broszat/Horst Möller (Hg.), Das Dritte Reich, Herrschaftsstruktur und Geschichte, München 1986, S. 72.

Einschüchterung als durch Kompetenz funktionierte, gelang es der Partei, innerhalb kurzer Zeit die HJ zu einer Großorganisation zu entwickeln und ihre Monopolstellung auszubauen. Der Mitgliederzuwachs der HJ insgesamt stieg von 2,3 Mill. im Jahre 1933 auf 3,5 Mill. im Jahre 1934.[26] Dies gelang einerseits durch die Absorbierung der einzelnen Jugendverbände, die z.T. geschlossen in die HJ übertraten. Unsicherheit bestand noch darin – ähnlich in der SBZ/DDR – wie mit der evangelischen und katholischen Kinder- und Jugendarbeit und deren Verbände zu verfahren sei. Allerdings ging von den Kirchen – anders als in der SBZ/DDR – keineswegs eine oppositionelle oder widerständige Haltung gegenüber dem neuen Regime aus. Vielmehr begrüßten die evangelischen Jugendverbände im Einklang mit ihrer Kirche 1933 mehrheitlich die neue nationalsozialistische Regierung.[27] Auch die katholische Kirche, wenngleich sie eine distanziertere Haltung gegenüber dem NS-Staat einnahm, rief durch ihre Bischöfe zur Loyalität gegenüber den neuen Machthabern im März 1933 auf. Aber der HJ ging es nicht in erster Linie um entsprechende Bekenntnisse, sondern sie wollte ihre Monopolstellung durchsetzen, um schließlich den dominierenden Einfluß auf die Erziehung der Kinder und Jugendlichen zu erlangen. Sowohl durch Druck als auch Versprechungen gelang es, die evangelischen Verbände für die HJ zu gewinnen. Am 19. Dezember 1933 kam es zu einem Abkommen zwischen dem Reichsbischof Müller und von Schirach „über die Eingliederung der evangelischen Jugend in die Hitler-Jugend".[28] Obwohl sich dem eine Minderheit von evangelischen Jugendverbänden widersetzte, war damit eine Kinderarbeit außerhalb des Raumes der Kirche praktisch unmöglich geworden. Im Eingliederungsgottesdienst am 4. März 1934 verkündete der Reichsjugendpfarrer: „Die Kirche läßt ihre Jugend freudig mitmarschieren unter den Fahnen des Dritten Reiches, und die Hitler-Jugend sieht fortan in der Kirche und ihrer Jugendarbeit nicht mehr einen Feind, sondern einen guten Freund."[29]

Die katholischen Verbände konnten noch einige Zeit aufgrund des Konkordats zwischen Hitler und dem Vatikan vom Juli 1933 überleben, obwohl sie von der HJ ständig attackiert wurden. Die katholische Jugend erwies sich gegenüber den Einverleibungsbestrebungen der HJ als wesentlich resistenter und hatte daher mit erheblichem Druck und Repressalien zu rechnen[30] Bis 1935 gelang es dem faschistischen Staat nicht, die katholischen Jugendverbände zu verdrängen. Auf Anweisung Himmlers kam es schließlich 1935 zum generellen Verbot konfessioneller Jugendarbeit, wodurch diese nach und nach in die Illegalität getrieben wurde.[31] Die Monopolstellung der HJ war nunmehr endgültig als einzig staatlich legitimierte Kinder- und Jugendorganisation durchgesetzt.

Vergleicht man das Vorgehen des Staates gegenüber der konfessionellen Kinder- und Jugendarbeit in beiden deutschen Diktaturen, so hebt sich die Brutalität und der Terror in der Verfolgung der konkurrierenden Organisationen im NS-System ganz deutlich ab. Auch wenn in der SBZ/DDR mit Repressivmaßnahmen gegenüber den kirchlichen Vertretern und Andersdenkenden gearbeitet wurde, die auch vor Verurteilungen nicht sicher sein konnten – bis Anfang der fünfziger Jahre war immerhin mit maßlosen Strafverurteilungen und mit Deportationen in die Lager des GULAG zu rechnen –, so bleibt der Terror der

26 Arno Klönne, Jugend im Dritten Reich, a.a.O., S. 34. Dies sind eigene Angaben der HJ.
27 Vgl. Wolfgang Keim, Erziehung unter der Nazi-Diktatur, Band I, Darmstadt 1995, S. 130.
28 Vgl. ebenda, S. 131.
29 Zit. nach Hans-Christian Brandenburg, Die Geschichte der HJ, a.a.O., S. 160.
30 Vgl. Arno Klönne, Jugend im Dritten Reich, a.a.O., S. 178 ff.
31 Ebenda, S. 185 ff.

NS-Zeit in diesen Größenordnungen dennoch ohne Beispiel. Gemeinsam ist allerdings in beiden Regimes die Bestrebung, die Kinder- und Jugendarbeit der Kirche in die Illegalität zu drängen und sich so eines lästigen Konkurrenten zu entledigen. Dabei nutzte der jeweilige Staat sämtliche ihm zur Verfügung stehenden Instrumentarien, die mit einem Rechtsstaat nichts mehr gemein hatten. Eine völlige Unterbindung – auch oppositioneller – Kinder- und Jugendarbeit gelang jedoch nicht. In der SBZ/DDR mußte der Staat aufgrund der spezifischen Bedingungen immer wieder zu Kompromissen mit der Kirche finden, obwohl er versuchte, mit Repressalien und Druck die Kinder und Jugendlichen von der Kirche fernzuhalten. Hier war es vor allem die evangelische Kirche, die den Kindern und Jugendlichen Alternativen zur staatlichen Organisierung der Freizeit anbot. Die katholische Kinder- und Jugendarbeit hingegen beschränkte sich mehr und mehr auf eine unpolitische, rein seelsorgerische Betreuung. Allerdings war sie auch zahlenmäßig in der Minorität.

Die Absichten und Intentionen der Herrschenden in bezug auf die Durchsetzung einer einheitlichen Kinder- und Jugendorganisation bei gleichzeitiger Unterdrückung alternativer Verbände waren in beiden deutschen Diktaturen sehr ähnlich. Allerdings unterschieden sie sich erheblich in den anzuwendenden Methoden und den Möglichkeiten ihrer Durchsetzbarkeit. Ihre Erfolgsbilanz blieb ebenso unterschiedlich wie zweifelhaft.

4. Strukturelle Gemeinsamkeiten und Unterschiede

Nachdem die HJ durch Zwangsmaßnahmen und freiwilligen Zulauf zu einer mitgliederstarken Kinder- und Jugendorganisation herangewachsen war, ging es um die Schaffung einer einheitlichen Struktur sowie eines straffen organisatorischen Aufbaus. Wie auch in der Pionierorganisation erfolgte die Organisierung von der Basis aus in relativ kleinen Gruppen. Bildete in der Pionierorganisation die Schulklasse den Ausgangspunkt einer Gruppengründung, so wurden im Jungvolk und bei den Jungmädeln, als Gliederungen der Hitlerjugend, die Gruppen ab 1936 mit dem Gesetz über die Hitlerjugend schuljahrgangsweise erfaßt. Die Bildung relativ kleiner Gruppen (die Jungen- wie auch die Jungmädelschaft bestand aus bis zu maximal 15 Mitgliedern, die Pioniergruppe variierte je nach der Anzahl der Mitglieder in einer Klasse) ermöglichte eine stärkere Überschaubarkeit und Kontrolle der Mitglieder. Diese Art der Gruppenbildung war, wie Arno Klönne herausarbeitete, nicht zu verwechseln mit den traditionellen Gruppenformen der Jugendbewegung, die durch Freiwilligkeit und Selbstgestaltung gekennzeichnet waren.[32] Sowohl in der HJ wie in der Pionierorganisation konnte man sich die Zugehörigkeit zu einer Gruppe nicht aussuchen. Sie wurde jeweils durch das organisatorische Prinzip von Schule bzw. Klasse bestimmt. Die Art der Organisierung konnte nicht von den Mitgliedern selbst beeinflußt werden, sondern wurde von „außen" – den alleinherrschenden Parteien – angeordnet. Dieser Form der „Kommandierung"[33] folgte ein strenger hierarchischer Aufbau, der allerdings in der HJ einen militärischen Zuschnitt erhielt. Die Pionierorganisation folgte in ihrer Struktur derjenigen aller Massenorganisationen und der Einheitspartei, deren höhere Ebenen jeweils nach dem Kreis-, Bezirks- und DDR-Maßstab gegliedert waren. Dadurch war

32 Vgl. ebenda, S. 72/73.
33 Ebenda, S. 73.

eine enge Kooperation und Verflechtung der verschiedensten Organisationen sowie der SED auf der jeweiligen Ebene möglich, wie auch die Zuständigkeiten dadurch klar abgegrenzt werden konnten.

Dem eher dem Militär entlehnten äußeren Aufbau der Kinderorganisation der HJ (das Deutsche Jungvolk gliederte sich in die Jungenschaft, den Jungzug, das Fähnlein und den Jungstamm und wurde auf der oberen Ebene zum Bann und dann dem Gebiet zusammengefaßt; entsprechend gliederten sich die Jungmädel in Jungmädelschaft, Jungmädelschar, Jungmädelgruppe und Jungmädelring und auf der oberen Ebene dem Unter- und Obergau. An der Spitze stand die Reichsjugendführung) folgte auch deren innere Funktionsweise. So wurden die der jeweiligen Einheit vorstehenden Führer und Führerinnen von den übergeordneten Ebenen und deren Personalstellen eingesetzt. Diejenigen Mitglieder, die sich durch besondere Dienstbeflissenheit, organisatorische Fähigkeiten und die geforderte politische Überzeugung auszeichneten und hervortaten, konnten für Führungsfunktionen ausgewählt werden. Ihrer Stellung entsprach ein jeweiliger Dienstgrad. Sie regierten die jeweilige Gruppierung in befehlsmäßiger Art, wodurch eine Selbstgestaltung der Gruppe im wesentlichen ausgeschlossen war.

Auch wenn die Pionierorganisation ebenfalls über einen hierarchischen Aufbau verfügte und dem Militär entlehntes Zeremoniell wie Befehlserteilung, Fahnenappell und Fahnenhissung, Marschieren in Kolonnen, Geländeübungen usw. zu ihrem Grundmuster gehörte, so war sie nicht mit einer derartigen paramilitärischen Formation wie der HJ gleichzusetzen. Von Anfang an wahrte sie den Schein einer demokratischen Organisation, indem die Funktionen – außer den Pionierleitern und den hauptamtlichen Funktionären – durch Wahlen zu bestätigen waren. Vom Gruppen- über den Freundschaftsrat bis hinauf zum Zentralrat der FDJ, der für die Pionierorganisation die Verantwortung trug – sie alle waren Wahlfunktionen und bedurften der Zustimmung durch die Mitgliederschaft. Freilich wurden von vornherein diejenigen Mitglieder ausgesucht, die gleichfalls als politisch zuverlässig galten und über entsprechende Führungsqualitäten verfügten. Die Wahl von Funktionären in die höheren Ebenen mußte überdies von der jeweils übergeordneten Leitung bestätigt werden. Hatten auf der unteren Ebene die Nichtangepaßten noch eine geringe Chance, eine Wahlfunktion zu erhalten – bereits hier versuchten die Pioniergruppen- und Freundschaftsleiter die Wahlen zu steuern, indem sie „beratend" zur Seite standen – so verringerte sich diese mit der Höhe der Verantwortungsebene. Die Auswahl der Kandidaten wurde gezielt beeinflußt, so daß letztlich nur noch die gewünschten Kader zur Verfügung standen bzw. diese einen Anpassungsprozeß vollzogen hatten. Von demokratischen Wahlen konnte daher keine Rede sein, zu sehr wurde mit den Mitteln des Drucks und der Beeinflussung gearbeitet. Dennoch macht es einen Unterschied, ob die Funktionäre von vornherein per Weisung eingesetzt oder aber zumindest der Anspruch einer demokratischen Legitimation bestand.[34] Allerdings machte dieser Umstand es vielen Mitgliedern schwieriger, das Wesen der Kinder- und Jugendorganisation zu durchschauen.

---

34 Auch für die Pionierorganisation wurde der Beschluß gefaßt, die Funktionen mit Dienstgradabzeichen zu versehen. Dazu hieß es: „Junge Pioniere, die durch ihre Wahl in eine Funktion berufen wurden, tragen als Kennzeichen je nach ihrer Funktion auf dem linken Oberarm in einem weißen Quadrat: als Zirkelleiter oder Mitglied des Gruppenrates einen roten Streifen, als Vorsitzender des Gruppenrates oder Mitglied des Freundschaftsrates 2 rote Streifen, als Vorsitzender des Freundschaftsrates 3 rote Streifen". Entschließung der 10. Tagung des Zentralrats der FDJ zur Verbesserung der Arbeit der Organisationen der

Dieser Unterschied zwischen den beiden Kinderorganisationen änderte jedoch grundsätzlich nichts an ihrem undemokratischen Charakter. Beide waren gleichermaßen Teil des Herrschaftsapparates, um den Zugriff auf die Heranwachsenden zur Erziehung einer Staatsjugend zu erlangen.

Eine größere Differenz zwischen beiden Kinderorganisationen bestand in der Tatsache, daß für die Jungen Pioniere zu keinem Zeitpunkt offiziell ein Zwang zur Organisierung verkündet wurde, wie dies für die Hitlerjugend der Fall war. Der Reichsjugendführer erklärte das Jahr 1936 zum „Jahr des Deutschen Jungvolks" und forderte den Jahrgang 1926 auf, sich geschlossen zum Eintritt in das Jungvolk bzw. zu den Jungmädeln zu melden. Es wurden Erfassungslisten mit den Namen aller Jungen und Mädchen dieses Jahrgangs erstellt sowie die Eltern schriftlich aufgefordert, ihre Kinder anzumelden. Wie Brandenburg feststellte, wurde der ganze Apparat des Staates aufgeboten, um die totale Erfassung der 10jährigen zu erreichen.[35] Im April des gleichen Jahres verkündete von Schirach, daß bereits 90 Prozent der Jungen und Mädchen sich zum Eintritt in das Jungvolk bzw. zu den Jungmädeln gemeldet hätten.[36] Offenbar konnte jedoch eine totale Erfassung der Kinder nicht erreicht werden, denn am 1. 12. 1936 folgte das Gesetz über die Hitler-Jugend, das faktisch das Prinzip der freiwilligen Zugehörigkeit zur Kinder- und Jugendorganisation beseitigte. Darin hieß es: „1. Die gesamte deutsche Jugend ist in der Hitler-Jugend zusammengefaßt. 2. Die gesamte deutsche Jugend ist außer in Elternhaus und Schule in der Hitler-Jugend körperlich, geistig und sittlich im Geiste des Nationalsozialismus zum Dienst am Volk und zur Volksgemeinschaft zu erziehen."[37] Obwohl die Pionierorganisation einen ähnlichen totalen Anspruch auf die Erziehung der Kinder in ihrem Sinne erhob und sich durchaus gleichberechtigt neben Elternhaus und Schule stellte (u.a. symbolisiert durch das dreieckige Pionierhalstuch), versuchte sie, die Freiwilligkeit ihrer Organisation zu unterstreichen. Vielmehr sollte ein indirekter Zwang durch moralischen Druck oder aber Behinderungen in ihrem Lebensweg die Kinder zum Eintritt in die Jungen Pioniere veranlassen. Durch Erteilung von Pionieraufträgen zur Werbung von neuen Mitgliedern, die wiederum über entsprechende Wettbewerbe abgerechnet wurden, bemühte man sich, den Mitgliederbestand zu vergrößern. Auch wenn es für Kinder und Eltern nicht leicht war, sich diesem Zugriff zu entziehen und sie Nachteile für sich befürchten mußten, so blieb für diejenigen, die es wollten, immerhin die Möglichkeit der Verweigerung bestehen. So gesehen ließ sich immer noch ein Freiraum erhalten, wohingegen im NS-System dieser kaum zu realisieren und von diesen Einflüssen fernzuhalten war. Zu einer totalen Erfassung der Kinder und Jugendlichen in den Organisationen ist es daher in der SBZ/DDR nie gekommen. Allerdings ist es angesichts des weitaus geringeren Drucks doch bemerkenswert, daß in einer relativ kurzen Zeit von etwa 5 Jahren bereits die Mehrzahl der Kinder in die Pionierorganisation eingetreten war.

Eine Verschärfung des Zwangseintritts in die Hitlerjugend wurde mit der Zweiten Durchführungsverordnung zum Gesetz über die Hitler-Jugend vom 25. März 1939, durch die alle Kinder und Jugendlichen im Alter von 10 bis 18 Jahren zum Dienst in der Hitlerjugend verpflichtet wurden, erreicht. Gleichzeitig wurden Strafbestimmungen erlassen,

Jungen Pioniere, vom 1. September 1951, in: Dokumente und Beschlüsse der FDJ, Band III, Berlin 1951, S. 67.

35 Hans-Christian Brandenburg, Die Geschichte der HJ, a.a.O., S. 178.

36 Ebenda.

37 Zit. nach Arno Klönne, Jugend im Dritten Reich, a.a.O., S. 28.

falls den Anordnungen zuwidergehandelt würde. Darüber hinaus wurde geregelt, welche Kinder und Jugendlichen sowohl „unwürdig“ als auch „untauglich“ seien, in die HJ aufgenommen zu werden. Diese Verordnung bestätigte erneut die Rassenpolitik der NSDAP, indem sie nur „arische“ Kinder und Jugendliche aufnahm und körperlich oder geistig beeinträchtigte Personen ausschloß.[38]

Eine solche menschenverachtende Reglementierung der Mitgliedschaft war für die Pionier- und FDJ-Organisation undenkbar und mit der Ideologie der SED, auch wenn sie in der praktischen Umsetzung Abstriche davon machte[39], unvereinbar. Sie versuchte vielmehr an die Gesamtheit der Kinder und Jugendlichen, gleich welcher sozialen und weltanschaulichen Zugehörigkeit heranzukommen und sie für den Aufbau der neuen Gesellschaft zu gewinnen. Ihr – abstraktes – Menschenbild war zunächst einmal von der Idee der Gleichheit und Gleichwertigkeit der Menschen geprägt. Der Kampf um soziale Gleichberechtigung und Gleichheit aller Menschen, unabhängig von sozialer Zugehörigkeit, Geschlecht und Rasse war daher das in der Weltanschauung des Marxismus verankerte Ziel. Diesem ideellen Prinzip entsprach auch die Form der Organisierung der Kinder und Jugendlichen, indem sie nicht nur keine Person von vornherein ausschloß, sondern auch eine geschlechtsspezifische organisatorische Trennung verneinte. Mädchen und Jungen hatten gleichermaßen ihre Fähigkeiten und Talente zu entwickeln und zum Nutzen der neuen Ordnung einzubringen. Sie knüpfte dabei an die positiven Traditionen der sozialdemokratischen und kommunistischen Kinder- und Jugendbewegung an, die sich für die konsequente Durchsetzung einer gleichberechtigten Förderung von Jungen und Mädchen einsetzte, da sie die soziale Ungleichheit der Geschlechter vor allem historisch und sozial, nicht aber biologisch begründet sah. In der Pionierorganisation war daher eine weitgehende geschlechtsunspezifische Erziehung beabsichtigt, durch die auch die gängigen Rollenklischees überwunden werden sollten. Jungen und Mädchen waren gleichermaßen für alle Aufgabenbereiche heranzuziehen, es sollte keine geschlechtsspezifische Zuordnung von Tätigkeitsfeldern geben. Daher waren die Anforderungen in der Pionierorganisation für Jungen und Mädchen im wesentlichen gleich – dies galt im übrigen auch für die paramilitärische Ausbildung. Damit eröffneten sich für Jungen und Mädchen gleichermaßen neue Entwicklungschancen, indem die vielfachen Betätigungsmöglichkeiten in der Pionierorganisation allen Kindern offenstand.

Im Gegensatz dazu bestätigte die Trennung der Kinder- und Jugendorganisation nach den Geschlechtern das konservative Männer- und Frauenbild, das der nationalsozialistischen Weltanschauung entsprach. In der Mädchenorganisation sollten die angeblich weiblichen Tugenden zur vollen Entfaltung gebracht werden. So spielten Sportlichkeit, Körperpflege und Gesundheit eine ebenso große Rolle wie die Ausbildung in hauswirtschaftlichen Tätigkeiten.[40] Die ursprüngliche Verlockung, in der Kinder- und Jugendorganisation auch

38 Vgl. Zweite Durchführungsbestimmung zum Gesetz über die Hitler-Jugend vom 25. März 1939, zit. nach Hans-Christian Brandenburg, S. 308 ff.

39 Vgl. dazu auch den Beitrag von Mario Keßler, Zwischen Repression und Toleranz. Die SED-Politik und die Juden (1949 bis 1967), in: Jürgen Kocka (Hg.), Historische DDR-Forschung, a.a.O., S. 149 ff.

40 Zum Mädchenbild im NS vgl. Martin Klaus, Mädchen im Dritten Reich. Der Bund Deutscher Mädel (BDM), Köln 1983, S. 41-61.

in männlich dominierte Bereiche vordringen zu können[41], es den Jungen gleichtun zu können, wurde sehr schnell enttäuscht. Bereits 1936 hatte man verfügt, der „Vermännlichung" des BDM entgegenzuwirken, indem das Marschieren, der Gebrauch von Kommandos, kampfbetonte Lieder und andere militärische Formen, aber auch das nächtliche Zelten und bestimmte sportliche Betätigungen untersagt wurde.[42] Zunehmend wurde die „weibliche Erziehung" betont, die hauswirtschaftliche Ertüchtigung der Mädchen im Hinblick auf ihre spätere Mutterrolle gefordert und das Schwergewicht auf die sportliche und kulturelle Arbeit gesetzt. Von vornherein waren damit die Handlungs- und Entfaltungsmöglichkeiten für Mädchen begrenzt, wodurch sie auf das Rollenmuster als willige, sich dem Mann unterordnende Gefährtin festgelegt wurden. Dieses patriarchalisch geprägte Klischee bestimmte die Erziehungsaufgaben der Mädchenorganisation. Umgekehrt galt diese Beschränkung in den Entwicklungsmöglichkeiten, die im Männerbild des NS verankert waren, gleichermaßen auch für die Jungen, die in der HJ zu harten und unbeugsamen Kämpfern erzogen werden sollten.

Dennoch bedeutete die Kinderorganisation der Hitlerjugend für viele Kinder, insbesondere für Mädchen, eine ganz neue Erfahrung. Hier kamen sie außerhalb des Elternhauses mit anderen Kindern, z.T. unterschiedlicher sozialer Herkunft und unterschiedlicher Konfessionen, zusammen. Gerade für Mädchen war das Verbringen der Freizeit außerhalb der Familie, ohne deren Kontrolle, ein unvorstellbares Ereignis. „Das Mädchen guckte ein klein wenig über den eigenen sozialen Horizont und sah und erlebte Dinge, die ihr sonst wegen mangelnden Geldes, dem Bestehen von Klassenschranken, oder aber auch wegen fehlender Initiative verschlossen geblieben waren."[43] Besonders auch für Mädchen aus den ländlichen Gebieten eröffnete sich mit der Hitlerjugend eine neue Erlebniswelt.[44]

Mit dem Jahre 1933 erhielt der Bund Deutscher Mädel in der Hitlerjugend beachtlichen Zulauf. Besonders hoch war der Zuwachs bei den Jungmädeln, deren Anzahl Ende 1933 sogar mit 20 Prozent den der Mädel überstieg.[45] Dennoch betrug im Vergleich zum Jungvolk der Mitgliederanteil nur etwa ein Drittel. Mit der weiteren Verschärfung der Zwangsmitgliedschaft in der Hitlerjugend näherten sich beide Anteile immer mehr an.[46]

Insgesamt bedeutete aber die organisatorische Erfassung der Mädchen im BDM für viele ein Novum. Sie erweiterte z.T. deren Blickfeld und bot verschiedene Möglichkeiten der Betätigung und stärkte deren Selbständigkeit und Selbstbewußtsein. Gleichzeitig konnte ein Teil der Mädchen Funktionen innerhalb der Organisation übernehmen, die eventuell auch mit einem Karriereaufstieg verbunden waren. Diese Perspektive hatte auch die Pionierorganisation parat. Jedoch war diese nicht von vornherein geschlechtsspezifisch begrenzt, was für das einzelne Mitglied größere Handlungs- und soziale Aufstiegsmöglichkeiten bedeuten konnte. Gleichwohl war auch die Pionierorganisation, trotz des erweiterten Entwicklungsraums im Vergleich zur HJ, keine von den Kindern selbst bestimmte Orga-

---

41 Dagmar Reese, Straff, aber nicht stramm – herb, aber nicht derb. Zur Vergesellschaftung von Mädchen durch den Bund Deutscher Mädel im sozialkulturellen Vergleich zweier Milieus, Weinheim und Basel 1989, S. 88.

42 Martin Klaus, Mädchen im Dritten Reich, a.a.O., S. 94.

43 Dagmar Reese, Straff, aber nicht stramm – herb aber nicht derb, a.a.O., S. 90.

44 Vgl. auch Eva Sternheim-Peters, Die Zeit der großen Täuschungen. Eine Jugend im Nationalsozialismus, Köln 1992, S. 199, und insgesamt S. 169-206.

45 Dagmar Reese, Straff aber nicht stramm – herb aber nicht derb, a.a.O., S. 35.

46 Vgl. Martin Klaus, Mädchen im Dritten Reich, a.a.O., S. 89.

nisation. Auch wenn sie für den einzelnen emanzipatorische Elemente enthielten, war sowohl die Richtung als auch der Spielraum vorgegeben. Sie waren jeweils abhängig von den Herrschaftsinteressen und konnten nur in diesem Rahmen verwirklicht werden.

Nachdem sich die Hitlerjugend durch die Einverleibung der anderen Kinder- und Jugendverbände zur Massenorganisation ausgeweitet hatte, stellte sich das Problem der Führerschaft. In kürzester Zeit wurden Schulungen für dafür auserwählte Mädchen und Jungen durchgeführt. Das Jahr 1934 wurde zum „Jahr der Schulung" erklärt, die nun überall fieberhaft stattfanden. Diese Schulung bestand im wesentlichen aus weltanschaulicher Unterweisung, körperlicher Betätigung und Leibeserziehung.[47] Im Sinne eines Bildungserwerbs funktionierten diese Schulungen nicht. Bis zum Sommer 1934 fanden bereits 287 Dreiwochenlehrgänge statt, in denen zehntausende HJ- und Jungvolkführer geschult wurden. Es entstanden zahlreiche Gebietsführerschulen für die HJ und Gauverbands- bzw. Obergauschulen für die Ausbildung der Führerinnen.[48]

Für „Jungvolk" und „Jungmädel" standen fast ausschließlich ehrenamtliche Führerinnen und Führer zur Verfügung. Der Altersabstand zu den Geführten betrug etwa zwei bis drei Jahre.[49] Damit war der Ausspruch „Jugend wird durch Jugend geführt" sehr wörtlich genommen. Ihr Kenntnis- und Erfahrungsstand ging kaum über den der ihnen Überantworteten hinaus. Daher kam es bei ihnen mehr auf organisatorische Fähigkeiten, Zuverlässigkeit, Durchsetzungsvermögen und – bei den Mädchen – auf künstlerische Talente zur Gestaltung der Freizeit an. Nach einer einjährigen Bewährungszeit konnten sie dann Führungsfunktionen übernehmen. Die Führerinnen und Führer von HJ und BDM verfügten über die absolute Befehlsgewalt gegenüber ihrer jeweils unterstellten Einheit, da sie auch die Verantwortung für diese trugen.[50] Dies entsprach der Anschauung der Nationalsozialisten von der herausgehobenen Stellung des Führers und der konsequenten Durchsetzung des Führerprinzips auf allen Ebenen. Der männliche oder weibliche Führer war dementsprechend nur dem Vorgesetzten, von dem diese berufen wurden, verantwortlich. Diesen untergeordnet war die Gefolgschaft, die sich gehorsam den Befehlen des Führers oder der Führerin zu fügen hatten.

Obwohl in der Kinder- und Jugendorganisation der SBZ/DDR ebenfalls eine strenge Hierarchisierung in den Funktionen und eine Rechenschaftspflicht vor allem gegenüber der übergeordneten Ebene bestand, gab es dennoch wesentliche Unterschiede. Zunächst einmal war die Weisungsstruktur nicht derart personengebunden wie in der Hitlerjugend. Es ging vielmehr um die Weisungsbefugnis der verschiedenen hierarchischen Ebenen, die nicht in erster Linie Personen verkörperten – dazu wurden sie auch viel zu häufig ausgetauscht. Der persönlichen Führerschaft kam eine nur geringe Bedeutung zu, es ging vor allem um „die Sache", die durchzusetzen war. Die Personen, die dahinter standen, blieben dagegen relativ anonym. Um ein Bild zu bemühen: Es war eben nicht der Bannführer, der eine Weisung erteilte, sondern die FDJ-Kreisleitung. Dort war zwar ein Sekretär für die Pionierorganisation verantwortlich, der jedoch nicht als Person, sondern im „Dienst der Sache" agierte. Diese anonymisiertere Beziehung ermöglichte zugleich eine größere Distanz der Untergebenen, machte aber andererseits die Strukturen undurchschaubarer. Verantwortungen wa-

47 Arno Klönne, Jugend im Dritten Reich, a.a.O., S. 26.

48 Werner Klose, Generation im Gleichschritt: Die Hitlerjugend. Ein Dokumentarbericht, Oldenburg 1982, S. 68.

49 Eva Sternheim-Peters, Die Zeit der großen Täuschungen, a.a.O., S. 182.

50 Vgl. Werner Klose, Generation im Gleichschritt, a.a.O., S. 77

ren daher leichter abzuschieben, wie auch Willkür in Entscheidungen oder gegenüber Unterstellten nicht unbedingt als persönliche erschienen. Die Bedeutung des Leiters als Person war daher eher eine untergeordnete – seine Anweisungen erfolgten in der Regel nicht unter Bezugnahme auf seine Person, sondern seine Funktion. Auch wenn in der SBZ/DDR ein Personenkult in Hinblick auf die Führungspersonen von Partei bzw. Staat betrieben wurde – dabei auch an entsprechende Traditionen in der Sowjetunion anknüpfend –, so ging dieser vor allem von den subordinierten Parteifunktionären aus. In der Bevölkerung fand der Personenkult keine Verankerung. Einerseits ging von den Leitfiguren keine charismatische Ausstrahlung aus, andererseits wirkte sich die Distanz gegenüber dem neuen Regime auch auf seine Repräsentanten aus. So handelte es sich eher um einen bemühten Personenkult innerhalb der eigenen Reihen der Partei, der vor allem auf Angsterzeugung beruhte und nicht in erster Linie in der Ausstrahlung der Autorität begründet war. Eine Wirkung, ähnlich der Führungsfiguren des III. Reiches, allen voran Hitlers, hat es in der SBZ/DDR zu keinem Zeitpunkt gegeben. Auch wenn man in der Pionierorganisation versuchte, die Führer von Partei und Staat mit einem Kult zu umgeben, von den Kindern Liebe und Treue zu ihnen abverlangte – allerdings wiederum in Berufung auf ihre Funktion –, so hat es doch keine Schwüre und Gelöbnisse auf die Personen im Gegensatz zur Hitlerjugend gegeben. Dem standen nicht nur das fehlende Charisma der Führungspersonen, sondern auch die Staatsideologie entgegen, die die Wissenschaftlichkeit und Rationalität der Weltanschauung propagierte. So war der Personenkult in der DDR eher von Zwiespältigkeit geprägt. Die unteren Führungsebenen profitierten von diesem Kult ohnehin nicht, im Unterschied zur Hitlerjugend, die sich ebenfalls die Durchsetzung des Führerprinzips und folglich der damit verbundenen Anerkennung der Autorität der Führungsperson zu eigen gemacht hatte.

Ein weiterer augenscheinlicher Unterschied bestand zudem darin, daß in der Pionierorganisation die Führer respektive Leiter eine andere Altersstruktur aufwiesen. Die Pioniergruppen wurden in der Regel von einem erwachsenen Gruppenleiter – häufig dem Klassenlehrer – geführt. Der Freundschaftspionierleiter sollte dem jugendlichen Alter noch nicht entwachsen sein, jedoch zählten in der FDJ die bis Mitte Zwanzigjährigen – in einigen Fällen sogar älter – noch zu dieser Kategorie. Ein derartig geringer Altersunterschied wie in der HJ zwischen Führern und Geführten existierte in der Pionierorganisation nicht. Diese Leiter waren daher nicht der Gemeinschaft zugehörig, die auserwählt waren, die Führungsrolle zu übernehmen, sondern besaßen mehr oder weniger alters- und berufsbedingte Autorität – wie bei den Lehrern – bzw. kamen „von außen". Auch dies schuf Distanz zur Organisation, zumal hierbei noch der Tatbestand, daß Schule und die Jungen Pioniere engstens zusammenarbeiten sollten, hinzukam. Allerdings standen jedem Leiter gewählte Mitglieder der Organisation als kollektives Gremium zur Seite, die die Folgen, die aus der ungünstigen Altersstruktur resultierten, kompensieren sollten. Sie alle gingen jedoch ähnlich der Hitlerjugend durch ein Schulungssystem, das sie für ihre Aufgaben zu prädestinieren hatte.

Das sattsam bekannte Schulungswesen in den Massenorganisationen der SBZ/DDR hatte demnach seinen entsprechenden Vorgänger in der vorausgegangenen Diktatur. Durch die zentrale Lenkung und Steuerung mußten von oben nach unten die Direktiven weitergegeben werden, um an der Basis das gewünschte Verhalten zu erzeugen. Derartig zentralistisch aufgebaute und undemokratisch agierende Organisationen mußten ihr untergebenes Führungspersonal durch ständige Schulungen und Anleitungen an sich binden und in

Mobilisierungsbereitschaft halten. Schulungen bedeuteten nicht nur die Vermittlung der entsprechenden Parteilinie bzw. Anleitung zum beabsichtigten Handeln, sondern auch Kontrolle der Untergebenen. Man vergewisserte sich ihrer politischen Zuverlässigkeit, ihrer Bereitschaft zur Unterordnung und ihrer Durchsetzungskraft.

Diese Schulungen bzw. Lehrgänge für Funktionäre fanden in der Pionier- und FDJ-Organisation jedoch systematischer, nach einem jeweils ausgearbeiteten Lehrprogramm, statt. An vorderster Stelle stand allerdings auch hier die weltanschauliche Unterweisung und Vermittlung der politischen Linie. Jedoch war immerhin ein gewisser Teil der Vermittlung von Kenntnissen, die auch der persönlichen Bildung dienten, vorgesehen.

Für viele Führerinnen und Führer der Hitlerjugend eröffnete sich zugleich die Perspektive einer Berufslaufbahn in der Jugendorganisation. Ab der Stellung des Bannführers bzw. der Bannmädelführerin waren sie hauptamtlich tätig.[51] Im Laufe der Jahre entwickelte sich ein durchgeplantes System von Führerschulen, die nach festen Richtlinien die Ausbildung höherer Funktionsträger betrieben. Die offizielle Anerkennung des „Jugendführers als Beruf" erfolgte im Februar 1938.[52] Es lohnte sich folglich durchaus, sich in der Kinder- und Jugendorganisation in geforderter Weise zu engagieren, um die Funktion mit einer beruflichen Karriere verbinden zu können. Die Zahl der Berufsfunktionäre nahm bis dahin nicht gekannte Ausmaße an. Der hauptamtliche Funktionär widerspiegelt die Bedeutung, die seiner Tätigkeit im Herrschaftssystem zugemessen wurde, in dem alle gesellschaftlichen Bereiche gesteuert und kontrolliert werden sollten. Der staatliche Einsatz von Funktionären dokumentiert den totalen Anspruch der herrschenden Partei, sich sämtlicher Bereiche des Lebens zu bemächtigen und sie in ihrem Sinne zu beeinflussen. Nur durch eine entsprechende Ausbildung und ständige Anleitung war es möglich, deren politische Gleichschaltung sowie die Aufgabenfülle zu bewerkstelligen. Dies kann auch für die nachfolgende Diktatur gelten, in der die Ausbildung von Berufsfunktionären in perfekter Weise vervollkommnet wurde, die im übrigen bereits in der Sowjetunion Tradition hatte. So wurde mit der Ausbildung hauptamtlicher Pionierleiter sehr rasch – zunächst über Lehrgänge –, begonnen, bis sie über ein Fachschulstudium, das sie zugleich zur Ausübung des Lehrerberufes in der Grundschule berechtigte, einen staatlich anerkannten Abschluß erwarben. Auch die hauptamtlichen Sekretäre der Kreis- und Bezirksleitungen sowie des Zentralrats der FDJ verfügten durch Lehrgänge oder Studium über eine entsprechende Qualifikation zum Berufsfunktionär. Hier wirkte also ein ähnlicher Mechanismus, der beide Diktaturen miteinander verband.

5. Zusammenarbeit oder Konkurrenz: Das unterschiedliche Verhältnis zur Schule

Von Anfang an stand die Hitlerjugend in einem Spannungsverhältnis zur Schule. Dies lag nicht nur in der Bildungsfeindlichkeit Adolf Hitlers und des Reichsjugendführers von Schi-

51 Arno Klönne, Jugend im Dritten Reich, a.a.O., S. 45.

52 Vgl. ebenda, S. 31.

rach begründet,[53] sondern war immanenter Bestandteil der Erziehungsvorstellung des NS-Staates. Diese setzte im Gegensatz zur akademischen Bildung vielmehr auf die Ausbildung solcher Tugenden wie Willenskraft, Tapferkeit, Treue und natürlich sportliches Leistungsvermögen. Der Ausspruch Schirachs: „Für uns ist das Gefühl mehr als der Verstand“[54] kennzeichnet anschaulich den Gegensatz zu einer rationalen, akademischen Bildung. Die „Weltanschauung“ des Nationalsozialismus war ohnehin nicht rational zu begreifen, sondern war eine Sache des gefühlsmäßigen Erlebens. Rasse, Reinheit des Blutes und des Volksstamms waren Vorstellungen, die sich dem rationellen Weltverständnis widersetzten. Vorerst bestand zudem ökonomisch keine Notwendigkeit, den Bildungserwerb der heranwachsenden Generation zu forcieren. Die mit der Weltwirtschaftskrise Ende der zwanziger Jahre verbundene Massenarbeitslosigkeit hatte genügend Arbeitskräfte freigesetzt, für die ohnehin ein Notprogramm zur Arbeitsbeschaffung entwickelt werden mußte. Es mangelte daher durchaus nicht an gut ausgebildeten Arbeitskräften, so daß in dieser Hinsicht aus der Perspektive des Arbeitsmarktes kein gesellschaftlicher Bedarf bestand. Daher konnte sich die HJ ihre Bildungsfeindlichkeit auch leisten. Die irrationale „Weltanschauung“ schadete der ökonomischen Funktionsweise der Gesellschaft nicht.

Die HJ ging infolgedessen rigide mit den Bildungseinrichtungen um. Willkürlich entschieden die HJ-Führer, besonders auch auf unterster Ebene – dabei auch ihre Macht auskostend –, über Einsätze in der Hitlerjugend während der Schulstunden. An den Nachmittagen waren die Mädchen und Jungen durch die HJ meist so stark beansprucht, daß kaum Zeit für die Erledigung von Schulaufgaben, dem „Eckpfeiler deutschen Schullebens“[55], blieb. Die Palette des Auflehnens der HJ-Führer gegenüber sich widersetzenden Lehrern reichte von Ungehorsam und Boykott bis zu offener Gewaltanwendung.[56] Viele HJ-Mitglieder fühlten sich somit darin bestärkt, die – häufig ungeliebten – Anforderungen der Schule zu verweigern. Damit wurde jedoch der Bildungsauftrag der Schule einschneidend gefährdet. Auch wenn die Schule von demokratisch gesinnten Lehrern „gesäubert“ wurde, die Mitgliedschaft im NS-Lehrerbund (NSLB) zum ungeschriebenen Gesetz gehörte, die Lehrinhalte nach und nach von der Nazi-Ideologie durchdrungen waren und auf diese Weise die Schule gleichgeschaltet wurde, berührten diese Eingriffe doch die Grundfesten des Schulsystems, dessen Aufgabe nunmal unabhängig von der ideologischen Bindung darin bestand, Bildung zu vermitteln und die Schulordnung aufrechtzuerhalten. Dadurch erklären sich die gravierenden Divergenzen zwischen dem Reichsjugendführer und dem Reichsminister für Wissenschaft, Erziehung und Volksbildung, die beide mit Überzeugung dem gleichen System dienten. Nachdem die Konflikte zwischen HJ und Schule ein erhebliches Ausmaß angenommen hatten, die Stör- und Gewaltaktionen den Schulbetrieb erheblich gefährdeten[57], die auch den Unwillen anderer Instanzen hervorriefen, sahen sich beide Einrichtungen gezwungen, einen Kompromiß zu schließen. Im Juli 1934 einigten sich der Reichsjugendführer und der Reichsminister für Wissenschaft, Erziehung und Volksbildung auf die Einführung des Staatsjugendtages, der die Kompetenzen von beiden

53 Michael H. Kater, Hitlerjugend und Schule im Dritten Reich, in: Historische Zeitschrift, Band 228, 1979, S. 584.

54 Baldur von Schirach: Hitler-Jugend, S. 130, zit. nach ebenda.

55 Vgl. Manfred Heinemann (Hg.), Erziehung und Schulung im Dritten Reich, Teil 1., Stuttgart 1980, S. 104.

56 Ebenda.

57 Michael H. Kater, Hitlerjugend und Schule im Dritten Reich, a.a.O., S. 574.

klarer regeln sollte. Danach bekamen die Mitglieder der HJ, also die Jungmädel und das Jungvolk, einen freien Samstag zugestanden, der ausschließlich dem Dienst in der Kinder- und Jugendorganisation vorbehalten war.[58] Die Nichtmitglieder hatten die Schule wie üblich zu besuchen und mußten eine Unterweisung in der Nazi-Ideologie über sich ergehen lassen. Darüber hinaus stand der Mittwochnachmittag der HJ als „Heimabend" zur Verfügung, der auch von Schulhausaufgaben freizuhalten war. Nach relativ kurzer Zeit der Befriedung kamen jedoch die Feindseligkeiten gegenüber der Schule und der Störung ihres Betriebes erneut zum Ausbruch. Die HJ-Führung drängte nunmehr darauf, einen – später so bezeichneten – HJ-Vertrauenslehrer einzusetzen, der die Belange der HJ mit der Schule regeln sollte. Die HJ-Mitglieder und HJ-Führer hatten sich bei Konflikten mit den Lehrern an den HJ-Vertrauenslehrer zu wenden, der daraufhin versuchte, zu vermitteln. Üblicherweise standen die HJ-Vertrauenslehrer auf der Seite der Schüler und stärkten die Autorität der HJ. Nach Stachura war mit dieser Funktion beabsichtigt, der HJ „eine bedeutende Stimme in akademischen Entscheidungen innerhalb der Schule zu sichern".[59]

Die HJ-Führung war jedoch nicht geneigt, die Autorität der Schule anzuerkennen und sich ständig auf Kompromisse mit der Schule einzulassen. Am 1. Dezember 1936 wurde das „Gesetz über die Hitler-Jugend", das praktisch von Hitler erlassen wurde,[60] verkündet, das die Bedeutung und die Kompetenzen der HJ erheblich stärkte. Darin wurde bekräftigt, daß allein die HJ neben Elternhaus und Schule für die Erziehung der „deutschen Jugend" verantwortlich sei. Nur wenige Tage später erfolgte die Aufkündigung der Verordnung über den Staatsjugendtag, die ohnehin in der Praxis kaum mehr eingehalten worden war. Der HJ gelang es immer mehr, in die Kompetenzen der Schule einzugreifen, zumal die Lehrerschaft immer stärker deren Bestrebungen unterstützte.[61] Sammlungen, Feiern, Aufmärsche während der Schulstunden prägten den Schulalltag.[62] Eine weitere Verschärfung der Beziehungen zwischen HJ und Schule trat mit der Einführung der Jugenddienstpflicht als zweite Durchführungsbestimmung zum Gesetz über die Hitler-Jugend vom 25. 3. 1939 ein. Darin wurde der Eintritt in die HJ vom 10. bis 18. Lebensjahr zur Pflicht erhoben. Die Schule hatte die jahrgangsweise Erfassung der Schüler zu unterstützen und entsprechende Listen zur Verfügung zu stellen. Gleichzeitig regierte die HJ immer mehr in die Kompetenzen der Schule hinein, und zwar nicht nur durch Einsätze der HJ während der Schulstunden, sondern auch durch Eingriffe in das Prüfungs- und Versetzungswesen der Schule.[63] Mit Beginn des II. Weltkrieges hatte die HJ endgültig die Oberhand über die Schule erlangt. Stachura stellt zusammenfassend fest, „daß 1939 das Schulsystem und die Erziehungsbehörden völlig demoralisiert waren".[64]

---

58 Manfred Heinemann (Hg.), Erziehung und Schulung im Dritten Reich, a.a.O., S. 105; Michael H. Kater, Hitlerjugend und Schule im Dritten Reich, a.a.O., S. 588; Hans-Christian Brandenburg, Die Geschichte der HJ, a.a.O., S. 164 u.a.

59 Peter D. Stachura, Das Dritte Reich und Jugenderziehung: Die Rolle der Hitlerjugend 1933-1939, in: Manfred Heinemann, (Hg.), Erziehung und Schulung im Dritten Reich, Band 1, a.a.O., S. 106.

60 Vgl. Arno Klönne, Jugend im Dritten Reich, a.a.O., S. 28.

61 Vgl. zur Rolle des NS-Lehrerbundes unter diesem Aspekt M. Kater: Hitlerjugend und Schule im Dritten Reich, a.a.O., S. 596 ff.

62 Vgl. Detlev Peukert (Hg.), Die Reihen fest geschlossen. Beiträge zur Geschichte des Alltags unterm Nationalsozialismus, Wuppertal 1981, S. 212.

63 Peter D. Stachura, Das Dritte Reich und Jugenderziehung, a.a.O., S.107.

64 Ebenda, S. 108.

Einen solchen konfrontativen Kurs zur Schule kannte die Pionierorganisation von Anfang an nicht. Im Gegenteil gehörte es zur wesentlichen Funktion der Jungen Pioniere, die Schule sowohl in der Wissensvermittlung zu unterstützen als auch bei der Durchsetzung der Schulordnung wie auch in materieller Hinsicht Hilfe zu leisten. Dieser wesentliche Unterschied zum Nationalsozialimus lag in dem unterschiedlichen Verhältnis zur Bildung begründet. So kam es nach dem Zusammenbruch des Nationalsozialismus und der Option eines antifaschistischen Neuanfangs ganz entschieden darauf an, für die nunmehr vakanten Positionen in Wirtschaft und Verwaltung entsprechend qualifiziertes Personal heranzubilden. Dabei sollte eine Einheit von fachlicher und politischer Bildung erreicht werden, d.h. der fachlich kompetente und politisch bewußt im Sinne der Einheitspartei handelnde Staatsbürger herangezogen werden. Diese Aufgabe, die jüngere Generation auf ihre zukünftige Funktion in der Gesellschaft vorzubereiten, erfüllte auch die Pionierorganisation. Es war nicht ein Gegeneinander, sondern ein Miteinander beider Erziehungsinstitutionen, die sich wechselseitig ergänzten. Beide sollten wohlabgestimmt – und dies zeigen die Pionieraufträge, die Wettbewerbe, die Arbeitsgemeinschaften und andere Organisationsformen – an der Bildung des heranwachsenden Menschen mitwirken und nach einem einheitlichen Plan gestalten. Immer wieder wurde der übereinstimmende Erziehungsauftrag beider Institutionen betont. Im Gegensatz zur Hitlerjugend bot die Pionierorganisation für die Heranwachsenden keine Möglichkeit, sich den Anforderungen der Schule zu entziehen und sich auf einem Feld Anerkennung und Selbstbestätigung zu verschaffen, das ihnen durch die Schule verweigert wurde. Die deutliche Abgrenzung zur Schule machte offenbar auch die Attraktivität der Hitlerjugend besonders für Kinder aus sozial benachteiligten Schichten aus, die in der Schule häufig erfolglos blieben, aber in der Kinderorganisation soziale Anerkennung fanden. Das erklärt auch die lustvolle Rigorosität, mit der Mitglieder und Führer der Hitlerjugend ihre Interessen gegenüber der Schule durchzusetzen versuchten und ihre Macht ausspielten. Die Reichsjugendführung bestärkte die Heranwachsenden dabei in dieser Haltung, wodurch sie zugleich die Besonderheit und die Attraktivität der Hitlerjugend werbend herausstellen konnte.

In diesem Sinne bildete die Pionierorganisation keine Alternative zur Schule – und damit waren die Möglichkeiten begrenzt, sich den staatlichen Anforderungen zu entziehen. Schon das Motto: „Nur wer ein guter Schüler ist, kann ein guter Pionier sein!" verdeutlichte das enge Zusammenspiel von Schule und Kinderorganisation. Ein Versagen des Kindes in der Schule konnte kaum durch die Pionierorganisation kompensiert werden, da es zur Pflicht eines jeden Pioniers gehörte, in der Schule gute Leistungen zu erbringen. Im Gegenteil konnten schlechte Lernergebnisse – wie bereits ausgeführt – zum Ausschluß von Pioniernachmittagen oder dem Besuch von Veranstaltungen führen. Die Pionierarbeit wurde bewußt auf diese Weise zur Disziplinierung der Schüler eingesetzt. Dies war insofern relativ einfach zu realisieren, als die Lehrer in der Funktion eines Gruppenleiters die genaueste Kenntnis über Leistungen und Leistungsverhalten der Schüler besaßen. Dabei ist jedoch zu berücksichtigen, daß beide Erziehungsinstanzen den Auftrag hatten, das Bildungsprivileg zu brechen und insbesondere Arbeiter- und Bauernkinder zu fördern, denen auch in der Pionierorganisation besondere Unterstützung – durch Lernzirkel, Patenschaften über leistungsschwächere Schüler usw. – zuteil wurde. Das Bildungsbemühen dieser Kinder sollte zugleich durch Übertragung von Funktionen innerhalb der Pionierorganisation anerkannt und unterstützt werden, um ihnen auch in dieser Hinsicht Selbstbewußtsein zu verleihen. Obwohl dieses Anliegen der Pionierorganisation zu würdigen ist, bleibt dennoch der Fakt, daß durch die enge Verzahnung beider Institutionen der Einfluß und die Kontrollmöglichkeiten der Heranwachsenden perfekt organisiert waren. Die staatlichen Anforderungen galten für beide Erziehungsinstitutionen gleichermaßen und wurden in engem Zusammenwirken umgesetzt. Eine gewisse Separierung in der Organisation – unabhängig von deren inhaltlichen Bewertung – gab es für den einzelnen daher nicht.

Trotz der distanzierten bis feindlichen Haltung der Hitlerjugend gegenüber der Schule bediente sie sich zunehmend ihrer Unterstützung. Obwohl zunächst der Reichsjugendführer die Untauglichkeit der Lehrer für die NS-Jugendführung behauptete,[65] vollzog er im Interesse der Politisierung der Lehrer und der Ausweitung der Einflußmöglichkeiten der HJ eine Wendung. Auf diese Weise ließ sich die Absicht der Gleichschaltung beider Institutionen besser verwirklichen, als allein durch einen Konfrontationskurs. So übernahmen immer mehr junge, von der faschistischen Idee überzeugte Lehrer Funktionen innerhalb der HJ. Besonders auf dem Lande wäre ansonsten der Dienst in der HJ personell nicht garantiert gewesen.[66] Zahlreiche Lehrer und Lehrerinnen wurden als Jungvolkführer bzw. Jungmädelführerinnen eingesetzt.[67] Zudem nahmen viele Lehrer gemeinsam mit den Führerinnen und Führern in der Hitlerjugend an politischen Veranstaltungen teil.[68] „Lehrerberuf und HJ-Führerberuf ergänzen sich vielfältig" meinte auch der NS-Lehrerbund.[69] Schon durch die Schaffung der Funktion des HJ-Vertrauenslehrers war es notwendig, mit einem großen Teil der Lehrerschaft zu kooperieren, um den Einfluß der HJ an den Schulen zu verstärken. Durch diese personelle Verquickung von Lehrer und HJ-Führer wurde – ähnlich wie in der Pionierorganisation – eine umfassende Kontrolle über die Kinder ermöglicht.

Gleichzeitig bediente man sich der Hilfe der Schule bei der organisatorischen Erfassung der Staatsjugend. 1936 wurde das „Jahr des deutschen Jungvolks" verkündet – es bezog sich in gleicher Weise auch auf die „Jungmädel" –, in dem erstmals der gesamte Jahrgang 1926 aufgefordert war, sich als Mitglied in der Hitlerjugend anzumelden. An dieser Erfassungsaktion des Frühjahrs 1936 beteiligten sich die Schulen aktiv. Die Lehrer stellten Klassenlisten für die örtlichen HJ-Führer zusammen, so daß ein genauer Überblick existierte, welche Kinder sich der HJ-Mitgliedschaft entzogen.[70] Statistisch entging auf diese Weise kein zehnjähriger Junge oder zehnjähriges Mädchen dem Zugriff der HJ. Zudem führten Lehrer und HJ-Führer Elternabende durch, um die Eltern zum Eintritt ihrer Kinder in die HJ aufzufordern.[71] In den Klassenräumen wurde per Weisung des NS-Lehrerbundes Werbung für die HJ angeordnet.[72] Diese Zuarbeiten von Lehrern für die Hitlerjugend prägten immer mehr das Gesicht der Schule. An der Aushöhlung des Bildungsauftrages der Schule wirkte zunehmend eine gleichgeschaltete Lehrerschaft – ob aus Überzeugung oder aus Druck, sei dahingestellt – tatkräftig mit.[73] Immerhin wies die Lehrerschaft eine besondere Nähe zum Nationalsozialismus auf. So waren Lehrer im Vergleich zur übrigen Beam-

---

65 Michael H. Kater, Hitlerjugend und Schule im Dritten Reich, a.a.O., S. 594.
66 Arno Klönne, Jugend im Dritten Reich, a.a.O., S. 51.
67 Michael H. Kater, Hitlerjugend und Schule im Dritten Reich, a.a.O., S. 594/595.
68 Ebenda, S. 590.
69 Zit. nach ebenda, S. 585.
70 Vgl. Werner Klose, Generation im Gleichschritt, Die Hitlerjugend, a.a.O., S. 70.
71 Ebenda.
72 Michael H. Kater, Hitlerjugend und Schule im Dritten Reich, a.a.O., S. 601.
73 Vgl. auch Wolfgang Keim, Erziehung unter der Nazi-Diktatur, a.a.O., bes. S. 73-122.

tenschaft überproportional in der NSDAP vertreten[74] und hatten auch in ungewöhnlich hohem Maße politische Leitungsfunktionen inne.[75] Die Mehrzahl der Lehrer, nämlich 97 Prozent[76], war im Nationalsozialistischen Lehrerbund organisiert. Über diesen erfolgte die Gleichschaltung der Lehrerschaft, die „politische Personalkontrolle des Lehrerstandes im Sinne der Partei“[77] wie auch deren weltanschauliche Indoktrinierung. Im Unterschied dazu wurde die Lehrerschaft in der SBZ/DDR – wenn nicht gleichfalls über die herrschende Partei – vor allem über die Gewerkschaft, die Teil des FDGB war, erfaßt, die aber ganz ähnliche Funktionen wie der berufsständische NS-Verband erfüllte. Beide Organisationen arbeiteten mit offenem oder indirektem Zwang zur Mitgliedschaft und erreichten dadurch die ungewöhnlich hohen Beitrittszahlen. Der nationalsozialistische Lehrerbund forderte seine Mitglieder auf, sich ganz in den Dienst der nationalsozialistischen Sache zu stellen und den Schülern eine nationalsozialistische Haltung zu vermitteln. Von ihm ging daher besonders die Kooperation mit der HJ aus, die bei einzelnen Lehrern noch auf Vorbehalte stieß. Die nationalsozialistischen Aktivitäten sollten als Teil der schulischen Verpflichtung der Lehrer begriffen werden.[78] Hierbei ging es auch darum, sich gegenüber der gewichtigen Konkurrenz der Hitlerjugend zu behaupten, indem der NSLB seine Unterstützung anbot.

Nicht nur die Durchdringung des Schulstoffs mit faschistischer Ideologie[79], sondern auch die aktive Unterstützung durch die Übernahme von Führungsfunktionen in der HJ sowie die Zuführung der Kinder zur Hitlerjugend bildeten die wesentlichen Säulen der Zusammenarbeit zwischen Schule und HJ im Dienst des nationalsozialistischen Systems. Auf diese Weise wirkte die Schule an der Erziehung einer Staatsjugend mit, auch wenn sie dabei gegen ihren Bildungsauftrag handelte. Dieses Zusammenwirken von Schule und Kinderorganisation gestaltete sich zwar nicht so planvoll und systematisch wie unter der nachfolgenden Diktatur, in der die staatlichen Instanzen faktisch der Partei untergeordnet waren und es dadurch zu weniger Reibungsverlusten kam. Jedoch war dieses Zusammenspiel in den Folgen für die heranwachsende Generation weitaus katastrophaler, indem sie ihr Leben und ihre Zukunft in einem verheerenden Krieg aufs Spiel setzen mußte.

6. Freizeit als „Dienst am Vaterland“

Mit der Machtergreifung der Nationalsozialisten war eine sofortige Besetzung aller wesentlichen Inhalte der Jugendarbeit durch die NSDAP verbunden. Im Dienst der Partei

---

74 Bereits 1936 gehörten 32,2 Prozent der Mitglieder des NSLB der NSDAP an, während von den übrigen Beamten nur 17 Prozent Mitglieder waren. Vgl. Hermann Schnorbach (Hg.), Lehrer und Schule unterm Hakenkreuz. Dokumente des Widerstands von 1930 bis 1945, Königstein/Ts. 1983, S. 15.

75 Vgl. Michael H. Kater, Hitlerjugend und Schule im Dritten Reich, a.a.O., S. 608.

76 Hermann Schnorbach (Hg.), Lehrer und Schule unterm Hakenkreuz, a.a.O., S. 15.

77 Michael H. Kater, Hitlerjugend und Schule im Dritten Reich, a.a.O., S. 599.

78 Peter D. Stachura, Das Dritte Reich und Jugenderziehung, a.a.O., S. 107.

79 Vgl. u.a. Reinhard Dithmar (Hg)., Schule und Unterricht im Dritten Reich, Neuwied 1989; Manfred Heinemann (Hg.), Erziehung und Schulung im Dritten Reich, Stuttgart 1980; Georg Schwingl, Die Pervertierung der Schule im Nationalsozialismus. Ein Beitrag zum Begriff „Totalitäre Erziehung“, 1993; Harald Scholz, Erziehung und Unterricht unterm Hakenkreuz, Göttingen 1985.

versuchte die HJ mithin ihre Monopolstellung auch im Freizeitbereich der Kinder und Jugendlichen zu sichern. Zunächst einmal schuf sich die HJ die materiellen Voraussetzungen dafür, indem sie die Freizeiteinrichtungen der einverleibten Jugendverbände übernahm und das ausgebaute System der Jugendherbergen, die im Reichsverband deutscher Jugendherbergen vereinigt waren, quasi im Handstreich ihrer Verfügung unterordnete.[80] Da die körperliche Ertüchtigung einen zentralen Stellenwert in den Erziehungsvorstellungen der Nationalsozialisten einnahm, versuchte sie, auch den Jugendsport sofort in ihren Machtbereich einzubeziehen.[81] Im November 1933 wurde ein Abkommen mit dem Reichssportführer geschlossen, der der HJ den Zugriff auf die Sportjugend sicherte. Zu einem endgültigen Vertrag kam es im Juli 1936, der der HJ alleinige Hoheit über die sportliche Betätigung der Kinder zugestand. Darin hieß es: „Der Reichsjugendführer und der Reichssportführer stimmen in der Auffassung überein, daß die gesamte körperliche, charakterliche und weltanschauliche Erziehung aller Jugendlichen bis zu 14 Jahren ausschließlich im Deutschen Jungvolk erfolgt. Aus diesem Grund führen die Vereine des Deutschen Reichsbundes für Leibesübungen keine eigenen Jugendabteilungen...“[82]. Analog galt dies auch für die Jungmädel. Damit hatte sich die HJ weitgehend eine Monopolstellung geschaffen. Die körperliche Ertüchtigung machte gemäß der ihr zugemessenen bedeutenden Rolle den Hauptanteil des Dienstes im DJ und JM aus. Es wurde ein Vielzahl von sportlichen Wettkämpfen organisiert, die die Masse der HJ-Mitglieder einbezog. Leistungsabzeichen wurden eingeführt, die den notwendigen Anreiz zu sportlicher Hochleistung geben sollten. In den Aufnahmebedingungen für das Deutsche Jungvolk und die Jungmädel waren sportliche Übungen vorgesehen, deren Absolvierung erst die endgültige Voraussetzung für die Aufnahme schuf. Es war dies die sogenannte „Pimpfen“- bzw. „Jungmädel-Probe“.[83] Erst das Bestehen dieser Probe berechtigte zur Uniformierung und zum Tragen der entsprechenden Utensilien. Bei diesen Betätigungen ging es in der Regel um die Verbindung von sportlichen mit wehrpolitischen Übungen. Wollten die Kinder darüber hinaus speziellen Sportarten nachgehen, konnten sie in Sonderformationen Aufnahme finden. Beispielsweise existierte für die Mitglieder des Jungvolks die Perspektive, in einer der Sonderformationen das Fliegen zu erlernen, zunächst aber sich in Modellbaugruppen mit dem Gegenstand vertraut zu machen und sich das notwendige Wissen anzueignen.[84] Daß begehrte Sportarten wie diese allen Mitgliedern der HJ unabhängig von der sozialen Lage der Herkunftsfamilie offenstanden, stellte für viele eine Verlockung dar. Da die HJ die Monopolstellung auf diesem Gebiet besaß, gab es zudem für die Kinder kaum eine Möglichkeit, außerhalb der Organisation diesen Sport zu betreiben. Darin liegt eine wesentliche Übereinstimmung mit der Pionierorganisation. Über die Vielfalt der sportlichen Angebote, die besonders den Bedürfnissen in dieser Altersphase entgegenkam, sollte zugleich eine Identifikation mit der Kinder- und Jugendorganisation sowie der Partei, die solche Betätigungsformen ermöglichte, bewirkt werden.

Die damit beabsichtigte Verführung der Heranwachsenden betraf jedoch nicht nur die Bereiche des Sports, sondern es existierten auch auf kulturellem Gebiet zahlreiche Mög-

80 Vgl. Hans-Christian Brandenburg, Die Geschichte der HJ, a.a.O., S. 147.

81 Arno Klönne, Jugend im Dritten Reich, a.a.O., S. 56.

82 Vertrag zwischen dem Jugendführer des Deutschen Reiches und dem Reichssportführer vom 28. Juli 1936, in: Hans-Christian Brandenburg, Die Geschichte der HJ, a.a.O., Dokument 46, S. 305.

83 Arno Klönne, Jugend im Dritten Reich, a.a.O., S. 56

84 Vgl. Werner Klose, Generation im Gleichschritt, a.a.O., S. 96.

lichkeiten abwechslungsreicher Freizeitgestaltung. Besonders die „Heimabende" trugen geselligen Charakter, an denen gemeinsam vorgelesen, gesungen, Spielzeug gebastelt, Gemeinschaftsspiele durchgeführt oder Theaterstücke eingeübt wurden.[85] Die HJ verfügte zudem über eine Vielzahl von Theatergruppen, Chören, Musikzügen und Spielscharen, die vielfältige Beschäftigungsmöglichkeiten boten. Es wurden Reichsmusiktage, Reichstheatertage usw. organisiert, an denen interessierte Kinder und Jugendliche mitwirken, sich austauschen und Selbstbestätigung finden konnten. Gerade für Kinder, die weniger dem Sport zugeneigt waren, boten diese kulturellen Formen der Betätigung einen Anziehungspunkt. Hier konnte man sich auf künstlerischem Gebiet ausprobieren und seine Fähigkeiten vervollkommnen. Es wäre daher tatsächlich zu einseitig, wie auch Klose zu Recht ausführt,[86] würde man den Dienst in der Hitlerjugend nur als militarisiert, brutal und öde bewerten. Dies könnte dann auch nicht die Anziehungskraft erklären, die die Kinder- und Jugendorganisation ausstrahlte.

Obwohl Kunst, Literatur und Musik von den Nationalsozialisten aus „arischen", ideologischen und politischen Gründen „gesäubert" worden waren, schmälerte das nicht die Freude der Kinder an ihrer künstlerischen Betätigung. Dafür wurde von den Nationalsozialisten die entsprechende ideologische Rechtfertigung geliefert. Die „Kulturarbeit" der HJ fand ihre Höhepunkte in den Feiern und Veranstaltungen, die sehr zahlreich zu den verschiedensten Anlässen – sei es zum Geburtstag des Führers, zum Tag der Machtergreifung, den Sonnenwendfeiern, dem Erntedankfest, den Reichsparteitagen, dem 1. Mai, um nur einige hier zu nennen, initiiert wurden. Mit deren Vorbereitung und Durchführung waren die Sport- und Kulturgruppen der Hitlerjugend ständig beschäftigt.

Die Freizeit der DJ- und JM-Mitglieder war darüber hinaus mit verschiedenen Sammlungsaktionen beansprucht, die sich von Geld-, über Altstoff- bis hin zu Kleidersammlungen erstreckten und die offenbar von den Jungen und Mädchen der Hitlerjugend ebenso frustrierend empfunden wurden wie von den Mitgliedern der Pionierorganisation. Zudem wurden die HJ-Mitglieder auch zu Ernteeinsätzen mobilisiert, aus denen jedoch später – mit Beginn des Krieges – kriegswirtschaftliche Verpflichtungen wurden.

Insgesamt wird daran ersichtlich, daß die Freizeit der Kinder in der Hitlerjugend vielfältig organisiert war und nicht selten zu ständiger Beanspruchung führte, wenn sie noch dazu mit der Wahrnehmung von Funktionen verbunden war. Die HJ besetzte folglich die wesentlichsten Freizeitbereiche der Kinder, was sie mit der Pionierorganisation gemein hatte. Allerdings spielten aus den bereits dargelegten Gründen Aktivitäten, die vorrangig auf den Bildungserwerb in Ergänzung zur Schule gerichtet waren, eine nur untergeordnete Rolle. Ähnliche Einrichtungen wie die Arbeitsgemeinschaften und die Lernaktivs in der Pionierorganisation fehlten in der Hitlerjugend vollständig.

Typisch für die Aktivitäten in der HJ war, daß sie sämtlich einem höheren Interesse galten. Nicht zum Selbstzweck, aus Freude an der Sache, fanden sich Sport- und Kulturgruppen zusammen, sondern sie hatten ihre Tätigkeit in den Dienst der Volksgemeinschaft zu stellen. Die angeblich durch Auserwähltheit der Rasse und die Reinheit des Blutes zu Höherem berufene Volksgemeinschaft erlegte auch dem einzelnen eine größere Verantwortung auf. Er sollte mitwirken an der Errichtung einer Ordnung, die dem „Volk ohne

85 Vgl. Eva Sternheim-Peters, Die Zeit der großen Täuschungen, a.a.O., S. 199 ff.; Werner Klose, Generation im Gleichschritt, a.a.O., S. 123 ff.

86 Werner Klose, Generation im Gleichschritt, a.a.O., S. 134.

Raum" und seiner außerordentlichen Leistungsfähigkeit entsprach. Erst diese Aufgabe, dem Dienst am Vaterland, gab dem Leben des einzelnen einen wertvollen Sinn. Nur die Volksgemeinschaft, die angeblich keine Klassenunterschiede mehr kannte, in der auf wundersame Weise die Menschen gleichgestellt wären, verlieh dem Individuum eine wirkliche Existenzberechtigung, ohne sie war es zur Bedeutungslosigkeit verurteilt. Von diesem Gedankengut war auch die Arbeit der Hitlerjugend geprägt. So schilderte das damalige Jungmädel Eva ihr Empfinden: „Auch E. war gemeint, angesprochen, aufgerufen, ihr Leben in den Dienst von etwas ganz Großem, Überwältigendem zu stellen, das Deutschland hieß".[87] Und sie ist zu den Jungmädeln gegangen, „weil sie beim Aufbau des neuen, dritten, des tausendjährigen Reiches mithelfen und Verantwortung tragen wollte. Viele Jahre ihrer Kindheit war sie unendlich glücklich, viele der Jugend unendlich stolz, in einer Zeit leben zu dürfen, die der jungen Generation so große Aufgaben zu stellen schien".[88]

Einerseits erfüllte es den einzelnen Jungen und das einzelne Mädchen mit Stolz, an einer so verantwortungsvollen Sache mitwirken zu dürfen, andererseits reduzierte es das Kind auf seine Funktion innerhalb des politischen Systems, nahm ihm so seine Individualität und degradierte es zur Bedeutungslosigkeit. Diese Anschauung teilte der Nationalsozialismus mit dem realsozialistischen System, auch wenn letzterem die irrationalen Begründungen, die Rassenlehre und die mystischen Argumentationsmuster fernlagen. Die kommunistischen Führer versprachen eine erstrebenswerte Zukunft, die allerdings in einer wissenschaftlichen Weltanschauung begründet war, in deren Dienst sich der einzelne zu stellen hatte und die auch ihre Opfer forderte. Dieser von den Herrschenden propagierten Idee einer neuen gesellschaftlichen Ordnung hatte er sich unterzuordnen und dem großen Kollektiv, das diese Aufgabe verfolgte, anzuschließen. Die Gemeinschaft bzw. das Kollektiv hatte den einzelnen im Sinne dieser Idee zu erziehen – allerdings im Auftrage und unter Kontrolle der Herrschenden –, wodurch ein neuer Menschentyp entstehen sollte. Diese Ähnlichkeiten der Anschauung in bezug auf die Bedeutung der Gemeinschaft, die letztlich für die Durchsetzung der Herrschaftsinteressen herhalten mußte, führte auch zu Übereinstimmungen in der äußerlichen Repräsentation und Symbolik. Die Aufmärsche und Massenveranstaltungen, die Initiierung von Festen und Feiern für die Bevölkerung, deren Bombastik und Überhöhung, sollte die Bedeutung der Gemeinschaft demonstrieren und das Aufgehen des einzelnen in der Masse im Dienste einer Idee bildhaft veranschaulichen. Die Gelöbnisse und Schwüre, Appelle, Sprechchöre und Fahnenkulte, die das Individuum auf die angeblich gemeinschaftliche Sache verpflichteten, gehörten dabei ebenso zum Ritual der Hitlerjugend wie sie zum Bestandteil der Pionier- und FDJ-Organisation wurden. Ähnlichkeiten in Ritualen und Symbolik lagen letztlich in einem Menschenbild begründet, das die Kinder und Jugendlichen zur Masse und zur Uniformität verpflichtete, auch wenn die jeweiligen inhaltlichen Aussagen sich wesentlich voneinander unterschieden.

Die Freizeitbetätigungen in der Hitlerjugend waren folglich mit einer dementsprechenden weltanschaulichen Unterweisung verbunden. Bei keiner Aktivität sollte das große Ziel aus dem Auge verloren werden. Diese weltanschauliche Schulung der Kinder in der Hitlerjugend überließ man dabei nicht dem Zufall und der Vorstellung des einzelnen Führers und der Führerin, sondern sie erhielten dazu anleitendes Material. So wurden die Themen zentral vorgegeben und u.a. in Schulungsmappen wie „Jungenschaft", „Kameradschaft",

---

87 Eva Sternheim-Peters, Die Zeit der großen Täuschungen, a.a.O., S. 176.
88 Ebenda, S. 177.

„Jungmädelschaft", die 14tägig erschienen, zusammengestellt.[89] Überdies band man ausgewählte Redner der HJ für Vorträge, die z.B. zu den Heimabenden gehalten wurden. Auch wurden die Führer und Führerinnen im DJ und den JM durch entsprechende Schulungen, wie bereits angeführt, auf die zu behandelnden Themen – auch der aktuellen Lage gemäß – vorbereitet. Die sportlichen und kulturellen Aktivitäten waren ohnehin jeweils einem gewichtigen politischen Ereignis gewidmet und wurden von dessen Inhalt bestimmt, um auf diese Weise die Idee des Nationalsozialismus zu transportieren. Ähnlich wie in der Pionierorganisation, aber unterschiedlich in ihrem Inhalt, wurde die Freizeit in der Kinderorganisation der Hitlerjugend politisch instrumentalisiert, dabei an die Bedürfnisse der Kinder anknüpfend.

Einen wesentlichen Bestandteil nationalsozialistischer Anschauung bildete die Erziehung in den Lagern. Damit wurde zwar scheinbar an eine wesentliche Ausdrucksform der Jugendbewegung angeknüpft, diese jedoch ihres ursprünglichen Inhalts beraubt. In den Kinder- und Jugendlagern der Weimarer Republik ging es in der Regel um eine selbstbestimmte Form gemeinschaftlichen Zusammenlebens, sie wurden selbstverwaltet und nach den eigenen Vorstellungen – in demokratischer Abstimmung – gestaltet. Sie grenzten sich damit bewußt zur bürgerlichen- bzw. Erwachsenenwelt ab und versuchten, Alternativen zu leben.

Mit solchen jugendbewegten und antihierarchischen Auffassungen hatten die nationalsozialistischen Lager nichts mehr gemein. Dennoch kam ihnen die Organisationsform des Lagers, die auf Gemeinschaft setzte, entgegen. In ihnen sollte der neue Mensch, abgeschnitten von der Außenwelt und ganz auf die Gemeinschaft angewiesen, erzogen werden. Die Formulierung Schirachs: „Die HJ ist eine weltanschauliche Erziehungsgemeinschaft"[90] fand in den nationalsozialistischen Kinder- und Jugendlagern ihre konkrete Ausdrucksform. Die Lager waren straff in ihrem Tagesablauf und nach militärischem Vorbild mit Morgenappell, Tageslosung und Fahnenhissung organisiert. Wesentlicher Bestandteil dabei waren die körperliche Ertüchtigung – im Jungvolk an den Anforderungen des Militärs orientiert, wozu z. B. das Luftgewehrschießen, das Umgehen mit Karte und Kompaß, Geländespiele, Morsen u.a. im Kriegsfall notwendige Fähigkeiten,[91] sowie die weltanschauliche Schulung gehörten. Dabei standen Themen wie „Führer und Gefolgschaft", die „Bewegung", „der Versailler Vertrag", „die nationalsozialistische Weltanschauung" im Vordergrund.[92] Die Lager waren streng hierarchisch aufgebaut, an ihrer Spitze stand der Lagerführer, der das absolute Kommando über die Gemeinschaft besaß – aufgrund der besonderen Anforderungen wurde später diese Tätigkeit als Beruf eingeführt.[93] Von demokratischer Selbstbestimmung konnte daher keine Rede sein. Dem entsprach auch die in der Regel vorgeschriebene Uniformierung, die einerseits die militärische Organisation der Lager verdeutlichen, andererseits eine äußerliche Gleichheit herstellen sollte, in der die „artgemäße Gemeinsamkeit" einer „wahren Gemeinschaft" allein zählte. Zudem war beab-

89 Vgl. Arno Klönne, Jugend im Dritten Reich, a.a.O., S. 60.

90 Baldur von Schirach, Hitler-Jugend, S. 130, zit. nach Hans-Christian Brandenburg, Die Geschichte der HJ, S. 163.

91 Vgl. ebenda, S. 172.

92 Vgl. Jürgen Schiedeck/Martin Stahlmann, Die Inszenierung ‚totalen Erlebens': Lagererziehung im Nationalsozialismus, in: Politische Formierung und soziale Erziehung im Nationalsozialismus, hg. von Hans-Uwe Otto und Hans Sünker, Frankfurt a. M. 1991, S. 171.

93 Vgl. ebenda, S. 172.

sichtigt, die existierenden sozialen Unterschiede und Gegensätze zwischen den Kindern unterschiedlicher Herkunft äußerlich zu verwischen und damit den Eindruck von Gleichheit zu erwecken.[94]

Einen wesentlichen Stellenwert erlangte die Inszenierung des „Erlebnisses". Von den kultischen Handlungen, die den Tagesablauf bestimmten, den Ritualen gemeinschaftlichen Handelns, Lagerfesten und -feiern mit den Bestandteilen Aufruf, Verkündung und Bekenntnis,[95] den Feierstätten und Lagerfeuern sollte eine emotionalisierende Wirkung ausgehen. Sie sollten Identität mit der Anschauung des NS stiften und die Kinder und Jugendlichen zu einer Glaubens- und Bekenntnisgemeinschaft „zusammenschweißen".

Die unterschiedlichen Formen der Lager, ob es sich nun um Wochenendlager der HJ, mehrwöchige Freizeitlager oder auch Schulungslager handelte, liefen sämtlich nach dem gleichen Schema von körperlicher Ertüchtigung und weltanschaulicher Schulung ab. Niemals stand die Erholung der Kinder, verbunden mit unterhaltsamer Freizeitgestaltung im Vordergrund. Ausdrücklich hieß es, daß „wir Freizeitlager nicht im Sinne karitativer Erholungsheime aufziehen, sondern von den Teilnehmern die Bereitschaft zur sportlichen Betätigung und weltanschaulichen Schulung fordern".[96] Für die Lager der HJ betrieb man einen großen Werbeaufwand, wodurch tatsächlich erreicht wurde, daß kaum ein Kind oder Jugendlicher von einem Aufenthalt in einem Lager verschont geblieben ist.[97]

Die nationalsozialistischen Kinder- und Jugendlager wurden ebenso wie die Organisation selbst geschlechtsspezifisch getrennt durchgeführt. Besonders für die Mädchen spielte das Lagerleben eine herausragende Rolle, waren doch bisher ihre Möglichkeiten, sich von der Familie separieren zu können, verschwindend gering. Das Lager gab ihnen das Gefühl von Unabhängigkeit, auch wenn sie sich dort neuen Hierarchien zu beugen hatten. Das Erleben der Gemeinschaft, die vielfältigen Freizeitbetätigungen, das gemeinsame Wandern, Singen und Musizieren, die Romantik des Lagerfeuers übten insgesamt einen besonderen Reiz auf die Mädchen aus.[98] Freilich gehörten auch militärische Formierung und weltanschauliche Schulung zu den wichtigen Bestandteilen der BDM-Lager. Allerdings sollten sie keinem militärischen Drill gleichen, sondern dem „weiblichen Wesen" entsprechen. „Die Ordnungsformen der Mädchen sollten zuchtvoll und diszipliniert, aber nicht zackig sein".[99] Die 10- bis 14jährigen Mädchen gaben jedoch der Zackigkeit häufig den Vorrang, so den männlichen Kult antizipierend, was ihnen das Gefühl vermittelte, die im NS durch das Geschlecht gesetzten Schranken überwinden zu können. Diese vom BDM ausgehende Verlockung von Unabhängigkeit und romantischem Lagerleben dürften mit dazu beigetragen haben, daß sich die Mitgliederzahl in den Jungmädeln seit 1933 rascher erhöhte als die im gesamten BDM bzw. HJ.[100] Dennoch war der Inhalt der BDM-Lager

94 Tatsächlich kamen durch diese Lager Kinder miteinander in Berührung, die im alltäglichen Leben sozial voneinander getrennt waren, und zwar durch ihre Separierung in jeweiligen Wohngebieten, Schulen und des sozialen Umgangs. Das heißt jedoch nicht, daß durch das Lagerleben die sozialen Unterschiede aufgehoben worden wären. Vgl. dazu Peters-Sternheim, Die Zeit der großen Täuschungen, a.a.O., S. 192 ff.

95 Vgl. Schiedeck/Stahlmann, Die Inszenierung ‚totalen Erlebens', a.a.O., S. 189.

96 H. Schlinke, Gesundheitsertüchtigung in den Freizeitlagern 1935, in: Das Junge Deutschland 1935, S. 501, zit. nach ebenda, S. 175.

97 Vgl. Schiedeck/Stahlmann, Die Inszenierung ‚totalen Erlebens', a.a.O., S. 173.

98 Vgl. Dagmar Reese, Straff, aber nicht stramm – herb, aber nicht derb, a.a.O., S. 89 ff.

99 Eva Sternheim-Peters, Die Zeit der großen Täuschungen, a.a.O., S. 193.

100 Vgl. Dagmar Reese, Straff, aber nicht stramm – herb, aber nicht derb, a.a.O., S. 35.

sowohl in Hinblick auf die vermittelte Ideologie als auch in der Unterweisung in den praktischen Tätigkeiten eindeutig geschlechtsspezifisch ausgerichtet.

In den Lagern der Pionierorganisation erfolgte demgegenüber keine geschlechtsspezifische Trennung. Jungen und Mädchen wurden in der Regel gleichermaßen zu den verschiedenen Tätigkeiten – bis hin zu den im Lager anfallenden (haus)wirtschaftlichen Versorgungsaufgaben – herangezogen und bewußt eine geschlechtsspezifische Arbeitsteilung vermieden. Auch in den künstlerischen, technischen und naturwissenschaftlichen Arbeitsgemeinschaften sollten Mädchen und Jungen gleichermaßen vertreten sein. So gesehen gab es in Hinblick auf das Erziehungskonzept keine geschlechtsspezifische Be- oder Ausgrenzung, was mit dazu beitrug, ein entsprechendes Selbstbewußtsein der Mädchen zu fördern.

Weiterhin machte die HJ besonders ihren Einfluß in den während des Krieges verbreiteten Kinderlandverschickungslagern (KLV) geltend. Bis zum Ende des Krieges wurden rund 2,5 Millionen Mädchen und Jungen in bis zu 9 000 KLV-Lagern betreut.[101] Losgelöst von der Aufsicht der Eltern waren hier die Kinder den Erziehungsabsichten der HJ besonders unterworfen. In diesen Lagern sollten die Kinder zwar schulisch unterrichtet werden, wofür der NS-Lehrerbund eigens Lehrer entsandte und einen „Schulbeauftragten der KLV" stellte, jedoch waren die Kinder vorrangig dem dominierenden Einfluß der HJ ausgesetzt. Die Lehrer hatten sich auf die reine Unterrichtstätigkeit zu beschränken, wohingegen die HJ die gesamte Freizeit der Kinder beherrschte und ihren Vorstellungen einer „totalen Erziehung" unterwarf. Körperliche Ertüchtigung, weltanschauliche Unterweisung, verbunden mit einer Vielzahl praktischer Hilfeleistungen als Dienst am Vaterland füllten die unterrichtsfreie Zeit der Kinder aus. Die KLV-Lager kamen damit der Umsetzung der Erziehungsvorstellungen vom neuen Menschen am ehesten entgegen.

In den Lagern der HJ – gleich welcher Form – konnten die Kinder umfassend kontrolliert und lückenlos erfaßt werden. Es durfte keinerlei Privatheit und Individualität geben, sondern der einzelne hatte sich der Gemeinschaft und ihrer disziplinierenden Wirkung zu unterwerfen. Das Lager symbolisierte auf diese Weise die „Macht und Allgegenwart des nationalsozialistischen Herrschaftssystems".[102] Sie gehörten zum charakteristischen Beherrschungsinstrument der Nationalsozialisten.

Auch die Lager der Pionierorganisation waren straff und nach einem Plan durchorganisiert, die nur wenig Freiraum zuließen. Schon durch die örtlichen und räumlichen Bedingungen waren Privatheit und individuelle Lebensführung nahezu unmöglich gemacht, was schließlich beabsichtigt war. Der organisierte Tagesablauf, der ähnlich wie in den HJ-Lagern ritualisierte Formen vorsah, zwang zur Disziplinierung und Unterordnung. Allerdings waren die Lager in der SBZ/DDR nicht nach dem strengen Führer-Gefolgschafts-Prinzip aufgebaut, auch wenn an deren Spitze ein Lagerleiter stand, der über die entsprechende Autorität verfügte. Durch Wahlen von Gruppenräten oder gemeinsame Beratungen in den Gruppen versuchte man, der Unterordnung unter das Kollektiv und der Befolgung des vorgeschriebenen Tagesablaufplans den Anschein von Freiwilligkeit zu geben. Die Disziplinierung und Unterordnung sollte möglichst mit Zustimmung der Kinder erfolgen. Von einer Selbstverwaltung und Selbstgestaltung der Lager konnte ebenso wie in der Hitlerjugend nicht die Rede sein.

101 Vgl. KLV. Die erweiterte Kinder Land-Verschickung. KLV-Lager 1940-1945, hg. von. Gerhard Dabel im Auftrag der Dokumentations-Arbeitsgemeinschaft KLV e.V., Freiburg 1981, S. 22.

102 Jürgen Schiedeck/Martin Stahlmann, Die Inszenierung ‚totalen Erlebens', a.a.O., S. 194.

Die Absicht, durch die Kasernierung der Kinder, abseits ihrer sonstigen sozialen Bezüge, maßgeblichen Einfluß auf ihre Erziehung ausüben zu können, lag beiden diktatorischen Systemen zugrunde. Daher weisen die Lager der Hitlerjugend und der Pionierorganisation große strukturelle Ähnlichkeiten auf, auch wenn ihre Inhalte voneinander unterschieden waren und das Moment der Militarisierung nicht diesen extrem hohen Stellenwert wie in der HJ besaß, wenngleich militärische Übungen auch zu ihrem Lageralltag zählten.[103] Die Vermittlung eines Feindbildes wie die ideologische Indoktrination gehörten ebenso zum immanenten Bestandteil auch der Lager der Jungen Pioniere. Was für die Lager der FDJ galt, kann auch für die der Pionierorganisation sinngemäß übertragen werden: „Junge Menschen wurden erzogen zu Intoleranz und ‚Klassen'-Haß – jedenfalls zu Haß; zum Kampf gegen ‚Spione' und ‚Saboteure' und zur Unterwerfung der ‚Imperialisten'; ihr Bewußtsein sollte konsequent ‚militarisiert' werden; ihre politischen Wahrnehmungs- und Deutungsschemata sollten nach der simplen Kodierung ‚Freund-Feind' fixiert werden; kurzum: im Sinne der Ziele des Regimes sollte Wahrnehmung manipuliert werden, Denken kanalisiert und Reflexion sistiert werden."[104] Für die Durchsetzung dieser Absichten bot die Isolierung von Kindern und Jugendlichen in den Lagern die geeignete Voraussetzung.

Ein wesentlicher Unterschied zu den Lagern der Hitlerjugend bestand allerdings darin, daß in den Ferienlagern der Jungen Pioniere der Wissensaneignung, wenn auch politisch instrumentalisiert, eine herausragende Bedeutung zukam. Es wurden Arbeitsgemeinschaften gebildet, Exkursionen unternommen, Industrie- und landwirtschaftliche Betriebe besucht, die insgesamt den Ferienaufenthalt inhaltlich bereichern sollten. Auch hier spiegeln sich die unterschiedlichen ökonomischen und politischen Bedingungen sowie ihr ideologischer Bezugsrahmen in beiden Systemen wider. Auf diese Weise konnte der Lageraufenthalt der Kinder tatsächlich abwechslungsreicher gestaltet, nicht nur emotional, sondern auch von den Bildungsinhalten her identifikationsstiftend wirken, und zwar sowohl für die Kinder als auch für die Eltern. Für viele Kinder bedeutete der Aufenthalt in Pionier- und Ferienlagern eine erlebnisreiche und vergnügliche Zeit. Die Intentionen von SED und FDJ, die der Organisierung der Lager zugrunde lag, sind dabei klar von der Reflexion durch die Kinder und ihrem Erleben des Lageralltags zu trennen – was in gleicher Weise auch für die HJ-Lager gilt.

Die Absicht, sich der Lager als besonderer Erziehungsinstanz im Sinne der Interessen der herrschenden Partei zu bedienen ist beiden Diktaturen gemeinsam, jedoch – so kann man resümierend feststellen – unterscheiden sie sich in ihren konkret zu vermittelnden Inhalten z.T. erheblich voneinander. Mit der Auswechslung von Inhalten wurde von der SED der Anschein erweckt, als hätte man nunmehr den Lagern eine „fortschrittliche" Idee und Funktion verliehen. Wenn sich Formen allerdings derartig ähneln, können die Inhalte – hier im Sinne von Funktionen – nicht grundsätzlich anderer Natur sein. Zwischen beiden gibt es eine Entsprechung.

---

103 Als der HJ sehr ähnliche Form der Militarisierung und Disziplinierung kann die Organisation „Dienst für Deutschland" der FDJ angesehen werden, die von 1952 bis 1953 bestand und die erstmalig von Michael Buddrus untersucht worden ist. Vgl. Michael Buddrus, Die Organisation „Dienst für Deutschland". Arbeitsdienst und Militarisierung in der DDR. Materialien zur Historischen Jugendforschung, hg. v. Ulrich Hermann, Weinheim/München 1994.

104 Ulrich Hermann, Vorwort zu Michael Buddrus, ebenda, S. 6 f.

7. Die Kinderorganisation als Unterdrückungsinstrument

Die Erziehung der Kinder war in beiden diktatorischen Systemen vom totalitären Führungsanspruch der Staatspartei geprägt. Als charakteristisches Merkmal für beide Diktaturen gilt die Schaffung einer Erziehungsinstitution, die neben Elternhaus und Schule tritt und die den Interessen der Staatspartei unterworfen ist. Über die monopolistische Kinderorganisation sollte die Erziehung des „neuen Menschen“ erfolgen, der zur Errichtung einer veränderten Gesellschaft im Interesse der Herrschenden berufen war. Dennoch gab es im nationalsozialistischen Deutschland und in der DDR eine unterschiedliche Gewichtung der Erziehungsinstanzen. Während im Nationalsozialismus an der Familienerziehung nicht gerüttelt und ihr nach wie vor ein hoher Stellenwert für die frühkindliche Erziehung eingeräumt wurde, die sich allerdings immer mehr an den propagierten Wertvorstellungen der Staatspartei orientieren sollte, versuchte der SED-Staat die Erziehung stärker unter seine Kontrolle zu bekommen. Nicht nur, daß man die Familie zur Erziehung eines „politisch bewußten“ Staatsbürgers verpflichtete, wie dies später im Familiengesetzbuch verankert wurde[105], auch wenn dieser Paragraph vorwiegend die Funktion einer Leitorientierung erfüllte. Durch den Ausbau staatlicher Institutionen zur Kinderbetreuung und -erziehung ab dem 3. Lebensjahr sollte gleichfalls der Einfluß der Familien auf die Kindererziehung zurückgedrängt werden, auch wenn dabei ökonomische Gründe in Hinblick auf die Erwerbstätigkeit der Frau eine wichtige Rolle spielten. Frühzeitig wollte der SED-Staat sein Konzept der Kindererziehung durchsetzen und favorisierte daher die öffentlichen Erziehungsinstanzen.

Innerhalb der staatlichen Erziehungsträger war im NS-System die Kinder- und Jugendorganisation der Schule deutlich übergeordnet. Wie bereits beschrieben, waren die Erziehungsvorstellungen der Nationalsozialisten viel entschiedener über die Kinder- und Jugendorganisation, die der NSDAP unterstand, durchzusetzen als über die staatliche Institution Schule. Auch wenn die Schule im NS-System gleichgeschaltet worden war, so lenkten die Führungsspitzen der Partei ihr Hauptaugenmerk doch auf die Hitlerjugend, für die der Bildungsauftrag der Schule eher hinderlich war.

Im Vergleich dazu kamen Pionierorganisation und Schule in der DDR eine zumindest gleichrangige Bedeutung, wenn nicht sogar eine größere Rolle der schulischen Erziehung zu. Ein Gegensatz beider Erziehungsinstitutionen war ohnehin nicht auszumachen, lag diesen doch ein einheitlicher Erziehungsauftrag zugrunde und waren beide zentralistisch der Parteiführung unterstellt. Zudem sollten sich fachliche und politische Bildung harmonisch ergänzen, so den neuen Menschentyp repräsentierend. Die unterschiedlichen Wirkungsbereiche von Pionierorganisation und Schule waren gleichfalls nicht scharf voneinander abgegrenzt, so daß es auch in dieser Hinsicht zu Überschneidungen und damit Verflechtungen beider kam.

---

105 Im Paragraph 42 des Familiengesetzbuches der DDR von 1965 wird die Erziehung der Kinder zu sozialistischen Persönlichkeiten als staatsbürgerliche Pflicht charakterisiert. Dazu heißt es u.a.: „Die Eltern haben ihre Kinder zu körperlich gesunden, geistig und moralisch hochstehenden Persönlichkeiten zu erziehen. Die Kinder sollen durch eine sozialistische Einstellung zum Lernen und zur Arbeit, durch die Verbundenheit zu unserem Staat und durch Erkennen und Anerkennen der sozialistischen Verhaltensregeln die Fähigkeiten erwerben, die gesellschaftliche Entwicklung mitzugestalten.“ GBl. I, S. 849 vom 20. Dezember 1965.

Diese unterschiedlichen Gewichtungen der Kinderorganisation im jeweiligen Herrschaftssystem änderten jedoch nichts an ihrer Unterdrückungsfunktion. Durch die staatliche Zusammenfassung der Kinder in der Organisation sollte ihre Entwicklung nach den Erziehungsvorstellungen der Herrschenden kanalisiert, Fremdeinflüsse ausgeschaltet und individuelle Entwicklungsmöglichkeiten unter Berufung auf eine „höhere Idee" beschnitten werden. Ihrem Wesen nach war die Erziehung in beiden Kinderorganisationen von Menschenverachtung geprägt. Schon der indirekte – in der HJ direkte – Zwang zum Eintritt in eine möglicherweise ungewünschte Organisation kennzeichnet die rücksichtslose Vereinnahmung der Heranwachsenden. Die Nichtbefolgung des Zwangseintrittes in das Deutsche Jungvolk und die Jungmädel konnte bis zu strafrechtlichen Konsequenzen führen. In der 2. Durchführungsverordnung zum Gesetz über die Hitlerjugend vom 25. März 1939 wurde verfügt, daß diejenigen, die jemanden vom Dienst in der Hitlerjugend abhalten oder abzuhalten versuchen, mit Geld- oder Gefängnisstrafen zu rechnen hätten.[106] Dieser Passus, vom dem einschüchternde Wirkung ausgehen sollte, war eindeutig gegen die Eltern gerichtet. Die HJ schuf sich eine entsprechende Strafverfolgungs- und Überwachungseinheit[107], die die Mitgliedschaft der HJ zu kontrollieren hatte. Eine solche Institution gab es in der Kinder- und Jugendorganisation in der DDR nicht. Dennoch konnten Kinder wegen „asozialen Verhaltens" – der Begriff war weit auslegbar – interniert werden.[108] Eine Verfolgung von Nichtmitgliedern existierte aber zu keinem Zeitpunkt in der DDR, wenn auch unter Umständen persönliche Nachteile in Kauf genommen werden mußten bzw. sich der Argwohn staatlicher Organe regte.

Diese direkte oder indirekte Zwangsorganisierung hatte allerdings zugleich ihre widersprüchlichen Seiten. Mit der massenhaften Eingliederung der Kinder kehrte auch Gleichgültigkeit und Widerwilligkeit in die Organisation ein.[109] Es kamen die „Mitläuferinnen"[110] und Mitläufer, die die straffe Organisation aufweichten und ihr Desinteresse bekundeten. Dies führte ebenso in der Pionierorganisation zu Stagnationserscheinungen. Diese Gleichgültigkeit konnte auch für die Eifrigen in der Organisation demoralisierend wirken. Der opportunistische Beitritt zu einer Monopolorganisation „beeinträchtigt zweifellos die einheitliche ‚totale' Erziehungswirkung", wie Oskar Anweiler zutreffend feststellte.[111] Die Staatsparteien konnten zwar Druck und Zwang zum Eintritt in die Kinder- und Jugendorganisation ausüben, eine Identifikation mit dieser wie auch mit dem Herrschaftssystem ließ sich aber nicht verordnen. Ähnliches kann auch in bezug auf die

---

106 2. Durchführungsverordnung zum Gesetz über die Hitlerjugend vom 25. März 1939, Paragraph 12 Strafbestimmungen, in: Hans-Christian Brandenburg, Die Geschichte der HJ, a.a.O., S. 311.

107 Vgl. Arno Klönne, Jugend im Dritten Reich, a.a.O., S. 34 ff.

108 Dafür war z.B. später der berüchtigte Jugendwerkhof Torgau bekannt. Vgl. Norbert Haase/Brigitte Obschinski (Hg.), Das Torgau-Tabu: Wehrmachtsstrafsystem, NKWD-Speziallager, DDR-Strafvollzug, Leipzig 1993; Martin Hannemann, Heimerziehung in der DDR, in: Materialien der Enquete-Kommission „Aufarbeitung von Geschichte und Folgen der SED-Diktatur in Deutschland" (12. Wahlperiode des Deutschen Bundestags), hg. vom Deutschen Bundestag, Band III, 3, Baden-Baden/Frankfurt a. M., S. 1207 ff.

109 Vgl. Dagmar Reese, Straff, aber nicht stramm – derb, aber nicht herb, a.a.O., S. 40.

110 Eva Sternheim-Peters, Die Zeit der großen Täuschungen, a.a.O., S. 177.

111 Oskar Anweiler, Totalitäre Erziehung? Eine vergleichende Untersuchung zum Problem des Totalitarismus, in: ders.: Die Sowjetpädagogik in der Welt von heute, Heidelberg 1968, S. 77. Anweiler hat als einer der ersten Bildungshistoriker die vergleichende Methode auf die Erziehungsinstanzen im NS und dem Realsozialismus angewandt. Diese Untersuchung ist zu Unrecht wenig beachtet worden.

Elternschaft gelten. Über die Kinderorganisation versuchte man, in private Räume einzudringen und diese zu erkunden. Die Einstellung der Eltern sowohl zur gesellschaftlichen Ordnung als auch zu den Herrschenden sollte über die Kinder in Erfahrung gebracht und entsprechend Druck über andere Institutionen ausgeübt werden. Um mögliche persönliche Nachteile zu vermeiden, wurden seitens der Eltern vor den Kindern heikle Themen umgangen bzw. diesen ausgewichen. Eine Privatheit der Räume, wie sie in demokratisch verfaßten Gesellschaften existieren, in denen eine strikte Trennung von Privatem und Öffentlichem besteht, gab es unter den Diktaturen nicht. Auf diese Weise wurden die Eltern indirekt zur Anpassung und zum Mitmachen gezwungen. Von ihnen erwartete man, daß sie ihre Kinder zu systemkonformen Staatsbürgern erzogen und die Arbeit in der Kinderorganisation unterstützten. Mittels Einschüchterung sollten die Eltern so zur Anpassung und Unterordnung veranlaßt werden. Viele von ihnen kamen diesen Anforderungen nach. Durch diesen indirekten Zwang war jedoch von Teilen der Elternschaft keine produktive Haltung zur bestehenden Gesellschaft zu gewinnen.

Vom Ende der Diktaturen her betrachtet, ist die Absicht der Herrschenden, die sie mit der Kinderorganisation verbanden, nämlich durch die politische Sozialisation der Heranwachsenden den politischen Systemen ein dauerhafte Stabilität zu verleihen, nicht aufgegangen. Welche nachhaltigen Wirkungen jedoch von ihnen ausgingen, muß noch erforscht und beurteilt werden. Sicher ist, daß die Diktatur in der DDR auf der vorausgegangenen aufbauen konnte. Die im Nationalsozialismus erzogenen Menschen brachten die entsprechende Konstitution für die nächstfolgende Dikatur mit, wodurch deren Etablierung enorm erleichtert wurde. Die neuen Machthaber konnten sich ähnlicher Strukturen und Mechanismen der Unterdrückung bedienen, ohne massenhaften Widerstand fürchten zu müssen.

Die Wirkungen der politischen Sozialisation in der DDR sind noch weitgehend unerforscht. Daß die Phase selbstbewußten Handelns in der Wende- und Nachwendezeit relativ begrenzt und schließlich von rascher Ein- und Unterordnung begleitet war, kann immerhin als eine Folge der Erziehung in der DDR angenommen werden.

Anhang

1. Quellen- und Literaturverzeichnis

1. Archivalische Quellen

Stiftung Archiv der Parteien und Massenorganisationen der DDR im Bundesarchiv (SAPMO-BArch)

Der Bestand Sozialistische Einheitspartei Deutschlands (DY 30), ist im Text in der Kurzfassung wie folgt zitiert:

IV 2/2.1/...	Zentralsekretariat der SED
IV 2/1/...	Parteivorstand der SED
J IV 2/2/...	Politbüro der SED
J IV 2/3/...	Sekretariat des ZK der SED
IV 2/16/...	Abt. Jugend
IV 2/905/...	Abt. Volksbildung
NL 281/...	Nachlaß Paul Verner
DY/24/...	Bestand Freie Deutsche Jugend
DY/25/...	Bestand Pionierorganisation „Ernst Thälmann“

Landesarchiv Berlin

Bestand Bezirksleitung Berlin:
LAB, FDJ/AB ...

2. Zeitungen und Zeitschriften

Das proletarische Kind. 1. Jg. (1921) bis 12 Jg. (1932).
Unsere Zeitung. Für Mädel und Jungen. Jg. 1, (1948).
Der Junge Pionier , Jg. 2 (1949) bis Jg. 11 (1958).

Die neue Schule. Jg. 1 (1946) bis Jg. 9 (1954).
Der Pionierleiter. Jg. 3 (1950) bis Jg. 12 (1959).

3. Gesetzliche Bestimmungen:

GBl. Nr. 108 vom 14. August 1952: Verordnung über die Bildung der „Gesellschaft für Sport und Technik" vom 7. August 1952.
GBl. Nr. 150 vom 29. Oktober 1952: Erste Durchführungsbestimmung zur Verordnung über die außerschulischen Einrichtungen vom 23. Oktober 1952.
GBl. Nr. 10 vom 27. Januar 1953: Zweite Durchführungsbestimmung zum Gesetz über die Verleihung von Ehrenbezeichnungen an verdiente Lehrer und Ärzte des Volkes vom 6. Januar 1953.
GBl. Nr. 60 vom 7. Mai 1953: Verordnung über die körperliche Erziehung der Schüler an den allgemeinbildenden Schulen vom 30. April 1953.
GBl. Nr. 66 vom 22. Mai 1953: Verordnung über die Neuregelung der Ausbildung der Lehrer an allgemeinbildenden Schulen, der Pionierleiter, der Kindergärtnerinnen und der Erzieher in Heimen und Horten vom 15. Mai 1953.
GBl. Nr. 28 vom 17. März 1954: Verordnung zur Verbesserung der Arbeit der allgemeinbildenden Schulen vom 4. März 1954.
GBl. Teil I Nr. 78 vom 8. September 1956: Anordnung über die Ausbildung von Produktionsarbeitern für die Arbeit als Lehrer an den allgemeinbildenden Schulen, Pionierleiter, Horterzieher und Kindergärtnerinnen vom 6. August 1956.
GBl. Teil I Nr. 31 vom 24. Mai 1958: Anordnung über die Gestaltung froher Ferientage für alle Kinder im Jahre 1958 vom 14. Mai 1958.
GBl. Teil I Nr. 67 vom 7. Dezember 1959: Gesetz über die sozialistische Entwicklung des Schulwesens in der Deutschen Demokratischen Republik vom 2. 12. 1959.
Familiengesetzbuch der DDR. GBl. Teil I vom 20. Dezember 1965.

4. Gedruckte Quellen und Literatur

Adolph, Thomas: Einleitende Anmerkungen zur historisch-politikwissenschaftlichen Methode des Vergleichs, in: Ludger Kühnhardt/Gerd Leutenecker u.a. (Hg.), Die doppelte deutsche Diktaturerfahrung. Drittes Reich und DDR – ein historisch-politikwissenschaftlicher Vergleich. Frankfurt a. M./Bern/New York u.a. 1994, S. 19 ff.
Ammlung, Ullrich u.a. (Hg.): „Die alte Schule überwinden". Reformpädagogische Versuchsschulen zwischen Kaiserreich und Nationalsozialismus, Frankfurt a. M. 1993.
Ansorg, Leonore: „Für Frieden und Sozialismus – seid bereit!" Zur politischen Instrumentalisierung der Jungen Pioniere von Beginn ihrer Gründung bis Ende der 1950er Jahre, in: Jürgen Kocka (Hg.), Historische DDR-Forschung. S. 169 ff.
dies.: Die frühzeitige politische Formierung der Heranwachsenden. Zur Gründung der Pionierorganisation durch die FDJ, in: Helga Gotschlich (Hg.), „Links und links und Schritt gehalten...",157 ff.
Anweiler, Oskar: Totalitäre Erziehung?, in: ders., Die Sowjetpädagogik in der Welt von heute, Heidelberg 1968, S. 67 ff.

ders.: Erziehung, Schule und Ausbildung in der DDR-Gesellschaft unter dem Aspekt des Totalitarismus, in: Totalitäre Herrschaft. Totalitäres Erbe, German Studies Review, Sonderheft 1994, S. 67 ff.

ders.: Schulpolitik und Schulsystem in der DDR, Opladen 1988.

ders.: Bildungspolitik in Deutschland 1945 – 1965. Aspekte und Probleme eines Vergleichs zwischen der Bundesrepublik Deutschland und der Deutschen Demokratischen Republik in historischer und aktueller Sicht, in: Erziehung und Erziehungswissenschaft in der BRD und der DDR, Band 1, Die Teilung der Pädagogik (1945-1965). hg. v. Dietrich Hoffmann und Karl Neumann. Weinheim 1994.

Arendt, Hannah: Elemente und Ursprünge totalitärer Herrschaft, München 1986.

Ausschüsse für Jugendweihe der DDR, in: Rüdiger Henkel, Im Dienste der Staatspartei. Über Parteien und Organisationen der DDR, S. 365 ff.

Baake, Dieter: Jugend und Jugendkulturen. Darstellung und Deutung, Weinheim/München 1987.

Badstübner-Peters, Evemarie: „... aber stehlen konnten sie...“ Nachkriegskindheit in der Sowjetischen Besatzungszone, in: Mitteilungen aus der kulturwissenschaftlichen Forschung. Jg. 16, Heft 33/1993, S. 233 ff.

Ballestrem, Graf Karl: Der Totalitarismus in Osteuropa und seine Folgen – eine theoretische Betrachtung, in: Hans Maier (Hg.), Totalitarismus und politische Religionen. Konzepte des Diktaturenvergleichs, Paderborn/München/Wien/Zürich 1996, S. 251 ff.

Baske, Siegfried (Hg.): Bildungspolitische und pädagogische Probleme der Schulentwicklung in der Bundesrepublik Deutschland und in der Deutschen Demokratischen Republik, Berlin/West 1984.

ders.: Bildungsreformen in der Bundesrepublik Deutschland und in der Deutschen Demokratischen Republik. Ergebnisse und Probleme vergleichender Untersuchungen, Heidelberg 1981.

Beetz, Rüdiger: Die „Rebellion der Intellektuellen“ in der DDR 1956/58, in: Inge Kircheisen (Hg.), Tauwetter ohne Frühling. Berlin 1995, S. 126 ff.

Benz, Wolfgang: Herrschaft und Gesellschaft im nationalsozialistischen Staat. Frankfurt a. M. 1990.

ders.: Partei und Staat im Dritten Reich, in: Martin Broszat/Horst Möller (Hg.), Das Dritte Reich. Herrschaftsstruktur und Geschichte, München 1986, S. 64 ff.

ders./Ute Benz (Hg.): Sozialisation und Traumatisierung. Kinder in der Zeit des Nationalsozialismus, Frankfurt a. M. 1992.

Berg, Christa: Familie, Kindheit, Jugend, in: Handbuch der deutschen Bildungsgeschichte, Band IV, S. 91 ff.

Besier, Gerhard: Der SED-Staat und die Kirche. Der Weg in die Anpassung, München 1993.

ders./Stephan Wolf (Hg.): ‚Pfarrer, Christen und Katholiken‘. Das Ministerium für Staatssicherheit der ehemaligen DDR und die Kirchen, Neukirchen-Vluyn 1991.

Bildungspolitik in Deutschland 1945-1990. Ein historisch-vergleichender Quellenband, hg. u. eingel. v. Oskar Anweile/Hans-Jürgen Fuchs u.a., Bonn 1992.

Boberach, Heinz: Jugend unter Hitler, Düsseldorf 1982.

Borowsky, Peter: Deutschland 1945-1969, Hannover 1993.

Bracher, Karl Dietrich: Stufen der Machtergreifung, hg. v. ders./Gerhard, Schulz/Wolfgang Sauer, Die nationalsozialistische Machtergreifung. Studien zur Errichtung des

totalitären Herrschaftssystems in Deutschland. 1933/34, Band I, Frankfurt a. M./ Wien/Berlin 1974.
ders.: Stufen totalitärer Gleichschaltung: Die Befestigung der nationalsozialistischen Herrschaft 1933/34, in: Wolfgang Michalka (Hg.), Die nationalsozialistische Machtergreifung, Paderborn 1984.
ders. (Hg.): Deutschland 1933-1945. Neue Studien zur nationalsozialistischen Herrschaft, Düsseldorf 1992.
ders.: (Hg.), Nationalsozialistische Diktatur 1933-1945. Eine Bilanz, Bonn 1986.
ders.: Nationalsozialismus, Faschismus und autoritäre Regime, in: Hans Maier (Hg.), Totalitarismus und Politische Religionen. Konzepte des Diktaturenvergleichs, Paderborn/München/Wien/Zürich 1996, S. 357 ff.
ders./Manfred Funke/Hans Adolf Jacobsen (Hg.): Deutschland 1933-1945. Neue Studien zur nationalsozialistischen Herrschaft, Düsseldorf 1992.
Brandecker, Ferdinand: Erziehung durch die Klasse für die Klasse. Zur Pädagogik der Kinderfreundebewegung in Deutschland 1919-1933, in: Sozialisation und Bildungswesen in der Weimarer Republik, Stuttgart 1976, S. 167 ff.
Brandecker, Peter: Gesellschaft, Menschenbild und Erziehung bei Kurt Löwenstein, in: Wie das Leben lernen, Berlin 1985.
Brandenburg, Hans-Christian: Die Geschichte der HJ. Wege und Irrwege einer Generation, Köln 1982.
Broszat, Martin: Grundzüge der gesellschaftlichen Verfassung des Dritten Reiches, in: ders./Horst Möller (Hg.), Das Dritte Reich. Herrschaftsstruktur und Geschichte, München 1986, S. 38 ff.
ders.: Die Machtergreifung. Der Aufstieg der NSDAP und die Zerstörung der Weimarer Republik, München 1990.
ders.: Der Staat Hitlers. Grundlegung und Entwicklung seiner inneren Verfassung, München 1992.
ders./Horst Möller (Hg.): Das Dritte Reich. Herrschaftsstruktur und Geschichte, München 1986.
ders./Norbert Frei: Das Dritte Reich im Überblick. Chronik-Ereignisse-Zusammenhänge, München 1989.
ders./Klaus-Dietmar Henke/Hans Woller (Hg.): Von Stalingrad zur Währungsreform. Zur Sozialgeschichte des Umbruchs in Deutschland, München 1988.
Bruyn, Günter de: Zwischenbilanz. Eine Jugend in Berlin, Berlin 1992.
Buddrus, Michael: Die doppelt betrogene Generation. Aspekte der Jugendgeschichte und der Jugendpolitik in der SBZ/DDR (1945-1952), in: Jahrbuch für historische Bildungsforschung, Band 1, hg. v. der Historischen Kommission der Deutschen Gesellschaft für Erziehungswissenschaft, Weinheim/München 1993, S. 265 ff.
ders.: Die Organisation „Dienst für Deutschland". Arbeitsdienst und Militarisierung in der DDR. Mit einem Vorwort von Ulrich Herrmann, Weinheim/München, 1994.
Castell Rüdenhausen, Adelheid Gräfin zu: Familie, Kindheit, Jugend, in: Handbuch der deutschen Bildungsgeschichte, Band V, 1918-1945, München 1989, S. 65 ff.
Chowanetz, Rudolf: Zeiten und Wege. Zur Geschichte der Pionierorganisation „Ernst Thälmann" von den Anfängen bis 1952 in Berichten, Briefen, Erinnerungen, Bildern und einer Chronik, Berlin/Ost 1985.

Cloer, Ernst: Bildungspolitik und Bildungssystem in der SBZ und DDR. Ausgewählte Aspekte der Entwicklung 1945-1989, in: Hans Georg Herrlitz/Wulf Hopf/ Hartmut Titze, Deutsche Schulgeschichte von 1800 bis zur Gegenwart, Weinheim/München 1993, S. 173 ff.

Creuzberger, Stefan: Die Liquidierung antifaschistischer Organisationen in Berlin. Ein sowjetisches Experiment, in: Deutschland Archiv, 26. Jg. Heft 11/1993, S. 1266 ff.

Dabel, Gerhard: KLV. Die erweiterte Kinder-Land-Verschickung. KLV-Lager 1940-1945. Dokumentation über den „Größten Soziologischen Versuch aller Zeiten", Freiburg 1981.

Dähn, Horst: Konfrontation oder Kooperation? Das Verhältnis von Staat und Kirche in der SBZ/DDR 1945-1980, Opladen 1982.

Das übergangene Ministerium: Brief von Else Zaisser an Walter Ulbricht. Dokumentation, in: Deutschland Archiv, 27. Jg., Heft 10/1994, S. 1119 f.

Dau, Rudolf/Dieter Vassmers: Die Pionierorganisation „Ernst Thälmann" – ihr Beitrag zum Kampf um Frieden und Sozialismus in ihrer vierzigjährigen Geschichte, in: Beiträge zur Geschichte der Pionierorganisation „Ernst Thälmann" – zum 40. Jahrestag der Gründung der sozialistischen Kinderorganisation der DDR, hg. v. der Pädagogischen Hochschule „Karl Friedrich Wilhelm Wander" Dresden, (Dresdner Reihe zur Forschung 10/1988).

DDR Handbuch. Wissenschaftliche Leitung: Hartmut Zimmermann unter Mitarbeit von Horst Ulrich und Michael Fehlauer, Band 1 A-L/Band 2 M-Z. Köln 1985.

Der 4. Pädagogische Kongreß vom 23. bis 25. August 1949, g. v. Ministerium für Volksbildung der Deutschen Demokratischen Republik, Berlin/Leipzig 1949.

Der Prozeß gegen Walter Janka und andere. Eine Dokumentation, Berlin und Reinbeck 1990.

Deutsche Geschichte in Daten, Berlin/Ost 1967.

Dithmar, Reinhard (Hg.): Schule und Unterricht im Dritten Reich, Neuwied 1989.

Dokumente der Sozialistischen Einheitspartei Deutschlands, Berlin/Ost, Band I 1951, Band II 1952, Band III 1952, Band IV 1954, Band V 1957, Band VI 1958, Band VII 1961.

Dokumente und Beschlüsse der Freien Deutschen Jugend, Band 1, hg. v. Zentralrat der Freien Deutschen Jugend. Berlin (Ost) 1951, Band 2 1951, Band 3 1951, Band 4 1952.

Dokumente zur Geschichte der Freien Deutschen Jugend, Band I, Berlin/Ost 1960, Band II 1960, Band III 1964, Band IV 1963.

Dokumente und Beschlüsse der Zentralleitung der Pionierorganisation, Band I, Berlin 1961.

Dokumente und Beschlüsse der Zentralleitung der Pionierorganisation, Band II, Berlin 1963.

Drewek, Peter/Klaus-Peter Horn/Christa Kersting/Heinz-Elmar Tenorth (Hg.): Ambivalenzen der Pädagogik. Zur Bildungsgeschichte der Aufklärung und des 20. Jahrhunderts, Weinheim 1995.

Eppe, Heinrich: Biografisches Lexikon der Kinderfreundebewegung in Deutschland 1918 bis 1933, Oer-Erkenschwick 1991.

ders: Erziehung für eine Zukunft, die nicht kam?, Oer-Erkenschwick 1989.

Erger, Johannes: Lehrer und Nationalsozialismus. Von den traditionellen Lehrerverbänden zum Nationalsozialistischen Lehrerbund (NSLB), in: Manfred Heinemann (Hg.), Erziehung und Schulung im Dritten Reich, Band 2, Stuttgart 1980, S. 206 ff.

Feit, Mario: Machtergreifung und Machtetablierung von NSDAP und KPD/SED, in: Ludger Kühnhardt u.a. (Hg.), Die doppelte deutsche Diktaturerfahrung. Drittes Reich und DDR – ein historisch-politikwissenschaftlicher Vergleich, Frankfurt a. M./Berlin/Bern u.a. 1994, S. 55 ff.

Fischer, Alexander (Hg.): Studien zur Geschichte der SBZ/DDR, Berlin 1993.

Flamme, Hans Peter: Die Rolle des Verbandes der Jungen Pioniere bei der Verwirklichung des antifaschistisch-demokratischen Erziehungszieles. Dargestellt an den Bemühungen des Pionierverbandes, die Schüler zu einer positiven Lerneinstellung zu erziehen, und an seiner Zusammenarbeit mit der antifaschistisch-demokratischen Schule in der Zeit von Dezember 1948 bis Dezember 1949, Diss. Universität Leipzig, 1965.

Flessau, Kurt-Ingo/Elke Nyssen/Günter Pätzold (Hg.): Erziehung im Nationalsozialismus, „...und sie werden nicht mehr frei ihr ganzes Leben!“, Köln/Wien 1987.

Flocken, Jan von/Michael F. Scholz: Ernst Wollweber. Saboteur, Minister, Unperson, Berlin 1994.

Freiburg, Arnold/Christa Mahrad: FDJ. Der sozialistische Jugendverband der DDR, Opladen 1982 (Studien zur Sozialwissenschaft; Band 51).

ders./dies: Zur Rolle der sozialistischen Jugendorganisation in der Schule der DDR, in: Siegfried Baske (Hg.), Bildungspolitische und pädagogische Probleme der Schulentwicklung in der Bundesrepublik Deutschland und der Deutschen Demokratischen Republik, S. 135 ff.

Freie Deutsche Jugend und Pionierorganisation „Ernst Thälmann“, in: Rüdiger Henkel, Im Dienste der Staatspartei, Baden-Baden 1994, S. 281 ff.

Friedrich, Gerd: Die Freie Deutsche Jugend. Stoßtrupp des Kommunismus in Deutschland, Köln 1953.

Fricke-Finkelnburg, Renate (Hg.), Nationalsozialismus und Schule. Amtliche Erlasse und Richtlinien 1933-1945, Opladen 1989.

Friedrich, Wolfgang-Uwe: Bürokratischer Totalitarismus – Zur Typologie des SED-Regimes, in: German Studies Review, Sonderheft 1994, S. 1 ff.

Gebhardt, Birgit: Vom Revisionismusverdikt zum einheitlichen Bildungssystem. Zu Strategien in der Bildungspolitik Ende der 50er Jahre, in: Sonja Häder/Heinz-Elmar Tenorth (Hg.), Bildungsgeschichte einer Diktatur. Bildung und Erziehung in der SBZ und DDR im historisch-gesellschaftlichen Kontext. Im Druck.

Geißel, Brigitte: „Wir können und wollen nicht abseits stehen von der Politik“. Mädchenarbeit in der Berliner Sozialistischen Arbeiterjugend (SAJ), in: ...interventionen... Vierteljahresschrift, 1. Jg, Heft 2, Juni 1991, S.97 ff.

Geißler, Gert: Die Konstituierung der Einheitsschule in der Sowjetischen Besatzungszone im interzonalen Kontext, in: Pädagogik und Schulalltag, 48. Jg., Heft 5/1993, S. 489 ff.

ders.: Zur bildungspolitischen Tendenzwende in der SBZ 1947 bis 1949, in: Pädagogik und Schulalltag, 46. Jg. Heft 5/1991, S. 529 ff.

ders.: Zur Schulreform und zu den Erziehungszielen in der SBZ 1945-1947, in: Pädagogik und Schulalltag, 46. Jg., Heft 4/1991, S. 410 ff.

ders.: Zur Pädagogischen Diskussion in der DDR 1955 bis 1958, in: Zeitschrift für Pädagogik, 38. Jg., Heft 6/1992.

ders., Gert/Ulrich Wiegmann, Schule und Erziehung in der DDR. Studien und Dokumente, Neuwied/Kriftel/Berlin 1995.

Geschichte der Freien Deutschen Jugend. hg. im Auftrag des Zentralrats der FDJ, Berlin/Ost, 1982.
Geschichte der Pionierorganisation „Ernst Thälmann". – Chronik –, Berlin 1983.
Geschichte der Kinderbewegung. Arbeits und Informationsmaterialien, hg. v. der Forschungsgruppe Geschichte der Kinderbewegung.
- Heft I: Dieter Vassmers: Zu Literatur und Quellen der Kinderfreundebewegung in der Zeit der Weimarer Republik, Dresden 1990.
- Heft II: Dieter Vassmers: Die sozialdemokratische Kinderfreundebewegung im Bezirk Ostsachsen – zu ihrem Wirken in den Jahren 1927 bis 1933, Dresden 1990.
- Heft III: Bibliographie zur Geschichte der sozialdemokratischen Kinderfreundebewegung in der Zeit der Weimarer Republik. Zusammengestellt von Dieter Vassmers, Dresden 1990.
Geulen, Dieter (Hg.): Kindheit. Neue Realitäten und Aspekte, Weinheim/Basel/Beltz 1989.
Gillis, John R.: Geschichte der Jugend. Tradition und Wandel im Verhältnis der Altersgruppen und Generationen in Europa von der zweiten Hälfte des 18. Jahrhunderts bis zur Gegenwart, Weinheim und Basel 1984.
Glaeßner, Gert-Joachim: Die andere deutsche Republik. Gesellschaft und Politik in der DDR, Opladen 1989.
ders.: Kommunismus-Totalitarismus-Demokratie. Studien zu einer säkularen Auseinandersetzung, Frankfurt a. M. 1995.
Goeckel, Robert F.: Die evangelische Kirche in der DDR. Konflikte, Gespräche, Vereinbarungen unter Ulbricht und Honecker, Leipzig 1995.
Gotschlich, Helga (Hg.): „Links und links und Schritt gehalten..." Die FDJ: Konzepte-Abläufe-Grenzen, Berlin 1994.
Gröschel, Roland: Studien zur Kinderfreundebewegung in Deutschland – ein Literaturüberblick, in: ...interventionen... Vierteiljahreszeitschrift. Beiträge zur Geschichte und Gegenwart politischer Sozialisation und Partizipation, 1. Jg., Heft 3, September 1991, S. 231 ff.
ders: Jugendarbeit und Jugendpolitik in Berlin zwischen Krieg, Frieden und Systemkonkurrenz 1944-1949/50, in: Ulrich Herrmann (Hg.), Jugendpolitik in der Nachkriegszeit. Zeitzeugen, Forschungsberichte, Dokumente, Weinheim/München 1993, S. 39 ff.
ders./Michael Schmidt: Trümmerkids und Gruppenstunde. Zwischen Romantik und Politik, Jugend und Jugendverbandsarbeit in Berlin im ersten Nachkriegsjahrzehnt, hg. v. Landesjugendring Berlin, Berlin 1990.
Grünewald, Frank: Die Ziele der Erziehung in der Pionierorganisation „Ernst Thälmann" und Inhalte der Pioniertätigkeit in der Zeit des Kampfes für den Sieg der sozialistischen Produktionsverhältnisse in der Deutschen Demokratischen Republik (1955 – 1961), Diss. A, Pädagogische Hochschule „N.K. Krupskaja" Halle, 1978.
Günther, Karl-Heinz/Gottfried Uhlig: Zur Entwicklung des Volksbildungswesens auf dem Gebiet der Deutschen Demokratischen Republik, Berlin/Ost 1968.
Grundsätze der Erziehung in der deutschen demokratischen Schule, Berlin/Leipzig 1947.
Haase, Norbert/Brigitte Oleschinski (Hg.): Das Torgau-Tabu, Wehrmachtsstrafsystem, NKWD-Speziallager, DDR-Strafvollzug, Leipzig 1993.
Hackel, Katrin: Die Kinderfreundebewegung in den letzten Jahren der Weimarer Republik und ihr Verhältnis zur kommunistischen Kinderorganisation, Dresden 1991.

Häder, Sonja: Von der „demokratischen Schulreform“ zur Stalinisierung des Bildungswesens – der 17. Juni 1953 in Schulen und Schulverwaltung Ost-Berlins, in: Jürgen Kocka (Hg.), Historische DDR-Forschung, Berlin 1993, S. 191 ff.

Handbuch der deutschen Bildungsgeschichte, Band IV, 1870-1918. Von der Reichsgründung bis zum Ende des Ersten Weltkrieges, hg. v. Christa Berg, München 1991.

Handbuch der deutschen Bildungsgeschichte, Band V. 1919-1945. Die Weimarer Republik und die nationalsozialistische Diktatur, hg. v. Dieter Langewiesche und Heinz-Elmar Tenorth, München 1989.

Handbuch des Pionierleiters. Zum Kampf für die Sache Lenins und Stalins seid bereit, hg. v. Zentralrat der FDJ, Berlin 1952.

Handbuch des Pionierleiters. Eine pädagogisch-methodische Anleitung für Pionierleiter und Helfer der Jungen Pioniere, hg. v. d. Zentralleitung der Pionierorganisation „Ernst Thälmann“, Berlin/Ost 1961.

Handbuch für Freundschaftspionierleiter: Wie Ernst Thälmann – treu und kühn, hg. v. d. Akademie der Pädagogischen Wissenschaften der DDR im Auftrag des Zentralrates der FDJ, Berlin/Ost 1985.

Hannemann, Martin: Heimerziehung in der DDR, in: Materialien der Enquete- Kommission „Aufarbeitung von Geschichte und Folgen der SED-Diktatur in Deutschland“ (12. Wahlperiode des Deutschen Bundestages), hg. v. Deutschen Bundestag, Band III, 3, Baden-Baden/Frankfurt a. M., S. 1207 ff.

Harich, Wolfgang: Keine Schwierigkeiten mit der Wahrheit, Berlin 1993.

Hartweg, Frederic (Hg.): SED und Kirche. Eine Dokumentation ihrer Beziehungen, Band 1: 1946-1967, bearb. v. Joachim Heise, Neukirchen-Vluyn 1995.

Heimann, Siegfried: Die Falken in Berlin. Erziehungsgemeinschaft oder Kampforganisation? Die Jahre 1945-1950, Berlin 1990.

Heinemann, Manfred (Hg.): Erziehung und Schulung im Dritten Reich, Band 1, Stuttgart 1980.

Heise, Joachim: Kirchenpolitik von SED und Staat. Versuch einer Annäherung, in: Gunther Heydemann/ Lothar Kettenacker (Hg.), Kirchen in der Diktatur. Drittes Reich und SED-Staat, Göttingen 1993, S. 126 ff.

Hellfeld, Matthias von: Bündische Jugend und Hitlerjugend. Zur Geschichte von Anpassung und Widerstand 1930-1939, Köln 1985.

Hengst, Heinz (Hg.): Kindheit in Europa – Zwischen Spielplatz und Computer, Frankfurt a. M. 1985.

Henkel, Rüdiger: Im Dienste der Staatspartei. Über Parteien und Organisationen der DDR, hg. v. d. Unabhängigen Kommission zur Überprüfung des Vermögens der Parteien und Massenorganisationen der DDR, Baden-Baden 1994.

Herbst, Andreas/Winfried Ranke/Jürgen Winkler: So funktionierte die DDR, Band 1. Lexikon der Organisationen und Institutionen, Reinbek b. Hamburg 1994.

Herrlitz, Hans-Georg/Wulf Hopf/Hartmut Titze: Deutsche Schulgeschichte von 1800 bis zur Gegenwart. Eine Einführung. Mit einem Kapitel über die DDR von E. Cloer, Weinheim 1993.

Herrmann, Ulrich (Hg.): „Die Formung des Volksgenossen“. Der „Erziehungsstaat“ des Dritten Reiches, Weinheim 1985.

ders.: Die Pädagogisierung des Kinder- und Jugendlebens in Deutschland seit dem ausgehenden 18. Jahrhundert, in: Jochen Martin/August Nitschke, Zur Sozialgeschichte der Kindheit, Freiburg/München 1986, S. 661 ff.

ders (Hg.): „Neue Erziehung" – „Neue Menschen". Ansätze zur Erziehungs- und Bildungsreform in Deutschland zwischen Kaiserreich und Diktatur, Weinheim/Basel 1987.

ders.: Pädagogisches Denken und Anfänge der Reformpädagogik, in: Handbuch der deutschen Bildungsgeschichte, Band IV, 1870-1918, S. 147 ff.

ders. (Hg.): Jugendpolitik in der Nachkriegszeit. Zeitzeugen, Forschungsberichte, Dokumente. (Materialien zur historischen Jugendforschung), Weinheim/München 1993.

Herz, Hanns-Peter: Freie Deutsche Jugend. Berichte und Dokumente zur Entwicklung und Tätigkeit der kommunistischen Jugendorganisation, München 1957.

Heydemann, Günther/Kettenacker, Lothar (Hg.): Kirchen in der Diktatur. Drittes Reich und SED-Staat, Göttingen 1993.

Hoffmann, Dietrich/Karl Neumann (Hg.): Erziehung und Erziehungswissenschaft in der BRD und der DDR, Band 1: Die Teilung der Pädagogik (1945-1965), Weinheim 1994.

Hoffmann, Hilmar: Sozialdemokratische und kommunistische Kindergartenpolitik und -pädagogik in Deutschland. Eine historische Untersuchung zur Theorie und Realpolitik der KPD, SED und SPD im Bereich institutionalisierter Früherziehung, Dortmunder Beiträge zur Pädagogik, hg. v. Udo von der Burg, Ulrich Freyhoff, Dieter Höltershinken, Günter Pätzold, Band 14., Bochum 1994.

Hoffmann, Volker: „Höchste kollektive Aktivität" und ihre schöne Form. Zur Kulturarbeit in den „Kinderrepubliken" der sozialdemokratischen Kinderfreundebewegung der zwanziger Jahre, in: ...interventionen...Vierteljahreszeitschrift. Beiträge zur Geschichte und Gegenwart politischer Sozialisation und Partizipation, 1. Jg., Heft 3, September 1991, S. 187 ff.

Hohlfeld, Brigitte: Die Neulehrer in der SBZ/DDR 1945-1953. Ihre Rolle bei der Umgestaltung von Gesellschaft und Staat, Weinheim 1992.

dies.: „Massenorganisation" Schule. Der Zugriff der SED auf das allgemeinbildende Schulwesen in der Frühphase der SBZ/DDR 1945-1953, in: Geschichte in Wissenschaft und Unterricht, Jg. 45, Heft 7/1994, S. 434 ff.

Honecker, Erich: Aus meinem Leben, Berlin/Ost 1982.

Jahnke, Karl Heinz: Die Gründung der Freien Deutschen Jugend, in: Zeitschrift für Geschichte (ZfG), 19. Jg. Heft 6/1971, S. 733 ff.

ders./Michael Buddrus: Deutsche Jugend 1933-1945. Eine Dokumentation, Hamburg 1989.

Jahresbericht 1990-1991, Institut für zeitgeschichtliche Jugendforschung e.V., o.O., 1991.

Jahresbericht 1992, Institut für zeitgeschichtliche Jugendforschung e.V., o.O., 1992.

Jahresbericht 1993, Institut für zeitgeschichtliche Jugendforschung e.V., o.O., 1993.

Jaiee, Walter: Generationen eines Jahrhunderts. Wechsel der Jugendgenerationen im Jahrhunderttrend. Zur Geschichte der Jugend in Deutschland 1871-1985, Opladen 1988.

Janka, Walter: Schwierigkeiten mit der Wahrheit, Berlin/Ost und Weimar 1990.

ders.: Die Unterwerfung, München/Wien 1994.

Jesse, Eckhard: Überlegungen zur weiteren Totalitarismusforschung, in: Hans Maier (Hg.), Totalitarismus und Politische Religionen. Konzepte des Diktaturenvergleichs, Paderborn/München/Wien/Zürich 1996, S. 275 ff.

ders.: War die DDR totalitär? in: Aus Politik und Zeitgeschichte, Beilage zur Wochenzeitung Das Parlament v. 7. 10. 1994, B 40/94.

Joas, Hans/Martin Kohli: Der Zusammenbruch der DDR: Fragen und Thesen, in: dies., Der Zusammenbruch der DDR, Frankfurt a. M. 1993, S. 7 ff.

Kaelble, Hartmut/Jürgen Kocka/Hartmut Zwahr (Hg.): Sozialgeschichte der DDR, Stuttgart 1994.

Kaiser, Monika: Die Zentrale der Diktatur – organisatorische Weichenstellungen, Strukturen und Kompetenzen der SED-Führung in der SBZ/DDR 1946 bis 1952, in: Jürgen Kocka (Hg.), Historische DDR-Forschung, Berlin 1993, S. 57 ff.

Kater, Michael H.: Hitlerjugend und Schule im Dritten Reich, in: Historische Zeitschrift, Band 228, Oldenbourg/München 1979, S. 573 ff.

Keiderling, Gerhard (Hg.): „Gruppe Ulbricht" in Berlin. April bis Juni 1945. Von den Vorbereitungen im Sommer 1944 bis zur Wiedergründung der KPD im Juni 1945. Eine Dokumentation, Berlin 1993.

Keim, Wolfgang: Erziehung unter der Nazi-Diktatur, Band 1. Antidemokratische Potentiale. Machtantritt und Machtdurchsetzung, Darmstadt 1995.

Keßler, Mario: Zwischen Repression und Toleranz. Die SED-Politik und die Juden (1949 bis 1967), in: Jürgen Kocka (Hg.), Historische DDR-Forschung, Berlin 1993, S. 149 ff.

Kircheisen, Inge (Hg.): Tauwetter ohne Frühling. Das Jahr 1956 im Spiegel blockinterner Wandlungen und internationaler Krisen, Berlin 1995.

Klaus, Martin: Mädchen im Dritten Reich. Der Bund Deutscher Mädel (BDM), Köln 1983.

Klein, Manfred: Jugend zwischen den Diktaturen 1945 – 1956, Mainz 1968.

Kleßmann, Christoph: Die doppelte Staatsgründung. Deutsche Geschichte 1945-1955, Bonn 1986.

ders.: Zwei Staaten, eine Nation. Deutsche Geschichte 1955-1970, Bonn 1988.

Klier, Freya: Lüg Vaterland. Erziehung in der DDR, München 1990.

Klönne, Arno: Hitlerjugend – Die Jugend und ihre Organisation im Dritten Reich, Hannover/Frankfurt a. M. 1956.

ders.: Jugend im Dritten Reich. Die Hitler-Jugend und ihre Gegner, München 1990.

ders.: Jugendprotest und Jugendopposition. Von der HJ-Erziehung zum Cliquenwesen der Kriegszeit, in: Bayern in der NS-Zeit, Band IV, Herrschaft und Gesellschaft im Konflikt, hg. v. Martin Broszat/Elke Fröhlich/Anton Grossmann, München/Wien 1981, S. 527 ff.

Klose, Werner: Generation im Gleichschritt: Die Hitlerjugend. Ein Dokumentarbericht, Oldenburg 1982.

Koch, Hannsjoachim W.: Hitlerjugend, München 1981.

Kocka, Jürgen: Eine durchherrschte Gesellschaft, in: Hartmut Kaelble/Jürgen Kocka/Hartmut Zwahr, Sozialgeschichte der DDR, Stuttgart 1994, S. 547 ff.

ders.: Ein deutscher Sonderweg. Überlegungen zur Sozialgeschichte der DDR, in: Aus Politik und Zeitgeschichte. Beilage zur Wochenzeitung Das Parlament vom 7. 10. 1994, B 40/94.

ders. (Hg.): Historische DDR-Forschung. Aufsätze und Studien, Berlin 1993.

ders.: Nationalsozialismus und SED-Diktatur in vergleichender Perspektive, in: Materialien der Enquete-Kommission „Aufarbeitung von Geschichte und Folgen der SED-Diktatur in Deutschland" (12. Wahlperiode des Deutschen Bundestages), hg. v. Deutschen Bundestag, Band IX, Baden-Baden, Frankfurt a. M. 1995, S. 588 ff.

ders.: Die Geschichte der DDR als Forschungsproblem. Einleitung, in: ders.: Historische DDR-Forschung. Aufsätze und Studien, Berlin 1993.

ders./Martin Sabrow (Hg.): Die DDR als Geschichte. Fragen-Hypothesen-Perspektiven, Berlin 1994.

Körber-Stiftung (Hg.): Offenes Geschichtslernen in einer geschlossenen Gesellschaft? Von den „Arbeitsgemeinschaften Junger Historiker" als einem ambivalenten Bestandteil historischer Bildung in der DDR. Ein Projekt- und Tagungsbericht, Berlin 1995.

Kohrs, Peter: Kindheit und Jugend unter dem Hakenkreuz, Stuttgart 1993.

Kommunisten verfolgen Kommunisten. Stalinistischer Terror und ‚Säuberungen' in den kommunistischen Parteien Europas seit den dreißiger Jahren, hg. v. Hermann Weber und Dietrich Staritz in Verbindung mit Siegfried Bahne und Richard Lorenz, Berlin 1993.

Krüger, Heinz-Hermann: ‚Wie Ernst Thälmann treu und kühn...' Zur Politisierung des Studien- und Forschungsalltags in der DDR am Beispiel der Pionierleiterausbildung, in: Heinz-Hermann Krüger/Winfried Marotzki (Hg.): Pädagogik und Erziehungsalltag in der DDR, Opladen 1994, S. 275ff.

ders./Winfried Marotzki (Hg.): Pädagogik und Erziehungsalltag in der DDR. Zwischen Systemvorgaben und Pluralität, Opladen 1994.

Kühnhardt, Ludger/Gerd Leutenecker/Martin Rupps/Frank Waltmann (Hg.): Die doppelte deutsche Diktaturerfahrung. Drittes Reich und DDR – ein historisch-politikwissenschaftlicher Vergleich, Frankfurt a. M./Berlin/Bern u.a. 1994.

Küttler, Wolfgang; Nach dem Umbruch: Historischer Systemvergleich und marxistische Ansätze heute, in: Geschichte und Gesellschaft, 19. Jg., Heft 1/1993, S. 54 ff.

Kupffer, Heinrich: Der Faschismus und das Menschenbild der deutschen Pädagogik, Frankfurt a. M. 1984.

Langhof-Johnen-Bühler, Kordula: Individuum und Gemeinschaft. Alice Rühle-Gerstels und Otto Rühles politische Pädagogik, in: ...interventionen...Vierteljahreszeitschrift. Beiträge zur Geschichte und Gegenwart politischer Sozialisation und Partizipation, 1. Jg., Heft 3, September 1991, S. 207 ff.

Leonhard, Wolfgang: Die Revolution entläßt ihre Kinder, Köln 1990.

ders.: Spurensuche. Vierzig Jahre nach „Die Revolution entläßt ihre Kinder", Köln 1992.

Lewin, Fridl: Erlebnisbericht: Freie Deutsche Jugend – Kindergruppenarbeit 1945-1949. Zur Vorgeschichte der Pionierorganisation „Ernst Thälmann", unveröff. Manuskript, Institut für zeitgeschichtliche Jugendforschung e.V.

Liegle, Werner: Kinderrepubliken. Dokumentation und Deutung einer „modernen" Erziehungsform, in: Zeitschrift für Pädagogik, 35. Jg., 1989, S. 399 ff.

Lindner, Werner: Grundlagen der Arbeit der Pionierorganisation Ernst Thälmann, Berlin/Ost 1955.

Loest, Erich: Durch die Erde ein Riß, Leipzig 1990.

Löw, Konrad (Hg.): Totalitarismus, Berlin 1988.

Löwenstein, Kurt: Die Aufgaben der Kinderfreunde, hg. v. d. Reichsarbeitsgemeinschaft der Kinderfreunde Deutschlands, o.O., O.J.

Lost, Christine: Der pädagogisch-totalitäre Anspruch in der DDR, in: Peter Dudek/Heinz-Elmar Tenorth (Hg.), Transformationen der deutschen Bildungslandschaft, Zeitschrift für Pädagogik, 30. Beiheft, Weinheim und Basel 1993, S. 742 ff.

Lüdtke, Alf: Eigen-Sinn, Hamburg 1993.

Mahrad, Christa: Der Jugendverband FDJ und die gesellschaftliche Erziehung in der DDR, in: Aus Politik und Zeitgeschichte, Beilage zur Wochenzeitung Das Parlament v. 5. Juli 1986, B 27/86.

Mählert, Ulrich: Die Gründung und Instrumentalisierung der Freien Deutschen Jugend durch die KPD/SED (1945/46-1949). Magisterarbeit, Universität Mannheim 1991.

ders.: „Die gesamte junge Generation für den Sozialismus begeistern“ Zur Geschichte der Freien Deutschen Jugend, in: Jürgen Weber (Hg.), Der SED-Staat: Neues über eine vergangene Diktatur, München 1994, S. 73 ff.

ders.: „Bürgerlich-demokratische“ Jugendarbeit in der Sowjetischen Besatzungszone Deutschlands 1945 bis 1948, in: Helga Gotschlich (Hg.), „Links und links und Schritt gehalten...“, Berlin 1994, S. 82 ff.

ders.: Jugendpolitik und Jugendleben 1945-1961, in: Materialien der Enquete-Kommission „Aufarbeitung von Geschichte und Folgen der SED-Diktatur in Deutschland“ (12. Wahlperiode des Deutschen Bundestages), hg. v. Deutschen Bundestag, Band III, 3, Baden-Baden/Frankfurt a. M., S. 1442 ff.

ders.: Die Freie Deutsche Jugend 1945-1949. Von den „Antifaschistischen Jugendausschüssen“ zur SED-Massenorganisation: Die Erfassung der Jugend in der Sowjetischen Besatzungszone, Paderborn/München/Wien/Zürich 1995.

Maier, Hans: Die totalitäre Herausforderung und die Kirchen, in: Günther Heydemann/Lothar Kettenacker, Kirchen in der Diktatur, Göttingen 1993, S. 33 ff.

ders. (Hg.): Totalitarismus und Politische Religionen. Konzepte des Diktaturenvergleichs, Paderborn/München/Wien/Zürich 1996.

Mallmann, Klaus-Michael/Gerhard Paul: Herrschaft und Alltag. Ein Industrierevier im Dritten Reich, Bonn 1991.

Malycha, Andreas: Auf dem Weg zur SED. Die Sozialdemokratie und die Bildung einer Einheitspartei in den Ländern der SBZ. Eine Quellenedition, Bonn 1995.

Mann, Erika: Zehn Millionen Kinder. Die Erziehung der Jugend im Dritten Reich, München 1990. 2. Aufl.

Marquardt, Bernhard: Totalitarismustheorie und die Aufarbeitung der SED-Diktatur, in: Materialien der Enquete-Kommission „Aufarbeitung von Geschichte und Folgen der SED-Diktatur in Deutschland“ (12. Wahlperiode des Deutschen Bundestages), hg. v. Deutschen Bundestag, Band III, 3, Baden-Baden/Frankfurt a. M. 1995, S. 1530 ff.

Martin, Klaus: Mädchen im Dritten Reich, Köln 1983.

ders.: Mädchenerziehung zur Zeit der faschistischen Herrschaft in Deutschland, 2 Bände, Frankfurt a. M. 1983.

Martin, Jochen/August Nitschke: Zur Sozialgeschichte der Kindheit, Freiburg/München 1986.

Marx, Karl: Thesen über Feuerbach, in: MEW, Band 3, Berlin/Ost 1969, S. 533 ff.

Maschmann, Melita: Fazit. Mein Weg in der Hitler-Jugend,. München 1980.

Mehringer, Hartmut (Hg.): Von der SBZ zur DDR. Studien zum Herrschaftssystem in der Sowjetischen Besatzungszone und in der Deutschen Demokratischen Republik. Schriftenreihe der Vierteljahrshefte für Zeitgeschichte. Sondernummer, München 1995.

Mende, Klaus-Dieter: Schulreform und Gesellschaft in der Deutschen Demokratischen Republik 1945-1965, Stuttgart 1970.

Meuschel, Sigrid: Legitimation und Parteiherrschaft in der DDR, Frankfurt a. M. 1992.

dies.: Überlegungen zu einer Herrschafts- und Gesellschaftsgeschichte der DDR, in: Geschichte und Gesellschaft, 19. Jg. Heft 1/1993, S. 5 ff.

Michalzik, Martin: „An der Seite der Genossen..." Offizielles Jugendbild und politische Sozialisation im SED-Staat. Zum Scheitern der sozialistischen Erziehung in der DDR, Melle 1994.

Mitter, Armin/Stefan Wolle: Untergang auf Raten. Unbekannte Kapitel der DDR-Geschichte, München 1993.

Mitterauer, Michael: Sozialgeschichte der Jugend, Frankfurt a. M. 1986.

Mommsen, Hans (Hg.): Herrschaftsalltag im Dritten Reich. Studien und Texte, Düsseldorf 1988.

Müller, Andreas: Zur Methodik des historisch-politischen Vergleichs, in: Ludger Kühnhardt u.a. (Hg.), Die doppelte deutsche Diktaturerfahrung, S. 31 ff.

Müller, Werner: Sozialistische Einheitspartei Deutschlands (SED), in: SBZ-Handbuch, S. 481 ff.

ders.: SED-Gründung unter Zwang – Ein Streit ohne Ende? Plädoyer für den Begriff „Zwangsvereinigung", in: Deutschland Archiv, 24. Jg. Heft 1/1991, S. 52 ff.

Neumann, Franz: Behemoth. Struktur und Praxis des Nationalsozialismus 1933-1944, Frankfurt a. M. 1988.

Neumann, Karl (Hg.): Kindheit – Zur Lebenssituation von Kindern in modernen Gesellschaften, Göttingen 1981.

Noack, Gert: „Der Zeitpunkt der Gleichschaltung ist noch nicht gekommen..." Die Führung der Freien Deutschen Jugend im Jahr 1948, in: Jahresbericht 1993, Institut für zeitgeschichtliche Jugendforschung e.V, o.O., S. 57 ff.

Nyssen, Elke: Schule im Nationalsozialismus, Heidelberg 1979.

Ottensmeier, Hermann: Faschistisches Bildungssystem in Deutschland zwischen 1933 und 1989. Kontinuität zwischen Drittem Reich und DDR, Hamburg 1992.

Otto, Hans-Uwe/Heinz Sünker: Politische Formierung und soziale Erziehung im Nationalsozialismus, Frankfurt a. M. 1991.

Paetz, Andreas: Zum Aufbau und Inhalt der Jugendweihe in den 50er und 60er Jahren. Beitrag zum Kolloquium „Weltanschauliche Erziehung in der DDR im Spannungsfeld von allgemeiner Wissensvermittlung und politischer Instrumentalisierung" am Georg-Eckert-Institut Braunschweig vom 22.-23. 11. 1993, unveröff. Manuskript.

Parson, Walter: Zur Entwicklung der FDJ in den Jahren 1949/1950, Wiss. Zeitschrift der Universität Rostock, Gesellschafts- und Sprachwissenschaftliche Reihe, 1974, 23. Jg. S. 171 ff.

Partei und Jugend. Dokumente marxistisch-leninistischer Jugendpolitik. Hg. v. Zentralrat der Freien Deutschen Jugend u. d. Institut für Marxismus-Leninismus beim Zentralkomitee der SED, Berlin/Ost 1986.

Peuckert, Detlev/Jürgen Reulecke (Hg.): Die Reihen fest geschlossen. Beiträge zur Geschichte des Alltags unterm Nationalsozialismus, Wuppertal 1981.

ders. : Sozialpädagogik, in: Handbuch der deutschen Bildungsgeschichte, Band V, 1918-1945, München 1989, S. 307 ff.

Poppe, Ulrike/Rainer Eckert/Ilko-Sascha Kowalczuk (Hg.): Zwischen Selbstbehauptung und Anpassung. Formen des Widerstandes und der Opposition in der DDR, Berlin 1995.

Poßner, Wilfried: Die Jugend wendet sich ab. Wie die SED ihre Kampfreserve verlor, in: Das Große Haus. Insider berichten aus dem ZK der SED, hg. v. Hans Modrow, Berlin 1994, S. 208 ff.

ders.: Immer bereit: kämpfen, spielen, fröhlich sein, Berlin 1995.

Protokoll des I. Parlaments der Freien Deutschen Jugend, Berlin/Ost 1946.

Reck, Jana: FDJ und Schule. Die FDJ und ihr Einfluß auf Kinder und Schuljugendliche in den Nachkriegsjahren bis 1953. Biographische Notizen zur Fridl Lewin und Margot Feist, in: Jahresbericht 1992, Institut für zeitgeschichtliche Jugendforschung e.V., o.O., S. 65 ff.

Reese, Dagmar: Emanzipation oder Vergesellschaftung: Mädchen im „Bund Deutscher Mädel", in: Otto, Hans-Uwe/Heinz Sünker (Hg.), Politische Formierung und soziale Erziehung im Nationalsozialismus, Frankfurt a. M. 1991, S. 203 ff.

dies.: Straff, aber nicht stramm – herb, aber nicht derb. Zur Vergesellschaftung von Mädchen durch den Bund Deutscher Mädel im sozialkulturellen Vergleich zweier Milieus, Weinheim/Basel, 1989.

Reich-Ranicki, Marcel (Hg.): Meine Schulzeit im Dritten Reich. Erinnerungen deutscher Schriftsteller, München 1993.

Reulecke, Jürgen: Jugend und ‚junge Generation' in der Gesellschaft der Zwischenkriegszeit, in: Handbuch der deutschen Bildungsgeschichte, Band V, München 1989, S. 86 ff.

Richartz, Nikolaus: Die Pädagogik der „Kinderfreunde". Theorie und Praxis sozialdemokratischer Erziehungsarbeit in Österreich und der Weimarer Republik, Weinheim/Basel 1981.

Rolle und Selbstverständnis der Kirchen in den verschiedenen Phasen der SED-Diktatur. Materialien der Enquete-Kommission „Aufarbeitung von Geschichte und Folgen der SED-Diktatur in Deutschland" (12. Wahlperiode des Deutschen Bundestages), hg. v. Deutschen Bundestag, Band VI/I, Baden-Baden/Frankfurt a. M., 1995.

Saage, Richard: Faschismustheorien, München 1981.

SBZ-Handbuch. Staatliche Verwaltungen, Parteien, gesellschaftliche Organisationen und ihre Führungskräfte in der Sowjetischen Besatzungszone Deutschlands 1945-1949. Im Auftrag des Arbeitsbereiches Geschichte und Politik der DDR an der Universität Mannheim und des Instituts für Zeitgeschichte München, hg. v. Martin Broszat und Hermann Weber, München 1993.

Schiedeck, Jürgen/Martin Stahlmann: Die Inszenierung ‚totalen Erlebens': Lagererziehung im Nationalsozialismus, in: Otto, Hans-Uwe/Heinz Sünker (Hg.), Politische Formierung und soziale Erziehung im Nationalsozialismus, Frankfurt a. M. 1991, S. 167 ff.

Schirdewan, Karl: Aufstand gegen Ulbricht. Im Kampf um politische Kurskorrektur, gegen stalinistische dogmatische Politik, Berlin 1994.

Schlotthaus, Jan: Merkmale der Errichtung zweier Diktaturen im Vergleich, in: Ludger Kühnhardt u.a. (Hg.), Die doppelte deutsche Diktaturerfahrung, S. 43 ff.

Schmalfuß, Dorothea: Zur Geschichte der Kindervereinigung der Freien Deutschen Jugend (Mai 1947 bis Dezember 1948), Diss. A, Berlin/Ost 1964.

Schmidt, Helmut/Wille u. Wilfriede Berkhan/Ruth Loah u.a.: Kindheit und Jugend unter Hitler, Berlin 1994.

Schnorbach, Hermann (Hg.): Lehrer und Schule unterm Hakenkreuz. Dokumente des Widerstands von 1930 bis 1945, Königstein/Ts. 1983.

Scholtz, Harald: Erziehung und Unterricht unterm Hakenkreuz, Göttingen 1985.

ders.: Schule unterm Hakenkreuz, in: Reinhard Dithmar (Hg.), Schule und Unterricht im Dritten Reich, Neuwied 1989, S. 1 ff.

ders.: Die Schule als ein Faktor nationalsozialistischer Machtsicherung, in: Manfred Heinemann, (Hg.), Erziehung und Schulung im Dritten Reich, Band 1, Stuttgart 1980, S. 31 ff.

Schubert-Weller, Christoph: Hitlerjugend. Vom „Jungsturm Adolf Hitler“ zur Staatsjugend des Dritten Reiches, Weinheim/München 1993.

Schulkonferenz der SED, in: Deutsche Lehrerzeitung, Nr. 18/1958, Beilage.

Schwingl, Georg: Die Pervertierung der Schule im Nationalsozialismus. Ein Beitrag zum Begriff „totalitäre Erziehung“, Regensburg 1993.

Seid bereit – für die Sache Ernst Thälmanns. Dokumente und Bilder zur Geschichte der Pionierorganisation „Ernst Thälmann“ 1945-1952, Berlin/Ost, 1968.

Seidel, J. Jürgen: „Neubeginn“ in der Kirche? Die evangelische Landes- und Provinzialkirchen in der SBZ/DDR im gesellschaftspolitischen Kontext der Nachkriegszeit (1945-1953), Göttingen 1989.

Skyba, Peter: Die FDJ im Tauwetter – Tauwetter in der FDJ?, in: Helga Gotschlich (Hg.), „Links und links und Schritt gehalten...“, Berlin 1994, S. 206 ff.

Spittmann, Ilse (Hg.): Die SED in Geschichte und Gegenwart, Köln 1987.

dies./Gisela Helwig, (Hg.): DDR-Lesebuch. Stalinisierung 1949-1955, Köln 1991.

Stachura, Peter D.: Das Dritte Reich und Jugenderziehung: Die Rolle der Hitlerjugend 1933-1939, in: Manfred Heinemann (Hg.), Erziehung und Schulung im Dritten Reich, Stuttgart 1989, S. 90 ff.

Stappenbeck, Christian: Freie Deutsche Jugend und Junge Gemeinde 1952/53, in: Helga Gotschlich (Hg.), „Links und links und Schritt gehalten...“, Berlin 1994, S. 141 ff.

ders.: „Tarnorganisation für Kriegshetze und Spionage“. Der geheime Plan zur Liquidierung der Jungen Gemeinde, in: Utopie konkret 1/1990, S. 66 ff.

Staritz, Dietrich: Die Gründung der DDR. Von der sowjetischen Besatzungsherrschaft zum sozialistischen Staat, München 1984.

ders.: Geschichte der DDR 1949-1985, Frankfurt a. M. 1985.

ders.: Die SED, Stalin und der „Aufbau des Sozialismus“ in der DDR, in: Deutschland Archiv, 24. Jg. Heft 7/1991, S. 686 ff.

Stephan, Gerd Rüdiger: Die Reflexion des Zustands der DDR-Gesellschaft durch Studien des Zentralinstituts für Jugendforschung Leipzig in der zweiten Hälfte der 80er Jahre, in: Jahresbericht 1993. Institut für zeitgeschichtliche Jugendforschung e.V., o.O., S. 225 ff.

Stern, Frank: Dogma und Widerspruch. SED und Stalinismus in den Jahren 1946 bis 1958, München 1992.

Sternheim-Peters, Eva: Die Zeit der großen Täuschungen. Eine Jugend im Nationalsozialismus, Köln 1992.

Stöckigt, Rolf: Ein Dokument von großer historischer Bedeutung vom Mai 1953, in: Beiträge zur Geschichte der Arbeiterbewegung, (32. Jg.) Heft 5/1990, S. 648 ff.

Szalai, Wendelin: „Arbeitsgemeinschaften Junger Historiker“ – ein ambivalenter Bestandteil historischer Bildung in der DDR, in: Körber-Stiftung (Hg.), Offenes Geschichtslernen in einer geschlossenen Gesellschaft?, Berlin 1995, S. 17 ff.

Tenorth, Heinz-Elmar: Pädagogisches Denken, in: Handbuch der deutschen Bildungsgeschichte, Band V, 1918-1945, München 1989, S. 111 ff.

ders.: „Reformpädagogik“ erneuter Versuch, ein erstaunliches Phänomen zu verstehen, in: Zeitschrift für Pädagogik, Jg. 40, Heft 4/1994, S. 585 ff.

ders.: Grenzen der Indoktrination, in: Peter Drewek/Klaus-Peter Horn/Christa Kersting/Heinz-Elmar Tenorth, Ambivalenzen der Pädagogik. Zur Bildungsgeschichte der Aufklärung und des 20. Jahrhunderts, Weinheim 1995, S. 335 ff.

Torhorst, Marie: Pfarrerstochter, Pädagogin, Kommunistin, Berlin/Ost 1986.

dies.: Zur Liquidierung reformerischer Tendenzen in der Sowjetpädagogik in den 30er Jahren und zur Auseinandersetzung mit deutscher Pädagogik in den Jahren von 1945 bis 1956. Persönliche Erinnerungen und Analysen, in: Jahrbuch für Erziehungs- und Schulgeschichte, Berlin/Ost 1977, S. 165 ff.

Totalitäre Herrschaft – totalitäres Erbe. German Studies Review. Sonderheft 1994.

Über die Tätigkeit der Pioniergruppe. Protokoll der Wissenschaftlichen Konferenz des Deutschen Pädagogischen Zentralinstituts vom 15. bis 16. Dezember 1955, Berlin Ost 1956.

Über kommunistische Moral. Gesammelte Aufsätze, Berlin/Ost 1953.

Ulbricht, Walter: An die Jugend, Berlin/Ost 1968.

ders.: Zur Bildungspolitik der Arbeiterbewegung. Reden und Schriften, Berlin/Ost 1986.

Urban, Detlef/Hans Willi: Jugend ohne Bekenntnis? 30 Jahre Konfirmation und Jugendweihe im anderen Deutschland 1954-1984, Berlin/West 1984.

Uske, Wolfgang: Zur Entwicklung der politischen Organisiertheit der Kinder in der Pionierorganisation „Ernst Thälmann“ (1949-55), in: Zu ausgewählten Problemen der Geschichte der Pionierorganisation „Ernst Thälmann“, Dresden, 1994, S. 29 ff. (Dresdner Reihe zur Forschung; 1984, Heft 4).

Vassmers, Dieter: Zur Notwendigkeit, Möglichkeit und Bedeutung der Gründung des Verbandes der Jungen Pioniere, Dezember 1948, in: Beiträge zur Geschichte der Pionierorganisation „Ernst Thälmann“, Dresden, 1987, S. 17 ff. (Dresdener Reihe zur Forschung; 1987, Heft 1)

ders.: Geschichte der Kinderfreundebewegung. Arbeits- und Informationsmaterialien, hg. v. der Forschungsgruppe der Geschichte der Kinderbewegung, Dresden 1990, Heft 1-4.

Vogt, Ludwig: Die Freie Deutsche Jugend, in: Hermann Weber (Hg.), Parteiensystem zwischen Demokratie und Volksdemokratie, Köln 1982, S. 387 ff.

Waterkamp, Dietmar: Handbuch zum Bildungswesen der DDR, Berlin 1987.

Weber, Hermann (Hg.): Parteiensystem zwischen Demokratie und Volksdemokratie. Dokumente und Materialien zum Funktionswandel der Parteien und Massenorganisationen in der SBZ/DDR 1945-1950, Köln 1982.

ders.: Freie Deutsche Jugend (FDJ), in: SBZ-Handbuch, hg. v. Martin Broszat und Hermann Weber, München 1993, S. 665 ff.

ders.: Geschichte der DDR, München 1989.

ders.: DDR. Grundriß der Geschichte 1945-1990, Hannover 1991.

ders.: Die Wandlung der SED und ihre Rolle im Parteiensystem 1945 bis 1950, in: Deutschland Archiv, 26. Jg., Heft 2/1993, S. 255 ff.

ders.: Schauprozeß-Vorbereitungen in der DDR, in: ders./Dieter Staritz (Hg.), Kommunisten verfolgen Kommunisten: stalinistischer Terror und ‚Säuberungen‘ in den kommunistischen Parteien Europas seit den dreißiger Jahren, Berlin 1993, S. 436 ff.

Weber, Jürgen (Hg.): Der SED-Staat: Neues über eine vergangene Diktatur, München 1994.

Welsh, Helga A.: Deutsche Zentralverwaltung für Volksbildung (DVV), in: SBZ-Handbuch, München 1990, S. 229 ff.

dies.: „Antifaschistisch-demokratische Umwälzung und politische Säuberung in der sowjetischen Besatzungszone Deutschlands, in: Klaus-Dietmar Henke/ Hans Woller (Hg.), Politische Säuberung in Europa. Die Abrechnung mit Faschismus und Kollaboration nach dem Zweiten Weltkrieg, München 1991, S. 84 ff.

Weltall – Erde – Mensch. Ein Sammelband zur Entwicklungsgeschichte von Natur und Gesellschaft, Berlin/Ost 1955.

Wensierski, Peter: Evangelische Jugendarbeit in der DDR, in: Reinhard Henkys (Hg.), Die evangelischen Kirchen in der DDR. Beiträge zu einer Bestandsaufnahme, München 1982, S. 243 ff.

Wentker, Hermann: „Kirchenkampf" in der DDR. Der Konflikt um die Junge Gemeinde 1950-1953, in: Vierteljahreszeitschrift für Zeitgeschichte, Heft 1/1994, S. 95 ff.

ders.: Die Einführung der Jugendweihe in der DDR: Hintergründe, Motive und Probleme, in: Hartmut Mehringer: Von der SBZ zur DDR, München 1995, S. 139 ff.

Wettig, Gerhard: Die Deutschland-Note vom 10. März 1952 auf der Basis diplomatischer Akten des russischen Außenministeriums, in: Deutschland Archiv, 26. Jg., Heft 7/1993, S. 786 ff.

Wetzorke, Friederike: Die Braunschweiger Kinderfreundebewegung 1924-1930. Lagerromantik und sozialistische Erziehung, Frankfurt a. M. 1992.

Wiegmann, Ulrich: SED-Führung – Administration – erziehungswissenschaftliche Zentrale, in: Peter Dudek/Heinz-Elmar Tenorth (Hg.), Transformationen der deutschen Bildungslandschaft. Zeitschrift für Pädagogik. 30. Beiheft, Weinheim/Basel 1993, S. 75 ff.

Wittwer, W.W.: Die sozialdemokratische Schulpolitik in der Weimarer Republik, Berlin/West 1980.

Wolff, Sylvia: Reformpädagogische Einflüsse auf die Kinder- und Jugendbewegung in der SBZ, in: Helga Gotschlich (Hg.), „Links und links und Schritt gehalten...", Berlin 1994, S. 187 ff.

Wierling, Dorothee: Die Jugend als innerer Feind. Konflikte in der Erziehungsdiktatur der sechziger Jahre, in: Hartmut Kaelble/Jürgen Kocka/Hartmut Zwahr, Stuttgart 1994, Sozialgeschichte der DDR, S. 404 ff.

dies.: Von der HJ zur FDJ, in: BIOS, 6. Jg., Heft 1/1993, S. 107 ff.

Zilch, Dorle: Die FDJ – Mitgliederzahlen und Strukturen, in: Jugend '92. Lebenslange Orientierungen und Entwicklungsperspektiven im vereinigten Deutschland, hg. v. Jugendwerk der Deutschen Shell. Band 3. Die neuen Länder: Rückblick und Perspektiven, Opladen 1992.

dies.: Millionen unter der blauen Fahne; die FDJ – Zahlen, Fakten – Tendenzen – Mitgliederbewegung und Strukturen in der FDJ-Mitgliedschaft von 1946 bis 1989 unter besonderer Berücksichtigung der Funktionäre, Band 1, Rostock 1994.

Zimmer, Dieter: Für'n Groschen Brause, Bern/München 1980.

2. Zeittafel

1945

9.6.	Gründung der Sowjetischen Militäradministration in Deutschland (SMAD).
10.6.	SMAD-Befehl Nr. 2 läßt „antifaschistisch-demokratische" Parteien sowie Gewerkschaften zu. Daraufhin gründen sich am 11.6. die KPD, am 15.6. die SPD, am 26.6. die CDU und am 5.7. die LDP.
31.7.	SMAD gestattet die Bildung antifaschistischer Jugendausschüsse bei den Kommunalverwaltungen.
1.9.	Konstituierung des Zentralen Jugendausschusses der SBZ.
3.–11.9.	Verordnungen der Länder und Provinzen leiten die Bodenreform in der SBZ ein.
1.10.	An allen Schulen in der SBZ wird der Unterricht wieder aufgenommen.
18.10.	Gemeinsamer Aufruf des Zentralkommitees der KPD und des Zentralausschusses der SPD zur demokratischen Schulreform.
2.–3.12.	Tagung des Zentralen Antifaschistischen Jugendausschusses in Berlin, der u.a. zur Bildung und Unterstützung von Kindergruppen auffordert.

1946

23.1.	Die SMAD erklärt sich mit der Schaffung einer einheitlichen Jugendorganisation einverstanden.
26.2.	Der Zentrale Jugendausschuß beantragt bei der SMAD die Zulassung der FDJ.
7.3.	Die SMAD gibt die Lizensierung der FDJ bekannt.
21./22.4.	Gründungsparteitag der Sozialistischen Einheitspartei Deutschlands (SED).
8.–10.6.	I. Parlament der Freien Deutschen Jugend in Brandenburg/Havel. Die Arbeit mit den Kindern wird zur Aufgabe der FDJ erklärt.
10.6.	1. Tagung des Zentralrats der FDJ. Als verantwortliches Mitglied für die Arbeit mit den Kindern wird Fridl Lewin in das Sekretariat des Zentralrats gewählt.
12.6.	Annahme des Gesetzes zur „Demokratisierung der deutschen Schule" in Thüringen.
30.6.	Volksentscheid in Sachsen über die Enteignung der Großbetriebe von „Kriegsverbrechern und Naziaktivisten" in Sachsen, der die Verstaatlichung der Industrie in der SBZ/DDR einleitet.
15.–17.8.	I. Pädagogischer Kongreß in Berlin.
1.9.	„Gesetz zur Demokratisierung der Schule" tritt in Kraft.
20.10.	Wahl zu den fünf Landtagen und den Kreistagen der SBZ.

1947

1.3.	Aufruf der SED für einen „Volksentscheid für die Einheit Deutschlands“.
7.–9.3.	Gründung des Demokratischen Frauenbundes Deutschlands (DFD).
23.–26.5.	II. Parlament der FDJ in Meißen. Es beschließt die Gründung der „Kindervereinigung der FDJ“.
28.5.	Beschluß über die Herausgabe der Publikation der Kindervereinigung der FDJ „Unsere Zeitung“.
14.6.	Mit dem SMAD–Befehl Nr. 138 wird die Deutsche Wirtschaftskommission (DWK) als zentrale Verwaltung gegründet.
8.–10.9.	II. Pädagogischer Kongreß in Leipzig verabschiedet die „Grundsätze der Erziehung in der deutschen demokratischen Schule“.
20.–24.9.	II. Parteitag der SED.
11.10.	Die Berliner Alliierte Kommandantur genehmigt die Gründung der FDJ und anderer Jugendorganisationen in Berlin.
30.10.	Beschluß des Sekretariats des Zentralrats der FDJ über die „Richtlinien für den organisatorischen Aufbau der Kindervereinigung der FDJ“.
6.–7.12.	Tagung des I. Deutschen Volkskongresses für Einheit und gerechten Frieden in Berlin.

1948

17.–18.3.	II. Volkskongreß für Einheit und gerechten Frieden. Wahl des Deutschen Volksrates.
20.3.	Die sowjetischen Vertreter verlassen den Alliierten Kontrollrat.
14./15.4.	Die 9. Tagung des Parteivorstandes der SED nimmt zur Jugendarbeit der Partei Stellung und beschließt die stärkere Einflußnahme auf die FDJ.
29.5.	Gründung der Demokratischen Bauernpartei Deutschlands (DBD).
15.–17.5.	1. Kinderkongreß der „Kindervereinigung der FDJ – Land Thüringen“ in Gera, an dem Kinderdelegationen aus allen Ländern der SBZ teilnehmen.
25.5.	Gründung der National-Demokratischen Partei Deutschlands (NDPD).
23.5.–13.6.	Unterschriftensammlung für das „Volksbegehren für Einheit und gerechten Frieden“.
18.6.	Beginn der Blockade West-Berlins (bis 12.5.1949).
23.6.	Geldumtausch in der SBZ (Währungsreform).
3.7.	Bildung der Kasernierten Volkspolizei (KVP).
11.–12.12.	17. Tagung des Zentralrats der FDJ beschließt die Gründung des Verbandes der Jungen Pioniere.
13.12.	Gründung der Kinderorganisation „Junge Pioniere“.
19.12.	Konferenz der Volksbildungsminister der SBZ beschließt die Abschaffung der Schülerräte und erklärt die FDJ bzw. den Verband der Jungen Pioniere zu Interessenvertretern der Schüler.

1949

1.1.	Beginn des Zweijahresplanes.
13.1.	Erste Ausgabe der Pionierzeitung „Der Junge Pionier", herausgegeben vom Zentralrat der FDJ, erscheint als Wochenzeitung für die Jungen Pioniere.
25.–28.1.	1. Parteikonferenz der SED, verabschiedet Maßnahmen für die Entwicklung der SED als „Partei neuen Typus" .
6.2.	18. Tagung des Zentralrats der FDJ beschließt Organisationsaufbau, Inhalt und Ziele sowie die „Gesetze" des Pionierverbandes.
19.3.	Der Deutsche Volksrat billigt die Verfassung für eine „Deutsche Demokratische Republik".
1.– 5.6.	III. Parlament der FDJ in Leipzig. Die Jungen Pioniere erhalten den Auftrag, im Rahmen des „Max-Reimann-Aufgebots" 100 000 neue Mitglieder für den Verband zu werben.
23./24.8.	21. Tagung des Parteivorstandes der SED. Beschließt „Schulpolitische Richtlinien für die deutsche demokratische Schule".
13.–15.8.	IV. Pädagogischer Kongreß in Leipzig. Leitet grundsätzlichen Wandel in Bezug auf die Ideologisierung und Sowjetisierung der Pädagogik ein.
7.9.	Konstituierung des 1. Deutschen Bundestages.
4.10.	Parteivorstand der SED proklamiert die „Nationale Front des demokratischen Deutschland".
7.10.	Gründung der Deutschen Demokratischen Republik.
11.10.	Die FDJ und die Jungen Pioniere begrüßen die Staatsgründung mit einem Fackelzug und geloben der DDR „die Treue".
1./2.12.	4. Tagung des Zentralrats der FDJ befaßt sich mit der Entwicklung des Verbandes der Jungen Pioniere zur Massenorganisation.

1950

3.2.	Bildung des Nationalrats der Nationalen Front.
8.2.	Die Provisorische Volkskammer der DDR beschließt „auf Vorschlag der SED" das „Gesetz über die Teilnahme der Jugend am Aufbau der DDR und die Förderung der Jugend in Schule und Beruf, bei Sport und Spiel" (Jugendförderungsgesetz).
8.2.	Bildung des Ministeriums für Staatssicherheit (MfS).
25.5.	Eröffnung der Pionierrepublik (später Pionierpark) „Ernst Thälmann" in Berlin.
27.–30.5.	I. Deutschlandtreffen der FDJ in Ost-Berlin.
1.7.	Die erste Ausgabe der Zeitschrift „Der Pionierleiter" wird vom Zentralrat der FDJ herausgegeben.
6.7.	Die FDJ wird als Mitglied in den Demokratischen Block der Parteien und Massenorganisationen aufgenommen.
20.–24.7.	III. Parteitag der SED. Beschließt den ersten Fünfjahrplan der DDR für die Jahre 1951–1955.

25.–26.8. I. Nationalkongreß der Nationalen Front des demokratischen Deutschlands stimmt der Aufstellung von gemeinsamen Kandidatenlisten von Parteien und Massenorganisationen für die Wahlen im Oktober zu.

27.9. Gesetz zum Schutz von Mutter und Kind und die Rechte der Frau.

15.10. Wahlen zur Volkskammer, zu den Landtagen, Kreistagen und Gemeindevertretungen nach Einheitslisten.

26.–28.11. I. Funktionärskonferenz der FDJ. Auf ihr wird die Führungsrolle der SED anerkannt.

1951

17.–19.1. 4. Tagung des ZK der SED beschäftigt sich mit der Weiterentwicklung des Schul- und Hochschulwesens

12.4. Verordnung über die Bildung und die Aufgaben der Elternbeiräte an allen allgemeinbildenden Schulen wird beschlossen.

3.–5.6. „Volksbefragung gegen Remilitarisierung und für den Abschluß eines Friedensvertrages".

5.6. Honecker verkündet auf der 9. Tagung des Zentralrats der FDJ das Stalin-Aufgebot der FDJ zur Vorbereitung der Weltfestspiele.

5.–19.8. „III. Weltfestspiele der Jugend und Studenten" in Ost-Berlin.

30.8.–1.9. 10. Tagung des Zentralrates der FDJ, der die Entschließung zur „Verbesserung der Arbeit des Verbandes der Jungen Pioniere" verabschiedet, die die engere Verflechtung von Schule und Pionierorganisation und eine straffere Zentralisierung vorsieht.

25.11. Aufruf des ZK der SED zum Nationalen Aufbauwerk (NAW).

1952

5.–6.4. Konferenz junger Lehrer in Berlin. Die Lehrer werden aufgerufen, sich als Gruppenpionierleiter zur Verfügung zu stellen.

27.–30.5. IV. Parlament der FDJ in Leipzig - Aufmarsch bewaffneter Verbände und Übernahme der Patenschaft über die Kasernierte Volkspolizei. In der Verfassung der FDJ wird die Pionierorganisation als Teil der FDJ verankert.

9.–12.7. 2. Parteikonferenz der SED beschließt die „planmäßige Errichtung der Grundlagen des Sozialismus in der DDR".

16.7. Eröffnung der Pionierrepublik „Wilhelm Pieck" am Werbellinsee als internationales Pionierlager.

23.7. Gesetz über die „Demokratisierung des Aufbaus und der Arbeitsweise der staatlichen Organe", Aufteilung der Länder in 14 Bezirke und 217 Kreise.

29.7. Beschluß des Politbüros des ZK der SED „Zur Erhöhung des wissenschaftlichen Niveaus des Unterrichts und zur Verbesserung der Parteiarbeit an den Schulen". Enthält die schulpolitische Konzeption der SED.

7.8. Gründung der Gesellschaft für Sport und Technik (GST).
19.–25.8. I. Pioniertreffen „Für Frieden, Einheit, Demokratie und Sozialismus“ in Dresden.
23.8. Das Zentralkomitee der SED verleiht der Pionierorganisation den Namen „Ernst Thälmann“.
19.–21.12. 3. Tagung des Zentralrats der FDJ verabschiedet eine Entschließung zur Arbeit der FDJ an den allgemeinbildenden Schulen mit dem Schwerpunkt der politisch-ideologischen Erziehung unter den Jungen Pionieren. Neue Fassung des Gelöbnisses und der Gesetze der Jungen Pioniere.

1953

6.3. Trauersitzung des ZK der SED aus Anlaß von Stalins Tod. Es fordert: „Erfüllt das Vermächtnis des großen Stalin“.
21.4. Die Bischöfe der Evangelischen Kirche wenden sich gegen die Angriffe der SED auf die Kirche und das Vorgehen gegen die Junge Gemeinde.
28.4. Das Ministerium des Innern der DDR bezeichnet die Junge Gemeinde als illegal.
15.5. Verordnung über die Neuregelung der Ausbildung der Lehrer an den allgemeinbildenden Schulen, der Pionierleiter und der Erzieher in Heimen und Horten. Pionierleiter erhalten vierjährige Ausbildung und staatlichen Abschluß.
28.5. Die sowjetische Regierung löst die Sowjetische Kontrollkommission in Deutschland auf.
28.5. Verordnung über Erhöhung der Arbeitsnormen.
11.6. Ministerrat der DDR beschließt die Durchführung des „Neuen Kurses“, die u.a. die Rücknahme der Normen vorsieht.
16.–17. Volksaufstand in Ost-Berlin und der DDR. Niederschlagung durch sowjetisches Militär.
24.–26.7. 15. Tagung des ZK der SED. Zaisser und Herrnstadt werden aus dem ZK ausgeschlossen, Ulbricht zum „Ersten Sekretär des ZK der SED“ ernannt.

1954

25.1.–18.2. Konferenz der Außenminister der UdSSR, der USA, Großbritaniens und Frankreichs in Berlin. Gefordert werden freie Wahlen als Vorbedingung für eine Wiedervereinigung Deutschlands.
20.3. Aufruf des Zentralrats der FDJ „Junge Pioniere helfen der Schule“ in Vorbereitung des Deutschlandtreffens in Berlin.
4.3. Verordnung zur Verbesserung der Arbeit an den allgemeinbildenden Schulen. Behandelt u.a. die Zusammenarbeit von Pionierorganisation und Schule und die besondere Verantwortung der Volksbildung für die Pionierorganisation.

25.3.	Regierung der UdSSR veröffentlicht Erklärung über die Anerkennung der Souveränität der DDR.
30.3.–6.4.	IV. Parteitag der SED.
17.10.	Volkskammerwahlen.
13.11.	Zentraler Ausschuß für Jugendweihe gebildet
10.–11.12.	9. Tagung des Zentralrats der FDJ. Margot Feist wird als Sekretär des Zentralrats der FDJ verabschiedet.

1955

27.2.	Ratifizierung der Pariser Verträge im Bundestag.
2.3.	Die Volkskammer wendet sich gegen die Unterzeichnung der Pariser Verträge durch den Bundestag und fordert eine Volksbefragung.
12.–13.3.	Konferenz der Lehrer und Pionierleiter zur „Verbesserung der Arbeit der Pionierorganisation „Ernst Thälmann". Die stärkere Unterstützung der Schule für die Pionierorganisation wird eingefordert.
27.3.	Erste Jugendweihen in Berlin finden statt.
11.–14.5.	Bildung des Warschauer Pakts.
25.–27.5.	V. Parlament der FDJ in Erfurt. Die gesamte Jugend soll für den sozialistischen Aufbau gewonnen werden. Forderung nach verstärktem bewaffneten Schutz der DDR. Beschließt neues Statut.
12.–18.8.	II. Pioniertreffen in Dresden.

1956

18.1.	Volkskammer beschließt die Schaffung der „Nationalen Volksarmee".
24.1.	Beschluß des Poltibüros der SED „Der Jugend unser Herz und unsere Hilfe". Kritisch wird die bisherige Jugendarbeit analysiert und der FDJ Unterstützung durch die SED zugesagt.
3.–4.2.	12. Tagung des Zentralrats der FDJ. Es soll eine Wende in der Jugendarbeit herbeigeführt werden, indem jugendspezifische Bedürfnisse stärker berücksichtigt werden. Der Aufruf „An euch alle, die ihr jung seid" wird verabschiedet.
14.–25.2.	XX. Parteitag der KPdSU.
24.–30.3.	3. Parteikonferenz der SED. Stalin gilt nicht mehr als „Klassiker des Marxismus"
15.–18.5.	V. Pädagogischer Kongreß in Leipzig. Unterbreitet Vorschläge zur polytechnischen Bildung und zum Ausbau der 10-klassigen Mittelschule.
13.–14.7.	14. Tagung des Zentralrats der FDJ berät die Aufgaben der FDJ bei der Führung der Pionierorganisation. Neben der Proklamierung der politischen Funktion der Kinderorganisation sollen stärker die Interessen der Kinder Berücksichtigung finden.
19.10.	Gomulka leitet „Tauwetterperiode" in Polen ein.

25.10.	Beginn des Volksaufstandes in Ungarn.
29.11.	Beginn der Verhaftungswelle in der DDR.

1957

30.1.–1.2.	30. Tagung des ZK der SED. Ulbricht schlägt Konförderation vor. Angriffe gegen Lehrer und Hochschulpersonal. Phase der „Säuberungen" wird eingeleitet.
7.–9.3.	Beginn der Schauprozesse gegen Harich u.a.
25.4.	16. Tagung des Zentralrats der FDJ, auf der sie zur „sozialistischen Jugendorganisation" erklärt wird. Die FDJ bekundet, daß sie ein „zuverlässiger Helfer der Partei" sei.
9.5.	Truppenvertag zwischen der UdSSR und der DDR tritt in Kraft.
8.10.	Politbürobeschluß über die Bildung eigener Leitungen der Pionierorganisation und Unterstellung unter die Führung der SED.
16.–19.11.	Beratungen der kommunistischen und Arbeiterparteien in Moskau.
10.12.	18. Tagung des Zentralrats der FDJ. Die Pionierorganisation wird aus der unmittelbaren Unterstellung unter die Führung der FDJ gelöst. Sie wählt eine Zentralleitung mit Robert Lehmann als Vorsitzendem.

1958

23.1.	II. Tagung der Zentralleitung der Pionierorganisation. Beschließt die Bildung von Leitungen der Pionierorganisation auf Bezirks- und Kreisebene. Gibt die Verpflichtung ab, die Jungen Pioniere zur sozialistischen Massenorganisation zu entwickeln.
3.–6.2.	35. Tagung der SED. Maßregelungen gegen die sog. „Schirdewan-Gruppe". Endgültige Eliminierung der innerparteilichen Gegnerschaft.
20.3.	III. Tagung der Zentralleitung der Pionierorganisation. Beginn der Auseinandersetzung mit den „revisionistischen Tendenzen" in der Pionierorganisation. Aufruf, dem Parteitag der SED das „Rote Buch der guten Taten" zu überreichen.
24.–25.4.	Schulkonferenz der SED. Abrechnung mit dem „Revisionismus" in der Volksbildung. Konzept zur polytechnischen Bildung und Einführung der 10-klassigen Oberschule wird dargelegt.
11.5.	Die Zeitung „Der Junge Pionier" erhält den Namen „Die Trommel"
10.–16.7.	V. Parteitag der SED.
9.–18.8.	III. Pioniertreffen in Halle.
20.–21.8.	Funktionärskonferenz der Pionierorganisation in Halle
August	Das Stufenprogramm für Jung- und Thälmannpioniere wird veröffentlicht.
16.11.	Wahlen zur Volkskammer und zu den Bezirkstagen.

1959

24.4.	Erste Bitterfelder Kulturkonferenz
10.2.	8. Tagung der Zentralleitung der Pionierorganisation. Unterstützung bei der polytechnischen Erziehung und Bildung der Kinder wird zugesichert. Der Pionierexpreß soll zum 10. Jahrestag der DDR mit guten Taten beladen werden.
12.–15.5.	VI. Parlament der FDJ in Rostock. Es verabschiedet das „Programm der jungen Generation für den Sieg des Sozialismus".
1.9.	Einführung des Lehrplanwerks für die allgemeinbildende polytechnische Oberschule. Einführung des obligatorischen polytechnischen Unterrichtstag in der Produktion
4.10.	Festveranstaltung der Pionierorganisation anläßlich des 10. Jahrestages der DDR mit Otto Grotewohl, der die Sieger im „Pionierexpreß" auszeichnet. Anschließend Fackelzug mit 60.000 Teilnehmern.
7.10.	Aus Anlaß des 10. Jahrestages der DDR wird die Pionierorganisation „Ernst Thälmann" für ihre Verdienste beim Aufbau des Sozialismus mit dem Vaterländischen Verdienstorden in Silber ausgezeichnet.
2.12.	Die Volkskammer beschließt das „Gesetz über die sozialistische Entwicklung des Schulwesen in der DDR" (10-Klassenschule als allgemeinbildende polytechnische Oberschule).

Feierliche Gründungsveranstaltung des Berliner Verbandes der Jungen Pioniere im Friedrichstadt-Palast am 20.3.1949. Am Rednerpult der Ost-Berliner Bürgermeister Friedrich Ebert.

Magdeburger Pioniere beim Rollerrennen für die Volkskammer-Wahlen am 15.10.1950.

Anläßlich der III. Weltfestspiele in Berlin (5.–19.8.1951) finden Freundschaftstreffen zwischen den Mitgliedern von verschiedenen Pionierorganisationen in der Pionierrepublik (später Pionierpark) „Ernst Thälmann" in Berlin-Wuhlheide statt.

Eine Wandzeitung im Pionierlager „Gheorghiu Dej" wird gestaltet.

1,6 Millionen Kinder fahren in die Ferien. Eine vergnügliche Tischgesellschaft im Zeltlager „Thomas Müntzer“.

Ablegung des Gelöbnisses der Jungen Pioniere am 23.8.1952 auf der Großkundgebung zum I. Pioniertreffen in Dresden. V.r.n.l.: Rosa Thälmann, Erich Honecker, Hermann Matern.

I. Pioniertreffen in Dresden vom 18.–25.8.1952. Feierliche Fahnenübergabe durch die Volkspolizei an die besten Pionierfreundschaften aus Mecklenburg. Die Pioniere tragen als Erkennungszeichen rote Käppis.

Militärische Ausbildung: Woche der Jungen Pioniere in Suhl vom 28.–31.7.1955.

„Stärkung der Kampfbereitschaft“. Zentrales Pionierlager in Lubmin/Ostsee 1957.

Schulfeier mit Aufnahme in die Pionierorganisation,1954: „Jeder eine gute Tat für den Sozialismus.“

Die Klasse 7b der „Wilhelm Pieck-Schule" konnte im Wettbewerb „Für gute Ordnung, Sauberkeit und Disziplin" die meisten Punkte erhalten (Dezember 1955).

31.5.1955: Bereit zur Wanderfahrt sammeln sich die Jungen Pioniere unter ihren blauen Wimpeln.

II. Pioniertreffen in Dresden. Am 14.8.1955 findet um den Großen Garten eine große Pionierparade vor Mitgliedern der DDR-Regierung und der SED-Führung statt.

Die „Jungen Naturforscher“ präsentieren sich auf dem II. Pioniertreffen in Dresden im August 1955

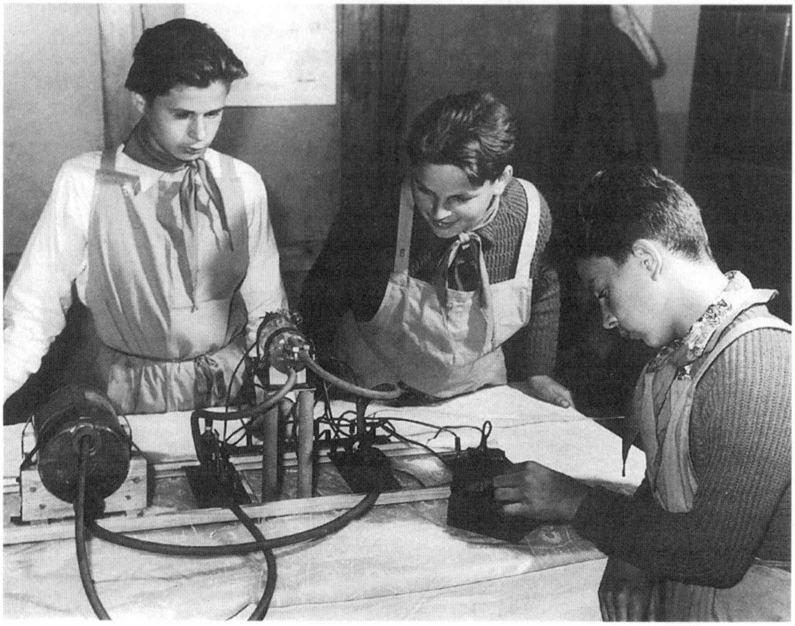

Arbeitsgemeinschaft „Junge Elektrotechniker" in Naumburg/Saale.

„Wir sind fleißig wie die Bienchen, alle züchten jetzt Kaninchen."

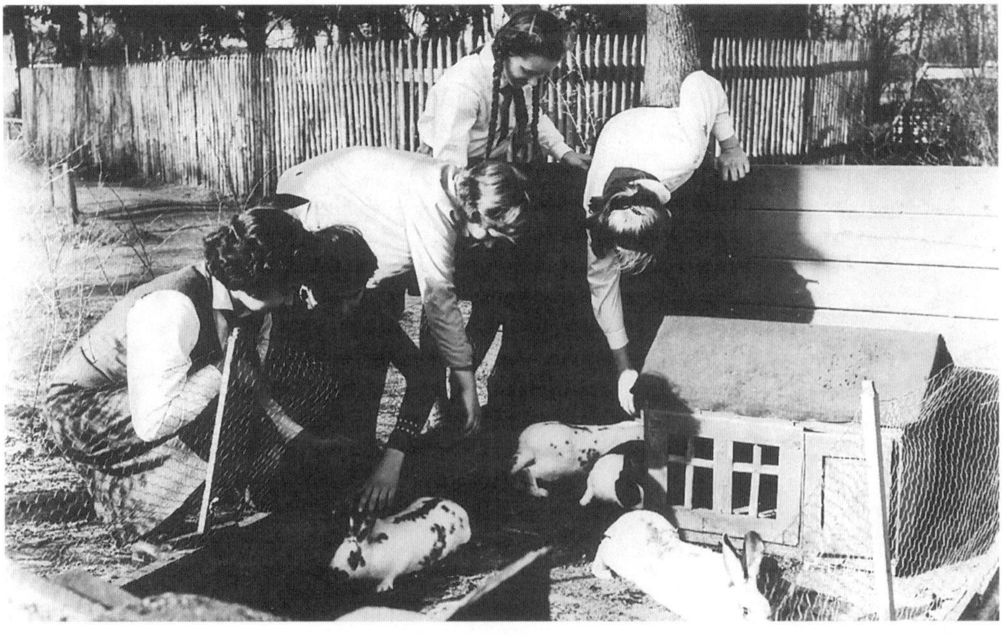

Vorwärts zum Sieg des Sozialismus!

PIONIEREXPRESS

FRACHTBRIEF
(PIONIERPLAN DER GRUPPE)

Absender	Empfänger	Sendung Abgang
Klasse 6b Fichteschule Neugersdorf, Freundschaft 'Wilhelm Richter'	10. Jahrestag der Republik	
Frachtgut		Abfert.
1. Alle Pioniere unserer Gruppe erwerben die Obstbaumplakette und sow. mögl. das Sportleistungsabzeichen. 2. Wir werden den schwächeren Pionieren helfen, damit alle das Ziel der Klasse erreichen.		
3. Alle Pioniere erwerben die goldenen Schneeschuhe. 4. Am Pioniergeburtstag stellt jeder Pionier ein Licht heraus.		
5. Wir führen monatlich einen Pioniernachmittag durch. Die Gruppe bereitet den Gruppennachmittag selbst vor, damit der Lehrer oder der Pionierleiter keine Arbeit daran hat.		
6. Wir Pioniere bezahlen jeden Monat den Pionierbeitrag und werden weiterhin unsere übernommenen Aufgaben als Thälmann-Pioniere gewissenhaft erfüllen.		
Empfang bestätigt:		

Frachtbrief für den „Pionierexpreß" zum 10. Jahrestag der DDR.

Am 1.11.1958 demonstrieren 15.000 Thälmann-Pioniere aus verschiedenen Städten Nordthüringens durch die Straßen Erfurts für die Wahlen zur Volkskammer und zu den Bezirkstagen.

Abbildungsnachweis: alle Bundesarchiv Berlin.

Die geteilte Vergangenheit

Zum Umgang mit Nationalsozialismus und Widerstand in beiden deutschen Staaten

Herausgegeben von Jürgen Danyel

Zeithistorische Studien, Band 4

1995. 266 Seiten – 170 mm x 240 mm
Gb, DM/ sFr 68,– / öS 530,–
ISBN 3-05-002642-1

In einer vergleichenden Perspektive wird untersucht, welchen Stellenwert die Auseinandersetzung mit der nationalsozialistischen Diktatur, die damit verbundenen Formen der Erinnerungsarbeit und die Berufung auf den Widerstand gegen das NS-Regime in der politischen Kultur beider deutscher Staaten hatten. Anhand neuer Forschungsergebnisse werden Leistungen und Defizite der politischen, wissenschaftlichen und künstlerischen Aufarbeitung des Nationalsozialismus in der DDR und der Bundesrepublik diskutiert. Darüber hinaus wird die Frage nach dem Spannungsfeld zwischen der weiterhin notwendigen Auseinandersetzung mit der deutschen Geschichte von 1933–1945 und der Aufarbeitung des Stalinismus sowie der Geschichte der DDR aufgegriffen. Mehrere Autoren leisten aus historiographischem Blickwinkel und unter Einbeziehung internaionaler Erfahrungen einen Beitrag zu der seit 1989 geführten Diskussion um die Neugestaltung der Gedenkstätten in Sachsenhausen, Ravensbrück und Buchenwald und um eine angemessene Erinnerung an die sowjetischen Internierungslager.

MARIO KESSLER

Die SED und die Juden – zwischen Repression und Toleranz

Politische Entwicklungen bis 1967

Zeithistorische Studien, Band 6

1995. 221 Seiten – 170 mm x 240 mm
Gb, DM/sFr 68,– / öS 496,–
ISBN 3-05-003007-0

Gegenstand dieses Buches ist die SED-Politik gegenüber den Juden bis zum israelisch-arabischen Krieg vom Juni 1967. Im Verständnis der SED-Führung galten vorrangig die aktiven Mitglieder der Jüdischen Gemeinde als Juden. Doch läßt sich eine spezifische Politik gegenüber Menschen jüdischer Herkunft (auch Parteimitgliedern) wie gegenüber dem Staat Israel beobachten, die eine eigenständige Untersuchung rechtfertigt. Diese Politik bewegte sich zwischen zeitweiliger Repression (1952/53) und schließlicher Toleranz, wobei letztere Komponente der Politik das ursprüngliche sozialistisch-kommunistische Assimilationskonzept aber nicht in Frage stellte: Juden sollten sich in die „sozialistische" Gesellschaft integrieren, jüdische Identität sollte gegenüber dieser Integration zurücktreten. Sie wurde toleriert, aber nicht unbedingt gefördert, wobei die SED-Führung das Maß an Toleranz bestimmte.
Diese Toleranz sollte demnach nicht mit wirklicher Emanzipation verwechselt werden. Doch war dies kein spezielles Problem für Juden in der DDR, denn die gesamte Bevölkerung war vom Wohlwollen der Führung abhängig, ohne allgemeine oder gruppenspezifische Rechte prinzipiell einklagen zu können.
Die Darstellung wird ergänzt durch einen Dokumententeil sowie einen biographischen Anhang.

Aus dem Inhalt:
- Traditionslinien: Arbeiterbewegung und Antisemitismus in Deutschland bis 1945
- Schuld und Verantwortung. KPD, SED und die Juden in der SBZ 1945–1949
- Stalinismus und antisemitische Tendenzen in der DDR 1949–1953
- Von der Repression zur Toleranz: Ein Weg der Emanzipation?

Bestellungen richten Sie bitte an Ihre Buchhandlung.

Akademie Verlag